人類發展

HUMAN DEVELOPMENT

黃國彥教授 推薦　　　林美珍、黃世錚、柯華葳 著

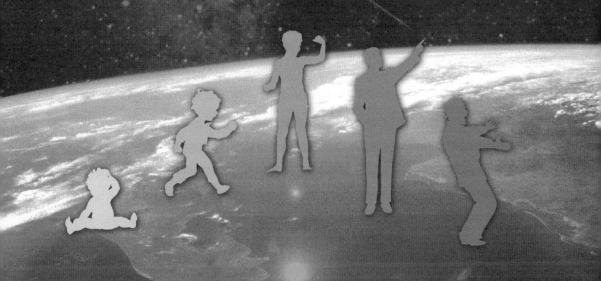

心理出版社

作者簡介

林美珍（策劃主編、第一、二章、第十四章～第二十二章）

學歷：國立政治大學文學士、教育碩士
　　　美國奧勒岡大學教育心理學碩士
　　　美國西北大學人類發展博士
經歷：國立政治大學心理學系講師、副教授、教授、
　　　　系主任
　　　經國管理暨健康學院幼兒保育系教授
　　　國立政治大學心理學系兼任教授
　　　現已退休

黃世琤（第三、四、五、七、八、十、十三章）

學歷：美國威斯康辛大學麥迪遜校區心理學碩士
　　　美國威斯康辛大學麥迪遜校區教育心理學博士
　　　臺灣諮商心理師
經歷：美國威斯康辛州初等與中等教育助理研究員
　　　國立中正大學心理學系副教授、教授、系主任、
　　　　所長暨臨床心理所所長
　　　國立中正大學輔導中心主任
　　　國立嘉義大學兼任教授
現職：國立中正大學認知科學英語博士學程、諮商心理
　　　　碩士學程、心理學系教授
　　　國立嘉義大學兼任諮商心理師
　　　台灣心靈健康資訊協會理事長

柯華葳（第五、六、九、十一、十二章）

學歷：國立政治大學教育系文學士
　　　美國華盛頓大學教育心理學博士
經歷：國立中正大學心理學系教授
　　　國立中央大學學習與教學研究所特聘教授
現職：國立清華大學教育與學習科技學系教授

黃序

　　目前，市面上可以找到的有關「兒童發展」、「青少年心理學」、「發展心理學」或「人類發展」的書，不是原文的教科書，就是翻譯的書籍。由於學生的原文（英文或他國語文）程度略差，因此他們讀起原文的書籍倍感吃力；若改看翻譯的書本，又因翻譯的信、達、雅諸多因素，造成學生很難把握原著的奧妙真義。因此之故，本書作者遂發心彙編整理其教學和研究多年的心得和研究成果，約花了一年的功夫，利用中文，合力撰寫出這本難得的「人類發展」一書。

　　綜覽本書，共有六篇二十二章，涵蓋了人類發展的理論與研究方法，從時間的縱貫面而言，則涉及人的一生。更值得讚歎的，是每個時期的發展中，都分別延伸了各重要的發展主題，例如：生理與動作發展、認知、語言、社會與情緒，或人格發展等，將「人類發展」的全貌栩栩如生的展現在讀者面前。

　　當讀者要閱讀每個章節時，你可以利用「SQ3R」的方法，亦即「瀏覽」（surveying）每章的綱要或章節，掌握全局或目標。再「質疑」（questioning）每一個章節的標題，問自己這段說些什麼。然後，「閱讀」（reading）這一小段文章的內容。在閱讀的時候，請你多注意文中的專門術語、圖、表或 BOX 的訊息，以幫助你的瞭解或把握文中的真義。其次，你必須「追憶」（reciting）或回答自己這一小段文章的要點或重點是什麼。如果你發現你的心中空白或沒有重點，那麼你必須或最好停下來，不可急著看下去。請你回頭再提醒你自己該標題要傳遞的訊息是什麼，找出你心中的答案，亦即利用古人所說的「心到」、「眼到」、「口到」，再利用「手到」，拿出色筆將答案或重點勾勒出來。最後，當你看完每章之後，立即「複習」（reviewing）每章的重點，提綱挈領的了然於心。若你也能把每章的「問題討論」融會貫通起來，相信你必能從此「聞」與「思」的研習過程中，體證或了悟生命的奧妙與

真諦。更重要的是，若你欲更深入的加深閱讀則可從每章的「參考文獻」中，進一步的追根究底。

　　本書作者三人都是國內著名大學心理學系或相關系所執教多年的教授，教學與研究均優異卓著，為人可親、可近且可敬。更難能可貴的，三人同心，不時的溝通與協調（透過長時間的電話、email 或面對面的會商……）互異的意見，將國內外「人類發展」的最新理論和研究成果展現成書，令人暢快，產生心流，故樂予推薦。

朝陽科技大學社會工作系教授 暨

政治大學心理學系兼任教授

黃 國 彥

2007 年 9 月 10 日

序

　　我們三人分別在各大學心理或相關系所，任教發展心理學、人類發展或相關課程多年，使用的教科書是原文的，每年有時採用新的好書，有時採用新版的書，這對我們而言，可以吸收很多此領域的新知，也深感此領域內容的發展快速。對學生的學習而言，似乎稍感吃力，有時他們會參考坊間的翻譯書籍，然譯者為忠於原著，不便取捨，致使閱讀起來仍是非常吃力，加以時效性也是問題之一。我們三人深深覺得，如果能夠將此領域的新知與新增的內容，包含在一本以中文撰寫的書中，那將對老師們的教學與學生們的學習上方便許多，這個想法在心理出版社的催促下逐漸形成。

　　前述發展心理學內容的發展快速，可從發展心理學與人類發展教科書的名稱來瞭解。早期的教科書名稱多為「發展心理學」或「兒童發展」，若為前者，內容多為兒童與青少年發展，間或有少許成人與老年發展的內容；若為後者，則為「兒童與青少年發展」的內容。然而晚近因儀器測量的精進，以及研究方法的改進，嬰幼兒除了語言、動作的表現外，還有其它認知與社會化的反應變化，此外，使用的作業是與嬰幼兒的經驗相關聯的，如此，許多嬰幼兒的能力紛紛被瞭解。另一方面，之所以不重視成年期是認為此時人們的能力已達高原，而且緊接著老年期，伴隨著不可避免的下降。

　　但自 1950 至 1960 年代，芝加哥大學的人類發展委員會（The Committee on Human Development）進行的堪薩斯市成人生活研究（Kansas City Studies of Adult Life）是成人發展研究的先驅，該研究主要是以中年與老年人為對象，此後成人期發展研究在各地蓬勃開展；研究結果均認為發展為一終身的歷程，進而提出全人生（life-span）發展觀，全人生觀點將發展分為兩個時期：早期（嬰幼兒、兒童與青少年期）與後期（成人早期、中年與老年期），早期持續二十多年，而後期可持續到八、九十歲

（因壽命延長），如此看來，忽略全人生將近四分之三時期的行為發展似乎並不完全，也因此晚近的發展心理學教科書，逐漸將後期研究發現的內容加入，有些作者將書名稱之為「人類發展」，如此的名稱便會有成人期的內容，而僅寫到青少年的則名為「兒童發展」或「兒童與青少年發展」。在 L. E. Berk（2006）的 *Child Development* (p. 4)一書中，提到兒童發展（child development）是瞭解從受孕到青少年行為改變及其影響因素，它是發展心理學（developmental psychology），一種較廣大學科範圍的一部分，或是跨學科（interdisciplinary）本質的人類發展（human development）的一部分。如此看來，相較於發展的前期，發展的後期是更需從各學科去瞭解，包括：生物學、遺傳學、化學、醫學、心理學、社會學、人口學、民族誌學、經濟學與人類學，因此，我們決定以「人類發展」作為書名。

通常「人類發展」教科書的撰寫有兩種取向：一為按時期順序，例如：嬰兒期、青少年期，描述各發展特徵；另一為以某一發展主題，例如：人格，描述其經歷全人生的改變。兩種取向都有其優點，本書採改良式的時期順序取向，即產前、兒童、青少年與老年期，是就該期敘述其生理、認知、語言、社會與情緒的發展特徵，而將嬰兒期與幼兒期、成人早期與中年期連起來描述其發展特徵，其中嬰兒期與幼兒期的社會與情緒發展是分開敘述的，如此的安排完全是基於筆者的專業考量，亦即有些是依時期順序敘述其特徵，有些是將兩時期連起來敘述其特徵，如此較大範圍的發展，在提供重要發展的改變時能有較連貫的描述，強調發展是不易分割，給予讀者對發展更理解的說明。

此外，本書提供從受孕到老年與死亡的綜合性新知，清楚的採取生理心理社會架構，亦即考慮生物學的、心理學的、社會文化的動力，以及這些動力在一個人生命的何時發生來瞭解發展。

本書共分為六篇二十二章，平均分配於各時期。第一篇為概論，主要是人類發展科學的簡介（第一、二章），第二篇為產前與嬰幼兒期之發展（第三至八章），第三篇為兒童期（學齡兒童）之發展（第九、十章），第四篇為青少年期之發展（第十一至十三章），第五篇為成人早期與中年期之發展（第十四至十八章），以及第六篇為老年期之發展（第十九至二十二章）。

　　在這些篇章中，我們三人都可以寫，最後的分配如何決定的，主要是以個人的研究為依據。大學教授的基本任務有三：教學、研究與服務，在教學與服務方面是大同小異的，唯獨研究，乃依個人興趣不同而異，在某發展時期研究較多，或在某發展主題（例如：認知、人格）的探究較深入，則選擇撰寫相關的篇章。

　　本書文中不時出現一些BOX，主要是對所描述的內容做進一步的補充，宜伴隨內容閱讀；每章前有該章的學習目標，可做為閱讀的指引，使學習更有效；而每章後有問題討論，閱讀後，有的問題可直接獲得答案，有些需要思考，並與之前其他章的內容統整、思索後，才能回答的，另有些是要找相關資料來補充作答。

　　本書可作為大專校院兒童發展、發展心理學或人類發展等課程的教科書，具體而言，可為護理系、幼保系、心理系、社會系、社工系、諮商與輔導系等相關課程的用書。此外，新近紛紛成立的長期照顧管理研究所、健康照顧研究所、健康產業管理研究所，以及普遍設立的老人服務事業管理系亦可視課程的實際需要，選擇適當的部分施教。

　　前述本書的主要目的是介紹發展領域的新知與新增的內容，由於國內研究人類發展的專家學者人數不多，目前僅能盡量將國內外發展心理學最新的知識、理論及研究成果寫成本書，疏漏之處，勢所難免，尚祈學界先進、同道、讀者不吝指教。

最後要感謝的是心理出版社的總編輯林敬堯先生，在本書即將出版期間所提供的各項協助。

林美珍、黃世錚、柯華葳

2007 年 9 月 1 日

目錄 contents

part *1*

概論

本篇共有兩章，分別敘述人類發展之研究與發展理論，以及人類發展之研究方法。

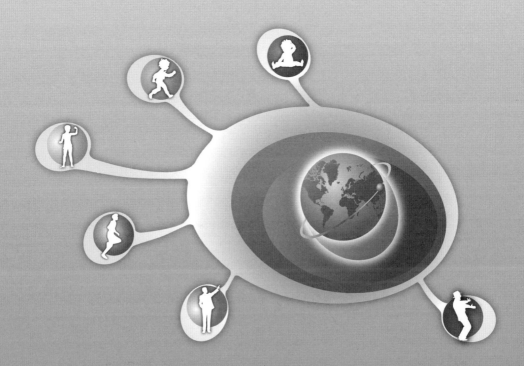

Chapter 1

人類發展之研究與發展理論

學習目標

1. 認識人類發展的基本議題。
2. 瞭解生物心理社會架構的基本動力，以及這些動力的發生時間如何影響發展。
3. 心理動力理論如何解釋發展。
4. 認識發展的學習理論焦點。
5. 認知發展理論如何解釋認知上的改變。
6. 瞭解動物行為學與演化發展心理學的意義。
7. 瞭解生態學的與系統取向要點。
8. 瞭解全人生與生命週期的要義。

恭喜你選修人類發展、發展心理學這類課程，或是閱讀這本書，你將開始一趟興奮的個人旅程，將有機會問一些最基本的問題，諸如：生命如何開始？如何從一單一細胞，大小如同書中句子末了的句點般，到今天一個完全長大複雜的成人？到了老年你將是老樣子或是有所不同？你如何影響其他人的生活？而其他人又如何影響你的生活？一生中你經歷了各種角色：兒童、青少年、夥伴、配偶、父母、工作者、祖父母等，這些角色如何形塑你的發展？我們如何處理自己以及他人的死亡？

這些問題創造了**人類發展**（**Human Development**）的科學基礎，人們隨著時間可能改變以及維持不變，這些問題有賴於**跨學科的研究**（**multidisciplinary study**），回答它們需要我們從自然與社會科學的理論與研究中取得，包括：生物學、遺傳學、化學、醫學、心理學、社會學、人口學、民族誌學、經濟學與人類學等。人類發展的科學反映個人與個人經驗的複雜與獨特，以及人們的共同性與行為模式；成為一門科學，人類發展強調基於理論與研究，從事於瞭解人類行為。

在旅程開始之前，我們需要蒐集一些資料使此行更有所獲。在這一章中，我們先探討有關人類發展的基本議題，以及發展的基本動力，即生物心理社會架構，其次是發展理論的簡介。

第一節

思考有關發展

一、人類發展的基本議題

現代人類發展研究的普遍基本議題有三：先天對後天、連續對不連續，以及普遍性對脈絡特殊性的發展。

（一）先天對後天

思考一下，在你的家中，你和幾個人有相同特殊的特質，諸如：聰明、好看、友善、外向人格；為什麼這種特質如此普遍？是因為你從父母親那兒遺傳到這種特質？或是因為你的父母在哪裡與如何教養所致？

回答這些問題在**先天—後天議題**（**nature-nurture issue**）上呈現不同的立場，它牽涉到**遺傳**（**heredity**）（先天）影響與**經驗**（**experience**）或**環境**（**environment**）（後天）影響的程度，而決定你是怎樣的一個人。科學家曾經希望回答這些問題，藉著確認是遺傳或是環境做為某一發展方面的原因，例如：智力是由於遺傳，或是人格是由於經驗；然而，今天我們知道，實際上沒有任何發展的特徵是可以完全排除遺傳或是環境的，而是發展總是被兩者所形塑：先天與後天是相互影響的，例如：某些個體遺傳了一種疾病，假如他們吃乳製品會導致智能障礙，然而，假如他們的環境沒有乳製品提供，他們將發展正常的智力；同樣的，心臟血管疾病的一個危險因子是遺傳，但是生活方式的因素，如飲食與抽菸在決定心臟病發作上扮演著重要角色。

這些例子顯示現代發展科學的一個主要目標，是瞭解遺傳與環境如何共同的決定發展。

（二）連續對不連續

想想你 5 歲時，在某些方面到今天仍維持相似，也許當時你是外向與友善的，而現在也是如此；這些都說明了「發展」在很多方面是連續的。一個人開始一特殊的發展路徑，例如：朝向友善或智慧，他或她整個生命期間都會是友善或智慧的；假如是一個友善與聰明的 5 歲小孩，當 25 歲與 75 歲時，他也是友善與聰明的。

另一觀點認為發展並不總是連續的，一個可愛與合作的人可能會變成獨斷與苛求的，這種看法認為人能從一個發展路徑改變到另一路徑，也許在其生命期間改變了好幾次，結果一個友善與聰明的 5 歲小孩，當 25 歲時是聰明但令人討厭的，而在 75 歲時是足智多謀但冷淡的。

連續—不連續議題（**continuity-discontinuity issue**），是關於是否一特殊發

展現象在生命期間呈現平滑的進展（連續），或是呈現一系列突然的轉變（不連續）。在發展中，連續與不連續的現象都存在，例如：嬰兒與父母發展了滿意的情緒關係，通常到兒童期也有滿意的同儕關係，這是連續的證據；又例如：幼兒較難從別人的觀點出發，而比較會以自己的觀點來看事情，他們太注意知覺的顯著向度而忽略較不顯著的特徵，著重靜止的狀態而不是轉變。所有這些使得幼兒認知的世界過於簡單與僵直，在下一個發展階段，他們將大大克服了這些限制，這是不連續的證據。

（三）普遍性對脈絡特殊性的發展

普遍性對脈絡特殊性的發展議題（**universal versus context-specific development issue**），是關於是否只有一個發展路徑或是有幾個發展路徑。在巴西的某些城市，10 至 12 歲的兒童販賣水果與糖果給路人與汽車上的乘客，雖然他們沒有接受過正規教育，常常不能指認錢幣上的數字，但他們卻能熟練的處理錢的交易（Saxe, 1988）。

巴西街頭販童的生活銳利對照美國的兒童生活，10 至 12 歲的美國兒童在家或學校正規的被教導認識數字與處理錢幣所需的算術。一種理論能解釋兩類兒童的發展嗎？也許一些理論認為，在發展上儘管看起來不同，其實真正的每個人都只有一種基本的發展歷程。根據此種看法，發展的差異只是在基本的發展歷程中變化而已，如汽車有各種不同，但所有產品基本上是相同的製造過程。

相反的看法則認為，人們的差異不是在某一主題上的變化，此種觀點的人認為人類發展是在一脈絡內，與此脈絡糾結無法逃脫；一個人的發展是與環境複雜互動的產物，每一個環境都有它自己一套獨特的程序形塑發展。

此三議題一起來看，以人格來說明，我們可以問：遺傳與環境如何交互影響人格的發展，是否人格的發展是連續或不連續，以及是否人格發展全世界皆相似的。回答這些問題，我們需要看看結合形塑發展的動力。

二、發展的基本動力——生物心理社會架構

當試圖解釋為什麼人們會發展成他們那樣，科學家通常考慮四種交互影響

的動力：

1. **生物學的動力**：包括所有影響發展的遺傳與健康相關的因素。
2. **心理學的動力**：包括所有影響發展的內在知覺、認知、情緒與人格的因素。
3. **社會文化的動力**：包括所有影響發展的人際、社會、文化與種族的因素。
4. **生命週期的動力**：反映差異在相同事件，如何影響不同年齡的人。

　　每一個人是這些動力獨特結合的產物，沒有兩個個體以相同的方式經驗這些動力，即使在同一家庭，甚至同卵雙生，最後都有不同的友誼網絡、伴侶與職業。

　　為了要瞭解為什麼每一種動力都是重要的，我們以一位母親決定是否給她的嬰兒餵食母奶來思考。她的決定將基於生物學的變數（如她奶水的質與量）、她對餵母奶的態度、其他人的影響（如父親），以及她的文化傳統有關餵嬰兒的適當方式；此外，她的決定將反映她的年齡與生命階段，只有聚焦所有這些動力，方能對一位母親的決定有完全的考慮。

　　將生物學的、心理學的、社會文化的動力加以組織，即成**生物心理社會架構（biopsychosocial framework）**，如圖 1-1。它強調人類發展考慮多種基本動力，而且每種動力與其他動力相互影響構成發展，茲對生物心理社會模式的不同成分詳述之。

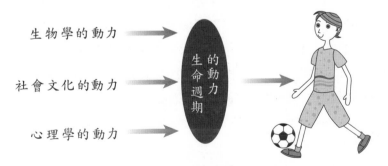

圖 1-1　　生物心理社會架構

資料來源：Kail & Cavanaugh (2004: 10)

（一）生物學的動力

產前的發展、腦部成熟、青春期、停經、臉部皺紋以及心臟血管功能的改變，所有都說明了生物學的動力，這些生物學的動力多數決定於我們的遺傳，例如：小孩長得像他們的父母，顯示生物學的影響；而生物學的動力也包含生活方式因素的影響，例如：Scarr（1992, 1993; Scarr & McCartney, 1983）描述三種類型的遺傳與環境關係，最初是**被動的基因─環境關係（passive gene-environment relation）**，聰明的父母可能遺傳基因使小孩聰明，同時聰明的父母也可能提供書籍、參觀博物館與討論等以刺激心智，其餘兩種類型的遺傳與環境關係請參閱第七章。

整體而言，生物學的動力被視為提供發展所必要的原料（就遺傳學而言），以及環境條件（就一般健康而言）。

（二）心理學的動力

心理學的動力似乎較為熟悉，因為它是最常用來描述一個人的特徵，例如：想想看，當你遇到其他人時，你是如何描述你自己的，我們會說有一個不錯的人格，而且是聰明、誠實、自信的等，這些反映了所謂的心理學的動力。

一般而言，心理學的動力是影響行為的所有內在認知、情緒、人格、知覺與相關因素。心理學的動力是最被注意的發展動力，我們將看到智力是如何發展，使個體以不同的方式經驗與思考其環境，我們也將看到自尊如何出現，是與人們對他們能力的信念相關聯，轉過來又影響他們所做的。

整體而言，心理學的因素所提供的是，最有關人們之所以成為他們是怎樣的人以及有趣的變化，使得我們彼此是不同的。

（三）社會文化的動力

人們在社會中，而不是在真空中發展，瞭解人類發展我們需要知道人們如何與他們的環境相互影響，以及與他人的相互關係。換言之，我們需要考慮**個體發展是一大系統的部分**，在此大系統中，部分系統的運作會影響系統的所有其他方面。這個大系統包括：一個人的父母、小孩、手足，以及家庭外的重要

個體，諸如朋友、老師與同事；此系統也包括影響發展的團體與設施，例如：學校、電視與工作場所。

　　所有這些人與團體安置在一起，形成一個人的文化，即一組人的知識、態度與行為；文化可與一特殊的國家或人民相連結（如法國文化），或與某一時間相連結（如 1990 年代的通俗文化），或與保持特殊、認同文化傳統的一組人相連結（如非裔美人）。知道一個人所來自的文化，提供一個人發展重要影響的一般訊息。

（四）各動力的相互影響

　　到目前為止，我們敘述了生物心理社會架構的生物學的、心理學的與社會文化的動力，好像它們是各自獨立的，但之前介紹生物心理社會架構時，即指出彼此的互相影響，現以飲食習慣來說明。過去認為紅肉與馬鈴薯是普通的食物，並有益健康，後來發現是一種高脂食物，導致心臟血管疾病，以及一些形式的癌症；結果，社會壓力開始改變人們所吃的食物，廣告也發起活動，餐館開始說明哪種菜單是低脂的；因此，食物中脂肪的生物學的動力，被當時社會動力所影響，決定是否晚餐支持或反對有牛肉，最後人們也變得更知道有關食物以及對健康的影響。思考與推理的心理學的動力也影響人們對於食物的選擇。

　　這個例子說明了，發展的任何方面僅從一或兩個動力去探究，是不能完全瞭解，所有三方面是在相互影響下來考慮：瞭解遺傳變化的影響，我們需要研究在特殊社會脈絡下一些特殊方面的行為；瞭解社會文化動力的影響，例如：貧窮，我們需要探討，貧窮如何影響人們的健康。事實上，統整三個主要動力的生物心理社會架構也是判斷發展理論適當性的一個指標，容後敘述。然而，我們需要考慮此架構的另一方面：即**生物學的、心理學的，以及社會文化的動力之特殊結合運作，在生命中的時間點是很重要的。**

（五）時間是一切：生命週期動力

　　考慮下列兩種情況：一位 32 歲結婚 6 年的婦女，與丈夫兩人都有固定的收入，他們決定生育一個小孩，不久便懷孕了；另一個 14 歲女孩，她的性活動持續 6 個月，但沒有固定的關係，在月經沒有出現後，經檢查也懷孕了。

　　雖然兩人都懷孕，但每個懷孕的結果都受孕婦的年齡、經濟狀況，以及其社會支持系統的影響；此例說明了生命週期動力，即相同事件有不同的影響，有賴於在一個人生命的何時發生。上述二位女性，相同的事件：懷孕，對一位婦女而言是快樂與期待，而對另一婦女則是焦慮與擔心。

　　生命週期的動力的影響可視為一包含生物學的、心理學的與社會文化的動力螺旋，如圖 1-2，螺旋顯示一個特殊議題或事件如何再發生，如同螺旋上的 X's，一個人的累積經驗如何，以稱之為「發展」的縱的箭頭來代表。例如：**信任（trust）**此議題一生都被談到（Erikson, 1982），開始於當一個嬰兒對其父母信任，由螺旋的底下 X 代表，隨著發展它逐漸發展成對朋友與相愛男女間較為複雜的信任，前述的已婚懷孕婦女能證實，而未婚懷孕少女最終將學習；每當一個人再訪信任議題，他或她過去建立的經驗會介入發展，這種累積的經驗意謂此人處理信任是以一種新的方式，而信任在生命期間也展現不同的方式。

　　此人類發展的四種動力提供了最好的架構來瞭解發展，也唯有當我們一起考慮生物學的、心理學的、社會文化的，以及生命週期的動力，我們對人才有充分的瞭解。

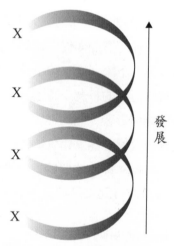

圖 1-2　　生命週期的動力

資料來源：Kail & Cavanaugh (2004: 12)

第二節

發展理論

一、理論是必要的

　　對許多人而言，理論意謂乏味，但那不是真的；事實上，如果想要瞭解發展，理論是必要的，因它提供解釋發展的理由與原因。那麼，什麼是理論呢？**一個理論是一套組織的概念，被設計來解釋發展**，例如：你的朋友有一嬰兒常常哭，你可能對嬰兒的哭想出幾種解釋，嬰兒的哭可能是因為餓了、可能想要父母抱抱、可能他是個易發脾氣、不快樂的嬰兒，這些解釋的每一種就是一個非常簡單的理論，它試圖解釋為什麼嬰兒常哭。當然，實際的發展理論是複雜多了，但目的是相同的，即解釋行為與發展。

　　行為發展分為**身體的（physical）**、**認知的（cognitive）**，以及**情緒與社會的（emotional and social）**三個廣泛的範疇，有的理論試圖解釋某一時期的行為、有些理論針對特殊方面的行為，有些理論僅考慮生命期間某一特殊點的行為，而其他則採較整體的觀點；事實上，沒有一個現代的發展理論是真正綜合的試圖涵蓋全人生的所有行為方面（Cavanaugh, 1981），所以我們將提出許多不同的理論。

　　這些理論對發展分享了許多概念與假設，但細部是不同的，這些理論常常組織在一起形成一種理論的觀點。表 1-1 列了六種指導當今有關發展思考與研究的理論觀點，以及敘述每種觀點的重要方面，也提供相關理論的實例、他們的要點、在生物心理社會架構強調的是什麼，以及在先天－後天、連續－不連續，與普遍性－脈絡特殊性的發展之立場。以下將簡介六種理論觀點，在敘述的同時，想著是這些理論提供瞭解發展的廣泛架構以及刺激洞察的研究問題，沒有這些理論，我們將無法想出人們如何發展的好問題。

表 1-1　發展理論的觀點

觀點	實例	主要概念	在生物心理社會架構的強調	發展議題的立場
心理動力	Erikson 的心理社會理論	人格發展經由階段的順序	心理學的、社會的、與生命週期動力是主要的；較不強調生物學的	先天—後天交互影響，不連續、普遍性順序，但在速率上呈個別差異
學習	行為主義（Watson, Skinner）	環境控制行為	在所有理論，有些強調生物學的與心理學的，主要焦點在社會，很少認知生命週期	在所有理論，強調後天、連續、與普遍性學習原則
	社會學習理論（Bandura）	人們學習經由楷模與觀察		
認知	Piaget 的理論（及其延伸）	認知發展經由階段的順序	主要強調生物學的與社會的，較不強調生命週期	強調先天—後天、不連續與普遍性的階段順序
	Kohlberg 的道德推理理論	道德推理經由階段的順序	主要強調生物學的與社會的，較不強調生命週期	強調先天—後天、不連續與普遍性的階段順序
	Vygotsky 的社會文化理論	認知發展經由與較有知識、能力成員的合作對話	主要強調生物學的與社會的，較不強調生命週期	強調先天—後天，但較強調後天，特別是社會文化的影響
	訊息處理理論	認知發展是在處理訊息增加效率	強調生物學的與心理學的，較不強調社會的與生命週期	先天—後天交互影響，連續，在普遍性結構呈個別差異
動物行為學與演化發展心理學	Bowlby 的理論	適應行為與敏感期應用到所屬的所有成員	強調生物學的、心理學的與社會的	先天—後天交互影響，連續與不連續、普遍性
生態學的與系統取向	Bronfenbrenner 的理論	發展中的人們是在一系列的交互影響系統中	較不強調生物學的，中度強調心理學的與生命週期，最為強調社會的影響	先天—後天交互影響，連續、脈絡特殊性
	能力—環境壓迫（Lawton & Nahemow）	當能力與要求平衡，適應是最佳的	非常強調生物學的、心理學的與社會的，中度強調生命週期	先天—後天交互影響，連續、脈絡特殊性

表 1-1　發展理論的觀點（續）

觀點	實例	主要概念	在生物心理社會架構的強調	發展議題的立場
全人生，選擇適當來補償，以及生命歷程	Baltes 全人生觀點與選擇適當來補償（SOC）模式	發展是多方面的決定；目標的適當	強烈強調所有四種動力不能以任一單獨來考慮	先天－後天相互影響，連續與不連續、脈絡特殊性
	生命歷程理論	生命歷程轉變減少與年齡的連結，隨著時間增加連續性、特殊生命路徑，跨各領域是相互依賴的	強烈強調心理學的、社會文化的、生命週期，較不強調生物學的	先天－後天相互影響，連續與不連續、脈絡特殊性

二、主要發展理論

（一）心理動力理論

　　心理動力理論（**psychodynamic theories**）認為，人類行為大部分為內在與潛意識的動機與驅力所控制，這些潛藏的動力影響我們的行為、思想與人格的各方面。心理動力理論假設發展呈一序列的階段發生，這種觀點構成了現代發展理論的最原始基礎，其根源可朔至 19 世紀末與 20 世紀初 Freud（1856-1939）的工作，他的各種發展理論包括隨著時間人格出現幾種成分的想法，也導致 Erikson 提出心理社會理論，那是第一個全人生觀點的發展理論，到今天此理論仍維持其重要性。

　　依 Freud 的看法，發展到青少年期已大部分完成，但 Freud 的學生——Erik Erikson（1902-1994）認為，發展繼續至全人生，Erikson 以 Freud 的概念為基礎，並延長至成人期與進入老年期。

　　在他的**心理社會理論**（**psychosocial theory**），Erikson 認為人格發展是由一內在成熟時程與外在社會要求相互影響所決定，並提出生命週期是由八個階段所構成，階段的順序是受生物學的設定，包含八個階段的完整理論，見表

表 1-2   Erikson 的心理社會八階段理論

心理社會階段	年齡	挑戰
基本信任對不信任	出生到 1 歲	發展對世界是安全、「好的地方」的感覺
自動對羞愧懷疑	1 到 3 歲	瞭解人是一獨立的個體，能夠做決定
主動對罪惡感	3 到 6 歲	發展嘗試新事物與處理失敗的能力
勤勉對自卑	6 歲到青少年期	學習基本的技能以及與他人工作
認同對認同混淆	青少年期	發展一持久的、統整的自我感
親密對孤立	成人期早期	承諾對另一個人愛的關係
生產繁衍對頹廢遲滯	中年期	經由小孩養育、小孩照顧，或其他生產性的工作幫助年輕人
統整對絕望	老年期	回顧一生認為是滿意的與有價值的

1-2，可以看到每一階段的名稱反映人們在一特殊年齡的挑戰。例如：成人期早期的挑戰是包含愛的關係，經由內在心理的與外在社會的影響來面對挑戰，當挑戰成功後，人們就準備好迎接下一個階段的挑戰。

是否我們對每一階段稱之為挑戰、危機或衝突，心理動力的觀點強調發展到成人期是困難的，因為路徑充滿了障礙，發展的結果反映兒童克服生活障礙的態度，當兒童容易克服早期的障礙，他們就比較能處理後期的發展。

我們之後將在第十三章、十六章、二十一章審視有關 Erikson 的階段，以便更深入的瞭解。

（二）學習理論

相對於心理動力的理論，學習理論聚焦在學習如何影響一個人的行為。這種觀點強調經驗的角色，即是否一個人的行為被酬賞或懲罰；此觀點也強調人們從觀察周遭他人而學習，在這方面的理論是行為主義與社會學習理論。

1. 行為主義

大約在 20 世紀早期，正當心理動力的理論吸引大眾注意的同時，John Watson（1878-1958）是第一個擁護英國哲學家 John Locke 觀點的心理學家。Locke 視嬰兒的心靈像一張白紙，有賴經驗去描繪，Watson 強調學習決定小孩

將成為什麼，他假定使用正確的方法，任何人就能學任何事；換言之，依 Watson 的看法，經驗是一切，在決定發展過程中有其重要性。

　　Watson 在支持他的主張方面所做的研究不多，B. F. Skinner（1904-1990）填補了這個空隙，Skinner 研究**操作制約（operant conditioning）**，認為行為後果決定是否此行為將來會重複出現。他也說明兩種後果是特別具影響性的，**增強（reinforcement）**是一個後果，增加未來行為再發生的可能。正增強包含給予一個酬賞，例如：巧克力、金星、薪津，以增加之前行為的可能；一位父親想要鼓勵他的女兒幫忙做家事，當她打掃她的房間，而給予讚美、好吃的東西或金錢；負增強包含去除不愉快的事物來酬賞人們，例如：當女兒打掃她的房間，父親則告訴女兒不必洗碗或洗衣服了。

　　懲罰（punishment）是另一個後果，減少未來行為再發生的可能，懲罰藉給予嫌惡事物或撤除愉快事件來壓制行為，例如：女兒沒有打掃她的房間，父親藉嘮叨（給予嫌惡事物）或不讓她看電視（撤除愉快事件）來懲罰。

　　Skinner 的研究主要以動物為對象，但是人類發展研究者不久即證明操作制約原則也能延伸適用予人類（Baer & Wolf, 1968），適當的應用增強與懲罰，的確在兒童、青少年與成人行為方面造成有力的影響。

2. 社會學習理論

　　研究者發現，有時人們學習無法以操作制約來解釋，有時人們學習是沒有增強或懲罰的，人們藉觀摩周遭他人而學習，即所謂的**模仿或觀察學習（imitation or observational learning）**。當一個學步兒看到同伴丟擲玩具後也照著做，模仿便發生了；或是一個小學生幫助老年人拿他所購買的食品雜貨，因為他看見他的父母也這麼做。

　　也許人們以為模仿只是做他們所看到的，早期研究者也這麼認為，但研究者很快的表示這是不對的，人們並不總是模仿他們周遭所看到的，人們看見的人是受歡迎、聰明，或有才能的，他們比較可能去模仿；比起看到的行為被懲罰，他們比較可能去模仿看見的行為是被酬賞的，這些發現說明了模仿並非單純的依樣畫葫蘆，而是複雜多了，人們不是機械的複製所看所聽到的，而是注意他人適當行為的訊息，當受歡迎、聰明的同儕某種行為被增強，模仿他們才有意義。

　　Albert Bandura（1925-）的**社會認知理論（social cognitive theory）**，立基於酬賞、懲罰與模仿的複雜看法，Bandura 的理論是「認知」，因為他認為人們主動的試圖瞭解他的周遭發生了什麼；此理論亦是「社會」，因為伴隨著增強與懲罰，他人做什麼是周遭重要訊息的來源。

　　Bandura 也認為經驗給人們**自我效能（self-efficacy）**感，這是指人們有關自己能力與才能的信念。自我效能信念幫助決定何時模仿他人，例如：如果一個小孩認為自己沒有運動才能，他將不會試圖模仿投手王建民的伸卡球，儘管他有其他才能與受歡迎。因此，人們是否模仿他人，有賴於他人是誰，是否他人的行為獲得酬賞，以及他或她對自己才能的信念。

　　Bandura的社會認知理論來自Skinner的操作制約，操作制約的人對增強與懲罰機械的反應，已被主動的解釋這些事件的社會認知人所取代。雖然如此，Skinner、Bandura，以及所有學習理論者共享經驗在推進人們發展旅程的看法。

（三）認知發展理論

　　另一種研究發展的取向是聚焦在思考的處理與知識的建構。在認知發展理論中，關鍵是人們如何思考以及隨著時間思考如何改變，三個不同的取向已經發展，其一是假設思考是在一普遍性的階段順序發展，例如：Piaget 的認知發展與 Kohlberg 的道德推理理論；其二是 Vygotsky 的認知發展社會文化理論；其三是假設人們處理訊息有如電腦，訊息處理理論就是一例。

1.Piaget 的理論

　　此認知發展觀點聚焦在兒童如何**建構知識**，以及隨著時間他們的建構如何改變。Jean Piaget（1896-1980）是 20 世紀最具影響的發展心理學家，提出最為人知的認知發展理論。Piaget 認為，兒童自然的試圖使他們的世界有意義，經由嬰兒期、兒童期以及青少年期，小孩想瞭解物理與社會世界的運轉，例如：嬰兒想要知道有關物體：當我推下桌上的玩具，什麼會發生？同時他們想要知道有關人類：誰是餵我與照顧我的人？

　　他們努力瞭解他們的世界，Piaget 認為兒童像科學家，創造有關物理與社會世界的理論，兒童試圖將所有他們知道的有關物體與人類編織成一完全的理

論，同時這些理論也藉日常經驗來驗證，因為他們的理論導致他們期待某些事情發生。正如真正的科學理論，當預期事件發生，兒童對他理論的信念增強，當預期事件沒有發生，小孩必須修正他的理論，例如：一個嬰兒的物體理論可能包含的想法是「玩具從桌上推下落在地板上」，假如嬰兒推下其他物體，一個盤子或一件衣服，他將發現這些東西也落在地板上，因此他能使他的理論更為一般性：「物體從桌上推下落在地板上」。

Piaget 也相信兒童在發展的幾個關鍵點上，開始以新的方式建構知識，當這種情形發生時，他們根本的修正他們的理論，這些改變是如此基本的，以致修改的理論，在很多方面，成一嶄新的理論。Piaget 認為這些改變發生在發展中的三個時間：一是約在 2 歲，二是大約在 7 歲，三是在要進入青少年期之前。這些改變意謂著兒童的認知發展經歷四個不同的階段，每一個階段都代表兒童如何瞭解與組織他們環境的根本改變，每一個階段的推理皆具有較為熟練類型的特徵，例如：感覺動作階段開始於出生持續到 2 歲，正如名稱的涵義，感覺動作思考意指嬰兒經由感覺與動作技能建構知識，此階段與其後的三個階段的說明見表 1-3。

表 1-3　Piaget 的認知發展四階段

階段	大致年齡	特徵
感覺動作	出生到 2 歲	嬰兒建構的世界知識是基於感官與動作技能，在此時期末了，會使用心智表徵
前運思	2 到 6 歲	兒童學習如何使用符號，如文字與數字來表徵世界，但僅經由他或她的觀點來敘述世界
具體運思	7 歲到青少年期早期	兒童瞭解與應用邏輯運思來經驗世界，他們的運思是聚焦在此時此地
形式運思	青少年期與之後	青少年或成人能抽象的思考，處理假設的情境，並且思索什麼是可能的

Piaget 理論對發展學者與實務工作者在如何思考關於認知發展有極大的影響，此理論已應用在很多方面，從為兒童創造發現學習玩具，到老師計畫教學的方式。然而，他的理論也遭受批評，有些人認為Piaget低估嬰兒與年幼兒童

的能力，也有認為他的階段順序普遍性並不被不同文化的研究證據所支持，再者最近 Piaget 理論已被延伸，包含成人期的重要認知改變，請參閱第十五章。

2. Kohlberg 的道德推理理論

Piaget 理論提出後，鼓舞發展學者各方面的興趣，其中最為影響的是 Lawrence Kohlberg（1927-1987）基於 Piaget 的認知發展理論，建立他的「**道德推理理論**」。

Kohlberg 描述人們思考有關道德兩難，反映不同的方式，呈現一固定的階段順序；Piaget 理論是一般認知發展理論的最好例子，而 Kohlberg 理論則聚焦在道德推理的議題。Kohlberg 的階段相當符合 Piaget 的階段，但包含的推理水平超越 Piaget 的最後階段，在這點上，Kohlberg 的理論成為 Piaget 工作的延伸。有關 Kohlberg 理論之詳情，請參閱第十三章。

3. Vygotsky 的社會文化理論

對 Piaget 理論的重要挑戰之一來自蘇俄發展學者 Lev Vygotsky（1896-1934）。Vygotsky 的**社會文化理論（sociocultural theory）**聚焦在文化，亦即一個社會團體代代相傳的信念、價值、傳統與技術。他不認為兒童是獨立的探索者，會自行做重要的發現，Vygotsky 將認知成長視為是一社會中介活動，在此活動中，經由與社會較有知識成員的合作對話，兒童逐漸獲得新的思考與行為方式；Vygotsky 也不同意所有兒童經由相同的認知發展階段的主張，為什麼？因為兒童精熟新技能是經由與較有能力成員的互動，而這常常對他們的文化是特別的，而不是普遍性的認知結構，所以從 Vygotsky 的觀點，Piaget 大大的忽略了社會與文化對人類發展的影響。有關 Vygotsky 理論的詳情，請參閱第五章。

4. 訊息處理理論

訊息處理理論者也不認為發展依循一序列的階段，他們強烈提出以電腦如何運作來解釋認知，以及經由兒童期與青少年期認知如何發展。正如電腦包含硬體（磁碟機、隨機存取記憶體、中央處理單位）與軟體（我們使用的程式），**訊息處理理論（information-processing theory）**建議人類認知包含心理硬體與

心理軟體：心理硬體意指認知結構，包括訊息被儲存在不同的記憶；心理軟體包括認知處理的組織，使人們完成特殊工作，例如：閱讀一個句子、玩影像遊戲，或擊中一個棒球。一位訊息處理的心理學家會說，學生在學習時，必須編碼訊息，儲存在記憶裡，然後在考試時回憶必要的訊息。

　　訊息處理心理學家如何解釋在認知上發展的改變呢？回答此問題，想想有關個人電腦的演進，今天的個人電腦比幾年前的電腦能夠完成更多，為什麼？今天的電腦有較好的硬體（較多記憶體與較快速的中央處理單位）與較精熟的軟體，就如同現代的電腦，年長兒童與青少年較之年幼兒童有較好的硬體與軟體，例如：年長兒童比年幼兒童在解決數學應用題較好，因為他們有較大的記憶容量來儲存問題中的事實，同時因為他們用以執行算術運算的方法更為有效。

　　有些研究者也指出心理硬體的衰退，伴隨心理軟體的下降，用以解釋認知的老化，例如：正常老化使人們處理訊息的能力顯著改變。

　　有很多理論的一個好處是可以注意到人類生活之前忽略的方面，在我們討論的各種理論觀點中，還有一獨特觀點是聚焦在發展的**脈絡（contexts）**，即小孩的生物成份與環境狀況的結合影響改變的路徑，這種觀點首先敘述的是許多潛能的發展是被我們長期演化的歷史所影響。

（四）動物行為學與演化發展心理學

　　動物行為學是關心適應的、生存的、有價值的行為，以及它的演化歷史（Dewsbury, 1992; Hinde, 1989），其根源可朔至 Darwin 的工作。兩位歐洲動物學家 Konrad Lorenz（1952）和 Niko Tinbergen（1973）建造動物行為學的現代基礎，他們在動物的自然棲息地觀看各種動物，並觀察促進生存的行為型態，這些行為型態最為人知的是**銘印（imprinting）**，即某些幼鳥的早期追隨行為，它能確保幼鳥與母鳥接近，因此幼鳥獲得餵食與保護以免於危險。銘印發生在發展的早期，在這段時期，假如母鳥沒有出現，一個物體在重要特徵上相似於母鳥，幼鳥也會銘印此物體。

　　觀察銘印導致在發展上一個主要的概念：**關鍵期（critical period）**，亦即在限制的期間內，兒童是生物學上預備獲得某種適應行為，但是需要一個適當的刺激環境的支持，事實上**敏感期（sensitive period）**的說法比嚴格的關鍵期

概念更適用於人類發展，一個敏感期是某能力出現的適當時期，在此時期個體對環境的影響是特別的反應，然而，它的範圍較之關鍵期是比較不明確，行為發展可在之後發生，但引導發展較為困難。

銘印的觀察啟發了英國心理分析學者，John Bowlby（1969）應用動物行為學理論來瞭解人類嬰兒與照顧者之關係，他認為嬰兒的微笑、呀呀學語、捉取與哭是固定的社會信號，用以鼓勵照顧者接近、照顧，並與嬰兒互動，藉由保持父母的靠近，這些行為幫助確保嬰兒被餵食、保護，免於危險，以及提供健康成長所需的刺激與關愛。人類嬰兒**依附（attachment）**的發展是一個漫長的歷程，它使嬰兒與照顧者形成一深度關愛的**結（tie）**（Van den Boom, 2002）。相較於幼鳥的銘印，人類嬰兒的依附是複雜多了；在第七章，我們將思考嬰兒、照顧者，與家庭情境成為依附的因素，並探討依附對未來發展的影響。

動物行為學家的觀察已經顯示，兒童社會行為的很多方面，包括：情緒表現、攻擊、合作與社會遊戲，相似於我們靈長類動物。最近，研究者已延伸這種努力在一新的研究領域，稱之為**演化發展心理學（evolutionary developmental psychology）**，彼等想辦法從事於瞭解種屬的認知、情緒，與社會能力的適應價值，以及這些能力隨年齡增加的改變；演化發展心理學家問這樣的問題，諸如：新生嬰兒的視覺偏好人的臉孔刺激，在生存上扮演什麼樣的角色？那麼年長嬰兒區別熟悉照顧者與不熟悉人們會獲得支持嗎？為什麼兒童遊戲是在同性別的團體？在這樣的遊戲中他們學習到什麼？很可能導致成人性別類型行為，例如：男性的支配與女性的照顧？

事實上，演化心理學家不只是關心發展的遺傳與生物學的根源，他們瞭解兒童期的延長是由於需要精熟逐漸複雜的社會與科技環境，因此他們也對兒童如何學習感到興趣（Blasi & Bjorklund, 2003），他們也瞭解今日生活方式是大大的不同於我們演化的祖先，當時某演化的行為（如青少年生命威脅的冒險行為與男性間的暴力）不再具有適應性（Bjorklund & Pellegrini, 2000, 2002），為了澄清這些行為的來源與發展，演化心理學家也在有效介入方面感興趣。

（五）生態學的與系統取向

許多發展學家同意在發展的很多方面，環境是一重要的動力，然而，只有

生態學的理論已聚焦在複雜的環境，以及他們與發展的連結。生態學理論的名稱來自生物學的分支，處理生物與其環境的關係，人類發展與其所在的環境脈絡是不可分的。生態學的取向是廣泛的，認為各方面的發展是相互連絡，很像蜘蛛的網般互相交織，互相連絡意謂沒有發展的任一方面可以從其他方面隔離，並且獨立地瞭解。生態學的理論家強調，假如我們想要瞭解為什麼青少年如此表現，我們必須考慮影響他們的許多不同系統，包括：父母、同儕、老師、電視、鄰居，以及社會政策。

我們將探討生態學的與系統取向的兩個範例：Bronfenbrenner 的理論與能力—環境的壓迫理論。

1. Bronfenbrenner 的理論

最為人知的生態學取向的支持者是 Urie Bronfenbrenner（1979, 1989, 1995），他建議發展中的個體是在一系列的複雜與相互影響的系統中，Bronfenbrenner區分環境為四個層次：微系統、中系統、外系統與大系統，如圖 1-3。

在生命的任一點上，**微系統（microsystem）**為個體立即環境的人與物組成，這些人最接近小孩，例如：父母或手足；有些兒童有多於一個的微系統，例如：一個小孩有家庭與托育的微系統，你可以想像，微系統強烈的影響發展。

微系統本身被連結產生**中系統（mesosystem）**，中系統越過微系統提供連結，因為微系統發生什麼，有可能影響其他系統。也許你已經發現，假如在工作或學校是充滿壓力的一天，你在家也是不高興的，這表示你的中系統是活動的，對你而言，你的家庭微系統與工作間有著情緒的互相連結。

外系統（exosystem）指的是一個人的不直接經驗，但仍影響發展的社會環境，例如：有關政府福利政策的改變，意謂貧窮兒童有較少的機會獲得充實學前教育經驗的機會，雖然外系統的影響是間接的，但它對發展中兒童的影響也是很強的。

最廣泛的環境脈絡是**大系統（macrosystem）**，即次文化與文化，前述的微系統、中系統與外系統都被深留其中。一位母親，她的工作場所、她的小孩，以及小孩的學校是大文化環境的部分，例如：南加州的亞裔美人，東岸大城市的義裔美人。這些文化團體的成員分享共同的認同、共同的傳統，以及共

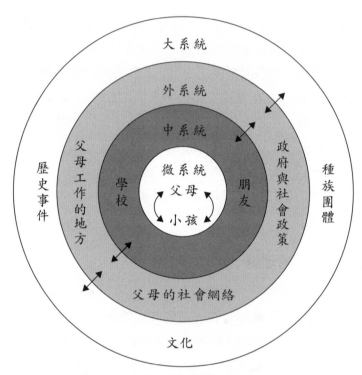

圖 1-3　生態系統理論的環境結構

資料來源：Kopp & Krakow (1982: 648)

同的價值。大系統隨時間演化，今天一種特殊文化如此，並不意謂其過去或未來也是這樣，因此代代下去，兒童可能在一獨特的大系統內發展。

2. 能力—環境的壓迫理論

　　第二種較不複雜也強調個體與其環境相互影響的要屬 Lawton 與 Nahemow（1973）的能力—環境壓迫理論，此理論最初提出是瞭解老年人在其環境中的適應功能，然而，它也可用來瞭解所有年齡的人如何處理他們的環境。有關此理論的詳情，請參閱第二十一章。

　　基本上，根據此理論，人們如何適應有賴於他們的能力與環境壓迫的配合，例如：一個小孩的社會技能如何與其同儕團體的要求配合，能夠瞭解是否他將被同儕團體所接受。如同 Bronfenbrenner 的理論，能力—環境的壓迫理論

強調為了瞭解人們的功能，瞭解其生活的系統是必要的。

（六）全人生觀點、選擇適當與補償，以及生命歷程觀點

到目前為止，我們所考慮的發展理論其中最被批評的一點，就是很少或沒有特別注意全人生的成人期，其實這也是可以理解的，成人期之所以不被重視是因為，此時人們的能力被認為已達高原（不是繼續發展），而且緊接著在老年期伴隨著不可避免的下降。然而，自 1940 年代後期，成人發展與老年此領域已有很大的演進；新理論觀點強調視發展為一終身歷程的重要，這些觀點視發展為「現在人已在哪，接下來他或她將朝向哪前進」。

1. 全人生觀點和選擇適當與補償

全人生觀點將人類發展分為兩個時期：早期（兒童期與青少年期）與後期（成人早期、中年期與老年期）。早期人們身體大小與能力呈現與年齡相關的快速增加的特徵；這些改變也發生在後期，但是較為緩慢，人們適應環境，其能力是繼續發展的（Baltes, Lindenberger, & Staudinger, 1998）。從全人生觀點來看發展，它是一複雜的現象，從單一的訓練是不足以瞭解的，需要從很多的觀點來瞭解人們如何改變。

從全人生觀點來研究人類發展，Baltes 與同事提出全人生觀點四個原則的主要特徵：

(1)**多方向（multidirectionality）**：發展包含成長與衰退，當人們在某一方面成長，在另一方面可能衰弱，而且速率不同，例如：人們的字彙能力隨著發展增加，而反應時間漸趨緩慢。

(2)**可塑性（plasticity）**：一個人的能力不是預先決定，或不能改變的，很多技能因學習或練習而改進，甚至在老年期，人們也能學習方法來幫助記憶訊息，如此可以幫助他們處理因年齡增加的記憶下降，雖然潛在改善的程度是有限的。

(3)**歷史脈絡（historical context）**：我們出生與成長的文化是在一歷史時期，而我們是在此特殊的環境中發展，例如：1950 年代居住在近郊的中等社經地位的人民，是非常不同於 1990 年代居住在德克薩斯州的貧窮

墨裔美人。

(4)**多重原因**：我們如何發展是起因於生物學的、心理學的、社會文化的，以及生命週期的動力，本章之前已述。例如：成長於同一家庭的兩個小孩，其中之一有發展的障礙，另一沒有，他們將有不同的經驗。

基於這些原則，Baltes 等人（1998）提出全人生發展是成長、維持與喪失調節的動力相互作用所組成，圖 1-4 說明幾種假設的發展歷程，注意行為可以開始於全人生的任何一點，不同的歷程有不同的發展軌道。

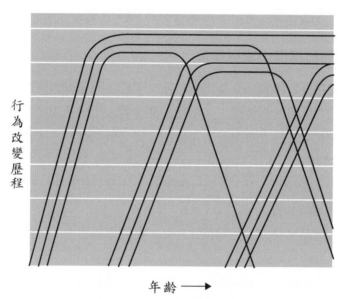

圖 1-4　全人生發展模式

資料來源：Baltes, Lindenberger, & Standinger (1998: 1044)

整體而言，全人生觀點的原則引起了去描述與解釋對漸老發生改變的成功適應，而建議三個歷程間的互相影響：選擇、補償與適當（Baltes, 1997; M. Baltes & Carstensen, 1999）。選擇歷程幫助選擇目標、生活領域與生活工作；補償與適當考慮維持或增進選擇的目標；選擇適當與補償（selective optimization with compensation, SOC）模式的基本假設，是三歷程形成一行動系統以產生與調節發展與老化。

當人們成熟與漸老，他們從可能的範圍或機會中**選擇**，基於兩個主要的理由，一為選擇的發生是當一個人選擇可以減少對新要求或工作的涉入，例如：當一個大學生退出一些社團，由於他這學期選修的課需要做較多的作業；另一選擇的發生是當個人或環境資源的預期衰微，例如：當一位老年人選擇不去教堂，因為他不能再開車。任何一種情況，選擇包含之前目標的繼續，只是稍做調整，或是以新目標來取代，而這仍是前進的。

補償發生是當一個人在某一特殊領域，因其需要的行為技能已經失去，或是降到適當功能所需的水平之下，此人尋找替代的方法來完成目標，例如：一個人因受傷失去開車去工作的能力，他可以改搭公車去上班；有時補償需要學習新技能，例如：一位老年人有短期記憶的問題，可以藉由學習使用個人數位助理（Personal Digital Assistant, PDA）來補償。因此，補償不同於選擇，選擇是工作或目標被維持，補償是使用達到選擇目標的其他方法。

適當是指失落（losses）的極小化與獲得（gains）的極大化，主要的概念是找到一個人的資源（生物學的、心理學的與社會文化的）與一個人期望目標間可能的最好配合。由於人們不能在每件事上完成適當的結果，發展便成為介於選擇適當目標與補償間的動力平衡歷程。

SOC模式運作在很多情境，例如：年老的聲樂家可以減少演唱曲目的數量（選擇），常常練習選擇的曲目（適當）以及以較低的調子來唱（補償），如此，他們便能繼續在老年時演唱；或者，一位大學的運動員，他在冰上曲棍球與棒球傑出，可以決定專心於曲棍球（選擇），整年接受集訓（適當），以及發展一種手腕的擊球彌補一種普通的擊球（補償）。

全人生觀點與 SOC 模式對現代人類發展研究已提供重要的取向。主要是增加資源以維持功能，以及處理因漸老的生物學相關衰微的需要，使較少的資源專用於繼續成長。

2. 生命歷程觀點

假如你要一位成人敘述他的生平，你很可能聽到的是一個故事，這個故事包含幾個重要的生命轉變（例如：開始上學、得到第一份工作、結婚、有小孩），這種故事說明人們的四種發展動力獨特的交互影響，如何使他們經歷其

生活與經驗。

生命歷程觀點敘述不同代間在他們各自的歷史脈絡經驗生物學的、心理學的與社會文化的發展動力情況；具體而言，它使研究者探討歷史時期如何影響人們創造其生活（Hagestad & Dannefer, 2001; Hareven, 1995; O'Rand & Campbell, 1999）。生命歷程觀點的主要特徵是個人與社會間的動力相互影響。

從生命歷程觀點的研究，已清楚的顯示主要的生命轉變，例如：結婚、養育小孩、開始與結束職業，以及完成教育等的年齡在代間與人們之間有很多的不同，這些差異在青少年期之後出現，因為此時期人們較能控制他們的生命歷程。研究也發現生命轉變較之前更為連續與多方向，例如：傳統模式降低教育完成到成人早期，目前的趨勢是趨向終身學習，使得傳統模式不適用。最後，研究也發現人們生活的各方面是高度獨立的，例如：一個人決定有小孩，常常是基於個人的生涯與教育脈絡來決定。

生命歷程觀點透過歷史時期強調個人與社會的相互關係，已成為社會科學的一個優勢看法，在幫助研究者瞭解人們各種經驗（工作、家庭、教育）如何相互影響創造獨特生活方面是非常有用的。

總之，全人生與生命歷程理論是在一較廣的人類發展脈絡中，提出注意老化的角色，已大大的加強了一般的發展理論，這些理論在概念化成人期扮演一主要角色，並對研究也產生很大的影響。

三、發展理論的總結

每種理論都提供生物學的、心理學的、社會文化的，以及生命週期動力如何創造發展的解釋，但因沒有單一理論提供對發展的各方面作完全的解釋，我們必須基於許多不同的理論，倚賴生物心理社會架構結合在一起來解釋發展。這些理論的焦點與範圍都不同，在後續有關議題說明上將幫助讀者更加瞭解。

1. 想想一些普通、每天的行為，例如：跳舞或與你的朋友打籃球，先天（遺傳）與後天（經驗、環境）如何影響這些行為？

2. 獲得大學學位是一事件，在人生中此事件何時發生有不同的影響，你能想到類似的其他事件嗎？

3. Erikson 的八階段心理社會發展如何與你或你知道的人之生命經驗相關聯？

4. 試著使用操作制約的基本概念來解釋兒童如何創造物理與社會世界的理論？

5. 心理動力觀點與 Piaget 理論如何相似？他們又是如何不同？

參考文獻

Baer, D. M., & Wolf, M. M. (1968). The reinforcement contingency in preschool and remedial education. In R. D. Hess & R. M. Baer (Eds.), *Early education*. Chicago: Aldine.

Baltes, M. M., & Carstensen, L. L. (1999). Social-psychological theories and their applications to aging: From individual to collective. In V. L. Bengtson & K. W. Schaie (Eds.), *Handbook of theories of aging* (pp. 209-226). New York: Springer.

Baltes, P. B. (1997). On the incomplete architecture of human ontogeny: Selection, optimization, and compensation as foundation of developmental theory. *American Psychologist, 53*, 366-380.

Baltes, P. B., Lindenberger, U., & Standinger, U. M. (1998). Life-span theory in developmental psychology. In R. M. Lerner (Ed.), *Handbook of child psychology (Vol. 1): Theoretical models of human development* (5th ed., pp. 1029-1143). New York: John Wiley & Sons.

Bjorklund, D. F., & Pellegrini, A. D. (2000). Child development and evolutionary psychology. *Child Development, 71*, 1687-1708.

Bjorklund, D. F., & Pellegrini, A. D. (2002). *The origins of human nature: Evolutionary developmental psychology*. Washington, DC: American Psychological Association.

Blasi, C. H., & Bjorklund, D. F. (2003). Evolutionary developmental psychology: A new tool for better understanding human ontogeny. *Human Development, 46*, 259-281.

Bowlby, J. (1969). *Attachment and loss: Vol. 1, Attachment. New York: Basic Books.*

Bronfenbrenner, U. (1979). Contexts of child rearing: Problems and prospects. *American Psychologist, 34*, 844-850.

Bronfenbrenner, U. (1989). Ecological systems theory. In R. Vasta (Ed.), *Annals of child development: Vol. 6, Theories of child development: Revised formulations and current issues*. Greenwich, CT: JAI Press.

Bronfenbrenner, U. (1995). Developmental ecology through space and time: A future Perspective. In P. Moen, G. H. Elder, Jr. & K. Luscher (Eds.), *Examining lives in context: Perspectives on the ecology of human development* (pp. 619-647). Washington, DC: American Psychological Association.

Cavanaugh, J. C. (1981). Early developmental theories: A brief review of attempts to organize developmental data prior to 1925. *Journal of the History of the Behavioral Sicences, 17*, 38-47.

Dewsbury, D. A. (1992). Comparative psychology and ethology: A reassessment. *American Psychologist, 47*, 208-215.

Erikson, E. H. (1982). *The life cycle completed: Review*. New York: W. W. Norton.

Hagestad, G. O., & Dannefer, D. (2001). Concepts and theories of aging: Beyond microfication in social science approaches. In R. H. Binstock & L. K. George (Eds.), *Handbook of aging and the social science* (5th ed., pp. 3-21). San Diego, LA: Academic Press.

Hareven, T. K. (1995). Introduction: Aging and generational relations over the life course. In T. K. Harevan (Ed.), *Aging and generational relations over the life course: A historical and cross-cultural perspective* (pp. 1-12). Berlin: de Grugter.

Hinde, R. A. (1989). Ethological and relationships approaches. In R. Vasta (Ed.), *Annals of child development* (Vol. 6) (pp. 251-285). Greenwich, CT: JAI Press.

Kail, R. V., & Cavanaugh, J. C. (2004). *Human development: A life-span view.* Belmont, CA: Wadsworth/Thomson Learning.

Kopp, C. B., & Krakow, J. B. (1982). *The child: Development in a social context*. Reading, MA: Addison-Wesley.

Lawton, M. P., & Nahemow, L. (1973). Ecology of the aging process. In C. Eisdorfer & M. P. Lawton (Eds.), *The psychology of adult development and aging* (pp. 619-674). Washington, DC: American Psychological Association.

Lorenz, K. (1952). The past twelve years in the comparative study of behavior. In C. H. Schillen (Ed.), *Instinctive behavior*. New York: International University Press.

O'Rand, A. M., & Campbell, R. T. (1999). On reestablishing the phenomenon and specifying ignorance: Theory development and research design in aging. In V. L. Bengtson & K. W. Schaie (Eds.), *Handbook of theories of aging* (pp. 59-78). New York: Springer.

Saxe, G. B. (1988). The mathematics of child street vendors. *Child Development, 59,* 1415-1425.

Scarr, S. (1992). Developmental theories for the 1990's: Development and individual differences. *Child Development, 63,* 1-19.

Scarr, S. (1993). Genes, experience, and development. In D. Magnusson & P. J. M. Casaer (Eds.), *Longitudinal research on individual development: Present status and future perspectives. European network on longitudinal studies on individual development, 8* (pp. 26-50). Cambridge, UK: Cambridge University Press.

Scarr, S., & McCartney, K. (1983). How people make their own environments: A theory of genotype environment effects. *Child Development, 54,* 424-435.

Tinbergen, N. (1973). *The animal in its world: Explorations of an ethologist, 1932-1972.* Cambridge, MA: Harvard University Press.

Van den Boom, D. C. (2002). First attachments: Theory and research. In G. Bremner & A. Fogel (Eds.), *Blackwell handbook of infant development* (pp. 296-325). Oxford, UK: Blackwell.

Chapter
2

人類發展之
研究方法

學習目標

1. 瞭解科學家在研究人類發展時，對感興趣之主題或行為的訊息是如何測量的。
2. 瞭解人類發展研究的一般研究設計。
3. 瞭解人類發展研究的發展研究設計。
4. 瞭解研究者必須遵守的倫理程序。

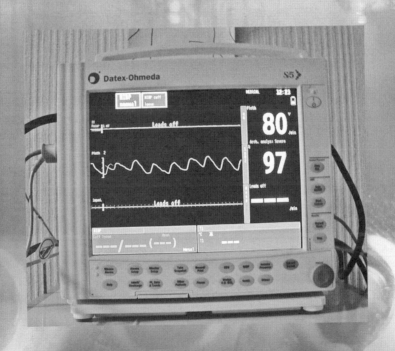

假設甲、乙二人知道你正在讀人類發展或發展心理學這類的書，因此要求你解決他們的紛爭，甲相信互補的兒童較常成為朋友，而乙認為相似的兒童較常成為朋友，你知道研究能夠說明在什麼情況下，哪一人的想法獲得支持。這該如何進行呢？發展研究者準備研究某一主題或行為，他們必須做幾個重要的決定：他們需要決定如何蒐集感興趣之主題或行為的訊息、他們必須設計他們的研究、他們必須選擇一種研究發展的方法，以及他們必須決定是否他們的計畫尊重研究參與者的個人權益。

發展研究者並不總是遵照這些順序，例如：當研究者做其他決定時，常常考慮研究參與者的權益，也許因為違反參與者的權益而捨棄一種蒐集訊息的程序。不論如何，為了簡單說明，我們在做發展的研究時，依此順序探討每一步驟。

第一節

蒐集感興趣之主題或行為的訊息

發展研究者通常使用下列取向，以蒐集感興趣之主題或行為的訊息。前述甲、乙二人有關兒童友誼的主題，將視研究者的計畫而決定如何蒐集兒童友誼的訊息。

一、蒐集感興趣之主題或行為的訊息

（一）系統的觀察

系統的觀察（systematic observation）正如名稱的涵義，是指觀看人們並周密的記錄他們所做的與所說的。通常有兩種形式的系統觀察，在自然的觀察（naturalistic observation）中，觀察人們在真實生活情境中自然表現的行為，

當然，研究者不能持續記錄某人所做的每樣事情，因此事前他們必須決定什麼變項要記錄，例如：研究者研究友誼，可能決定觀察兒童開始念小學時（許多兒童將在此時認識新朋友），他們可能決定記錄兒童在餐廳午餐時坐在哪，以及記錄跟誰講話。

結構的觀察（structured observation），它與自然觀察的不同在於研究者創造一個特別可能引發感興趣行為的情境。對所研究的行為在自然的觀察情境中是困難的，但結構的觀察特別有用。有些現象很少發生，例如：緊急關頭，研究者依賴自然觀察來研究人們對緊急關頭的反應將沒有什麼進展，因為緊急不在事先決定的時間與地點發生；然而，使用結構的觀察，研究者可能策畫一個緊急事件，也許與有關當局合作，模擬一個意外，以觀察其他人的反應。

一些行為發生在私人的環境，不是發生在公共場所，研究者要去觀察也是困難的，例如：朋友間很多的互動發生在家中，研究者要不妨礙的觀察是困難的；然而，朋友可以來到研究者的實驗室，那兒可以布置成像家庭的一個房間，朋友被要求從事一些典型的朋友活動，例如：一起討論問題，或是決定要看什麼電影，研究者可從另一個房間經由單面鏡，觀看或錄影他們的活動。

研究者觀察行為使用結構的觀察是有價值的，否則研究就難做了。然而，研究者使用這種取向必須小心，他們創造的情境不要擾亂所感興趣的行為；例如：在一仿造家庭的一個房間，觀察朋友討論問題，有很多不自然的情形；朋友不是在他們自己家中，他們被告知要做什麼，以及他們知道被觀察，其中之一或所有這些因素有可能造成朋友的表現與在真實情境有所不同，例如：在一仿造的家庭房間是否告訴我們，有關朋友的互動正如他們平時那樣自然的發生？假如他們是的，那麼即代表對人們行為的有效評估，研究者必須謹慎證實評估的效度。有關此點，容後再述。

（二）自我報告：訪談與問卷

自我報告係問研究參與者基於他們的知覺、思考、能力，感覺、態度、信念，與過去經驗提供訊息；自我報告可從相當非結構的臨床訪談，例如：Piaget 用以研究兒童認知的方法，到高度結構的訪談、測驗與問卷。

1. 臨床訪談

臨床訪談（clinical interview）是指一種彈性的談話方式，用以探測研究參與者的看法。Piaget 是這麼一位有技巧的兒童訪談者，下列是他訪問一位 6 歲兒童有關說謊的想法

Piaget：你知道什麼是說謊？

Clai：那是當你所說的不是正確的。

Piaget：2+2=5，那是說謊嗎？

Clai：是的，那是說謊。

Piaget：為什麼？

Clai：因為那是不對的。

Piaget：這男孩說 2+2=5，他知道那是錯的，或他只是弄錯了？

Clai：他弄錯了。

Piaget：那麼，假如他弄錯了，他說了謊或是沒有？

Clai：是的，他說了謊。

Piaget：一個不正確的謊或不是？

Clai：不是很不正確。

Piaget：你看這位男士？（Piaget 指向一位研究生助理）

Clai：是

Piaget：你認為他幾歲？

Clai：30 歲。

Piaget：我認為 28 歲。（學生說他是 36 歲）

Piaget：我們兩都說了謊嗎？

Clai：是的，那是一個謊。

Piaget：一個不正確的謊？

Clai：不是很不正確。

Piaget：哪一個最不正確，你的還是我的，或是兩人都一樣？

Clai：你的是最不正確，因為差異是最大的。

Piaget：那是一個謊，或我們只是弄錯了？

Clai：我們弄錯了

Piaget：它仍是一個謊，或不是？

Clai：是的，它是一個謊（Piaget, 1932: 140）。

　　不是所有的訪談者都像Piaget那麼有技巧與耐心的去鼓勵兒童擴展他的想法。雖然研究者為確保共同的作業，訪談兒童第一個問題是相同的，但個別化的提問則提供每位兒童推理的豐富描繪（Ginsburg, 1997）。

　　臨床訪談有兩個主要的長處：第一，它使人們呈現他們的想法儘可能的與他們日常生活的想法相接近；第二，臨床訪談在一短時間能獲得大量的資料，例如：在一小時期間，我們能從父母處得到很多有關兒童教養的訊息，遠多於在相同時間內從觀察父母與子女互動所得的。

　　臨床訪談的主要限制是人們報告他們的想法、感覺與經驗的正確性。有些研究參與者為了取悅訪談者，可能回答捏造不代表他們實際的想法；同時臨床訪談有賴於語言來表達，可能低估那些有困難將他們的想法用語言說出的參與者。此外，在某些主題的訪談是特別容易扭曲，在有些情況下，研究者能夠比較父母與小孩描述早期發生事件訊息，兩者的報告顯示很少或沒有一致性（Henry et al., 1994）；父母常以熱切的措詞回憶他們小孩的發展，諸如進步快、很少問題，以及對小孩的教養方式是與專家建議的相同（Yarrow, Campbell, & Burton, 1970）。正因為臨床訪談的彈性，當參與者被問到不同的問題，他們的各種反應可能由於訪談的態度，而不是人們對有關主題思考的真正差異，第二種自我報告法，結構的訪談可減少此問題。

2. 結構訪談、測驗與問卷

　　在**結構訪談（structured interview）**中，每位參與者在同樣方式下被問到同樣的一組問題。這種取向消除了訪談者可能對一些參與者有較多的壓迫與提示的可能性。此外，結構的訪談比臨床訪談更有效率，回答是簡單的，而研究者在同一時間可獲得整班學生或一組父母的反應；因為是列出可能的答案，研究者能夠敘述感興趣的活動與行為，這可能是開放式的臨床訪談無法想到的，例如：當父母被問到「為子女準備他們的生活，最重要考慮的事情是什麼」，當「想到自己」此選項列在問卷上，有 62%的父母勾選，而在臨床訪談只有

5%的父母想到（Schwarz, 1999）。

然而，結構訪談並不像臨床訪談那樣能獲得深入的訊息，而且也仍然受不正確報告問題的影響。

（三）心理生理學的方法

研究者期望去發現知覺、認知與情緒反應的生物學基礎，已導致使用**心理生理學的方法（psychophysiological methods）**，它是測量生理學的歷程與行為間之關係；研究者倚賴這些方法想要找出中樞神經系統結構成為發展與個別差異的因素，心理生理學的方法也幫助研究者推論嬰兒與年幼兒童的知覺、思想與情緒，因為他們無法清楚報告他們的心理經驗。

自主神經系統的不隨意活動：心跳速率、血壓、呼吸、瞳孔擴大、皮膚電反應與壓力賀爾蒙水平對心理的狀態是高度敏感的，例如：心跳可被用來推論一個嬰兒是否瞪著一個空白的刺激（心跳是穩定的）、處理訊息（注意時心跳慢），或經驗苦惱（心跳加速）。心跳速率變化也與某些情緒相關聯，例如：感興趣、生氣與悲傷（Fox & Card, 1998）。自主活動的顯著型態與氣質方面相關連，例如：害羞與社交性（Kagan & Sandino, 2001）。

自主的指示藉腦部功能測量更顯豐富，在一**腦波電位的測定記錄（electroencephalogram, EEG）**中，研究者在頭皮上裝置電極以記錄腦部的電活動，EEG腦波與不同的**激起（arousal）**狀態相關聯，從深度的睡眠到警覺，使研究者瞭解隨年齡增加這些狀態如何改變；EEG型態也因情緒狀態而變化，例如：小孩是快樂或苦惱（Jones et al., 1997）。有時研究者研究**事件相關電位（eventrelated potentials, ERPs）**，或EEG波伴隨特殊事件，例如：當一來自說英語家庭的3個月大嬰兒聽到英語、義大利語與荷蘭語，有不同的波型態出現，這意謂嬰兒能區別三種語言的音調型態與腦部區域的涉入（Shafer, Shucard, & Jaeger, 1999）。

功能性腦部造影技術（functional brain imaging techniques）是腦部活動的三度空間圖像，提供腦部某區域特別從事某種能力的最精細訊息；**功能性核磁共振造影（functional magnetic resonance imaging, fMRI）**是這種方法中最具潛力的，因它不依賴X光的照像，這需要注射放射性的物質，而fMRI是當小孩

被呈現一刺激，腦部血流的改變被核磁的偵測，產生一活動區域的電腦影像。目前，fMRI 多用來研究兒童學習與情緒問題，在腦組織與腦功能的年齡相關的改變（Gaillard et al., 2004; Pine, 2001; Thomas & Casey, 2003）。

　　儘管有這些優點，但心理生理學的方法也有它的限制：第一，解釋生理學的反應涉及高度的推論，雖然一刺激產生一致的自主或腦活動型態，研究者不能確定一個嬰兒或小孩已從事某種方式的處理；第二，許多因素能影響一種生理學的反應，一位研究者認為心跳速率、呼吸，或腦活動的改變是訊息處理的表示，必須確定這種改變不是由於飢餓、無聊、疲倦或身體移動（Fox, Schmidt, & Henderson, 2000）；第三，兒童躺在 fMRI 掃描機裡的表現並不像他們在掃描機外的表現，同時包圍的環境有時誘使他們睡著！最後一點是，小孩對裝備的害怕反應也影響生理學的測量；經由一模擬的經驗將減輕他們的憂慮（Rosenberg et al., 1997）。沒有做這種努力，發現生理學的與心理學的之間反應的相稱是困難的，或是不可能的。

（四）臨床或個案研究法

　　臨床或個案研究法為將一小孩的廣泛訊息集中在一起，包含：訪談、觀察、測驗結果，以及一些心理生理學的測量，其目標是儘可能的獲得該小孩的心理功能與經驗的完全狀況。

　　臨床法適用於研究在某些特徵上非常不同的少數個體，此方法已用來發現什麼是成為**天才（prodigy）**的因素，天才是極端的天賦才能兒童，10 歲前在某領域已達成人的能力（Gardner, 1998）。例如：Adam，一個小男孩，在不用尿布前就閱讀、書寫、作曲，在 4 歲時，即非常投入精通人類符號系統：法文、德文、俄文、梵文、希臘文、電腦程式的 BASIC 語言、象形文字、音樂與數學；Adam 的父母提供一個充滿刺激的家庭環境，並以關愛、堅定與幽默的態度養育他；Adam 的父母尋找可以發展他的能力與形成有益社會關係的學校給他就讀，Adam 在 18 歲大學畢業，並繼續研究作曲。如果 Adam 沒有結合他的特殊天才與教養以及承諾父母的機會，將不會實現他的潛能，研究者作此結論（Goldsmith, 2000）。

　　臨床的方法能夠獲得有關個案豐富的詳細敘述，提供影響發展的很多因素

之有價值洞察;然而,也像其他的方法,有它的缺點,訊息常常是沒有系統的與主觀的蒐集,以致允許研究者的理論偏好去偏誤他們的觀察與解釋。此外,研究者不能假定他們的結論應用,或類推到所研究小孩以外的其他人(Stanovich, 2004)。甚至當不同的幾個個案的相似型態出現,使用其他研究策略來證實,這才是明智的。

(五)研究文化的方法

為了研究文化的影響,研究者調整方法或程序,用以設計泛文化與多元文化研究,至於研究者選擇何種蒐集訊息的方法,有賴於其研究目標(Triandis, 1998)。有時研究者有興趣在一些被認為是普遍性的特質,但社會與社會間有不同程度的差異。這些研究者可能會問:在某些文化的父母比起其他文化的父母較為關心或更為指導?在不同的民族,性別刻板印象強烈情形如何?在每一種情況,要比較幾個文化團體,所有的參與者必須在同樣的方式下被訪談或觀察,因此研究者依靠前述的自我報告或觀察程序,經由翻譯以致於讓每種文化情境能被瞭解。例如:研究父母養育的文化差異,同樣的問卷,要求所有參與者在這樣的項目作評量:「我常常擁抱與親吻我的小孩」、「我責備我的小孩,當他或她的行為不符合我的期待時」(Wu et al., 2002)。

有時,研究者想要發現兒童與成人行為的**文化意義(cultural meanings)**,必須儘可能的熟悉他們的生活方式,為了達到這個目標,研究者借用人類學的方法——**民族誌學(ethnography)**。正如臨床的方法,民族誌學的研究是一描述的、質性的技術,它不是針對某一個體的瞭解,而是直接經由**參與觀察(participant observation)**以瞭解某一文化或某一特殊的社會團體。通常研究者花上幾個月,有時是幾年在這文化社區,參與其日常生活,隨時做筆記,它是混合觀察、文化成員的自我報告,以及研究者的謹慎解釋所構成(Miller, Hengst, & Wang, 2003; Shweder, 1996)。之後這些筆記放在一起,成為文化社區的描述,此描述試圖捕捉它的獨特價值與社會運作。

民族誌學的方法假設藉由進入社會團體的密切接觸,研究者能瞭解團體成員的信念與行為,這是觀察、訪談或問卷所不可能獲得的。在一些民族誌學的研究,研究者針對兒童經驗的很多方面,如同一位研究者描述的,在小鎮長大

原來是像這樣的；其他的針對一個或少許情境，例如：家庭、學校或鄰居的生活（LeVine et al., 1994; Peshkin, 1978, 1997; Valde's, 1998）；還有的是限於某一特殊方面，例如：發現文化與宗教對兒童假裝遊戲的影響。假如研究者懷疑獨特意義是構成文化差異的基礎，也可以以民族誌學的方法補充傳統自我報告與觀察法的發現。

　　民族誌學者在研究文化並成為該文化的部分的同時，努力於減小他們對文化的影響。雖然如此，正如臨床的研究，研究者的文化價值與理論承諾，有時使他們選擇性的去觀察或誤解了他們所看到的，最後，民族誌學的研究不能類化結果至超越原始的人們與環境。

二、信度與效度：科學研究之鑰

　　研究者選擇一種方法後，他們必須說明蒐集到的訊息是可靠的與有效的。

　　信度（reliability）的測量是指提供某一行為一致性指標的程度，例如：友誼的測量是可靠的，就是每次實施時，對一個人友誼網絡提供一致性的評估。所有人類發展研究的測量必須證實是可靠的，否則就不能使用；前述在一仿造家庭的一個房間中友誼的表現，研究者與其助理從單面鏡觀看並記錄，二人評估的結果有某種程度的一致性，這樣的訊息才能運用。

　　效度（validity）的測量是指是否真正測量到研究者想要測量的，例如：友誼的測量是有效的，只有假定證明實際測量的是友誼（例如：不是愛情）；效度的建立常常是顯示我們要研究問題的測量與另一已確定有效的測量的相關，例如：前述在一仿造家庭的一個房間中友誼的表現，與在真實情境有緊密的關係（真實情境友誼的表現已確定是有效的）。因為一個測量是可靠的，但不一定有效（例如：一把尺是一可靠的長度測量，但不是一有效的友誼測量），研究者必須確保他們的測量是可靠與有效的。

　　在這本書中，你將看到使用不同方法的很多研究，此外，你也常常看到使用不同方法研究相同的主題或行為；也就是說，每一種方法將用在不同的研究，這是特別有價值的，因為每種方法的測量有不同的長處與弱點，發現相同的結果，不管用什麼方法，都會導致特別有力的結論。

一般研究之設計

選擇了蒐集感興趣之主題或行為的測量方法後，研究者必須將蒐集的資料置入研究設計中，以產生有用的、適切的結果。人類發展研究者在計畫他們的工作，依賴兩種主要的設計：相關的與實驗的研究。

一、相關的研究

在相關的研究中，研究者考察自然存在的**變項**（**variables**）間的關係，在最簡單的可能相關研究中，一位研究者測量兩個變項，想像一位研究者想要測量這種想法：較聰明的人有較多的朋友。測量這種主張，研究者對樣本中的每個人測量兩個變項，一是人們有的朋友數，另一是人們的智力。

相關研究的結果通常是計算測量的**相關係數**（**correlation coefficient**），縮寫為 r，它表示兩個變項間相關的**強度**（**strength**）與**方向**（**direction**），相關的範圍可以從-1.0 到+1.0，反映在智力與朋友數之間三種不同的關係：

1. 當r＝0，兩變項是完全沒有關係：人們的智力與朋友數是沒有關係的。
2. 當 r 是大於 0，分數是正的關係：人們是聰明的比較不聰明的傾向於有較多的朋友，亦即較多智力是與有較多朋友相關聯。
3. 當 r 是小於 0，分數是相關的，但是相反地：人們是聰明的比較不聰明的傾向於有較少的朋友，亦即較多智力是與有較少朋友相關聯。

一位研究者進行一相關的研究能夠決定是否變項是關聯的，然而，這種設計不能提出變項間因果關係的研究。例如：假如一位研究者發現智力與朋友數的相關是 .7，意思是人們是聰明比較不聰明的有較多朋友，你如何解釋這種相關？圖 2-1 所示，三種解釋是可能的；也許聰明成為人們有較多朋友的原因；另一解釋是有較多朋友成為人們較聰明的原因；第三種解釋是兩個變項中的任一個變項都不是成為另一變項的原因，而是不在本研究測量的第三個變項成為

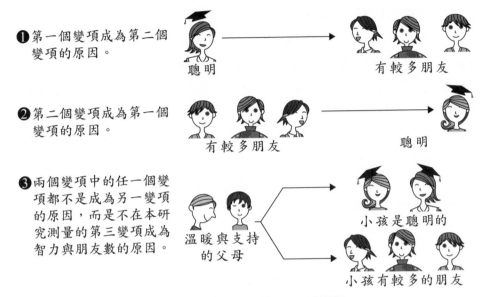

❶ 第一個變項成為第二個變項的原因。

聰明　　　　　　有較多朋友

❷ 第二個變項成為第一個變項的原因。

有較多朋友　　　　　　聰明

❸ 兩個變項中的任一個變項都不是成為另一變項的原因，而是不在本研究測量的第三變項成為智力與朋友數的原因。

溫暖與支持的父母　　　小孩是聰明的

小孩有較多的朋友

圖 2-1　　相關係數的三種解釋

智力與朋友數的原因，也許溫暖與支持的父母傾向於有小孩成長成較聰明與有較多朋友。這些解釋中的任一種都是正確的，他們在相關研究中不能被區分，當研究者想要查出原因，他們依賴一個不同的設計：實驗研究。

二、實驗的研究

　　一個實驗是一操弄重要因素的系統方法，此重要因素是研究者認為成為特殊的行為原因。被操弄的因素稱之為**獨立變項（independent variable）**，被觀察的行為稱之為**依變項（dependent variable）**；在人類發展中，一個實驗要求研究者開始時有一個或多個**處理（treatments）**、**狀況（circumstances）**或**事件（events）**，被認為是影響行為的獨立變項，人們**隨機的分派（random as-sign）**到不同處理的情境中，然後對所有的研究參與者實施一個適當的測量（依變項），以瞭解是否這個處理或這些處理有預期的影響。因為每一個人有相等的機會分派到每一個處理情境，各組應該是相同的，除了他們所受到的處理不同外，組間的差異能歸因於人們在實驗所受到不同的處理，而不是其他的因素。

在一**實驗室的實驗**（laboratory experiment）中，研究者探討成人的憤怒互動對兒童適應的影響（El-Sheikh, Cummings, & Reier, 1996）。他們假設憤怒互動結果（獨立變項）影響兒童的情緒反應（依變項），4 與 5 歲的兒童，每次一位由母親陪同到實驗室，一組呈現的是一未解決憤怒的處理，這是兩個成人演員進入房間開始爭論但沒有解決他們的紛爭；另一組看到的是解決憤怒的處理，這是成人藉由道歉與妥協終止他們的紛爭。如圖 2-2 所示，當觀看成人衝突後，較多兒童在解決憤怒處理組呈現煩惱下降，這是藉由較少憂慮臉部表情、較少顫抖，以及較少尋求接近母親等測量得知，這實驗發現憤怒的解決能減少成人衝突壓力對兒童的影響。

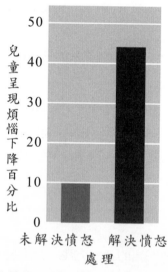

圖 2-2　　成人憤怒互動結果會影響兒童的情緒反應嗎？

資料來源：El-Sheikh, Cummings, & Reier (1996)

在上述的實驗研究中，研究者除了隨機分派研究參與者到沒有解決憤怒處理組與解決憤怒處理組外，有時研究者結合隨機分派與另一技術，稱之為**匹配**（matching）。因為在上述的研究中，假如很多兒童來自高父母衝突的家庭分派到沒有解決憤怒處理組，我們不能知道是否是獨立變項或是兒童的背景產生的結果；父母的衝突與處理情境是**混淆變項**（confounding variables），如此的

緊密連結，以致於他們對結果的影響不能被區分。在匹配的程序中，研究參與者事前被測量問題中的因素，在本例中是父母衝突，然後在此因素中高與低的兒童，等數量分派到每一處理情境中，如此，在可能扭曲結果的特徵上，實驗組間是有計畫的匹配或使其相等。

三、改變的實驗研究

　　大多數的實驗是在實驗室進行，在那裡研究者能成就最大可能的處理情境的控制，然而在實驗室獲得的發現，可能不能應用到日常生活的情境。在**田野實驗（field experiment）**中，研究者利用機會隨機分派研究參與者在自然環境的處理情境。在上述的實驗裡，我們能夠作這樣的結論，即成人建立的情緒氣候影響兒童在實驗室的行為，但在日常生活也如此嗎？

　　另一研究能幫助回答此問題（Yarrow, Scott, & Waxler, 1973），研究是在兒童照顧中心進行，一位照顧者有意與兩組幼兒不同的互動；在一種情況（愛育處理），她是溫暖與幫助的；在另一情況（即控制組，沒有處理），她表現如往常般，沒有特別強調關心他人。兩星期後，研究者創造幾種要求幫助的情境，例如：一位來訪的母親要求每位幼兒照顧她的嬰兒一會兒，但是嬰兒的玩具掉到圍欄外，在愛育處理情況的幼兒比之在控制情況的幼兒較可能撿回玩具給嬰兒。

　　常常研究者在真實生活中，不能隨機分派參與者與操弄情況，像前述的研究者能做的，有時他們折衷的進行**自然的或準實驗（natural, or quasi-, experiment）**，處理已經存在的問題，例如：不同的家庭環境、學校、兒童照顧中心與學前計畫相比較。

　　自然的實驗使研究者探討很多情況，因倫理的原因而不能被實驗操弄的影響，例如：早產、留級或兒童被虐待對發展的影響（Sameroff & Mackenzie, 2003）。在這樣的研究中，被虐待與沒有被虐待的 8 至 12 歲兒童參加同樣的夏令營，因此可在相似的社會情境下被觀察與訪談；當被要求完成有關父母衝突、管教、自主與關心等主題的故事，被虐待兒童比之沒有被虐待兒童較少詳細說明與較多的負向反應；再者，同儕評量被虐待兒童認為較多分裂性的、攻

擊性的與較少合作性的反應,如圖 2-3 所示,同儕非常不喜歡這些兒童;最後,在故事中,負向表徵他們的父母是特別可能呈現不良適應的社會行為(Shields, Ryan, & Cicchetti, 2001)。研究者結論,被虐待的兒童內化不利的父母意像可能成為他們不良社會適應的原因,而他們的不良適應減少他們接近與同儕的溫暖、快樂關係的治療效果。儘管像這些有趣的發現,自然實驗法不能成就真正實驗研究的精密與嚴謹。

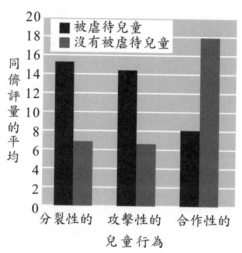

圖 2-3   被虐待兒童對兒童社會適應關係的一個自然的或準實驗研究

資料來源:Shields, Ryan, & Cicchetti (2001)

　　為了幫助你比較以上討論的相關與實驗研究,表 2-1 摘要它們的優點與限制,接下來要探討研究發展的設計。

表 2-1　　一般研究設計的優點與限制

設計	敘述	優點	限制
相關的研究	研究者獲得參與者的訊息，沒有改變他們的經驗	研究變項間的關係	不能推論因果關係
實驗室的研究	在控制的實驗情境，研究者操弄一獨立變項，看它對依變項的影響，需要隨機分派參與者到處理的情況	得以推論因果關係	發展可能不能類化到真實情境
田野實驗	研究者隨機分派參與者到自然環境的處理情況	得以類化實驗發現到真實情境	處理的控制通常比在實驗室實驗弱
自然的或準實驗	研究者比較已經存在真實情境的處理，謹慎地選擇參與團體，確保他們特徵是儘可能地相似	得以研究不能實驗操弄的許多真實情境	發現可能由於不是處理的變項

第三節

發展研究之設計

　　研究者選擇方法與決定如何測量感興趣行為，以及是否研究是相關的或是實驗的之後，研究者可以直接跳到最後一步，決定是否研究是倫理的，然而，很多人類發展的研究關心人們發展，改變發生；在這些情境，研究者必須選擇三種設計之一，使他們能夠探討發展：縱貫的、橫斷的或序列的設計。

一、縱貫的研究

　　在一**縱貫研究**（longitudinal study）中，同樣的個體被重複地觀察或測驗在生命的不同點上。正如名稱所暗示的，縱貫的取向包含一長時間的敘述發展，也是最直接的方式看著成長的發生；縱貫的取向是最適合研究任何方面的發展歷程以及發展的個別差異，更重要的是，它是唯一可回答有關行為的穩定

或不穩定問題的方法：如攻擊、依賴或不信任的特質，在嬰兒期或幼兒期觀察會持續到成人期嗎？在學齡前的特殊學業訓練的有利影響會影響多長？中年開始的一個規律的運動計畫對老年有益嗎？這些問題只有測量人們在發展的某一時間點，然後在發展的稍後再測量才能被探究。

　　儘管有其長處，縱貫研究也有一些問題：最普通的問題是**偏誤的樣本**（bi-ased sampling），參與者願意在研究中被觀察與測驗多次，似乎有獨特的特質，即一種特別欣賞研究的科學價值，結果我們不能輕易類化他們到其餘的母群體中；其次，當研究繼續進行，由於**選擇性耗損**（selective attrition），參與者可能搬離，或其他理由而中途離開，留下的參與者很可能在重要方面是不同於沒有留下者；再者，由於重複的測驗，參與者可能成為聰明測驗者，他們的表現改進是因為**練習的影響**（practice effects），即較好的應試技巧與增加測驗的熟悉度，而不是與發展關聯的因素。

　　此外，縱貫研究是探討**年齡層**（cohorts）的發展，即兒童在相同時期，被特殊的文化與歷史環境所影響，基於某一年齡層的結果可能不能應用到其他時期的兒童發展，即**年齡層效應**（cohort effects），例如：多於半世紀前的研究（在加州大學柏克萊校區於 1928 年開始一有名的縱貫研究稱之為**輔導研究**（Guidance Study），檔案資料發現，當時女性的害羞人格沒有特殊的適應問題，而今天的害羞年輕女性傾向於不良適應，這種差異可能因為西方社會性別角色改變；害羞的成人，不論男女，感覺比較沮喪，較少社會支持，在教育與生涯成就上比同年齡的人可能做得較不好（Caspi, 2000; Caspi et al., 2003）。

　　最後，人類發展領域本身的改變，也對長時期的縱貫研究可能產生一些問題；理論與方法不斷改變，那些最初啟發一個縱貫研究可能過時。因為這些原因，很多新近的縱貫研究持續幾個月或幾年，雖然短期的縱貫研究不像長期研究能夠獲得廣泛的訊息，研究者至少已分散一些艱難的障礙。

二、橫斷的研究

　　許多行為改變要長時間，即使是在有限的縱貫研究，致使研究者轉向一較方便的策略來研究發展。在**橫斷研究**（cross-sectional study）中，以不同年齡

組的人在相同時間進行研究。

　　在描述年齡相關的趨勢，橫斷研究是一有效的策略，同時因為參與者只測量一次，研究者不需考慮這些困難，諸如選擇性耗損、練習影響或領域的改變可能在研究完成的發現是荒廢的。

　　一個研究要三、六、九與十二年級學生填寫一份有關手足關係的問卷，提供了橫斷研究一個好的說明（Buhrmester & Furman, 1990）。研究發現顯示，隨著年齡手足互動漸趨平等與較少權威專斷的特徵，同時在青少年期，手足作伴的感覺下降；研究者認為幾個因素成為這些年齡差異的原因，當較晚出生的小孩變得較有能力與獨立，他們不再需要，以及可能不願接受年長手足的指導。此外，當青少年從心理的依賴家庭到較與同儕牽連，他們可能有較少的時間與情緒需要投入手足互動。雖然它的方便，橫斷研究並沒有提供有關個體發展水平，以及在此水平實際發展發生的證據（Kraemer, Yesavage, Taylor, & Kupfer, 2000），例如：在上述手足關係的研究中，比較是限於年齡組的平均，假如重要的個別差異存在我們不能說明；事實上，縱貫研究的發現顯示，青少年在他們手足關係品質改變上有相當多變化；雖然很多變得更有距離，其他的變得更為支持與親密，更有其他的變得更加競爭與敵對（Branje, Van Lieshout, van Aken, & Haslager, 2004; Dunn, Slomkowski, & Beardsall, 1994）。

　　橫斷研究——特別是那些涵蓋很廣的年齡距離——有另一問題，像縱貫研究，能被年齡層效應所威脅，例如：比較 5 歲與 15 歲年齡層，兩組出生與養育在不同的年代，可能不是真正代表年齡相關的改變，他們可能與年齡組成長時期的獨特經驗相關聯。

三、序列的研究

　　在**序列研究（sequential study）**中，研究者接著一連續的樣本（兩個或更多年齡組）合併縱貫的與橫斷的策略，在同一時間蒐集資料，例如：假定我們選擇三個樣本：六、七、八年級，追蹤他們 2 年，亦即我們今年觀察每個樣本，明年觀察每個樣本，如下所示：樣本一從六年級到七年級；樣本二從七年級到八年級；樣本三從八年級到九年級。

此種研究有三個優點：(1)我們能夠比較相同年齡（或相同學校年級）而出生在不同年的兒童，以我們的樣本為例，我們能夠比較來自不同樣本的七年級與八年級兒童，假如他們沒有差異，那麼我們能夠排除年齡層效應；(2)我們能夠使縱貫的與橫斷的研究作比較，假如結果相似，我們對發現的正確性更具信心；(3)這種研究設計是有效的，在我們的例子中，我們能夠追蹤每個年齡層 2 年，發現 4 年期間的改變。以上的敘述可用圖 2-4 來呈現。

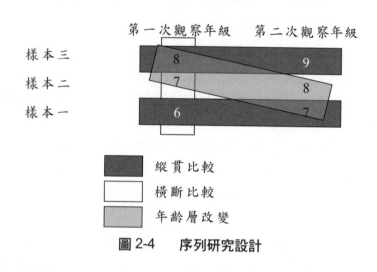

圖 2-4　序列研究設計

第四節

做研究之倫理

做研究不單是選擇一個方法，必須決定他們計畫的方法，在使用時是否是遵守倫理的；亦即在設計一研究時，研究者這麼做必須是不違反研究參與者的權益，為了證實每一研究計畫有這種保護，研究者必須提出他們研究的計畫，在任何資料蒐集前，給專家或審查小組審查，唯有獲得專家或審查小組的認可，才能開始他們的研究；假如專家或審查小組不同意研究計畫的某些方面，研究者必須修改這些方面，再呈現以重新獲得專家或審查小組的認可，同樣

的，每次研究的某部分改變，必須告知專家或審查小組並獲得他們的認可。

為了指導審查小組的審查，專業組織（如**美國心理學會——The American Psychological Association**）特別為研究參與者的權益，以及對研究參與者在研究程序中的保護制定了指導規則，主要的規範都包含在下列這些規則裡。

一、對研究參與者的危險減到最小

使用的方法有最少的可能性造成研究參與者傷害或壓力，在研究期間，監督研究程序確定避免任何預料不到的壓力或傷害。

二、對可能的參與者敘述研究，讓他們能決定是否參加

對將來的參與者必須被告知研究的目的，他們被要求要做什麼、是否有任何危險或可能性的傷害、他們可能收到的任何利益、他們可以在任何時候自由的不繼續參與而沒有任何處罰、在計畫終了他們有權利聽取報告，以及審查小組認為適當的任何其他相關訊息。當此研究解釋後，參與者簽署一份他們瞭解在此研究中他們要做什麼的文件。特別小心的是在得到兒童與青少年參與者的同意，以及影響智力功能情況的人（例如：阿滋海默疾病、嚴重頭部受傷者）的同意時，在這些個案，還要得到其父母、合法監護人，或其他負責的人之同意。

三、避免瞞騙：假如參與者必須瞞騙，儘快給予一個實驗真正性質的完全解釋

在實驗之前提供有關研究的完全訊息，有時會偏誤或歪曲一個人的反應，結果，研究者可能提供參與者研究的部分訊息，或是甚至誤導其真正研究目的的訊息。可行的話，通常是在實驗後，應儘快的改正給予研究參與者的錯誤訊息，以及瞞騙的理由也要說明。

四、結果應該是匿名的或保密的

研究結果應該匿名，意思是人們的資料不能被連結到他們的名字；當匿名是不可能時，研究結果應該保密，意思是參與者的身分只有執行研究的研究者知道。

執行研究的倫理是每一位研究者的義務，假如你進行一個計畫，即使與一個課程相連結，你應該提供你的程序以供審查；假如你是某個研究的參與者，確定你獲得適當的與完全的訊息，並澈底的閱讀之。

問題討論

1. 假如你正研究中年人照顧他們年邁的父母，系統觀察與自我報告是用來蒐集訊息的方法，二者的優點是什麼？

2. 敘述一相關的研究，探討運動對老年人健康的影響；敘述一實驗的研究，同樣的主題，每種設計的優點是什麼？

3. 一位研究者想要知道，是否在最初幾年就讀幼兒園的小孩，與那些沒有就讀幼兒園的小孩到小學的表現一樣，回答這個問題，哪一種發展的設計是適當的？並解釋之。

4. 假如你想要進行臨床訪談，對象是小學生，其父母中一人是患有愛滋病（AIDS）的，在獲得父母同意問及有關這種敏感、私人主題後，為引出有關與慢性蒙上污名疾病父母生活的想法與感覺，在整個訪談過程中，你要採取什麼步驟以確保獲得小孩的同意？

參考文獻

Branje, S. J. T., Van Lieshout, C. F. M., van Aken, M. A. G., & Haselager, G. J. T. (2004). Perceived support in sibling relationships and adolescent adjustment. *Journal of Child Psychology and Psychiatry, 45*, 1385-1396.

Buhrmester, D., & Furman, W. (1990). Perceptions of sibling relationship during middle Childhood and adolescence. *Child Development, 61*, 1387-1398.

Caspi, A. (2000). The child is father of the man: Personality continuities from childhood to adulthood. *Journal of Personality and Social Psychology, 78*, 158-172.

Caspi, A., Harrington, H., Milne, B., Amell, J. W., Theodore, R. F., & Moffitt, T. E. (2003). Children's behavioral styles at age 3 are linked to their adult personality traits at age 26. *Journal of Personality, 71*, 495-513.

Dunn, J., Slomkowski, C., & Beardsall, L. (1994). Sibling relationships from the preschool period through middle childhood and early adolescence. *Developmental Psychology, 30*, 315-324.

El-Sheikh, M., Cummings, E. M., & Reiter, S. (1996). Preschoolers' responses to ongoing interadult conflict: The role of prior exposure to resolved versus unresolved arguments. *Journal of Abnormal Child Psychology, 24*, 665-679.

Fox, N. A., & Card, J. A. (1998). Psychophysiological measures is the study of attachment. In J. Cassidy & P. Shaver (Eds.), *Handbook of attachment: Theory, research, and clinical applications* (pp. 236-245). New York: The Guilford Press.

Fox, N. A., Schmidt, L. A., & Henderson, H. A. (2000). Developmental psychophysiology: Conceptual and methodological perspectives. In J. T. Cacioppo & L. G. Tassinary (Eds.), *Handbook of psychophysiology* (2nd ed., pp. 665-686). New York: Cambridge University Press.

Gaillard, W., Sachs, B. C., Whitnah, J. R., Ahmad, Z., Balsamo, L. M., & Petrella, J. R. (2004). Developmental aspects of language processing: fMRI of verbal fluency is children and adults. *Human Brain Mapping, 18*, 176-185.

Gardner, H. E. (1998). Extraordinary cognitive achievements (ECA): A symbol systems approach. In W. Damon & R. M. Lerner (Eds), *Handbook of child psychology (Vol. 1): Theoretical models of human development* (5th ed., pp. 415-416). New York: Johe Wiley & Sons.

Ginsburg, H. P. (1997). *Entering the child's mind: The clinical interview in psychological research and practice.* New York: Cambridge University Press.

Goldsmith, L. T. (2000). Tracking trajectories of talent: Child prodigies growing up. In R. C. Friedman & B. M. Shore (Eds.), *Talents unfolding: Cognition and development* (pp. 89-122). Washington, DC: American Psychological Association.

Henry, B., Moffitt, T. E., Caspi, A., Langley, J., & Silva, P. A. (1994). On the "remembrance of things past": A longitudinal evaluation of the retrospective method. *Psychological Assessment, 6*, 92-101.

Jones, N. A., Field, T., Fox, N. A., Lundy, B., & Davalos, M. (1997). EEG activation in 1-month-old infants of depressed mothers. *Development and Psychopathology, 9*, 491-505.

Kagan, J., & Sandino, K. J. (2001). Behavioral inhibition and related temperaments. In R. N. Emde & J. K. Hewitt (Eds.), *Infancy to early childhood: Genetic and environmental influences on developmental change* (pp. 111-119). New York: Oxford University Press.

Kraemer, H. C., Yesavage, J. A., Taylor, J. L., & Kupfer, D. (2000). How can we learn about developmental processes from cross-sectional studies, or can we? *American Journal of Psychiatry, 157*, 163-171.

LeVine, R. A., Dixon, S., LeVine, S., Richman, A., Leiderman, P. H., Keefer, C. H., & Brazelton, T. B. (1994). *Child care and culture: Lessons from Africa.* New York: Cambridge University Press.

Miller, P. J., Hengst, J. A., & Wang, S. (2003). Ethnographic methods: Applications from developmental cultural psychology. In P. M. Camic & J. E. Rhodes (Eds.), *Qualitative research in psychology* (pp. 219-242). Washington, DC: American Psychological Association.

Peshkin, A. (1978). *Growing up American: Schooling and the survival of the community.* Chicago: University of Chicago Press.

Peshkin, A. (1997). *Places of memory: Whiteman schools and native American communities.* Mahwah, NJ: Lawrence Erlbaum Associates.

Piaget, J. (1932). *The moral judgement of the child.* Glencoe, IL: The Free Press.

Pine, D. S. (2001). Functional magnetic resonance imaging is children and adolescences: Implication for research on emotion. In J. M. Morihisa (Ed.), *Advances is brain imaging* (pp. 53-82). Washington, DC: American Psychiatric Publishing.

Rosenberg, D. R., Sweeney, J. A., Gillen, J. S., Kim, J., Varanelli, M. J., O'Hearn, K. M., & Erb, P. A. (1997). Magnetic resonance imaging of children without sedation: Preparation with simulations. *Journal of the American Academy of Child and Adolescent Psychiatry, 36,* 853-859.

Sameroff, A. J., & Mackenzie, M. J. (2003). Research strategies for capturing transactional models of development: The limits of the possible. *Development and Psychopathology, 15,* 613-640.

Schwarz, N. (1999). Self-reports: How the questions shape the answers. *American Psychologist, 54,* 93-105.

Shafer, V. L., Shucard, D. W., & Jaeger, J. J. (1999). Electrophysiological indices of cerebral specialization and the role of propody in language acquistion is 3-month-old infants. *Developmental Neuropsychology, 15,* 73-109.

Shields, A., Ryan, R. M., & Cicchetti, D. (2001). Narrative representations of caregivers and emotion dysregulation as predictors of maltreated children's rejection by peers. *Developmental Psychology, 37,* 321-337.

Shweder, R. A. (1996). True ethnography: The lore, the law, and the lure. In R. Jessor, A. Colby & R. A. Shweder (Eds.), *Ethnography and human development* (pp. 15-52). Chicago: University of Chicago Press.

Stanovich, K. E. (2004). *How to think straight about psychology* (7th ed.). Boston: Allyn & Bacon.

Thomas, K. M., & Casey, B. J. (2003). Methods for imaging the developing brain. In M.

deHaan & M. H. Johnson (Eds.), *The cognitive neuroscience of development* (pp. 19-41). Hove, UK: Psychology Press.

Triandis, H. C. (1998). *Cross-cultural versus cultural psychology: A synthesis.* Lolloquium presented at Illinois Wesleyan University Bloomington, IL.

Valde's, G. (1998). The world outside and inside schools: Language and immigrant children. *Educational Researcher, 27*(6), 4-18.

Wu, P., Robinson, C. C., Yang, C., Hart, C. H., Olsen, S. F., Porter, C. L., Jin, S., Wo, T., & Wu, X. (2002). Similarities and differences in mothers' parenting of preschoolers is China and the United States. *International Journal of Behavioral Development, 26,* 481-491.

Yarrow, M. R., Campbell, J. D., & Burton, R. V. (1970). Recollections of childhood: A study of the retrospective method. *Monographs of the Society for Research in Child Development, 35*(5 Serial No. 138).

Yarrow, M. R., Scott, P. M., & Waxler, C. Z. (1973). Learning concern for others. *Developmental Psychology, 8,* 240-260.

part 2

產前與嬰幼兒期之發展

產前與嬰幼兒期是發展快速、影響個人一生的重要時期。本篇
共有六章，包括：產前發展、嬰幼兒期生理與動作發展、嬰幼兒期
知覺與認知發展、嬰幼兒期語言發展、嬰兒期社會發展，以及幼兒
期社會與情緒發展。

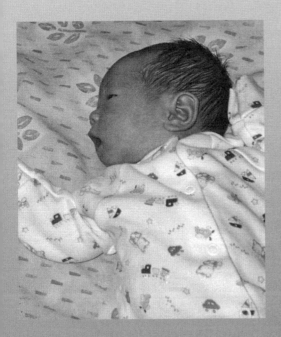

產前發展

學習目標

1. 有絲分裂與減數分裂。

2. 性連遺傳和染色體異常。

3. 產前發展的三個時期。

4. 環境對產前發展的影響。

5. 生產的過程、方式及特殊狀況。

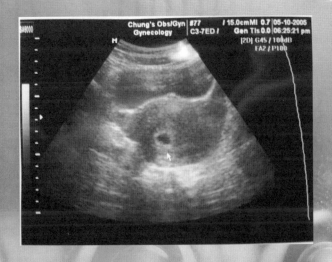

　　這一章的主要內容是介紹人類生命的初始——胚胎的發展以及生產的過程。本章共包括四節：遺傳的特性，產前發展，環境對產前發展的影響，以及生產的過程。

第一節

遺傳之特性

　　本節中共分兩個部分：第一部分敘述人類細胞的增生方式；第二部分介紹性連遺傳和染色體異常。

一、有絲分裂與減數分裂

　　人類的細胞增生有兩個基本的方式：其一是**有絲分裂（mitosis）**；另一是**減數分裂（meiosis）**。以下分別介紹這兩種細胞分裂的方式和功能。

（一）有絲分裂

　　體細胞經由有絲分裂複製產生與其具備相同之 46 個染色體的細胞。如圖3-1 所示，母細胞所有的染色體移至細胞核的中央位置，然後複製一次成為兩組，此兩組染色體漸漸往外移動而移至細胞的外緣。細胞從中間分開形成兩個子細胞，此兩個子細胞亦經由相同的分裂過程，複製產生與其具備相同之 23對染色體的子細胞。有絲分裂使細胞得以增生複製出與母細胞完全相同的 23對染色體的子細胞。有絲分裂由位於染色體上之去氧核糖核酸（deoxyribonucleic acid, DNA）所主控，DNA 並依細胞的功能特性（如：骨骼細胞、血液細胞、神經細胞等）決定細胞複製所需之化學成分。有絲分裂在生命中持續進行，產生新的體細胞用來取代老舊的體細胞，因此任一體細胞，不論其外表的形式或功能的差異均具備相同之 46 個染色體。有絲分裂的主要功能讓個體在細胞汰舊換新的過程中仍能保持個體的生物連續性，不受時間和個體心智經驗所改

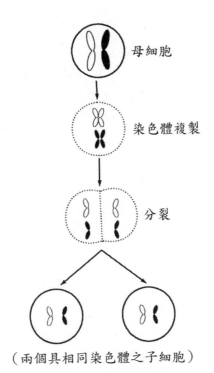

（兩個具相同染色體之子細胞）

圖 3-1　　有絲分裂

變。不過我們現在也發現曝露在放射性和化學物品中，體細胞的染色體也可能
產生變化，而且通常這些變化對個體常是具危險性的。

（二）減數分裂

　　減數分裂僅發生於產生生殖細胞的過程中，這也是產生基因改變的主要方
式。首先介紹雄性生殖細胞——精子的產生過程。在減數分裂的過程中，如圖
3-2a 所示由精原細胞首先分裂一次，然後複製，產生兩個具有 23 對染色體的
子細胞。接著進行第二次的分裂產生四個精細胞，使每一個產生的精細胞只含
有23個染色體。所以產生精細胞的減數分裂過程有複製一次但分裂兩次的特性。

　　雖然產生卵細胞的減數分裂也具有複製一次但分裂兩次的特性，但與精細
胞的形成過程並不相同。卵細胞的形成過程如圖 3-2b 所示，當卵原細胞中的
染色體複製後，經第一次分裂成為兩個具有 23 對染色體的子細胞，但此兩細

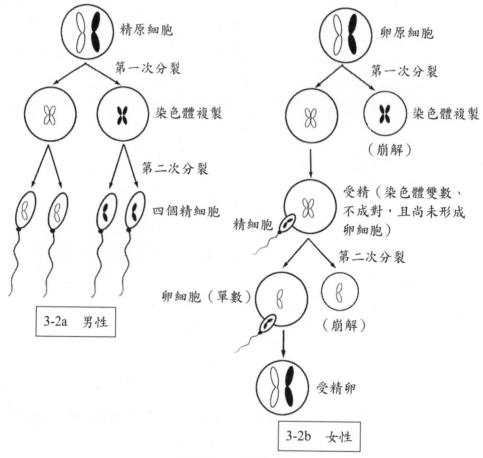

圖 3-2　　減數分裂

胞的大小並不相同，原因是卵原細胞的細胞質不平均的分配給兩個子細胞，使其中一個因為得到大部分的細胞質而比較大，另一個則比較小。較小的那一個細胞因生存條件不足而崩解死亡。較大的那一個細胞（也就是後來會繼續分裂形成卵細胞的那一個），並不進行第二次的分裂直到精子突破此細胞的細胞膜時，便產生第二次的分裂。如同第一次的分裂，細胞質的分配比例懸殊，產生其中的一個細胞擁有大部分的細胞質而形成卵細胞，而另一個分裂後雖具有23個染色體的細胞，但因所含細胞質過少而無法存活。當精細胞進入卵細胞之細胞核時，這時卵細胞中的 23 個染色體與精細胞中的 23 個染色體便結合成為受

精卵。倘若在此減數分裂的過程中沒有發生受精的現象，卵原細胞便在減數分裂的過程中因停滯過久而崩解死亡。

　　因為精細胞和卵細胞分別來自父親和母親，所以在形成受精卵的過程中，使新形成的個體帶有一半來自父親，另一半來自母親的染色體，而與父親或母親都不完全相同，因而增加了新生子代與親代不相同的機會。此外，染色體也靠另一種稱為「**互換**」（crossing over）的過程產生更多的差異和變化。「互換」的過程是發生在減數分裂剛開始的時候，因為具有相同特徵的兩個染色體並列於同一子細胞中。這時一個染色體中的一段可能與另一染色體相對應的一段互換。如圖 3-3 所示，互換的過程使原有的染色體上所含的基因有所改變，而產生子代所擁有的基因與親代不相同的機率大幅提高。由相同親代所產生精細胞和卵細胞結合的子代就可能有 2^{23} 種基因組合，也就是大約八百萬種。如果加上因為互換所帶來的可能差異，就可能產生六億四千萬種的組合。這也就是為什麼相同的父母所產生的子女之基因組合相同的機會是很小的原因了。

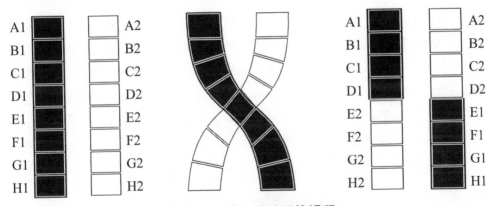

圖 3-3　　染色體的互換過程

二、性連遺傳和染色體異常

　　所謂**性連遺傳**（sex-linked heredity）是指與個體的性別相關的遺傳特性；而染色體的異常則可以分為性染色體和體染色體異常兩類。分別敘述如下。

（一）性連遺傳

性別是由第23對染色體所決定。男性的第23對染色體由一個長形的（稱為X染色體）和一個短小的（稱為Y染色體）所組成。女性的第23對染色體則由兩個長形的X染色體所組成。因此人類的性別是由男性所決定的，當攜帶Y染色體的精細胞與卵細胞結合時，所產生的子代為具有X和Y染色體的男性，反之則產生具兩個X染色體的女性。

大部分的性連遺傳是肇因於X染色體上的隱性基因，而這些隱性基因往往表現於男性子代身上。其原因是當得自母親的X染色體所帶的隱性基因，因為Y染色體上沒有相對應的基因得以抗衡的時候，此隱性基因便表現出來。而在女性子代則有分別得自父親和母親的兩個X染色體，所以必須具有兩個隱性基因才會表現出來。一些在X染色體之隱性基因上的疾病，例如：紅綠色盲、血友病（hemophilia）、肌肉萎縮症、視神經退化、一些耳聾和夜盲症等均屬於性連遺傳疾病。這些疾病的罹患率明顯地有男性多於女性的現象。性連遺傳疾病在不同的族群中，發生的頻率不同。相同的一種疾病的基因，可以經由基因的互換和選擇，在不同族群的**基因群（gene pool）**中得以存活或被淘汰。例如：在以色列的猶太男性約有60%患有一種遺傳性的貧血症，但在歐洲的猶太男性卻只有 0.5%罹患此症。而且在同一族群中，我們藉由男性患性連遺傳疾病的機率也可以推算出女性罹患此症的比率。例如：在美國男性罹患紅綠色盲的機率是每100名男性中有8名患此症，也就是單個X染色體的罹患率大約是$\frac{1}{12}$。以此推算女性患此病的比率應為$\frac{1}{12} \times \frac{1}{12} = \frac{1}{144}$，也就是每144名美國女性中有一名患紅綠色盲（Burns & Bottino, 1989）。

雖然多數的新生兒是正常的，但是也有大約百分之五的胎兒在出生時有先天性的缺陷，其中一部分的缺陷並不一定會立刻表現出來，比如患**杭丁頓症（Huntingtom's disease）**的染色體在受精卵時就形成，但是此病對神經系統的侵害卻始於成年以後，通常在大約 40 歲時才開始。在本章第三節中我們將介紹一些因為懷孕中或生產過程中所造成的先天性缺陷，本節中先就常見的染色體的異常所造成的先天性缺陷做一簡述。

（二）染色體異常

染色體的異常可以分為性染色體異常和體染色體異常兩類。在產生精細胞和卵細胞的減數分裂中，有時分裂的過程中有染色體不平均分裂的現象，在這種情況下所產生的受精卵，極有可能無法存活而以自然流產的方式排出母體之外。但是仍然有一些不均勻染色體的受精卵存活下來，而造成先天性染色體過多或過少的現象。

1. 性染色體異常

首先介紹性染色體的異常。一般正常的性染色體（第 23 對染色體）的組成是 XX 或 XY。當性染色體不正常時，在男性可能有 XXY 或 XYY 的形式，在女性則可能有一個（X），三個（XXX），四個（XXXX）或五個（XXXXX）X 染色體的形式。在外觀和症狀上各有一些不同，當女性只有一個 X 染色體，有手指腳趾短小、平胸、青春期無性徵發育且沒有生殖力，具正常語文智力和略低的空間智力，我們稱此症為**登尼症（Turner's syndrome）**。當女性有多個 X 染色體，有正常的外觀且具生殖力能產生正常的子代，但智力略低，尤其是語文推理能力最弱。2 歲時可以偵測出智力發展的遲緩，而且所擁有的 X 染色體數目愈多，智力發展遲緩的現象就愈明顯。

在男性方面，有一個 Y 染色體和多於一個 X 染色體的男性，我們稱他們患**克林福德症（Klinefelter's syndrome）**，這些男性可能表現出一些女性的第二性徵。因此曾經有患此症之男性以女性運動員身份參加奧運，而導致目前奧運會在賽前對女性選手進行性別鑑定。大約有 20% 至 30% 的克林福德症患者有語文智力不足的缺陷，且情況隨含 X 染色體的數目增加而嚴重化。至於有一個 X 染色體和多於一個 Y 染色體的男性，有明顯男性特徵，身材高大，長齒，雖精子數目較少但具生殖能力。在過去曾經認為有多於一個 Y 染色體的男性，智力較低且具攻擊性，但晚近的研究發現他們智力正常且並不一定較具攻擊性，反而可能較羞怯退縮（Tomie, 1995）。

此外，有一些人（包括男性和女性）的 X 染色體呈斷裂的情形，這稱為 **X 碎裂症（fragile-X syndrome）**（Cronister, Hagerman, Wittenberger, & Amiri, 1991;

Cronister et al., 1991），此會造成患者智能不足，並且也是造成自閉症的可能原因之一。患X碎裂症的男性有很高的比例（大約 75%）有智能不足的現象，但患此症的女性卻大部分是正常智力的，這是因為造成症狀的基因位於X染色體的緣故。然而晚近的研究發現碎裂的X染色體來源是重要的，因為如果斷裂的X染色體是得自於母親（而非父親）時，造成其女兒智能不足的情形就會大幅提高。

2. 體染色體異常

體染色體的異常指的是除第 23 對染色體之外（為男性和女性均擁有）的其他 22 對染色體。通常發生體染色體異常的原因是減數分裂時的不均勻分裂，造成精子或卵子攜帶了一個多餘的體染色體，使受精卵的染色體數目成為 47 個（也就是除了決定性別的第 23 對染色體之外，仍有 45 個體染色體）。將染色體排列起來時，就有一對染色體多了一個，這種現象最普遍的例子就是唐氏症。唐氏症在第 21 對染色體上多了一個染色體，造成患者智能不足，平均智商約為 50（正常兒童平均智商是 100），而且有聽力、視力和心臟的缺陷。在外觀上有四肢短，杏眼平鼻凸額等特徵。雖然發展遲緩但如果生活環境中有足夠刺激和情緒支持，唐氏症的孩童仍能學會照顧自己的基本能力。不過因為他們的缺陷所限，大多數的唐氏症患者可能無法經濟獨立，而需要仰賴家庭和社會福利的照顧。

3. 造成染色體異常的因素

什麼原因造成染色體的異常呢？研究發現隨母親年齡增長，所產下新生嬰兒罹患唐氏症或其它種類染色體異常的機率亦隨之提昇（Shafer & Kuller, 1996）。如表 3-1 所示，年齡超過 45 歲的婦女產下唐氏症或其它染色體異常的新生兒的機率遠較 30 歲以下的母親為高。一個經常被提及的原因是母親的年齡也就是所謂「卵子老化假設」（aging-ova hypothesis）。因為女性的卵原細胞在她出生前就已經存在於卵巢中，在女性一生中，卵原細胞逐一成熟為卵，與精子結合後成為受精卵。所以一個年齡為 45 歲的婦女，它的卵子事實上已存在於體內超過 45 年。所以在這段歲月中，卵子極可能受到環境中有害物質

表 3-1 罹患唐氏症與其它染色體異常機率和母親年齡間之關係

母親年齡	受孕罹患機率	出生時患唐氏症機率	出生時患其它染色體異常機率
< 29	< 1/1000	1/100	1/450
30~34	1/700	1/100	1/350
35~39	1/220	1/100	1/125
40~44	1/65	1/25	1/40
45~49	1/25	1/15	1/12

資料來源：摘自 Shafer & Kuller (1996)

的影響而變得脆弱。

　　相對地，由於男性產生精子的過程與女性產生卵子的過程不相同，因此，男性並不長期儲存精子於體內，致使染色體的異常與父親的年齡無關。但是父親仍有可能產生染色體異常的精子。例如：大約四分之一的唐氏症嬰兒是得自於父親染色體的異常所造成。一般而言，父親經常曝露於環境的有害因子中（比如長期接觸X光），就有可能造成其染色體的異常。研究指出大約80%的登尼症（即含有一個 X 的性染色體異常），是自母親得到一個正常的 X 染色體，但自父親得到一個異常的精子（Tomie, 1995）。

　　此外，染色體的變異也可能是由於突變（mutation）所造成。所謂突變是指一個或以上的基因，因結構的改變而產生與父母親均不相同的外顯型。大部分的突變是自然發生的而且通常不利存活，但是也有一些突變是由環境的有害物質所引發，例如：輻射線、農藥、食物中的添加物等，都可能引起基因的改變。當然突變也可能因應環境改變的特性而增加個體存活的能力，例如：在非洲患鐮刀型貧血症的人對抗瘧疾的能力較強，使鐮刀型貧血症的基因得以保存下來；但是此基因在非瘧疾盛行的地區，就反而不利存活了。由上所述，受精卵的形成和其所帶有的遺傳物質之特性，對於個體產前發育以及出生後的發展，均有極重要的意義。

第二節

產前發展

　　產前發展（prenatal development）是指生命個體在自受精至出生這一段期間中的發育歷程。一般而言，人類的懷孕期約有 266 天（38 週），在這段期間中，生命由一個微小的單細胞受精卵逐漸發育成為大約有 20 億個細胞，能夠離開母體生活的胎兒。因此產前發展是個體快速發展的時期，通常我們將產前發展分為**胚芽期（germinal period）**或稱為**受精卵期（period of zygote）、胚胎期（period of embryo）**，和**胎兒期（period of fetus）**。以下分別說明此三時期的發展特徵。

一、胚芽期

　　當帶有母體中的卵原細胞逐漸成熟自卵巢進入輸卵管（fallopian tube），這時倘若遇到精子而成功的受精形成受精卵（zygote），受精卵便自輸卵管緩慢地往子宮移動，在受精之後 36 小時左右發生第一次的有絲分裂成為二個細胞，接著在第 48 小時進行第二次的有絲分裂成為四個細胞。隨後在受精後第 72 小時分裂為具有 16 或 32 個細胞的胚囊，接著在第 4 或第 5 天形成約含有 60 至 80 個細胞的球型胚囊（blastocyst）。如圖 3-4 所示，這時細胞的功能開始分化而成為內外兩層，其中屬於內層的**內細胞群（inner cell mass）**逐漸發育成為胚胎，而屬於外層的則發育成為供給營養和保護胚胎的**胚囊細胞組織（trophoblast cell）**。

　　如圖 3-5 所示，當胚囊緩慢的移入子宮（uterus）時，在胚囊的外層發育出細微的突出組織，附著於母親的子宮壁上，這個現象稱之為**著床（implantation）**。倘若順利著床成功，胚胎與子宮壁接觸的部分便逐漸發育為**胎盤（placenta）**。一般而言，著床約始於受精後第 6 至第 10 天而完成於第 10 至第 14 天。成功的著床是胚胎發育極為重要的一環，大約有四分之三左右的受精卵因為發育異常無法著床，或是母親子宮壁的著床條件的不成功而產生

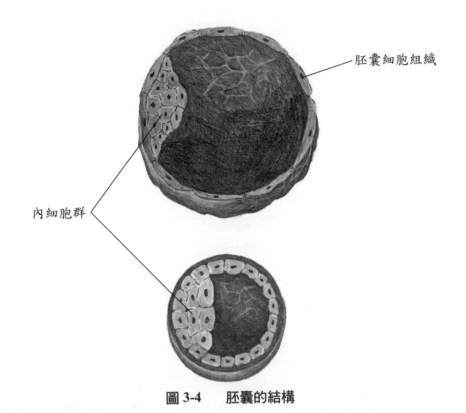

胚囊細胞組織

內細胞群

圖 3-4　　胚囊的結構

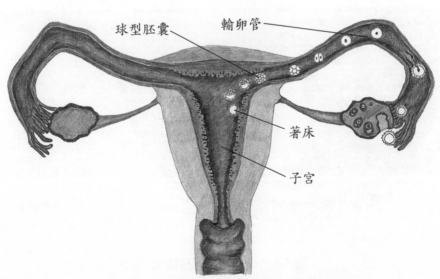

球型胚囊

輸卵管

著床

子宮

圖 3-5　　受精卵自輸卵管移入子宮示意圖

流產等現象。因此只有大約四分之一的受精卵得以順利渡過胚芽期。

　　值得一提的是在胚芽期的胚囊外層也分化成為四種主要的支援系統來保護或是供給發育中的個體養分。這些支援系統即是**羊膜（amnion）**、**絨毛膜（chorion）**、**胎盤（placenta）**和**臍帶（umbilical cord）**，如圖 3-6 所示。從結構來看，胚胎是沈浸在以羊膜包裹的**羊水（amniotic acid）**中。羊水的功能包括：調節體溫、防震、提供浮力便於胚胎移動等。羊膜外裹有絨毛膜，在與母體子宮壁相接觸的區域則形成胎盤，胎盤包括母體和胎兒的組織，它的功能對胎兒很重要，它使母血和胎兒的血液不直接接觸，同時有過濾的功能，使母體的營養、氧氣透過胎盤經由臍帶傳給胎兒，同時將胎兒發育生長產生的廢物（如：二氧化碳等）得以經由母體的血液而排泄出去。因此母親在懷孕期間，事實上也為胎兒攝食、呼吸以及代謝。

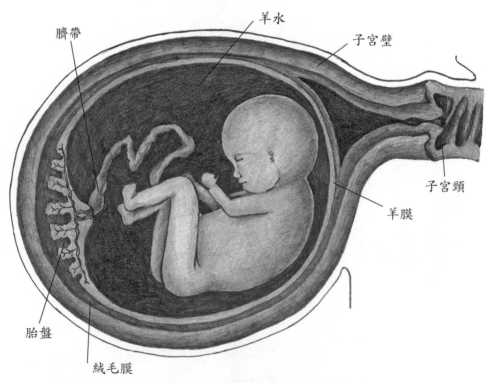

圖 3-6　　胎兒的成長環境

二、胚胎期

　　胚胎期大約自受精後第 3 至 8 週。在第 3 週時，胚胎的發育分化為三層，即**內胚層（endoderm）**、**中胚層（mesoderm）**和**外胚層（ectoderm）**，尤其重要的是自外胚層中衍生出神經管（neural tube）的結構，神經管在後來發育成為腦和脊髓。在第 4 週時，胚胎的心臟形成而且開始跳動。這時眼、耳、嘴也開始形成，四肢的雛形出現。大約在受精後的 30 天時，胚胎約有 0.6 公分長，相當是受精卵的一萬倍，這也是個體成長最快速的時期。

　　自第 2 個月開始，胚胎以每天生長 0.08 公分的速度漸漸發育而具備人的外形。在第 5 週時，眼睛發育出角膜和水晶體。第 7 週時耳朵已經成形，胚胎也具備骨骼的雛形，先長出手臂逐漸由上臂沿生出前肢、手掌和手指。數天後，腿部亦依循相同的順序長出大腿、小腿、腳掌和腳趾。

　　在第 7 和第 8 週時，胚胎也開始性別的分化。在此之前胚胎均具有相同外觀的**生殖脊（gonad）**。男胎所具有的 Y 染色體便在此時引發生化反應使生殖脊發育成為睪丸。若是女胎這時因為沒有 Y 染色體的生化反應，就在第 8 週以後發育出卵巢。

　　很重要的是腦部的發育在此時期極為快速，並且能在第 8 週左右主控胚胎的肌肉收縮。另一方面胚胎的循環系統開始運作，肝臟和脾臟也開始製造血球。在胚胎期中，胚胎不但具有人的外形，同時也具備基本的結構。

三、胎兒期

　　胎兒期自受精後第 9 至第 40 週，大約有 7 個月的時間，這段期間胎兒的身形快速成長而且各器官的功能發育逐漸完備，如圖 3-7 所示。在懷孕第 3 個月時，神經和肌肉系統間的相互協調使母親能感受到胎動（例如：胎兒踢腿、轉動身體等的動作）。消化和排泄系統也共同運作，使胎兒表現出吞嚥、吸收養分和排尿等的現象。性別的分化也持續進行，男胎的睪丸開始分泌雄性激素使性器官的發育漸臻完整。同時女胎也因為無雄性激素而發育出女性的生殖器官，因此在懷孕的第 3 個月後就能以超音波的診察看出胎兒的性別。懷孕的前

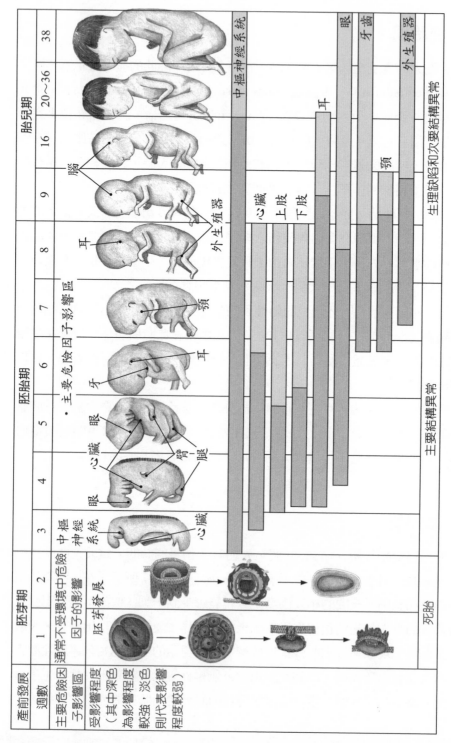

圖 3-7　懷孕發展的階段

資料來源：Moore & Persaud (2003)

3 個月間胚胎已具備人的雛形，這時平均的長度是 7.6 公分，重量通常大約 28 公克。

接著胎兒的發育在懷孕之第 4、5 和 6 個月中，持續增長。在第 16 週時，胎兒的身長大約是在 20 至 25 公分間，體重大約是 168 公克。這時一些細微的動作（例如：吸吮大拇指）和明顯有力的踢腿動作均表現出來，脊椎和心跳均可偵測觀察得到。

在懷孕第 5 和第 6 個月時，胎兒的指甲變硬，皮膚增厚，眼瞼、睫毛和頭皮等均發育出來。在第 20 週時胎兒的汗腺開始分泌汗液。胎兒的全身覆蓋一層白色的胎脂（vernix）和一層細毛（lanugo）。胎脂的功能是為了保護長期浸泡在羊水中的胎兒皮膚，而細毛的功能則是使胎脂能附著在胎兒的皮膚。約在懷孕的第 6 個月結束時，胎兒的聽覺和視覺均開始運作，而能對聲音和強光做出反應。這時胎兒大約是 35 至 38 公分長，體重大約是 900 公克。如圖 3-7 所示，在第 9 到第 20 週之間是身體成長比例最快的時期。

在懷孕的末 3 個月（即第 7、8 和 9 個月），一般稱為「完成期」。這時期的主要目的是各身體器官快速成熟，準備胎兒的誕生。胎兒若在大約懷孕第 22 至 28 週，也就是第 7 個月時出生，便可能成功的存活，因此我們稱此為「**存活年齡**」（**age of viability**）。在第 28 至 32 週間，胎兒的心跳、大動作、睡眠和清醒的週期很明顯地漸趨規律化，這些現象反映出胎兒的神經系統的組織和協調逐漸成熟，準備脫離母體生活。但是在這段期間倘若出生，仍須以氧氣的輔助，因為這時胎兒的肺泡尚未成熟至能自行呼吸的程度。

在第 7 個月結束時，胎兒的身長大約是 43 公分，體重大約是 1,800 公克。到了滿 8 個月時，胎兒的身長是 46 公分，體重大約是 2,300 至 3,000 公克左右。在第 8、9 個月時，體重增加主因是皮下脂肪的增加，為的是使胎兒能適應出生後外界溫度的改變。在懷孕的最後一個月（即第 9 個月）時，胎兒的睡眠時間增長，活動減緩。胎兒也因為體型的增大，以頭朝下的胎位為最舒適的姿態。在這段期間，子宮開始不規則的收縮，準備生產。

第三節

環境對產前發展之影響

　　產前環境對發展的影響是很重要的。本節中將以討論母親在懷孕期的營養、母親的情緒穩定性，和環境中的危險因子對產前發展的影響。

一、懷孕期的營養

　　母親在懷孕期間的營養對胎兒和母親均十分重要。母親體重的增加大約以懷孕前 3 個月中增加 1 至 2 公斤，之後每週增加 500 公克，而以懷孕期總體重增加 12 至 14 公斤為標準。更重要的是醫生通常會建議孕婦攝取高蛋白質和足夠熱量的均衡飲食。雖然以國內的現狀而言，孕婦大多不會有營養不足的情形，但是我們仍然要提醒孕婦：營養不良對胎兒的成長是非常不利的。如眾所知，營養不良使胎兒的成長緩慢，使新生兒的體重過輕，確切而言，營養不足對胚胎的影響與當時胚胎的發育有關。在懷孕的前 3 個月中，營養不足可能影響脊椎的發育並且造成流產。在懷孕的末 3 個月如果孕婦的營養攝取不足則可能使胎兒頭部和體重過輕而無法在產後存活。一般營養正常的母親，在懷孕末期因為種種的原因，而沒有攝取足夠的營養，使胎兒腦的重量過輕和腦細胞數量不足，而可能生下死胎，是值得孕婦們注意的。倘若幸運的存活下來，天生營養不良的新生兒也有較高的機率得到心臟病或糖尿病。另一個營養不良對新生兒不利的現象是：這些新生兒通常因為發育遲緩而使得對環境的刺激缺乏反應或是易燥不安，這樣的特性使父母在照顧的時候，相對地提供較少的互動和社會性刺激，以及情緒的接納和安撫。而導致他們在社會性行為和智能發展上的遲緩。如果能在嬰兒出生後及早補充營養，並且提供豐富的環境刺激和合宜的社會互動關係，也將會使懷孕期營養不足所造成的傷害大幅減少，而減除對嬰兒發展長期的影響。

　　值得一提的是現代的孕婦有時雖然攝取了很多樣的營養，但卻忽略了充分的維生素和礦物質以確保胎兒的健康。事實上，增加少量的鎂和鋅，能促進胎

盤的功能與增加順產的機率。而**葉酸（folic acid）**——一種經常存在新鮮水果、肝臟和綠色蔬菜的維生素B——和神經系統的發育關係密切，可以預防脊髓和神經管的發育不全。因為神經系統的發育以懷孕前期為主（尤其是前8週），而大多數懷孕期婦女攝食葉酸常有不足的現象，因此需要提醒孕婦增加對葉酸的補充。不過，倘若以多種維生素或礦物質為主要補充方式，也要注意過多的維生素A反而會造成新生兒的缺陷，所以最好還是以醫生的處方來補充維生素和礦物質。

二、母親的情緒穩定性

雖然對大多數母親而言，懷孕是令人愉悅的事情，但是懷孕期間所帶來身體的改變和大量激素的分泌所造成的不舒服，使母親的情緒容易產生波動，所以保持心情平靜穩定是很重要的。雖然暫時性的情緒波動，對胎兒的發育影響不大，但倘若長期和極度的情緒經驗，則會影響胎兒的成長，引起早產、體重過輕和生產時的困難（Lobel, 1994; Paarlberg et al., 1995）。此外，由情緒干擾的母親產下的胎兒，也常有過動、易燥和進食、睡眠及如廁不規律的現象（Sameroff & Chandler, 1975）。

為什麼母親的情緒穩定度會影響她的胎兒發育呢？這個問題大約可以分為幾個方面來看：第一、母親對於懷孕的態度：如果母親對於懷孕的態度是偏負面的，例如：懷孕並非母親所計畫或期待的，母親認為懷孕帶來身材的改變，生理的不適，或對她的工作和家庭生活造成影響。母親的負面態度可能使她忽略腹中胎兒的成長需要，而沒有注意飲食和休息，或是沒有避免環境中的危險因子，這些都可能使她的胎兒成長受到影響。第二、懷孕期間所發生的主要生活事件的影響：一般而言，**主要生活事件（major life event）**，例如：母親或家庭中成員的遷居、改變工作、生病等，均會造成母親壓力的來源。對於這些生活事件的適應難易以及適應期的長短，均會影響胎兒的發育。

研究發現面對壓力的因應時，母親的情緒波動使大量的激素分泌，這些賀爾蒙經由胎盤進入胚胎的生長環境中，而抑制胚胎或胎兒的活動（Thompson, 1990）。另一方面，過量的激素可能會抑制母親的大肌肉活動，使母親呼吸時

氧氣的吸入量減少，以及母親血液中的氧氣減少，就會使供給胎兒的氧氣和營養量也隨之減少。此外，母親的情緒壓力也會使母親的免疫系統功能減弱，而容易受到疾病的感染。最後，母親倘若在因應壓力時，有飲食失當、抽菸、喝酒，甚至是吸食藥物的情形，那麼就可能產生胎兒發育上的缺陷和體重過輕的現象。情緒緊張的母親，也比較容易有流產、早產或難產的情形。更嚴重的是如果母親在懷孕期持續面對情緒壓力的話，對於初生嬰兒的發育和成長便可能造成更長期的適應困難。

事實上，現代人的生活壓力來源很多，母親可能不易在懷孕期中避免承受壓力的經驗。所以如何有效的因應壓力，可能遠較避免承受壓力來得重要。一般而言，有良好的婚姻關係並且對懷孕抱持正面的態度，以及有親朋好友所帶來的社會支援，通常能使母親因應壓力的效能提昇，並且保持愉悅平靜的情緒，這些對胎兒和母親均有非常大的好處。

目前有許多婦女在年齡較大的時候才懷孕，尤其是超過 30 歲的孕婦比例逐漸增高。一般而言，年紀在 17 歲以下或 35 歲以上對胎兒的發育較為不利。但是如果注意懷孕期的營養、定期產檢和注意產前的照顧，配合現代的醫學技術，仍然可以順利的懷孕，產下正常健康的嬰兒。根據統計，95%的新生兒是正常健康的，發育有缺陷或存活條件非常不良的胎兒，大都在懷孕期中以自然流產的方式排出母體，無法繼續生存。但是仍有大約 5%的新生兒在出生時便有缺陷。

三、環境中的危險因子

環境中的**危險因子**（teratogens）是指對於出生前的發育有負面影響的疾病、藥物和環境中的其它條件因素。這些危險因子可能造成身體的缺陷、發育遲緩、聽覺視覺障礙、腦傷甚至死亡。如前所述95%的新生兒是正常健康的，而且在新生兒時的缺陷也有相當機會補救，或是經由良好的照顧而自然痊癒。所以在我們進一步的分項敘述各類危險因子的影響時，我們也想提醒讀者以下列的角度來思考有關危險因子的研究結果。

第一、危險因子對正在發育成長的器官影響最大：出生前是快速成長的時

期，不同的器官在特定的產前時期中，以固定的順序發育出來。在受精卵期間，如果有危險因子侵入胚胎，就很可能造成胚芽無法著床而死亡。在胚胎期（即第 3 至第 8 週），許多重要器官開始發育，因此各器官組織均有一段敏感、易受傷害的時期，如：中樞神經系統（自第 3 至第 16 週）、心臟（自第 3 週半至第 6 週半）、眼（自第 4 週半至第 8 週半）、耳（自第 4 週半至第 9 週半）、手臂（自第 4 至第 5 週）、手掌（自第 6 週半至第 9 週半）、腿（自第 4 週半至第 6 週初）、牙齒（自第 6 週半至第 8 週）和外生殖器（自第 7 週半至第 9 週）。一旦這些主要器官或身體結構有了初步的發展，環境中的危險因子所可能造成的傷害程度便逐漸減輕，直到懷孕的第 38 週為止。危險因子對出生前的影響，圖示於圖 3-7；第二、危險因子對胎兒的負面影響，受到胎兒和母親的遺傳成分有關，因此，同一危險因子並不一定對所有的胚胎有影響；第三、不同的危險因子可能造成相同的缺陷，同一個危險因子也可能造成不同的缺陷；第四、胚胎可能受到來自父親或母親的危險因子所影響；第五、胚胎受影響的程度與危險因子的強度和曝露量相關，而出生後的環境也可能可以減輕危險因子的影響。

（一）母親所感染的疾病

母親在懷孕期間所感染到的疾病病原，有可能透過胎盤而造成對胎兒發育的傷害。許多時候，母親本身的感染是輕微的和暫時性的，也可能母親並沒有明顯的症狀，但是對胎兒發育所造成的傷害卻是十分嚴重，這是因為胎兒的免疫系統尚未發育完全，所以對感染到的病原沒有足夠的抵抗能力所造成的。以下簡述幾項常見的疾病感染對胎兒發育的影響。

1. 德國麻疹

德國麻疹（rubella）病毒對胎兒發育的不良影響是在 1941 年由澳洲的 McAllister Gregg 醫師所發現。他留意到許多在懷孕初期的婦女如果感染德國麻疹，日後所產下的嬰兒有先天性失明的症狀。此後，有關德國麻疹對胎兒發育的殘害，包括：失明、失聰、心臟循環異常以及智障。德國麻疹所造成的最大傷害是在懷孕的前 3 個月，尤其是母親在懷孕後 8 週內受到感染對嬰兒的傷害

最大，約有 60%至 85%的新生兒會有上述的缺陷；若在第 3 個月感染，則約有 50%的可能會造成胎兒的缺陷；在第 13 至 20 週感染，則約有 16%的可能性。對視覺和心臟的傷害，主要是發生在第 8 週內的感染；對聽覺的傷害，主要是發生在第 6 至第 13 週的感染。由於德國麻疹的疫苗是在 1969 年發展出來的，可以預防感染，因此醫生多會建議計畫生育的婦女，在懷孕前 6 個月施打疫苗，以避免懷孕期的感染。

2. 梅毒

梅毒（syphilis）病原對懷孕中期和晚期的胎兒傷害最大。梅毒的螺旋菌直到懷孕的第 18 週才能通過胎盤進入胎兒體內，所以，假如有在 18 週內檢查出母親罹患梅毒並且加以治療，就可以預防梅毒對胎兒的傷害。但是如果母親患病而沒有接受治療，那麼就有可能產下有眼、耳、骨骼和腦部缺陷的胎兒。梅毒的發病時期可能在出生後 2 至 6 週稱為乳兒梅毒，也可能因潛伏或再犯在學齡期出現梅毒症狀，稱為晚發性梅毒。

3. 子宮疱疹和生殖器疱疹

這兩種疱疹病毒由於尚無法治癒的緣故，而被視為是很嚴重的危險因子。子宮內的疱疹（cytomegalovirus, CMV）感染是相當普遍的，它能夠造成失明、失聰、腦傷和死胎。而另一種生殖器疱疹，也能經由胎盤傳染給胎兒。不過主要是在分娩的過程中，經由與母親生殖器官的接觸而感染。生殖器疱疹（genital herpes）的感染大約造成三分之一的新生兒死亡，而另外四分之一左右的新生兒，有嚴重的神經系統缺陷。因此最好採用剖腹生產的方式，以減輕疱疹病毒的傷害。

4. 愛滋病

愛滋病（Acquired immune deficiency syndrome, AIDS）是由名為人類免疫缺陷病毒（human immunodeficiency virus, HIV）感染所引起的致命性疾病。其主要的症狀是入侵受感染者的免疫系統，而使其無法對其它多種的併發病有抵抗力，終至死亡。母親罹患愛滋病，可能經由胎盤於出生前傳染給胎兒，也可能

於分娩的過程中，經由血液的交換而傳染給新生兒，而在出生後也可能經由授乳而傳染給嬰兒。大約有四分之一由愛滋病母親產下的嬰兒，經由母親而感染愛滋病。所以對於愛滋病的預防是很重要的。

（二）藥物的影響

母親所服用的藥物，即使是很輕微的藥物都可能影響產前的發育。我們將在下面介紹幾種可能造成嚴重影響的藥物。

1. 沙利竇邁

談到藥物對產前發育的影響力，我們就必須提到對沙利竇邁（thalidomide）的研究。沙利竇邁是在 1960 年代，西德的藥廠出品一種能減輕婦女在懷孕早期經常經驗到的晨嘔（也就是我們一般所稱的「害喜」）現象的輕微鎮靜劑。在動物的實驗上，也證明對母親和胎兒沒有副作用，是很安全的，所以當時可以不需要醫師的處方，在藥局就可以購買得到。然而很快的，許多婦女在懷孕初期服用沙利竇邁，不過事後發現這個在動物實驗中證實為具有安全性的藥物，卻對人類而言是具有危險性的。在懷孕兩個月內服用沙利竇邁的婦女，所產下的新生兒常有眼睛、耳朵、鼻子和心臟的缺陷，並且合併四肢的短缺或變形。

沙利竇邁嬰兒的缺陷和其母親服用此藥的時間相關。如果在懷孕後第 21 天左右服藥，那麼就可能生下沒有耳朵的新生兒；如果在第 25 至 27 天左右服藥，所產下的新生兒可能缺手臂或是手臂變形；如果在第 28 至 36 天服藥的婦女，可能生下缺腿或是腿部變形的新生兒；如果在第 40 天以後才服藥的婦女，則比較幸運，她的胎兒可以順利的發育不會受到沙利竇邁的影響。另一方面我們也必須提醒大家，並不一定所有服用沙利竇邁的婦女都會產下有缺陷的嬰兒。沙利竇邁的事件使我們注意到婦女在懷孕期中，所使用的藥物可能有負面的影響。其他的藥物，例如：阿司匹靈、過敏藥和安胎藥也均有導致負面的影響。

2. 酒精

　　藥物的負面影響使我們關心到一般日常飲食中的刺激性飲料，對胎兒產前發育所可能造成的影響。其中有關酒精（alcohol）的研究很值得大家注意。1973 年 Kenneth Jones 發現大量飲酒的婦女，可能產下患**胎兒酒精症（fetal alcohol syndrome, FAS）**的新生兒。這些嬰兒的特徵是小頭以及面部、四肢、關節的變形，心臟的缺陷和體重較輕的情形。在反應上除了動作發育遲緩外，也表現出易燥、注意力不集中和智能發展延宕的現象。

　　如果婦女在懷孕期每日飲用少量的酒精，也可能造成有比較輕微缺陷的嬰兒，我們稱之為**胎兒酒精效應（fetal alcohol effect, FAE）**。因此，懷孕期間最好是不要飲用任何含酒精的飲料。

3. 香菸

　　香菸（cigarette）對胎兒發育的影響也是近期才發現的。由近兩百篇相關研究論文綜合的結果發現，吸菸與胎兒的發育遲緩有關，而且也增加流產和死胎的可能性（U. S. department of health education and social welfare, 1979）。吸菸使胎盤的功能降低，使氧氣和營養的傳送能力減低。這樣的情形不只是懷孕婦女自己吸菸，如果是她周遭的人吸菸而使她處在吸菸的環境中，成為**「被動的吸菸者」（passive smoker）**，也有類似的負面效應。吸菸造成新生兒體重較輕，而長期在身體的發育上有遲緩的現象。但是如果出生後有充分的營養和良好的照顧，吸菸對胎兒的發育就可能沒有長期的影響。

4. 非法藥物

　　懷孕婦女吸食大麻、海洛因、迷幻藥、古柯鹼……等非法藥物（illegal drugs），會提高流產和死胎的可能性，並且可能造成染色體異常、四肢發育或行為的缺陷。

（三）環境中的負因子

1. 輻射線

　　現代的家庭和工作環境中經常有許多會產生輻射線（radiation）的用品，例如：微波爐、影印機、電視……等。有關輻射線對胎兒的發育所造成的影響發現於 1945 年第二次世界大戰結束時，在日本所投下原子彈的輻射線使當地婦女產下有缺陷嬰兒的事件。在原子彈落點半英哩和一英哩內，有 75% 的懷孕婦女都沒能生下活胎。在一英哩內的懷孕婦女所生下的活胎中，約四分之一有嚴重缺陷而且大多數夭折，僥倖存活的嬰兒也普遍有智障的問題，因此輻射線對胚胎神經系統發育的影響才被發現。之後的研究更指出輻射線主要影響胎兒在第 8 至 15 週的發育，這個時期正是大腦皮層快速成長的時期（Vorhees & Molnow, 1987）。不但如此，如果胎兒的生殖脊受到大量輻射，便影響到將來生殖細胞的正常發育。至於環境中少量的輻射線所造成的影響，目前仍不明確。但是醫生通常會提醒孕婦避免 X 光的照射，以及其他輻射線所造成的影響。

2. 污染源

　　有關環境中的食物、染劑和化妝品中的化學成分可能傷害的研究，至今仍不明確。此外，空氣和飲水的污染也逐漸為人們所重視。飲水中含過量的重金屬已被證實對人體有害，尤其是含鉛、鋅和汞等重金屬的食物、飲水或空氣對胎兒和成人均有害。例如：1953 年在日本曾發生因沿海灣的工業廢水傾倒，使生長在海灣中的魚類體內含汞過量，而孕婦在食用這些魚類之後所產下的嬰兒有腦性麻痺，頭顱缺陷以及腦小的症狀。又如在 1970 年代，美國洛杉磯的嚴重空氣污染造成高比率（$\frac{65}{1000}$）的嬰兒，因為腦部在出生後不久就停止發育而夭折。而這樣的情形在空氣品質努力控管之後，有了相當的改善。另一例子是在美國發現孕婦食用含有多氯聯苯（polychlorinated biphenyls，簡稱 PCBs）的魚類，而產下神經系統缺陷，發育遲緩的嬰兒（Jacobson, Jacobson, & Humphrey, 1990）。

　　新近的研究也指出不只是孕婦曝露於環境中的危險因子會造成胎兒的缺陷，而且有些危險因子（例如：輻射線）也會對男性的染色體造成傷害。而完全不喝酒和使用禁藥的孕婦，若是丈夫有酗酒和服用禁藥的情形，也可能因此產出體重過輕的嬰兒。因此，母親和父親均須要避免環境中的危險因子。

第四節

生產之過程、方式及特殊狀況

一、生產的過程

　　一般而言，生產的過程可以分為三個階段：通常生產的過程開始於懷孕後第 266 天（或自懷孕前最後一次經期起算 280 天）。生產開始於母親子宮的第一次規則性的收縮，直到產道延伸至子宮頸，而且母親骨盤間的連結變得更有彈性。這段期間，不同的孕婦有很不相同的長短，有的產婦只不到一個小時，另外一些產婦則可能會需要超過一天。根據一項統計，頭胎孕婦在這個階段的平均時間是 12 至 14 小時，而非頭胎的時間則縮短至約 3 至 7 小時。在這段時間中，產婦經驗到子宮收縮所帶來的陣痛，從規則性每隔 15 至 20 分鐘，一次陣痛的時間約 15 至 60 秒，開始逐漸縮短陣痛的間隔並增長每次陣痛的時間。當子宮頸的肌肉張開，胎兒仍然柔軟的頭部進入產道時即所謂**胎頭（crowning）**的時候，便進入第二產程。

　　在第二產程中，產婦的子宮收縮間隔少於一分鐘，而陣痛的時間也大約一分鐘。在這個階段中，胎兒的頭部和身體通過產道，產婦也在醫護人員或家屬的協助下，於每一次收縮的期間屏氣向下推，以幫助胎兒順利通過產道。一般而言第二產程大約需要半小時至一個半小時的時間完成。當第二產程結束時，胎兒以頭部為先脫離母體，然後身體完全產出，在剪斷臍帶後，成為新生兒。

這時第三產程開始，產婦的子宮繼續以較微弱的收縮，持續大約 5 至 10 分鐘，直到胎盤完全產出。

二、生產的方式

目前大多數的產婦在醫院中生產，為了使產程順利，許多醫院提供產前講座，以提供各項產婦所需要的資訊。同時也提供拉梅茲呼吸法的訓練課程，讓產婦熟悉生產過程中如何呼吸以因應陣痛，並有效的協助胎兒順產。

在不同的社會文化背景中，產婦的生產方式也很可能不相同。有些社會中將生產視為重要的事，著重產前產後的護理和休養（例如：我們的社會），而在另一些文化中（例如：非洲沙漠中以狩獵為生的部落），則以不打斷生活的作息，在生產之前後仍照常農作，而且也可能並沒有醫護人員的協助。一般而言，在醫院中生產，可能使用藥物來幫助產婦減輕疼痛，另一方面也可以有較齊全的人力和設備，來因應生產過程中的困難或突發狀況，以保護產婦的健康和胎兒的生存。

三、生產時的特殊狀況

現代醫藥的進步，減少了難產的情形。在醫院中剖腹生產、使用無痛分娩，必要時以「吸」和「夾」的方式輔助胎兒產生都相當普遍。但是仍有一些生產時的狀況會影響新生嬰兒的發展。以下介紹其中兩種常見的情形。

（一）缺氧症

胎兒在生產過程中產生缺氧（anoxia）的現象，可能的狀況是胎兒的臍帶纏繞，而使氧氣的供給在生產過程中減少或中斷。這種情形尤其容易發生於胎位不正（也就是頭朝上，首先產出腿部的胎位）的胎兒，因為臍帶繞住頭部或生產時間過長、胎盤提早剝落等，均是造成胎兒缺氧的可能原因。倘若胎兒的缺氧時間過長，對於胎兒的存活率將有很大的影響。另外一個造成胎兒缺氧的原因是 RH 因子，如果孕婦是 RH 陰性而她的胎兒是 RH 陽性。在分娩的過程

中，母親的 RH 陰性血液接觸到胎兒的 RH 陽性血液而對它產生抗體。此抗體如果進入胎兒體內，則可能攻擊胎兒血中的紅血球而造成缺氧，同時這些抗體也可能造成腦部的損傷。通常 RH 陰性的母親在生頭胎時，因為還沒有產生對 RH 陽性血液的抗體，所以大致是安全的。但是第二胎以後就可能因母親已有抗體而產生傷害。很幸運的，一種名為 rhogam 的疫苗能防止母親在產後產生對 RH 陽性血液的抗體，這樣就能保護第二胎以後胎兒的平安和健康。

如果僅是輕微的缺氧，新生兒在 3 歲前的智商會有偏低的現象，而差距逐年減少，直到大約 7 歲左右就很難再偵測出與正常兒童有所差距。所以，目前研究中並沒有發現輕微缺氧對發展所帶來的長期性負作用。

（二）早產

一般正常的懷孕期是 37 至 43 週，**早產（prematurity）**是指在受精後 37 週以前出生的嬰兒。早產兒的比例在美國大約是 10%，曾經是嬰兒第四大死亡原因，由於醫療技術的進步，在出生前體重 1,000 公克以上的早產兒約有 80% 的存活率。使早產兒存活困難的一個主要原因是早產兒多半肺部發育不全，另一個原因是早產兒的消化和免疫系統未完全發育。早產兒在進食時的動作協調能力較差，有時無法直接由哺乳或以奶瓶餵食，而且正常嬰兒的奶粉成分也大半不適合他們飲用。

早產的原因很多，目前我們知道有些因素和早產很有關係。一般而言，雙胞胎早產的機率比單胞胎為大，而三胞胎又更有可能早產。婦女年紀太輕或生育間隔太短，亦較有可能早產。同時婦女早產也與營養不良或尿道感染有關。因為社經情形不佳的婦女較可能有營養和衛生的問題，所以早產也和社經地位相關。不過我們對於早產的原因也不完全盡知，因為至少有一半的早產是和以上各種原因均不相關的。

早產兒的典型特徵是體重輕，但是也有一些體重過輕的嬰兒是足月的。一般而言，當體重輕於 2,500 公克時，就有體重不足的現象。而體重不足的新生嬰兒往往有發育遲緩的現象。染色體異常、多胞胎、營養和衛生條件不足、母親抽菸或嗑藥，以及胎盤或臍帶功能不全，均可能造成發育遲緩的現象。

早產兒和體重不足的新生兒在後續的發展上，若能得到妥善的照顧，多數

有可能在嬰兒期逐漸在各方面趕上正常的發育水準。一般而言，有兩個主要的原因決定早產兒或體重不足的新生兒發育的狀況：第一、是否有嚴重的發育缺陷而在醫療上有困難；第二、出生後是否能為其父母和照顧者所接納。尤其是父母親的正面態度最為重要。當一個在嬰兒期需接受醫療的早產兒或體重不足的新生兒，若能得到父母親正面接納的照顧，往往能在出生後第一年中，在各方面有長足的進步。因此，家庭社經狀況良好、母親的情緒穩定，並且有高意願接受相關資訊是有利於早產兒發育的主要條件。

1. 減數分裂和有絲分裂有何不同之處？
2. 色盲是一種性連遺傳疾病，男性和女性罹患此病的機率有何不同？為什麼？
3. 簡述產前發展的三個時期發展特徵。
4. 母親的情緒穩定度對嬰兒發展有何影響？
5. 環境中有許多危險因子，請舉出五種應注意的危險因子。
6. 簡述生產的過程以及特殊的狀況。

參考文獻

Burns, G. W., & Bottino, P. J. (1989). *The sciences of genetics* (6th ed.). New York (EUA): Macmillan.

Cronister, A., Hagerman, R. J., Wittenberger, M., & Amiri, K. (1991). Mental impairment in cytogenetically positive fragile X females. *American Journal of Medical Genetics, 38*, 503-504.

Cronister, A., Schreiner, R., Wittenberger, M., Amiri, K., Harris, K., & Hagerman, R. J. (1991). Heterozygous fragile X female: Historical, physical, cognitive, and cytogenetic features. *American Journal of Medical Genetics, 38*, 269-274.

Jacobson, J. L., Jacobson, S. W., & Humphrey, H. E. (1990). Effects of in utero exposure to polychlorinated biphenyls and related contaminants on cognitive functioning in young children. *The Journal of Pediatrics, 116*, 38-45.

Lobel, M. (1994). Conceptualizations, measurement, and effects of prenatal maternal stress on birth outcomes. *Journal of Behavioral Medicine, 17*, 225-272.

Moore, K. L., & Persaud, P. V. N. (2003). *Before we are born* (6th ed., p. 130). Philadelphia: Saunders.

Paarlberg, K. M., Vingerhoets, A. J., Passchier, J., Dekker, G. A., & Van Geijn, H. P. (1995). Psychosocial factors and pregnancy outcome: a review with emphasis on methodological issues. *Journal of Psychosomatic Research*, 39, 563-595.

Sameroff, A. J., & Chandler, M. J. (1975). Perinatal risk and the continuum of caretaking casualty. In F. Horowitz, M. Hetherington, S. S. Salapatek & G. Siegel (Ed.), *Review of child development research: Society for research in child development* [4]. Chicago, IL. Ref Type: Serial.

Shafer, H. H., & Kuller, J. A. (1996). Increased maternal age and prior anenploid conception. In J. A. Kuller, N. C. Chescjier & R. C. Cefalo (Eds.), *Prenatal diagnosis and reproductive genetics* (pp. 23-28). St. Louis: Mosby.

Thompson, R. A. (1990). Vulnerability in research: A developmental perspective on research risk. *Child Development, 61*, 1-16.

Tomie, J. L. (1995). Chromosome disorder. In M. J. Whittle & J. M. Connor (Eds.), *Prenatal diagnosis in obstetric practice* (pp. 34-57). Oxford, England: Blackwell.

U. S. department of health education and social welfare (1979). *Smoking and health: A report to the Surgeon General* (DHEW Pub. No. PHS 7950066). Washington, DC: U. S. Government Printing Office.

Vorhees, C. V., & Mollnow, E. (1987). Behavioral teratogenesis: Long term influences on behavior from early exposure to environmental agents. In J. D. Osofsky (Ed.), *Handbook on infant development* (2nd ed., pp. 913-971). New York: John Wiley & Sons.

Chapter 4

嬰幼兒期生理與動作發展

學習目標

1. 新生兒的身體反應與睡眠。
2. 新生兒的進食與哭泣行為。
3. 新生兒的反射。
4. 嬰兒期至兒童期的動作發展。

第一節

新生兒之身體反應與睡眠

　　新生兒在分娩的過程中，由母親溫軟的子宮進到一個溫度驟降且明亮的外在世界，在很短的時間中必須經驗到冷、痛、飢餓的感覺，並且開始呼吸，這些對新生兒而言，都是很大的挑戰。新生兒一般有著泛紅多皺的皮膚，全身包裹胎脂，身長大約 50 公分，體重大約 3,000 公克。從外觀上而言，並不很可愛，但在出生後數週內，新生兒的外觀便會有很大的改善。以下分別介紹新生兒的身體狀況評估以及新生兒的生理特性。

一、新生兒的身體狀況評估

　　評估新生兒的身體狀況是很重要的。醫護人員在嬰兒出生後的數分鐘內，一般會自心跳、呼吸、肌肉、膚色和反射等五個方面，觀察這個新生兒的身體狀況，並給予 0 至 2 的評估。這也就是 **Apgar 測量**，詳見表 4-1。

表 4-1　　Apgar 測量

評估方面	分數		
	0	1	2
心跳	無心跳	遲緩（每分鐘不超過 100 次）	每分鐘超過 100 次
呼吸	無呼吸	呼吸緩慢或不規律	良好且新生兒會哭
肌肉	鬆弛無力	軟弱有些屈曲	強而有力，主動運動
膚色	暗青或藍色	軀幹粉紅，四肢藍色	完全粉紅
反射	無	皺眉、面部扭曲或微弱哭泣	大聲哭泣、咳嗽、打噴嚏

資料來源：Apgar & Beck (1972)

　　由表 4-1 可知 Apgar 測量的總得分在 0 和 10 之間，得分愈高表示新生兒的身體狀況愈佳。新生兒的得分在七分以上，視為身體健康；若新生兒的得分在

四分以下，則是需要立即醫療的指標。Apgar 測量主要是評估新生兒是否有嚴重的身體和神經系統異常。至於比較精細的行為和神經系統的問題評估，通常是在出生後數天內，以「**新生兒行為評估量表**」（**Neonatal Behavioral Assessment Scale, NBAS**）（由 T. Berry Brazelton 於 1979 年發展出來的），對二十種反射、新生兒生理狀況的日常變化，和新生兒接納安撫和社會性刺激的反應作詳細的評量。此測量的主要目的是早期發現對日常生活經驗反應遲緩的新生兒，以期能早期治療，並提供合適的環境刺激以利其成長發育。

二、新生兒篩檢

　　新生兒篩檢是「新生兒先天代謝異常疾病篩檢」的簡稱，在新生兒出生後針對台灣地區幾種特定的遺傳性疾病作檢查。篩檢的主要目的是早期發現幾種常見而又可以於新生兒期進行治療的先天性代謝異常疾病，以便早期治療使患病的嬰兒免於智能不足或身體殘障。一般而言，篩檢是以新生兒出生並進食 48 小時後，由腳跟所採集的血液檢體作下列五種先天性代謝異常的檢查：(1)先天性甲狀腺低功能症；(2)葡萄糖-6-磷酸鹽去氫酶缺乏症（G-6-PD 缺乏症，俗稱蠶豆症）；(3)半乳糖血症；(4)苯酮尿症（PKU, phenylketonuria）；(5)高胱胺酸尿症。篩檢這些疾病的原因是：(1)這些疾病在台灣地區的發病率高，有篩檢的必要；(2)這些疾病的篩檢經濟可靠，而且一旦發現患病後，有治療的方法；(3)這些疾病雖然在新生兒期的症狀不明顯，但如果不及時治療，將會造成終身的身體和心智障礙。

　　以下分別簡述這些指定篩選的先天性代謝異常疾病的症狀和治療方法。

（一）先天性甲狀腺低功能症

　　本病症發生的主要原因是甲狀腺發育不正常，其中包括：無甲狀腺、甲狀腺發育不全或異位性甲狀腺等。此外也有可能是甲狀腺素異常，可能的原因是下視丘或腦下垂體甲狀腺低功能、母親服用含甲狀腺藥物，或碘缺乏等所致。罹患先天性甲狀腺低功能症的新生兒大約在 2 至 3 個月之後，嬰兒會出現小鼻、低鼻樑、皮膚毛髮乾燥、哭聲沙啞、表情呆滯、腹鼓、疝氣、便秘、呼吸

和餵食困難、持續性黃疸以及生長發育遲緩等症狀。

在治療方面，大約 80% 的患者，若於出生後 3 個月開始治療，就能有正常的發育和智能。倘若出生後 6 個月才開始治療，療效就有明顯的降低。如果到 5 歲以後才開始治療，除了會有智能障礙外，身材也會異常的矮小。因此我們知道療效和開始治療的時間關係十分密切。

（二）葡萄糖-6-磷酸鹽去氫酶缺乏症

葡萄糖-6-磷酸鹽去氫酶缺乏症（G-6-PD 缺乏症）在台灣地區的發生率非常高，每 100 名新生兒中大約有 3 名，其中又以男嬰的罹患比率比女嬰為高。患者因為紅血球中缺乏「葡萄糖-6-磷酸鹽去氫酶」，在新生兒期會造成嚴重黃疸，嚴重的會造成腦性麻痺或死亡。篩檢的主要功能在於早期發現以便預防發病。患者一旦接觸或服用奈丸（即樟腦丸）、紫藥水或蠶豆等，會引起溶血性貧血的併發症，因此此症也俗稱為「蠶豆症」。

（三）半乳糖血症

此症是由於身體缺乏某種酶，而無法將半乳糖轉化為葡萄糖，倘若新生兒罹患此症，體內會積存大量的半乳糖。在餵乳數天後，產生嘔吐、昏睡、體重不增加、肝臟腫大和黃疸等。症狀輕者會生長障礙、智能不足、白內障和肝硬化等症狀。治療的方法是改用豆奶餵食，禁止食用含有半乳糖的牛奶及乳製品。

（四）苯酮尿症和高胱胺酸尿症

苯酮尿症（phenylketonuria, PKU）和高胱胺酸尿症，這兩病症是因先天性缺乏某些酵素使胺基酸代謝受到影響。胺基酸及代謝的產物堆積於血液中，造成腦部和中樞神經的永久性傷害，使嬰兒有過動和智能不足的現象。在治療方面，於 1950 年代的中期發現以低胺基酸含量的食物餵食新生兒，可以大幅度的減輕對神經系統的傷害。如果自新生兒至青少年期食用含低胺基酸的飲食，便很少發現嚴重的症狀，若終生食用此種特殊配方的飲食，可達到最佳的效果。

三、新生兒的生理狀況

新生兒的生理狀況分為睡眠和清醒週期，大多數的新生兒一天中睡眠的時間是 16 至 18 小時，2 至 3 小時為冷靜清醒的時間，其餘時間的主要反應則為不完全清醒或哭泣。

（一）睡眠

一般而言，新生兒睡眠的週期是短暫的（大約在 45 分鐘至 2 小時左右），睡眠週期以清醒和哭泣為間隔，交錯進行，而沒有明顯的日夜分野。睡眠的時間隨年齡而逐漸縮短集中，使嬰兒的清醒時間增長。在出生後 3 至 7 個月間，而漸有在夜間長時間睡眠伴隨日間較短時間睡眠的形式出現。有關新生兒睡眠型態的研究，在早期即有 Wolff（1966）對新生兒第一週的睡眠型式的研究。之後亦有許多以記錄腦波睡眠中活動的研究，例如：Emde、Gaensbauer 和 Harmon（1976），Groome 等人（1995）的研究。

研究發現新生兒的活動型態可以分為規律睡眠、不規律睡眠、昏沈（Drowsiness）、清醒不活動、清醒活動和哭泣等六種活動，各在一天中占不等的時間（見表 4-2）。其中睡眠的時間占時最多，新近的研究（如 Groome et al., 1997）指出，在出生前 2 週以及出生後 1 至 2 個月間，胎兒和新生兒的睡眠中大約有一半的時間是屬於不規律睡眠。在這些時間中眼球快速的移動（rapid eye movement, REM），腦波的活躍與清醒時的腦波相似而不同於規律（沒有眼球快速運動）的睡眠，伴隨著不均勻的呼吸和四肢的活動，因此不規律的睡眠也稱為**快速眼動睡眠（REM sleep）**。快速眼動睡眠的量在出生之後 6 個月中，很快的減少為總睡眠量的 25% 至 30%。

為什麼快速眼動的睡眠量在出生前後占總睡眠量的一半，而後又在數月間快速的減少呢？快速眼動的睡眠功能是什麼？為大多數的學者所接受的看法是快速眼動睡眠是一種內在自發性的反應，能刺激末期胎兒和新生兒神經系統的快速成長發展，這樣的看法稱為**「自發性刺激理論」**（autostimulation theory）。因此在出生後快速眼動睡眠的量快速減少，也代表著新生嬰兒的腦和神經系統快速成熟的歷程中，對於自發性內在刺激的需求量漸減所致。這樣

表 4-2　　新生兒的狀態與每日平均時數

狀態	描述	每天平均小時數
規律睡眠	身體不動、閉眼、眼睛不轉動、呼吸緩慢規律	8～9
不規律睡眠	閉眼、眼睛轉動（即 REM 睡眠）、對刺激有跳動反應、呼吸可能不規律	8～9
昏沈	欲睡或初醒時、眼睛開合且呼吸規律較規律睡眠為快	1/2～3
清醒不活動	眼睛張開明亮、注視或探索周遭環境、呼吸均衡、但身體不動	2～3
清醒活動	眼睛張開明亮、呼吸不規律、可能煩躁或有肢體活動	1～3
哭泣	用力哭、難以停止、伴隨強烈肢體動作	1～3

的看法與 Boismier（1977）的研究中得到，若在新生兒清醒時給予豐富的視覺刺激，能使他們的快速眼動睡眠量減少的發現得到支持。

　　我們接著要問：為什麼新生兒的睡眠時間這麼長，但是父母親卻常有睡眠不足的現象呢？這個問題是許多父母親所共有的經驗。這個現象的原因是雖然新生兒在出生後夜間睡眠時間比日間睡眠時間稍長，但是新生兒每次睡眠的時間從數分鐘至數小時不等，而且最長的睡眠時間大約是 3 至 4 小時，因此他們可能在一天中的任何時間內醒過來。相對地一般的成人在一天中大都是有一個較長的睡眠時間，而另有一段長的清醒時間。如此一來，當新生兒在照顧者（例如：父母親）習慣睡眠的時間清醒過來的話，那麼就可能造成主要照顧者睡眠的損失。雖然大部份的新生兒在第二週結束的時候，能在晚間七時至早晨七時間大約有八又二分之一小時的睡眠，但是因為他們短暫的睡眠型態往往使身為照顧者的父母感到睡眠不足。這也難怪許多的父母會同意「有子萬事足，就是睡眠不足」這句話了。

　　在睡眠以外的時間中，新生兒的另外兩項主要的活動是進食和哭泣。以下分別敘述這兩項活動的特性。

（二）進食

　　在 1930 至 1950 年代，母親多數被宣導以 4 小時為基準，每間隔 4 小時餵食一次，期間不餵食也不必擔心新生兒是否會飢餓，然而，醫生並不這麼建

議。後來一些研究發現，這樣的餵食方式並非是最好的，例如：一項在英國劍橋所進行的研究中，母親記錄她們的新生兒一天中的活動情形，並且要求她們固定每隔 4 小時餵食一次，結果發現並不是所有的母親都實際遵循 4 小時餵食的要求，沒有經驗的母親大都盡量以每隔 4 小時餵食一次，而有經驗的母親則不一定依此研究指示，有的時候餵食時間與規定餵食時間可能相差 1 小時之久，結果發現沒有經驗的母親的嬰兒哭的時間較長（Bernal, 1972）。如果完全不設限，以嬰兒的需求為準，當他要進食的時候就餵食，記錄中發現新生兒的進食間隔約是 3 小時一次，而且在 2 個半月大時，嬰兒的進食間隔延長至 4 小時。漸漸地在第 7 至 8 個月時，成為一日進食 4 次左右。不過這是一般的情形，並不表示所有的初生嬰兒都是如此，其中仍有相當大的個別差異。

（三）哭泣

　　新生兒以哭泣來表達他們的不舒服，他們可能因為飢餓、疼痛或是尿布濕而哭泣，此外其它的可能原因還包括環境中大聲的噪音、光線突然改變等等。新生兒在出生後 3 個月中哭泣最為頻繁，接著哭泣的頻率和時間長短很快的減少，這個現象和快速眼動（REM）睡眠的量減少有相類似的情形，都是新生兒腦部和中樞神經系統快速成熟的徵兆。Ainsworth（1973）發現，當母親能在新生兒哭泣時快速反應，能減少新生兒的哭泣時間和頻率。另一方面，從新生兒的哭聲中也有可能區分出嬰兒是否有先天性發育障礙。例如：腦傷、營養不足的嬰兒哭聲與正常嬰兒的哭聲不同，經常是尖銳和不協調的。因此嬰兒的哭聲也是對他們健康狀況的評量指標。

第二節

新生兒之反射

　　足月的新生兒在出生後即表現出多種反射，這些反射歷經長期演化的歷程，而有協助新生兒適應環境的功能。雖然大多數的反射在出生後 2 至 4 週消

失,但是有一些反射會長期保留下來,取而代之的是嬰兒主動的、有意識的動作。這些快速且多樣的變化也反應出新生嬰兒具有許多能力來適應出生後的環境。

「反射」(reflex)是指不需經過學習而對特定的環境刺激做出自發性的反應。新生兒的反射主要可分為兩大類:第一類是**生存反射(survival reflexes)**;第二類是**原型反射(primitive reflexes)**。屬於第一類的有呼吸反射、眨眼反射、瞳孔反射、吸吮反射、吞嚥反射、追蹤反射等。主要的功能是協助新生兒維持基本的生存力;屬於第二類的有**巴賓斯基反射(Babinski reflex)**、**游泳反射(swimming reflex)**、**跨步反射(stepping reflex)**等。這些反射的發展特性和重要性詳列於表4-3。

這些原型反射主要的功能是使新生嬰兒藉由這些反射和其主要照顧者建立初始的互動和關係。例如:新生兒以手抓握反射握緊照顧者的手指時,往往對照顧者帶來愉悅的感覺,而樂於和新生兒互動。而其中一些反射,在一般的情況下並沒有特定的功能,而可以視為是人類演化過程的歷史紀錄,例如:巴賓斯基反射即是以手指觸摸新生兒的腳掌心時,其腳趾向外扇型張開然後縮回的反應,就是一個典型的例子。另一些原型反射對新生兒的生存有保護的功能,例如:游泳反射可以在新生兒不慎落水的時候,保護自己。而有些原型反射則在很短的時間內發展成自主性的,更複雜的動作,例如:跨步反射早在嬰兒期即發展成為行走動作的雛形。一般而言,原型反射在出生後數月間消失。造成這個現象的主要原因是腦部皮層的發育,使動作的控制由次皮層的反射中樞轉而由皮層所主控的緣故。不過雖然有些原型反射在幫助新生兒適應環境上沒有明顯的功能,但是這些原型反射仍是醫生和發展心理學家用來判斷新生兒的神經系統發育情形的主要指標,所以對於早期發現發展遲緩具有相當的重要性。

第三節

嬰兒期至兒童期之動作發展

嬰兒期身體成長快速,大約在4至6個月時,體重增加為出生時的兩倍,

表 4-3　新生兒的反射

名稱	反應	發展現象	重要性
生存反射			
呼吸反射	重複呼氣和吸氣	永久性	吸氣提供氧氣，呼出二氧化碳
吸吮反射	吸吮放在嘴中的物體	永久性	攝食的基本動作
吞嚥反射	吞嚥	永久性	攝食的基本動作
追蹤反射	當觸摸靠嘴角的臉頰時，頭部轉向被觸摸的方向	在出生後數週內消失（以主動的轉頭動作取代）	協助找尋食物
眨眼反射	快速閉上而後張開眼睛（尤其是在面對強光或在臉頰旁拍手時）	永久性	保護眼睛，避免強光或異物侵入
瞳孔反射	瞳孔遇強光時收縮，遇黑暗時放大	永久性	保護眼睛以適應環境中光線的強弱
原型反射			
巴賓斯基反射	觸摸新生兒腳心，腳趾向外展開，然後內縮	在出生後 8～12 個月消失	出生時即能表現出來，然後自然消失，是為正常的神經系統反應
手抓握反射	當以手指或其它物體觸碰新生兒手掌時，新生兒手指彎曲抓握	在出生後 3～4 個月消失，取代為自主性抓握	出生時即能表現出來，然後自然消失，是為正常的神經系統反應
莫洛反射	如果新生兒在抱著的情況下，忽然被放開或是聽到大聲噪音，新生兒會將其手臂向外張開，背反弓，然後手臂向內收回好像欲抓握什麼東西一般	在出生後 6～7 個月消失（但對大聲的噪音仍會有驚嚇的反應）	可能在人類演化史中，能幫助嬰兒抱住母親。出生時即能表現出來，然後自然消失，是為正常的神經系統反應
游泳反射	將新生兒面朝下放於水中，新生兒以手撥水，腳打水的自然反應	在出生後 4～6 個月消失	協助新生兒落水時存活
跨步反射	抓住新生兒的上臂，讓其腳掌觸碰平的台面，新生兒輪流抬高一隻腳，做出踏步反應	在出生後 2 個月消失	是新生兒自主性跨步的準備

2歲時身高平均是成人的一半。兒童的成長在2歲至青春期之間小量穩定成長，直到青春期才又快速成長。從胚胎至兒童期身體的成長，依循「從頭到腳」（cephalocaudal trend）和「從軀幹到四肢」（proximodistal trend）兩個主要原則。2個月大的胎兒頭部占身體比例的一半（見圖4-1），出生時約為身體比例的四分之一；1歲時嬰兒的頭部是身體總長度的20%，而成人時頭部大約占總長度的12%。腿部的發育較軀幹晚，但成長很快速。至成年時腿部約達到身體總長度的50%。在產前發育階段，胸部和內在器官最先形成，接著是手臂和腿，然後是手和腳，而且嬰兒期至兒童期，手和腳均大幅成長。然而由中心向外成長型態在青春期呈現相反的方向，進入青春期之後，手和腳快速成長成為首先達到成年時的身體比例，接著是手臂和腿，最後是軀幹。

嬰兒期的動作發展反映著嬰兒和環境互動的情形，當嬰兒發展出一項新的動作技能，代表著他們將以新的方式和環境互動。例如：坐起來使嬰兒能以不同的角度觀察世界。伸手抓握使嬰兒能從接觸操弄中經驗物體的特性。而當他們能行走時，嬰兒探索世界的速度與機會大幅增加。

嬰兒的動作發展深深影響著他們的社會關係。一旦他們開始爬行，父母親就可能不時會限制嬰兒的行為（例如：說「不能」、「不可以」等）或是表現出「生氣」、「驚訝」或「害怕」的表情，以警示嬰兒的行為具危險性。嬰兒

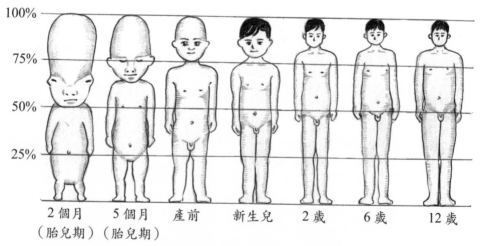

圖 4-1　自胎兒期至成人頭部占全身長度的比例

能移動自己的身體時，也是他們開始展現自我的時候。例如：即使父母極力警告，1 歲大的嬰兒也可能會繼續他們的行為，直到父母強制阻止才停下來。

　　一些特定的動作提高了嬰兒的溝通能力，例如：伸手和用手指向物體的能力。父母親也可能因為嬰兒豐富的動作表現，而回應更多的情感交流和互動，例如：擁抱和玩遊戲等（Campos, Kermoian, & Zumbahlen, 1992）。嬰兒展現並精熟新的動作技能也常帶給他們自己愉悅的感覺而有牙語和表情的流露，因此嬰兒的動作技能、情緒和社交能力、認知以及語言在成長過程中相輔相成的發展。

　　大肌肉動作的發展是指使嬰兒能在環境中移動身體的控制性反應的發展，例如：爬、站和行走。而小肌肉動作發展是指小幅動作（例如：伸手和抓握）的發展。在表 4-4 所示是嬰兒期大肌肉和小肌肉動作發展的先後順序，以及動作出現的平均年齡。此表中也列出大部分嬰兒動作出現的年齡範圍，因為這些動作出現具固定先後順序，大部分個別差異來自出現特定動作的快慢速度，而且因為一個嬰兒的抓握動作發展較慢，並不表示他的站立行走能力發展亦較慢。但是當嬰兒的多項動作技能發展有嚴重遲緩的現象時，就值得關切。

　　嬰兒動作的發展與肌肉發育和大腦髓鞘化的特性有關，發展的過程是由頭

表 4-4　嬰兒期大肌肉與小肌肉動作發展

動作技能	平均完成年齡（月）	90%嬰兒完成此技能的年齡範圍
俯臥時抬頭 90 度	2	3 週至 4 個月
翻身	2	3 週至 4 個月
抓握積木	3.8	2～7 個月
獨自坐起	7	5～9 個月
爬行	7	5～11 個月
扶持站起	8	5～12 個月
獨自站起	11	9～16 個月
疊起兩塊積木	11.8	10～19 個月
扶持上樓梯	16	12～23 個月
定點跳	23.5	17～30 個月
以腳尖行走	25	16～30 個月

資料來源：節錄自 Bayley (1969, 1983)

向尾，頭、頸、上肢的活動發展在腳和下肢之前。以手臂支撐抬頭到爬行的動作發展為例（見圖4-2），嬰兒的動作發展由頭頸抬起，以手支撐移動上半身，到抬起臀部，定點前後擺動身體，最後開始爬行。

　　小肌肉動作的發展方面，包括伸手抓握等動作開啟了嬰兒探索世界的新方式，因而促進嬰兒的認知發展（Bushnell & Boudreau, 1993）。伸手抓住一個物體上下左右觸摸，並且反覆緊握和放鬆觀察其結果，使嬰兒對此物體的外觀、聲音和觸感產生很多層次的經驗。在圖4-3中，我們觀察到嬰兒抓握大或小物體的發展順序由上而下，由伸出手來以整個尺骨抓握（ulnar grasp）發展至以手指夾取物品（pincer grasp）的動作。新生嬰兒的抓握反射在3至4個月時消失後，取而代之的是尺骨抓握的動作，也就是四個手指向手掌方向緊握的動作。此時抓握的動作已能因應物體的大小和形狀，並且也在 1 歲前大幅進步（Newman, Atkinson, & Braddick, 2001）。在嬰兒學習站立的過程中，他們也以手的伸展作為建立與維持身體平衡的重要方式。當身體能保持平衡時，嬰兒的雙手得以協調共同握住物體，也可以雙手交替握住物體。到了 1 歲左右，嬰兒能以大拇指和食指夾住小物體並移動其位置，這樣的手指夾取動作需要精緻小肌肉的微調能力。嬰兒在1歲時能做出拿葡萄乾、開關門鎖和開關小盒子等動作。

　　大約在3個月左右，嬰兒的眼睛注視能力和肩膀控制能力增進，而使朝向目標物伸出手的能力精準度提昇（Bertenthal & von Hofsten, 1998）。4個月時嬰兒會向黑暗中發亮的物體伸手。5至6個月時，他們能朝一個原本看得到，但突然燈光關掉而看不見的物體伸出手（Clifton, Muir, Ashmead, & Clarkson, 1993; Clifton, Rochat, Robin, & Berthier, 1994）。這個動作在1歲之前愈加精熟，因為朝向物體的動作並不藉著視覺引導，而是由動作中身體在空間中所在位置所引發的訊息，稱為「**本體感受訊息**」（proprioception）所控制。視覺的功能主要是協助嬰兒決定是否要去拿特定的物體，當物體在嬰兒的手所不能觸及的位置，那麼嬰兒可能決定不伸出手來。當視覺不再必須引導身體動作時，就可以專注於較複雜的手眼協調動作，例如：微調物體的距離和角度等。

　　早期經驗對於小肌肉動作的發展影響甚深。在一個重要的實驗中，一組以中等複雜度的視覺刺激掛在嬰兒床上，嬰兒伸出手抓握的動作較控制組提早發

①頭頸抬起

②以手臂支撐，將頭持久抬起

③肩膀左右活動

④肩膀左右活動

⑤抬起臀部

⑥定點前後擺動身體

⑦開始爬行

圖 4-2　嬰兒期動作發展從①至⑦順序，符合「從頭到腳」的原則

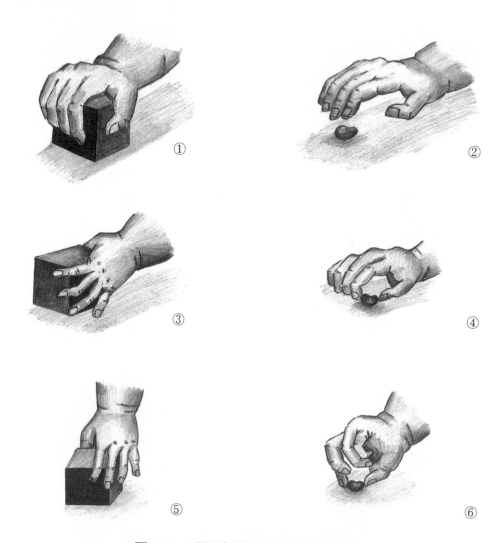

①
②
③
④
⑤
⑥

圖 4-3　　嬰兒抓握大或小物體的發展
發展順序由上而下：①②→③④→⑤⑥

展出來。另一組則以各式各樣的視覺刺激掛滿嬰兒床的上方，嬰兒伸手抓握的動作也較控制組提早表現出來。不過這一組的嬰兒也較常無法專注並且較常哭泣。這個實驗的結果提醒我們過多刺激未必是有助益的。過早讓嬰兒面對超過他所能處理的訊息量，可能反而有礙於嬰兒後續的動作發展。

　　3 歲兒童能沿著一直線走或跑，以及用雙腳跳上樓，不過他們只能跳過 20

公分左右的物體，而且不易轉彎或停下來。4歲兒童會單腳跳，並且跑得更快更遠（Corbin, 1973）。5歲兒童的平衡感增進，使他們更能協調各式動作，但他們也可能因為高估身體能力在活動時受傷（Plumert, 1995）。年幼的兒童只用手臂投球，兒童漸能協調肩膀、手臂及腿部將球投得更遠。兒童期小肌肉的手眼協調也大幅改善，能較為精熟使用雙手綁鞋帶、書寫、剪貼做勞作，並且進行需要手眼協調的遊戲與技能（如彈琴、舞蹈……等等）。因此，兒童期動作的強度與身體的協調能力逐年增加，而且動作技巧更精緻化。

　　一般而言，動作發展依循「從頭到腳」和「從軀幹到四肢」兩個主要原則。我們先能控制頭的動作，然後才能控制手臂和腿部（從頭到腳）。又如手臂的動作發展先於手掌和手指；腿部的動作發展先於腳掌。此兩個動作發展的原則大致適用於胚胎、嬰兒期至兒童期。不過也有一些動作發展的順序並不符合這兩個原則。例如：假如拿一個玩具在8週大嬰兒的面前，他們的反應是舉起腳來碰觸這個玩具早於抬起手碰觸的動作。

　　動作技能雖然有一定的發展順序，尤其是在嬰兒期更明顯可見。但是各項動作的展現並不僅是依循固定的成熟時程。反而是先發展出來的動作是後續動作發展的基礎，而且個別嬰兒習得動作的情形亦因其經驗而有極大的差別。例如：雖然大多數嬰兒是先會爬後會站，但也有一些嬰兒喜歡被抱著、坐著然後先會站，而不是先會爬。

　　許多因素共同影響著動作發展，因此較適合以**「動態系統理論」**（dynamic systems theory）的角度解釋動作發展，精熟動作技能是一個動作由簡入繁的過程（Thelen, 1995）。動作以系統的方式發展，也代表著不同的動作技能相互協調，合作產生探索和控制環境更具效率的方式。每一個新的動作技能均由中樞神經系統、身體動作能力、動作目標以及環境對此動作技能的支持度所共同決定。在生命早期，腦部和身體的成長扮演主要角色，之後動作表現的目標以及環境的刺激和支持漸形重要。

　　生活的大環境，例如：文化或是環境的特性也影響著動作的發展。1960年代，對伊朗的孤兒所進行的研究發現，因為嬰兒常以平躺的方式，鮮少有坐起來或是玩玩具的活動，因此他們移動自己身體的能力直到2歲之後才發展出來。當他們開始能夠移動身體，又因經常平躺也很難發展出爬向目標的動作，

因此嬰兒的整體動作表現出遲緩的情形（Dennis, 1960）。

　　不同的文化可能強調不同的動作技能，而使嬰兒練習特定動作的機會提高或降低。例如：日本或印度鄉間的母親普遍認為嬰兒並不需要鼓勵練習坐、爬、走等動作。而牙買加的母親則常以提、握、抱、扶、牽等方式輔助他們的嬰兒有多種身體協調的經驗，所以牙買加的嬰兒在抬頭、坐起和行走等動作均較早表現出來。

　　兒童期的男孩和女孩在體能上並無明顯差異。青春期之後，男孩的肌肉比例漸較女孩為高，而女孩身體脂肪比例較男孩為高（Tanner, 1990）。但生物學的解釋還不足以說明女孩在青春期雖然持續長高更強壯，但執行大肌肉的動作的張力卻下降的現象，這現象可能反而更深受性別角色社會化的影響（Hertkowitz, 1978）。

1. 列舉五種指定篩檢的新生兒先天性代謝異常疾病的症狀和治療方式。

2. 說明新生兒的睡眠特性。

3. 新生兒的反射共分哪兩類？請依類別各描述三個反射。

4. 簡述嬰幼兒的動作發展特性。

參考文獻

Ainsworth, M. D. S. (1973). The development of infant-mother attachment. In B. Caldwell & H. Ricciuti (Eds.), *Review of child development research* (Vol. 3) (pp. 173-196). Chicago: University of Chicago Press.

Apgar, V., & Beck, J. (1972). *Is my baby all right? A guide to birth defects*. New York: Trident Press.

Bayley, N. (1969). *Bayley Scales of Infant Development*. New York: The Psychological Corporation.

Bayley, N. (1983). *Bayley Scales of Infant Development* (2nd ed.). New York: The Psychological Corporation.

Bernal, J. (1972). Crying during the first 10 days of life, and maternal responses. *Developmental Medicine and Child Neurology, 14*, 362-372.

Bertenthal, B., & van Hofsten, C. (1998). Eye, head and trunk control: The foundation for manual development. *Neuroscience and Biobehavioral Reviews, 22*, 515-520.

Boismier, J. D. (1977). Visual stimulation and wake-sleep behavior in human neonates. *Developmental Psychobiology, 10*, 219-227.

Bushnell, E. W., & Boudreau, J. P. (1993). Motor development and the mind: The potential role of motor abilities as a determinant of aspects of perceptual development. *Child Development, 64*, 1005-1021.

Campos, J. J., Kermoian, R., & Zumbahlen, M. R. (1992). Socioemotional transformations in the family system following infant crawling onset. *New Directions for Child Development, 55*, 25-40.

Clifton, R. K., Muir, D. W., Ashmead, D. H., & Clarkson, M. G. (1993). Is visually guided reaching in early infancy a myth? *Child Development, 64*, 1099-1110.

Clifton, R. K., Rochat, P., Robin, D. J., & Berthier, N. E. (1994). Multimodal perception in the control of infant reaching. *Journal of Experimental Psychology. Human Perception And Performance, 20*, 876-886.

Corbin, C. (1973). *A textbook of motor development*. Dubuque, IA: Williams C. Brown.

Dennis, W. (1960). Causes of retardation among institutionalized children: Iran. *Journal of Genetic Psychology, 96*, 47-59.

Emde, R. N., Gaensbauer, T., & Harmon, R. (1976). Emotional expression in infancy: A biobehavioral study. *Psychological Issues Monograph Series* (pp. 1-198).

Groome, L. J., Swiber, M. J., Atterbury, J. L., Bentz, L. S., & Holland, S. B. (1997). Similarities and differences in behavioral state organization during sleep periods in the perinatal infant before and after birth. *Child Development, 68*, 1-11.

Groome, L. J., Swiber, M. J., Bentz, L. S., Holland, S. B., & Atterbury, J. L. (1995). Maternal anxiety during pregnancy: Effect on fetal behavior at 38 to 40 weeks of gestation. *Journal of Developmental and Behavioral Pediatrics, 16*, 391-396.

Hertkowitz, J. (1978). Sex-role expectations and motor behavior of the young child. In M. V. Ridenour (Ed.), *Motor development: Issues and applications*. Princeton: Princeton Book Company.

Newman, C., Atkinson, J., & Braddick, O. (2001). The development of reaching and looking preferences in infants to objects of different sizes. *Development Psychology, 37*, 561-572.

Plumert, J. M. (1995). Relations between children's overestimation of their physical abilities and accident proneness. *Developmental Psychology, 66*, 959-969.

Tanner, J. M. (1990). *Fetus into man: Physical growth from conception to maturity* (2nd ed.). Cambridge, MA: Harvard University Press.

Thelen, E. (1995). Motor development: A new synthesis. *American Psychologist, 50*, 79-95.

Wolff, P. H. (1966). Causes controls and organization of behavior in Neonate. *Psychological Issues, 5*, 1-105.

Chapter 5

嬰幼兒期知覺與認知發展

學習目標

1. 嬰兒研究的主要研究方法。

2. 嬰兒期的聽覺發展特性。

3. 嬰兒期的視覺發展特性。

4. 認知的定義。

5. Piaget 提出的認知發展機制。

6. Vygotsky 提出的認知發展機制。

7. 嬰幼兒一些重要認知的發展。

本章的主要內容是探討嬰幼兒期的知覺能力（perception）和認知能力發展。在人的一生中，我們使用感官去感覺這個世界，用個人所具有的知覺能力去解釋感覺到的訊息；無庸置疑的，這些能力協助我們與物理世界接觸，以及解釋來自他人的訊息。根據Shaffer（1999）對感覺和知覺的定義：感覺是「感官神經系統偵測訊息並傳送至腦部的歷程」；知覺是「解釋感官訊息的歷程」。例如：看到一個美麗的景色是屬感覺歷程，而解釋所看到的景色為何屬知覺歷程。又如：聞到香味屬感覺歷程，而解釋所聞到的是烤蛋糕則屬知覺歷程。很顯然的我們的感覺能力有相當大的部分在出生時就具備了，而知覺能力卻並非如此，而且嬰幼兒期認知能力發展快速。本章中我們將說明嬰兒研究的方法、主要知覺能力（包括：聽知覺、視知覺以及其它知覺能力）的發展，以及認知能力的發展。

第一節

嬰兒研究之方法

新生兒的感覺和知覺能力究竟如何？在 19 世紀初時，醫生們認為新生兒是眼盲耳聾，而且在出生後數天中均無法感受外界的訊息。許多研究因為在方法上的突破和啟發，使我們瞭解新生嬰兒的能力遠超過以往的看法。以下介紹幾項嬰兒研究的基本方法。

一、習慣化

習慣化（habituation）是目前研究嬰兒感覺和知覺時，使用最普遍的方法。習慣化法是重複呈現一個刺激材料，直到對此刺激的初始反應（例如：眼球凝視或呼吸、心跳的改變）不再出現為止，因此習慣化法也可以視為一項簡單的學習歷程。當嬰兒不再對一個刺激材料有呼吸心跳加快或眼睛凝視的現象時，我們可以推論嬰兒已經能夠辨識此刺激是他所曾經經驗過的。在典型的習

慣化實驗中，實驗者先以一個刺激材料為始，重複呈現此刺激直到嬰兒對之「習慣化」，然後呈現第二個刺激材料。這時，如果嬰兒能區辨第二個刺激材料是不同於第一個刺激的話，嬰兒就會對第二個刺激材料表現出**「反習慣化」**（dishabituation）的反應，也就是對第二個刺激材料表現出注視、呼吸或心跳加速的反應。如果嬰兒對第二個刺激沒有「反習慣化」的反應，這時我們便推斷嬰兒無法區辨第二個（新的）刺激材料和第一個（舊的）刺激材料之間是否不同，也就是實驗中的第二個刺激和舊的第一個刺激間的差異，不足以使嬰兒分辨第二個刺激確實是一個新的刺激。

「習慣化」和「反習慣化」的現象使我們能注意於環境中所不熟悉的事物，因此使學習更有效率。而從不同年齡的嬰兒對何種事物習慣化和反習慣化，我們也可以藉此瞭解嬰兒所理解的世界。

二、偏好法

「當多於一項刺激同時呈現時，嬰兒是對其中何者賦予較多注意？」**偏好法**（the preference method）在 1960 年代早期由 Robert Fantz 使用，作為測量嬰兒對視覺刺激的區辨能力。Fantz 將嬰兒面朝上置於特製的觀察台上，以不同的刺激材料同時呈現於觀察台上方框架中不同的位置。在框架的上端有一個觀察窗口，實驗者由此窗口觀察嬰兒凝視不同刺激材料的時間。如果嬰兒凝視一個刺激的時間超過對其它的刺激材料，這時我們便稱嬰兒對此刺激的偏好超過對其它的刺激材料。Fantz 在實驗中發現，嬰兒能夠區辨不同的視覺形狀，並且他們喜歡注視人臉和圓形的輪廓，而對沒有明顯輪廓和線條的刺激材料不感到特別興趣。由於這樣的區辨能力在新生兒時期就表現出來，所以 Fantz（1963）認為此項能力是天生的。不過 Fantz 的偏好法有一個缺點，那就是當嬰兒對兩個刺激材料的注視時間沒有差異，那麼研究者並不能知道這究竟是因為嬰兒無法區辨此二刺激，或是因為嬰兒對此兩者沒有一定的偏好。所以採用偏好法時，也可以考量加採其它方法克服這方面的不足。

三、高強度的吸吮行為

　　嬰兒能藉由**高強度的吸吮**（**high amplitude sucking**）行為來表達他們對刺激事物的喜好。在實驗中以特製含電感測器的奶嘴為測量嬰兒吸吮行為的工具。實驗中先建立嬰兒的吸吮基準線（baseline），也就是在一般沒有特別刺激情境下的吸吮強度。然後呈現刺激材料，當嬰兒對此刺激材料感到新鮮有趣時，嬰兒的吸吮行為會較基準線增強且加快。當嬰兒逐漸對此刺激材料熟悉而失去興趣時，他們的吸吮行為便逐漸回復至基準線。當第二個刺激的出現使嬰兒對第一個刺激原本已回歸基準線的吸吮行為再次提高時，我們便可以歸納嬰兒能成功的記憶第一個刺激，且據此區辦第二個刺激材料和第一個不同。此法亦可用來偵測嬰兒對刺激的偏好行為。

四、心跳速率

　　嬰兒的**心跳速率**（**heart rate**）隨年齡而減緩（Izard et al., 1991）。比較 5、7、10 和 13 個月大嬰兒的心跳速率，發現嬰兒的心跳到 10 個月之前有大幅減緩的情形，但 10 個月之後心跳速率降低的幅度縮小（Fracasso, Porges, Lamb, & Rosenberg, 1994）。當嬰兒面對壓力情境，嬰兒的心跳速率則明顯加快。例如：當陌生人接近 8 個月大的嬰兒時，嬰兒在哭泣前其心跳速率便開始加速（Vaughn & Sroufe, 1979）。在挫折情境下，4 個月嬰兒的心跳速率也會加速（Lewis, Hitchcock, & Sullivan, 2004），而且 5 個月和 18 個月嬰兒的心跳速率加速也與挫折有關（Stifter & Jain, 1996）。在深度知覺的研究中，已經會爬的嬰兒通常在深淺交界線前停下來，這時心跳普遍加速，也可能伴隨害怕的臉部表情（Bertenthal, Campos, & Barrett, 1984）。因此，心跳速率加快是負向情緒，如生氣、害怕等的生理指標（Levenson, Ekman, & Friesen, 1990）。

第二節

嬰兒期之知覺能力

感覺是知覺發展的基礎，由於研究方法的改進和證據的累積，我們逐漸對嬰兒所具有的感覺與知覺發展有了較完整的瞭解。一個正常足月的新生嬰兒所具有的各種感覺能力的成熟度並不相同。新生兒的感覺能力如表 5-1。

表 5-1　新生兒的感覺能力

感覺	功能和特性
視覺	發育最不完整的感官； 聚焦和敏銳度有限； 能瀏覽並嘗試追蹤移動的動作； 色彩知覺仍尚未發育完成
聽覺	喜歡較複雜的聲音； 能區辨一些音的旋律； 能區辨幾乎所有的人類語言的差別； 轉向有聲音的方向； 喜歡高頻、富變化以及末尾聲音揚起的人聲； 喜歡自己母親的聲音
觸覺	能對觸摸、疼痛和溫度改變反應
味覺	喜歡甜味，能分辨甜、鹹、酸、苦的味道
嗅覺	對某些食物的氣味反應和成人相同； 能分辨氣味的位置並會轉離開不喜歡的氣味； 喜歡哺乳女性的氣味，尤其是自己母親的氣味

以下就分別介紹幾種基本的知覺能力發展情形。

一、聽覺

初生嬰兒的聽覺（hearing）已經發展相當完備，他們能轉向聲音來源的方向，喜愛人的聲音勝於其他來源的聲音，同時也會被巨大的聲響所驚嚇。嬰兒

偏好聽人的聲音，尤其是高頻率女性的聲音。例如：照顧嬰兒時，成人經常提高他們的聲調與嬰兒「對話」，造成此現象的主要原因是嬰兒通常對高聲調的人聲有正面的反應，他們可能停止哭泣、睜大眼睛，並且嘴角牽動表現出好像要講話一般。而且有些母親指出她們的新生嬰兒能認出她們的聲音，研究指出這是可能的。DeCasper 等人（DeCasper & Fifer, 1980; DeCasper & Spence, 1986, 1991）發現，新生嬰兒在聽到自己母親的聲音時（較聽到其他女性的聲音），他們吸吮的反應增強增快，而且母親若在懷孕末期的 6 週內重覆朗讀特定的故事書，在嬰兒出生後，便會對這特定的故事有吸吮增強加快的反應。這些反應使母親更有意願對嬰兒說話，因而提高了嬰兒的適應能力。

嬰兒不但對人的聲音感到興趣，更重要的是他們能區辨構成人的語言之基本語音，也就是**音素（phonemes）**。在不同的語言中所含的音素並不相同，例如：中文中不區分 /r/ 和 /l/ 的音，但英文中則有此區分；而西班牙文中則是需區分 /r/ 和 /rr/ 的音，這是英文中所沒有的。嬰兒在出生後一週時即能分辨母音 "a" 和 "i"，在 2 至 3 個月大時就能分辨很相似的子音（例如："ba" 和 "pa"）。3 至 6 個月大的嬰兒較成人更能分辨不同的音素。一般而言，成人對於區辨不屬於自己母語中的音素有較多的困難，但對於 3 至 6 個月的嬰兒，就沒有這樣的困難。

嬰兒不但在出生時就已具備相當的聽覺能力，而且在出生後 4 至 6 個月間也有很快速的進步。這些能力與進步奠定了嬰兒學習語言的基礎。

二、視覺

嬰兒在出生時具有基本的視覺系統，但其統合協調的功能卻尚未充分發展，因此視覺能力（vision）是屬於出生後才逐漸發展完成的。許多人都知道的是，嬰兒在出生時是一個大近視眼，這是因為視網膜尚未發育完成，使嬰兒注視的物體在網膜之前無法成像，所以嬰兒視網膜上的影像是模糊不清的。另外，因為嬰兒的雙眼無法互相協調，使呈現於雙眼視網膜上的影像無法合成一個清晰的單一影像。此外，因為嬰兒的視神經系統和腦部發育的侷限，使嬰兒所看到的影像無法成功的在腦部形成物體的影像，更加深了嬰兒視覺能力的限

制。以下分別討論幾項基本的視覺能力發展情形。

（一）色彩知覺

　　新生嬰兒即擁有辨識色彩的基本能力，因此我們一出生所看到的就是彩色世界。不過新生兒在分辨「藍和綠」以及「紅和黃」之間仍不十分準確，因為在出生後腦部的視覺中樞和神經通路快速的發育，使新生兒對色彩的辨識能力，快速且大幅的提高。到了 2 個月大的時候，嬰兒便能成功的分辨各種他常見的色彩（Brown, 1990）。到了 4 或 5 個月大時，嬰兒便能認出一個物體的色彩並不因亮度的增強或減弱而有所改變（Dannemiller, 1989），並且他們也能將僅有些微明暗差異的色彩歸為一類（Bornstein, Kessen, & Weiskopf, 1976）。這些能力的表現，使嬰兒在 4 至 5 個月大時便具備與成人無異的**色彩知覺（color perception）**能力。

（二）視覺敏銳度

　　新生嬰兒無法看清楚超過一個短距離的物件。在早期 Fantz 等人（Fantz & Ordy, 1959）發展出一項以調整線條間距，測試嬰兒眼球追蹤線條移動的情況，作為測量嬰兒視覺敏銳度（visual acuity）的工具。當嬰兒能成功的追蹤呈現於視野的測試圖片之移動時，施測者便將測試圖片的線條間距縮小，直到嬰兒因無法看清楚線條間的間距，而沒有追蹤視野中所呈現的測試圖片時為止。這項測試的結果發現，嬰兒是近視的。他們的視覺敏銳度遠較成人的為弱，大約只能看清楚在 30 公分左右的近距離之物件。這樣的限制似乎對新生兒的影響並不很大，他們的視覺敏銳度仍足以看清楚照顧者的臉，並且和照顧者目光交換，建立社會性的關係。到了嬰兒 7 至 8 個月大時，他們的視覺便和成人一樣清晰，這時也正是嬰兒開始爬行對視覺的清晰和精準需求量提昇的時候。

（三）視覺搜尋能力

　　嬰兒雖然是近視，但很早就主動的搜尋身邊的環境（Haith, 1994; Bronson, 1991）。研究發現新生嬰兒即便在完全黑暗中，也能以短促的眼球運動追蹤物體。因為在完全黑暗的環境中並沒有光線進入眼中，新生兒的搜尋行為必定是

自發性的由他的神經系統所主宰。這項自出生就有的**視覺搜尋**（**visual Scanning**）能力，是後續主動注視行為的初始基礎。當光線出現於完全黑暗的情境時，嬰兒的自發性搜尋便暫時停止。這時如果有物件出現於光亮中，嬰兒便會凝視此物件。這些行為顯示嬰兒對亮度的改變是相當敏銳的，而這個能力對嬰兒因光線的亮度差而產生的邊緣線和物體角度的視知覺能力是很重要的。

（四）形狀知覺

新生嬰兒是否能看到物體的形狀？對這個問題長久以來人們都以為新生嬰兒只看見光影，而沒有**形狀知覺**（**perception of patterns**）。但這樣的看法到了 1960 年代卻由 Fantz（1961, 1963）的實驗結果推翻了，因為 Fantz 發現出生只有兩天的嬰兒能夠以視覺分辨形狀。在他的實驗中，Fantz 將嬰兒放在觀察台上，然後呈現幾種不同形狀的物體。一名觀察者由特製的觀察窗口記錄嬰兒注視不同形狀物體的時間長久，因為嬰兒凝視某些形狀物體的時間較凝視另一些形狀為長，這表示新生嬰兒能分辨不同的形狀，而且以凝視時間的長短表達他的偏好程度。Fantz 由此系列實驗發現嬰兒對單純的顏色與形狀並不十分感興趣，他們比較喜歡人的臉孔和有明顯對比亮度的同心圓等。Fantz 的實驗顯示嬰兒能以視覺觀察物體的形狀，而不是只能看見不清晰的物體世界。不過嬰兒所具有的這項能力與成人所看到的世界並不相同。在這方面我們發現 2 週大和 12 週大的嬰兒在看一個簡單的圖片時（例如：「V」字型圖），2 週大的嬰兒只看有高對比的圖形的一角。這樣的搜尋所反映的是嬰兒雖然能知覺線的交集與角的位置，但是對形狀的知覺能力卻不是天生的。到了 12 週大的時候，嬰兒便能瀏覽大部分形狀的訊息，但仍以具高對比的區域為主。實驗中並且發現，有些 12 週大的嬰兒表現與 2 週大的嬰兒類似，這樣的證據也顯示在早期對形狀知覺發展的個別差異。

三、嬰兒期的其它知覺

除了聽覺與視覺之外，還有嗅覺、味覺、觸覺、溫感和痛感，這些感覺與知覺能力在嬰兒期的反應特性分別說明如下。

（一）嗅覺和味覺

新生嬰兒具備分辨物體氣味的能力，他們對不喜愛的氣味（例如：醋酸、尿酸等）表現出迴避的行為，並且露出厭惡的表情。另一項發現是 1 週或 2 週大的嬰兒即能分辨母親的氣味與其他人不相同（Cernoch & Porter, 1985）。

至於味覺，新生嬰兒已展現對不同味道東西的偏好，他們對於甜的味道之喜愛程度遠超過對苦、酸、鹹以及中性無味（如水）的味道。不同的味道會引發不同的面部表情：甜味能減少哭泣行為並引發笑容；酸味使嬰兒突唇皺鼻；苦味則引發厭惡的表情。反應的強弱也隨味道的強度而增加。

（二）觸覺、溫感和痛感

新生嬰兒的觸覺敏銳，他們的反應大多由觸感所引發，即使在睡眠中，身體對所碰觸到的刺激的變化都很敏感。這樣敏銳的觸覺使嬰兒對環境的反應度提昇，而經由觸覺也能刺激嬰兒腦部的成長。比如藉由觸摸和按摩能使早產兒的發育情形較快改善。

在出生後數個月的時間中，嬰兒更經常以觸覺感受環境，他們先用嘴，後來主要用手來探索周遭的物件。因此觸覺對嬰兒而言，是接觸環境與獲得新知的主要途徑。觸覺對早期認知發展具重要意義（Piaget, 1964）。

新生嬰兒對溫度的變化很敏銳。他們拒絕吸食太燙的奶，而且當溫度降低時，嬰兒以高活動量以提昇自己的禦寒力。此外，嬰兒在出生時就有痛感。研究發現出生一天的嬰兒即對打針、抽血等有哭和抽動等反應。事實上新生嬰兒對引發痛感的事件反應較 6 個月大的嬰兒更巨。

第三節

嬰幼兒期認知發展

一、認知

　　認知指的是思考歷程，包括：訊息的接收到處理、儲存，以及當需要時可以提取所儲存的訊息來使用。但是儲存並不像錄音機或錄影機一般，把所聽到的訊息一字不差的錄下來，需要時，原音、原影重現。儲存的訊息經過個體處理，很可能與原來的訊息有些不同；因此心理學者很想知道，為什麼不同個體面對相同訊息會有不同的處理（不同的思考歷程），以致有不同的處理結果。例如：為什麼當視覺和聽覺刺激一起呈現，4 歲幼兒偏向處理聽覺訊息（Sloutsky & Napolitano, 2003）。又為什麼幼兒不能瞻前顧後，因而常有安全上的顧慮。

　　關於認知能力的發展，理論上有 Jean Piaget 提出四個階段的**認知發展論**、Lev Vygotsky 關於**最佳發展區（zone of proximal development，簡稱 ZPD）**的認知發展論，以及以**訊息處理（information processing）**的角度說明認知的發展，包括：訊息的編碼（encode）、轉譯（transfer）、合併（combine）、儲存（store）、解碼（decode）及提取（retrieval）等處理和問題解決（problem solving）。本章先說明前兩者，將訊息處理留在兒童認知發展一章再說明。

二、Piaget 的認知發展論

　　瑞士認知發展科學家 Piaget，所提出的知識發展階段論（stages of genetic epistemology）在解釋思考結構的發展上有其獨到之處，是後來認知發展研究的基礎。

　　Piaget 提出，人的智力（intelligence）是一種適應（a form of adaptation）。知識不是直接影印外界的現象而成，是人與外在環境互動的認知適應結果。在這適應的過程中，經由**同化（assimilation）**和**調適（accommodation）**的過程，

使認知結構愈趨成熟。「同化」是以既有的知識，解釋來自環境中的各種刺激；「調適」是個體在同化外界事物時，受外界影響，知識上產生的變化。例如：一個小孩看到有四個輪子的東西就稱之為「車」，因他有汽車的概念，這是「同化」。他的母親更正他的說法為垃圾車。慢慢的，他對「車」的知識有了修正，對車的認識也多了一層，這是「調適」。而同化與調適會開始運作，促進認知結構的成熟，乃由於個體的認知結構與外界刺激間產生**不平衡狀態**（**disequilibrium**）。也就是說，當外界刺激對個體來說是新鮮的，同化與調適兩活動即開始，直到個體覺得認識此外界刺激了，此時認知結構才達到平衡狀態，因此，不平衡狀態是學習的開始。而這個經同化、調適的思考「操作」（operation）以致改變認知結構，是 Piaget 用來命名認知發展階段的重點。以下將思考操作稱為「運思」。

　　Piaget 認為，智慧的發展有其階段性，每一階段整合前一階段之特質，也就是說，前一階段的特質是下一階段發展的基礎，並為下一階段統整合併。各階段的不同在於質，而非量的不同；所謂質，基本上是指推理邏輯的改變。Piaget 將新生嬰兒至青少年的邏輯推理分為四個階段，分別是：嬰兒的**感覺動作期**（**sensorimotor stage**）、幼兒的**前運思期**（**pre-operational stage**）、兒童的**具體運思期**（**concrete operational stage**）和青少年以後的**形式運思期**（**formal operational stage**）。接下來將說明感覺動作期和前運思期，後兩階段將於下兩章分別說明。

三、感覺動作期

　　從 Piaget 的觀點，嬰兒探索世界的能力主要是以**「循環反應」**（**circular reaction**）的方式建立理解事物達成目標的**基模**（**schemes**）。循環反應中包括嬰兒因應由自己身體的動作活動所產生的新經驗所引起的挑戰。「循環」的意涵是嬰兒對於偶發經驗的主要反應而嘗試重複這個新經驗，逐漸在感覺和動作上使偶然的經驗成為穩定的新基模。例如：一個 2 個月大的嬰兒偶然在進食之後發出滿足愉悅的唇音，他發現這個唇音很有趣，就重複發出這唇音直到他能很熟練地做到。

　　在 2 歲前，嬰兒的循環反應歷經幾次發展上的轉變。一開始時，循環反應是以嬰兒自己的身體為中心，接著以操弄物體為主。然後，漸漸成為以實驗性、創造性在環境中產生新奇結果為重點。Piaget 認為循環反應的不斷更新對早期發展特別重要。

　　Piaget 認為，反射是嬰兒期認知發展的基石。在 Piaget 理論中「感覺動作期」的第一個次階段是以反射為主。在出生後 1 個月左右，嬰兒得以初級循環反應控制自身的行為，重複偶發且簡單的行為。在第三個次階段（大約 4 至 8 個月）中，嬰兒漸漸能坐起，並且有向目標（如人或物體）伸出手，也具備操弄物體的能力，這些能力在嬰兒理解環境變化上扮演重要角色。在此階段，嬰兒以動作重複製造令他們感到興趣的事件，且他們也會模仿大人的行為。

　　到了第四個次階段（8 至 12 個月），嬰兒將不同的基模整合成為較複雜順序，而形成具備新功能的基模，以及造成不同的結果。他們的行為因此不再是偶發性的，而是漸漸成為有意圖、有目的之行為，有意地達成特定目標，或是解決簡單問題。

　　8 至 12 個月間的一個普遍的活動是「找尋藏起來的東西」，嬰兒此時因為已經理解看不到的物品仍然存在，具備了**「物體恆存」**（object permanence）的能力。但能理解物體恆存還不一定能找到隱藏的物件，因為嬰兒在此年齡仍會犯 **A ＿非＿ B 搜尋錯誤（A ＿ not ＿ B search error）**。這個普遍的搜尋錯誤是發生在嬰兒看到物體從 A 移至 B，但仍尋找 A 的位置，而非 B 的位置。Piaget 認為，嬰兒的物體恆存概念在此第四個次階段中漸漸發展出來。不過，後來的研究發現物體恆存概念在較早的月齡就發展出來了。

　　在第五個次階段中，12 至 18 個月的嬰兒表現出三級循環反應，他們重複操弄物體或事件，並且做一些改變，製造出不同的結果。重複的練習這些刻意的探索行為，增進了嬰兒解決問題的能力。到了第六個次階段時，感覺動作的發展累進形成心智表徵。在 18 至 24 個月，解決問題的行為不再是以嘗試錯誤的方式進行，而有將問題形成表徵，以操弄表徵的方式解決問題。心智表徵的形成，使嬰兒能在當物件變動位置至視線之外時，正確地將它搜尋出來。嬰兒也有延宕模仿的能力，將經驗的記憶成為一段時間之後，再表現出相同行為的依據。心智表徵也使嬰兒有假扮遊戲的行為，其中他們扮演日常行為經驗中的

人物、行為，以及想像的活動。在表 5-2 中列出 Piaget 理論中，感覺動作期的六個次階段。

表 5-2　Piaget 感覺動作期次階段

感覺動作次階段	典型適應行為
1. 反射基模（reflex） （出生至 1 個月）	新生兒反射
2. 初級循環反應（primary circular reaction） （1 至 4 個月）	以嬰兒身體為主的單純動作習慣，對事件的預期有限制
3. 次級循環反應（secondary circular reaction） （4 至 8 個月）	行動的主要目的是在周遭環境製造重複有趣的結果，以熟悉的行為為主
4. 協調次級循環反應（coordination of secondary circular reaction） （8 至 12 個月）	意圖行為，漸能找出在一個位置出現，但後來被遮住的物體，對事件的預期能力進步
5. 三級循環反應（tertiary circular reaction） （12 至 18 個月）	以實際操弄的方式試圖理解物體或事件的特性，以執行為主
6. 心智表徵（mental representation） （18 至 24 個月）	心中描述物體和事件的能力，能找尋非目視到但移動的物體位置，延宕模仿和假扮遊戲

　　Piaget 的認知發展理論，大幅提昇我們對嬰兒早期認知特性以及發展的瞭解。不過，後來的研究也有一些新的發現，與 Piaget 的觀察結果不同，物體恆存概念的發展就是其中一個例子。許多研究指出，嬰兒的物體恆存概念早於 Piaget 所認為的 8 至 12 個月之間，事實上，大約在 2.5 至 3 個月時，就可能擁有此概念。這樣的發現，一大部分是歸功於研究方法的進展。研究者發現嬰兒犯 A ＿非＿ B 的錯誤，可能是因為他們必須以手的動作來完成搜尋的工作，而手的動作是在 8 至 12 個月才能配合嬰兒的理解，正確地找到搜尋物。但是嬰兒對物體具備恆存的概念發展卻可能早於 8 至 12 個月，於是研究者以「**違反預期的方法**」（violation-of-expectation method）探討這個可能性。首先，嬰兒習慣化一事件（嬰兒注視時間縮短），然後以兩種情境測試嬰兒是否會提高注視時間（也就是反習慣化）。其中一個情境是「預期事件」（expected event）情境，呈現著與習慣化事件一致的訊息。例如：嬰兒習慣化矮的和高的蘿蔔在

一塊不透明的板子後面，板子自左至右移過視野，重複若干次之後，達到習慣化。在測試階段則在板子上切出一塊鏤空的窗口，當板子移動時，高蘿蔔應會從窗口露出來，但是矮蘿蔔並不會，實驗中矮蘿蔔情境因與習慣化事件一致，成為預期事件。而高蘿蔔情境則因並沒有從窗口中看到高蘿蔔露出來，而成為與習慣化事件不一致的違反預期事件情境（如圖 5-1）。

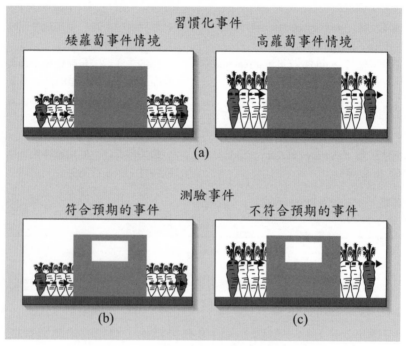

圖 5-1　習慣化事件與預期事件的測驗

資料來源：Baillargeon & DeVos (1991)

　　2.5 至 3 個月大的嬰兒對違反預期事件注視較久，這樣的結果在後續的研究中，也一再被驗證（Baillargeon, 2004; Hespos & Baillargeon, 2001）。因此，結論是嬰兒在 2.5 至 3 個月間便已能區辨違反預期事件與習慣化事件不一致，而具備了物體恆存的概念。此外，內在表徵世界的能力，Piaget 認為大約在 18 個月左右才發展出來，不過晚近的研究發現不論是嬰兒在延宕模仿、分類，以及解決問題的心智表徵，均較早就已經發展了。

四、前運思期

前運思時期的孩子開始說話，這表示他也開始運用語言符號。由於語言及使用其他符號表徵的能力，如象徵遊戲（symbolic play）、畫圖、延宕模仿，此時兒童不但可以思考未來（例如：明天去動物園）及回憶過去（例如：昨天去看牙醫），也可以描述未曾見過或未經驗過的事件，而產生似乎有創意的思考。這在幼兒語言表現上最容易觀察到。例如：2 歲半幼兒看著別人的瞳孔說：「你的鼻孔怎麼跑到眼睛裡去了？」以已知「鼻孔」來描述所觀察到但是尚不知的現象——「瞳孔」，這是「同化」。基本上幼兒有許多推理仍受限於當下（now & here），思考上仍有相當的侷限，特別是對符號間關係的掌握。例如：他知道自己的左手和右手，一旦換成「左邊」和「右邊」，他就不明白左右關係是相對的。有一個實驗是這樣的：成人與小孩面對面坐著，兩人中間有三樣玩具：小汽車、小樹和積木。成人請小孩舉起右手以確定他知道自己的右手在哪一邊。然後成人問：「你最右邊的東西是哪一個？」小孩會不假思索的指出在右手邊的小汽車。而後成人與小孩子互換座位，再問：「現在你最右邊的東西是哪一個？」此時多數前運思期的孩子會感到困擾，因為剛才右邊指的是小汽車，現在在右邊的似乎不是小汽車，但他們仍然指小汽車而不顧自己的右手在哪一邊，也不管自己是否有疑惑。

此外，前運思期的孩子以外表（外型）來判斷兩個物體何者較重或較多，即使兩物體的本質一樣，只是外型改變。例如：當研究者把五顆糖散開來放，會使幼兒覺得比同樣的五顆糖集中放在一起要多，因為前者看起來所占的面積大一些。基於這一階段的兒童在認知運作上，與成人的運作邏輯有一段距離，因此稱為「前」運思期（請見第九章兒童期認知發展 Piaget 守恆概念作業圖）。

此外，前運思期的幼兒亦無法分開自己與他人的觀點。Piaget 稱之為「**自我中心觀點**」（**egocentrism**）。Piaget 有一個標準的實驗，是讓兒童由一個角度看三座山的相對位置；而後問他，另一人從另一角度看到的三座山前後位置是怎樣的（圖 5-2），通常前運思期的小孩會以為自己所看到的，就是別人所看到。這個實驗常被用來解釋，年幼兒童沒有角色取替（role taking）的能力，因為他不能由別人的觀點看人所看。也因此，幼兒對事物的判斷往往以直覺

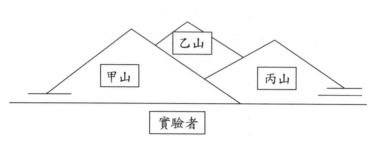

圖 5-2　　三座山實驗示意圖

說明：三座山實驗中，幼兒和實驗者同時面對三座山，但是幼兒坐在實驗者的對面，因此幼兒看
到的三座山應是「乙山」在前，「甲山」在後。而實驗者看到的是「甲山」在前，「乙
山」在後。確認幼兒看到「乙山」在前，「甲山」在後之後，問幼兒，實驗者看到的是怎
樣的。多數幼兒會回答實驗者看到的和他相同，就是「乙山」在前，「甲山」在後。

（perceptual intuition）而非以觀念（conceptual）為基礎；同理，此時的小孩對
因果關係的看法也是直接的，例如：當他做錯事後不小心摔了一跤，他會想是
因做錯事才摔跤的。

　　基本上，不論幼兒是自我中心或是直覺思考者，都因他是以一個向度來觀
察世界。他們只注意到事物最顯著的面向，而外觀（外型、外表）對他們來說
就是最顯著的面向，他們將可觀察到的顯著特徵視為事物本質。例如：幼兒分
類常是以關係為基礎，請他們把香蕉、紅蘿蔔、兔子、猴子分類時，他們傾向
將猴子、香蕉放一起，而不是將食物和動物分別歸類。當作業呈現「鳥：鳥巢
＝狗：？」並提供兩個選擇，一是狗窩，另一是骨頭，因經驗與明顯性，多數
幼兒會選擇骨頭。到底幼兒的學習能力如何？幼兒是否會受限於「前運思」的
限制，而無法處理一些需要邏輯思考的作業呢？

　　近年來的研究，考慮到知識在認知發展上扮演的角色，指出幼兒學習的能
力比 Piaget 所描述的要更有彈性。一些採取**「訊息處理觀點」**（information
processing approach）的研究者，如 M. Chi 和 R. Siegler，當他們更細緻的去觀
察幼兒的作業情形，發現有時是指導語妨礙了幼兒理解，例如：將三座山實
驗，設計成幼兒熟悉的環境，幼兒就能有預期的表現；且當有成人或是有能力

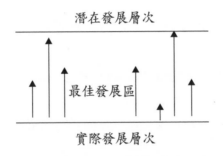

同儕在一旁示範下，幼兒的表現會比自己一個人獨處時所能做的更好。[1]

五、Vygotsky 的認知發展論

俄國心理學者Vygotsky指出，兒童至少有兩個發展的層次：一是**實際發展層次**（**the actual developmental level**）；一是**潛在發展層次**（**the potential deve-lopmental level**）。實際發展層次指兒童獨立解決問題的能力；潛在發展層次指在成人輔導下解決問題的能力。Vygotsky（1978）認為，個體認知功能是透過人際互動發生的，兒童在他人協助下，所表現的比自己一個人所做的更能說明他的能力。這兩個層次之間的差距叫**「最佳發展區域」**（**zone of proximal development，簡稱ZPD**）。在這區域裡，我們可以觀察到兒童一些尚未成熟，但正在學習趨向成熟的能力。

潛在發展層次

最佳發展區

實際發展層次

圖 5-3　透過與周遭不同人的互動，提昇孩子的發展層次

Rogoff（1990）在《思考師徒制》（*Apprenticeship in thinking*）一書中，為Vygotsky理論加了研究的註解及理論上的延伸。Rogoff及其同事發現，當兒童有成人在一旁提醒工作要達成的目標，以及其可使用的解題策略，而且由兒童和成人一起做成解題的決定時，兒童在後測的表現上比兒童獨自一人解題要有進步。Rogoff 稱此種成人與兒童的互動為**「引導式參與」**（**guided participa-tion**）（Rogoff, 1990）。成人和兒童在參與過程中，都是主動且互相學習的，最重要的是，成人由兒童身上慢慢學到如何來引導兒童參與。

---

1 有興趣者請參考 U. Goswami （1998）的 *Cognition in Children* 一書。

Brown 和 Kane（1988）亦秉持著對 Vygotsky 說法的信念，設計一系列類比研究探討學習遷移。為證實幼童有此能力，且在成人輔助下，更能展現類比與遷移能力，他們以故事為實驗的工具。

研究中每個故事包含一主要訊息，是推理的依據，其餘則是無關的細節。每組有兩個故事（A1 和 A2），故事中解決問題的方式是相似的，研究者想知道當兒童學得第一個問題（A1）的解答後，是否能將此遷移來解決第二個問題（A2）。而在做完第一組問題後，再看第二組問題時（B1 和 B2），就知道第二組第二個問題（B2）的方法可借用第二組第一個問題（B1）的解法，因為第二組的形式與第一組的形式相近，這就是學習遷移。

這些故事問題的挑選原則是：

1. 小孩對故事中的因果有先備知識（prior knowledge）。

2. 每組問題的解答不同，分別以「疊」、「拉」、「盪」等動作來解題。

3. 故事的難度是相似的。

實驗進行的時候，研究者會暗示與討論或是讓幼兒教導布偶（所謂教學相長）。

「暗示」：「下面這個問題是相似的。現在你知道怎麼『疊』了（依故事情境決定），下面的問題會很簡單。」

「討論」：當一組的題目做完後，實驗者問兒童這兩個題目（A1 和 A2）有哪些相似的地方。

「教導」：讓兒童將解答教給兩個布偶。

除這三種方法來增強學習遷移，研究設計上有另外一組兒童只做所有的問題，沒有暗示、討論或教導。第三組是控制組，這組兒童每組題目只做一題，外加兩個不相關的題目，如：積木設計等。

接受實驗的兒童為 3 至 5 歲的學前兒童。研究的結果指出，3 歲組在暗示、討論、教導的情境下，有 80% 的兒童能遷移所學習的至全新的題目上。其控制組和只做問題組的 3 歲兒童遷移就很差，4 歲及 5 歲組，除控制組的情境外，都有 80% 至 100% 的兒童有學習遷移。換句話說，這個研究指出：4、5 歲組不太需要額外的幫助也能從解題中類推所學的，3 歲組則需要外界的幫助。

接著 Brown 和 Kane 想知道，協助兒童學習遷移是以例子的方式出現，或

是直接告訴他們遷移的規則較有效。結果發現例子加上規則是最有效的方法，這幫助了 90%的 4 歲兒童達到遷移的目標。但若例子中加上一些不相關的訊息，則會降低遷移比例至 50%左右。此外，若讓兒童在學了例子與規則後，立即回憶問題的主旨及例子，也能促成他們的學習遷移。Brown 和 Kane 認為，當研究者要求兒童解釋或回憶剛解決的問題時，兒童必須表徵這些題目，將相似性集合在一起，也就成為類推的基礎。

　　由上述研究看到，在某些學習領域，幼兒會多少（先備知識），以及成人要教導多少，是要互相搭配的。成人的教導與協助，告訴幼兒解題的例子與遷移原則，能促成 3、4 歲組兒童的學習，而不相關的訊息則會干擾學習。但對於 5 歲組來說，他們對此問題情境有遷移的能力，成人的幫助就顯得多餘。在日常生活中，我們亦不難觀察到兒童和成人互動產生的學習例子（請參閱Box 5-1 林太乙女士學習寫作）。

5-1
林太乙女士學習寫作：一個 Vygotsky 式教養例子

　　父親……寫作時，只要我不吵，他就肯讓我待在裡面。我有時削鉛筆，有時在紙上畫圖，……。

　　有一次我感到無聊，擠過去他膝邊，問：「爸爸，你在做什麼？」

　　他把煙斗從嘴裡拿下來，微笑地說：「寫作。」

　　「為什麼要寫作？」

　　「因為我有話說。」

　　「我也有話說！」

　　他停了停，望了我好一會兒，然後摸摸我的頭髮。「我們午飯吃什麼？你到廚房問周媽去。」他就這樣趕我出書房。

　　不久之後，有天我跟他乘電車到城裡去，車廂擠滿了人，我們只好站在沒有遮欄的車尾，天氣酷熱，我擠在大人中間，周圍汗味迫人。後來一陣雨把別人趕到靠車廂那邊去，我透了口氣，雨淋著我的臉，風吹著我散亂的頭髮，我覺得痛快得很。車子的搖顛，也使我更加高興，我似乎要飛到天上去了。

回到家裡，爸爸問我乘電車好不好玩？看見什麼？心裡又覺得怎樣？我嘰嘰喳喳的添油添醬的把開頭感到怎麼悶熱，後來涼風吹在我臉上的感受，盡情傾吐。

「你記得那天你問我，為什麼要寫作嗎？我說因為我有話要說，你說你也有話要說。」他看著我，突然認真起來：「要做作家，最要緊的，是要對人對四周的事物有興趣，比別人有更深的感覺和了悟。要不然，誰要聽你的話？你就不肯多聽周媽的話！我注意到你剛才在電車上，站在車廂後面，雨淋風吹，你那痛快的感受，全表露在你的臉上。你何不把那種感受寫下來？那種真的感覺如果能描寫出來，就是好文章。」

〜摘自林太乙（1989）

林語堂先生和其女兒林太乙的互動是 Vygotsky 式互動的好例子，父親一邊觀察女兒的狀況，找到合適的時機，趁勢利導。

六、嬰幼兒一些特殊重要認知的發展

（一）延宕模仿

延宕模仿（deferred imitation）的能力最早在大約 6 週左右便表現出來，嬰兒觀看陌生成人的面部表情之後，會在第二天對同一成人露出相同的表情（Meltzoff & Moore, 1994）。當動作能力增進，嬰兒會開始模仿物體的動作。6 至 9 個月大的嬰兒看到綁著 12 個玩具的板子（例如：一隻玩具青蛙吊飾在拉扯時，會做出跳躍的動作），並且有大人模仿其中 6 個玩具的動作，在第二天不論是 6 個月或是 9 個月大的嬰兒，表現出這 6 個動物特定動作的可能性，均大於前一天未被模仿的 6 個玩具（Collie & Hayne, 1999）。

14 個月大的嬰兒若看到一個成人表現出特別的行為，他們能在間隔一些時間之後仍能依樣模仿出來。而且這月齡的嬰兒的延宕模仿已具備選擇性與組織性，他們也可能修改模仿反應，以更適當的動作取代之（Gergely, Bekkering, & Kiraly, 2003）。到了 18 個月時，嬰兒不只模仿成人的行為，也試圖做出成人所想要做的動作，即使這些動作並沒有完全做出來。這些發展的現象顯示，在 1 歲至 2 歲之間，嬰兒能推理別人的意圖，做為引導他們模仿行為的依據。到 2 歲時，幼兒就能模仿成人的社會角色，例如：扮演爸爸、媽媽或寶寶，而

有假扮遊戲的能力。

（二）分類能力

　　嬰兒早期即具備將相似特性的物體，形成群組的**分類（categorization）**能力。分類能力對嬰兒發現環境中的規律性，協助組織嬰兒的經驗，將經驗中的訊息量減少至可以學習或記憶的程度，對於嬰兒早期認知能力的發展極為重要（Cohen, 2003; Oaks & Madole, 2003）。

　　嬰兒的分類能力研究中，在嬰兒的腳上繫上一條絲帶，另一端繫在懸掛嬰兒床頭的旋轉吊飾，當懸掛吊飾上的物件具有相似特性（如均為方形）時，3個月大的嬰兒便會舞動腳步做出拉扯吊飾的動作，動作的頻率隨著熟悉度而漸減（習慣化）。若更換其中一個物件使與其他不同（如換為圓形），此時，嬰兒踢腳的動作會突然增加（反習慣化），表示嬰兒已覺察此新物件（圓形）與原類別中之物件（方形）不同。在延宕一段時間之後，再次呈現原方形組的吊飾，嬰兒很快地表現出多次踢腳的動作。但是若是延宕後呈現的吊飾與先前不同（如為三角形），此時嬰兒就不表現出多次踢腳反應。此時我們認為嬰兒已對先前方形吊飾有相當的熟悉度，但對三角形吊飾仍尚未熟悉（Bhatt, Wilk, Hill, & Rovee-Collier, 2004; Hayne & Rovee-Collier, 1995）。

　　採用上述習慣化／反習慣化方式對嬰兒的分類能力進行探討，發現6至12個月嬰兒將環境中之物件分類為多種類別關係。例如：嬰兒已有食物、傢飾、鳥類、動物、汽車、廚具、植物、空間位置等物件類別的概念（Casasola, Cohen, & Chiarello, 2003; Oaks, Coppage, & Dingel, 1997; Quinn & Eimas, 1996）。除此之外，嬰兒也將他們的情境和社會關係分類，他們將人們的聲音，依性別和年齡分類（Bahrick, Netto, & Hernandez-Reif, 1998）。他們也能形成情緒表情類別，例如：不同的人所露出的笑容屬一類，但同一個人所露出之中性表情，則屬另一類表情（Tsai & Huang, 2006）。早期分類能力主要依據知覺（perceptual）屬性分類，如外觀相似，或是部分特徵相似的物件較易被分為一類。在嬰兒1歲之後，他們的分類能發展出以概念（conceptual）屬性為分類依據的能力，通常物件具有相似的功能或行為（Cohen, 2003）。較大嬰兒也逐漸具有區隔兩種在知覺屬性上相斥類別的能力，他們在1至2歲間，主動地以抓、臥、摸、觸

或玩等方式，試圖更加瞭解物件的特性，並細分其類別。在形成類別之後，他們便將各式經驗加入，包含對事件經過的記憶等訊息。

從知覺屬性轉而以概念屬性分類的發展，主要是因為嬰兒探索物體特性的經驗和對環境的瞭解增進，使較大嬰兒能從物件的物理屬性，提昇至以它們的功能和行為做為分類的基礎（Oaks & Madole, 2003）。此外，語言的發展亦對分類能力有所助益，成人所教導的分類詞彙，有助於嬰兒在分類物件時標記物件，也有助於嬰兒詞彙的增長，而此兩者又促進嬰兒的分類能力發展（Gopnik & Meltzoff, 1992; Waxman, 2003）。因為語言的使用反映環境特性，故嬰兒的概念發展，亦隨著語言特性而有文化差異（Gopnik & Choi, 1990）。

（三）解決問題能力

嬰兒約在7至8個月發展出意圖性的手段——目標動作序列，以解決簡單的問題，例如：拉繩取得玩具等問題。到了10至12個月，嬰兒開始具備類比解題方式能力，也就是將解決一個問題的策略，運用於解決另一相似問題的能力，例如：繩的一端所綁住的玩具，雖然大小、形狀、顏色等屬性均不相同，但嬰兒以拉繩方式取得一個玩具，便可能將此策略運用於拉繩取得另一玩具的相似情境中。隨年齡增長，嬰兒類比解題能力更加精緻有效率（Goswami, 1996）。而且在1歲之前，嬰兒便展現出不僅能以嘗試錯誤的方式解題，而且也有將先前經驗遷移運用於新情境的能力。

（四）幼兒的記憶

依研究者的操作性定義，記憶可以分為**陳述性記憶**（declarative memory）、**程序性記憶**（procedural memory）、**事件記憶**（episodic memory）、**語意記憶**（semantic memory）等。陳述性記憶指的是對事實的記憶；程序性記憶是對過程、行動的記憶；事件記憶指的是對特殊事物或情境的記憶，通常帶有時間和空間的特徵，我們所謂「歷歷在目」即事件記憶的寫照。語意記憶所記的，不是事件或物體的表面特徵，而是它蘊含的意義。

一般人對幼兒背誦有韻律的童詩或是三字經印象深刻，認為幼兒有好的記憶力，這種記憶屬陳述性記憶。至於事件記憶，不少研究指出，幼兒易受外界

建議性問題的影響。例如：一個陌生人到幼兒園訪問並唸故事給大家聽，一星期之後，幼兒被問及此次訪問。問題是：「陌生人有沒有弄壞玩具？」有一半的幼童被問的時候，研究者會加上一些建議性的敘述和問題，如：「別的小朋友說……」以給同儕壓力，或是對某些答案給正面回饋：「你真的是個好幫手。」負面回饋：「答案好像不對。」而後再問一次同樣的問題。當孩子說「沒有」時，亦會被要求再想想、要求孩子想像一下可能發生什麼事。結果，直接問「陌生人有沒有弄壞玩具？」的幼兒中，83%回答陌生人沒有弄壞玩具；但是接受建議性問題的幼兒，只有42%回答陌生人沒弄壞玩具。這些幼兒接受了建議性問題後，在5至10分鐘之內，後半段給的答案比前半段給的答案的錯誤率更高。這表示，幼兒漸漸學到研究者要什麼答案，而跟著建議走。在建議性問題下，有一些幼兒對「未發生事件」的描述愈說愈多暴力、誇張及有幻想性的細節（語意性記憶）。這是描述「真實事件」沒有的現象（Bruck & Ceci, 1999）。

由建議性的描述與問題之研究可以看出，幼兒在成人引導下是會依著成人的期許，往一定的方向改變自己的記憶，其中包括為使自己接受「似是而非」，甚至對原本有疑惑的事，自己自圓其說。但是成人可以分辨幼兒是否誇張，因為幼兒在敘述未發生的事情上會有較多幻想性細節。

問題討論

1. 說明嬰兒的聽覺發展特性。
2. 說明嬰兒的視覺敏銳度、視覺搜尋能力，和形狀知覺的發展特性。
3. Piaget 提出的認知發展機制是什麼？
4. Vygotsky 認為認知發展的機制是什麼？
5. 簡述嬰幼兒一些重要的認知發展。

參考文獻

中文部分

林太乙（1989）。**林語堂傳**（頁 140-142）。台北市：聯經。

英文部分

Bahrick, L. E., Netto, D., & Hernandez-Reif, M. (1998). Intermodal perception of adult and child faces and voices by infants. *Child Development, 69*, 1263-1275.

Baillargeon, R. (2004). Infants' reasoning abut hidden objects: Evidence fo r event-general and event-specific expectations. *Developmental Science, 7*, 391-424.

Baillargeon, R., & DeVos, J. (1991). Object permanence in youth infants: Further evidence. *Child Development, 62*, 1230.

Bertenthal, B. I., Campos, J. J., & Barrett, K. (1984). Self-produced locomotion: An organizer of emotional, cognitive, and social development in infancy. In R. Emde & R. Harmon (Eds.), *Continuities and discontinuities in development* (pp. 174-210). New York: Plenum.

Bhatt, R., Wilk, A., Hill, D., & Rovee-Collier, C. (2004). Correlated attributes and categorization in the first half-year of life. *Developmental Psychology, 44*, 103-115.

Bornstein, M. H., Kessen, W., & Weiskopf, S. (1976). Color vision and hue categorization in young human infants. *Journal of Experimental Psychology. Human Perception and Performance, 2*, 115-129.

Bronson, G. W. (1991). Infant differences in rate of visual encoding. *Child Development, 62*, 44-54.

Brown, A. M. (1990). Development of visual sensitivity to light and color vision in human infants: A critical review. *Vision Research, 30*, 1159-1188.

Brown, A., & Kane, M. (1988). Preschool children can learn to transfer: Learning to learn and learning from examples. *Cognitive Psychology, 20*, 93-523.

Bruck, M., & Ceci, S. (1999). The suggestibility of children's memory. *Annual Review of Psychology, 50*, 419-439.

Casasola, M., Cohen, L. B., & Chiarello, E. (2003). Six-month-old infants' categorization of containment spatial relations. *Child Development, 74*, 679-693.

Cernoch, J. M., & Porter, R. H. (1985). Recognition of maternal axillary odors by infants. *Child Development, 56*, 1593-1598.

Cohen, L. B. (2003). Commentary on part I: Unresolved issues in infant categorization. In D. H. Rakison & L. M. Oakes (Eds.), *Early category and concept development: Making sense of the blooming, buzzing confusion* (pp. 193-209). New York: Oxford University Press.

Collie, R., & Hayne, H. (1999). Deferred imitation by 6- and 9-month-old infants: More evidence for declarative memory. *Developmental Psychology, 35*, 83-90.

Dannemiller, J. L. (1989). Computational approaches to color constancy: Adaptive and ontogenetic considerations. *Psychological Review, 96*, 255-266.

DeCasper, A. J., & Fifer, W. P. (1980). Of human bonding: Newborns prefer their mothers' voices. *Science, 208*, 1174-1176.

DeCasper, A. J., & Spence, M. J. (1986). Prenatal maternal speech influences newborns' perception of speech sounds. *Infant Behavior and Development, 9*, 133-150.

DeCasper, A. J., & Spence, M. J. (1991). Auditorialy mediated behavior during the perinatal period: A cognitive view. In M. J. Weiss & P. R. Zelazo (Eds.), *Infant attention* (pp. 142-176). Norwood, N.J.: Ablex.

Fantz, R. L. (1961). The origin of form perception. *Scentific American, 204*, 66-72.

Fantz, R. L. (1963). Pattern vision in newborn infants. *Science, 140*, 296-297.

Fantz, R. L., & Ordy, J. M. (1959). A visual acuity test for infants under six months of age. *Psychological Record, 9*, 159-164.

Fracasso, M. P., Porges, S. W., Lamb, M. E., & Rosenberg, A. A. (1994). Cardiac activity in infancy: Reliability and stability of individual differences. *Infant Behavior and Development, 17*, 277-284.

Gergely, G., Bekkering, H., & Kiraly, I. (2003). Rational imitation in preverbal infants.

Nature, 415, 755.

Gopnik, A., & Choi, S. (1990). Do linguistic differences lead to cognitive differences? A cross-linguistic study of semantic and cognitive development. *First Language, 11,* 199-215.

Gopnik, A., & Meltzoff, A. N. (1992). Categorization and naming: Basic level sorting in eighteen-month-olds and its relation to language. *Child Development, 63,* 1091-1103.

Goswami, U. (1996). Analogical reasoning and cognitive development. In H. Reese (Ed.), *Advances in child development and behavior* (Vol. 26) (pp. 91-138). New York: Academic Press.

Goswami, U. (1998). *Cognition in children.* London: Psychology Press, Taylor & Francis Group. （中譯本：兒童認知，羅雅芬譯，心理出版社出版）

Haith, M. M. (1994). Visual expectation as the first step toward the development of future-orientated processes. In M. M. Haith, J. B. Bensn, R. J. Roberts, Jr. & B. Pennington (Eds.), *The development of future-oriented processes* (pp. 11-38). Chicago: University of Chicago Press.

Hayne, H., & Rovee-Collier, C. K. (1995). The organization of reactivated memory in infancy. *Child Development, 66,* 893-906.

Hespos, S. J., & Baillargeon, R. (2001). Reasoning about containment events in very young infants. *Cognition, 78,* 207-245.

Izard, C. E., Porges, S. W., Simons, R. F., Haynes, O. M., & Cohen, B. (1991). Infant cardiac activity: Developmental changes and relations with attachment. *Developmental Psychology, 27*(3), 432-439.

Levenson, R. W., Ekman, P., & Friesen, W. V. (1990). Voluntary facial action generates emotion-specific autonomic nervous system activity. *Psychophysiology, 27*(4), 363 - 384.

Lewis, M., Hitchcock, D. F. A., & Sullivan, M. W. (2004). Physiological and emotional reactivity to learning and frustration. *Infancy, 6*(1), 121-143.

Meltzoff, A. N., & Moore, M. K. (1994). Imitation, memory, and the representation of persons. *Infant Behavior and Development, 17,* 83-99.

Oakes, L. M., & Madole, K. L. (2003). Principles f developmental change in infants' category formation. In D. H. Rakison & L. M. Oakes (Eds.), *Early category and concept development: Making sense of the blooming, buzzing confusion* (pp. 132-158). New York: Oxford University Press.

Oakes, L. M., Coppage, D. J., & Dingel, A. (1997). By land or by sea: The role of perceptual similarity in infants' categorization of animals. *Developmental Psychology, 33,* 396-407.

Piaget, J. (1964). Development and learning. In R. E. Ripple & V. N. Rockcastle (Eds.), *Piaget rediscovered. Conference on cognitive studies and curriculum development.* Cornell University and University of California.

Quinn, P. C., & Eimas, P. D. (1996). Perceptual organization and categoryizatin in young infants. In C. Rovee-Collier & P. Lipsitt (Eds.), *Advances in infancy research* (Vol. 10) (pp. 1-36). Norwood, NJ: Ablex.

Rogoff, B. (1990). *Apprenticeship in thinking: Cognitive development in social context.* Oxford, England: Oxford University Press.

Shaffer, D. R. (1999). *Social and personality development* (4th ed.). New York: Wadsworth, Thomson Learning.

Sloutsky, V., & Napolitano, A. (2003). Is a picture worth a thousand words? Preference for auditory modality in young children. *Child Development, 74*(3), 822-833.

Stifter, C. A., & Jain, A. (1996). Psychophysiological correlates of infant temperament: Stability of behavior and autonomic patterning from 5 to 18 months. *Developmental Psychobiology, 29*(4), 379-391.

Tsai, C.-Y., & Huang, S.-T. T. (2006). *The development of the smile concept via single facial feature.* Paper presented at the 45th convention of the Chinese Psychological Association, Sept. 30-Oct. 1, Taipei, ROC.

Vaughn, B., & Sroufe, L. A. (1979). The temporal relationship between infant heart rate acceleration and crying in an aversive situation. *Child Development, 50,* 565-567.

Vygotsky, L. (1978). *Mind in society: The development of the higher psychological pro-*

cesses. Cambridge, MA: The Harvard University Press.

Waxman, S. R. (2003). Links between object categorization and naming: Origins and emergence in human infants. In D. H. Rakison & L. M. Oakes (Eds.), *Early category and concept development: Making sense of the blooming, buzzing confusion* (pp. 193-209). New York: Oxford University Press.

嬰幼兒期
語言發展

學習目標

1. 瞭解嬰兒如何在複雜的環境中釐清語音並發展出詞彙。
2. 能以研究實例說明認知與語言發展的關係。

他用一年的時間只學會說一個字的話（指由出生開始）；從一個字到兩個字又花了他半年的時間；接著，一、兩個月間進步到三、四個字；接下來不到一個月內，他能唸整首兒歌，並掌握對話。

～球球媽媽

語言發展：母語習得

　　大多數孩子在學習母語上似乎沒有問題，因此有人認為語言能力是天生的。語言先天論者認為新生嬰兒具備處理語言的相關機制，使他能回應外界的語言刺激。嬰兒研究指出，4 天大的法國新生兒能分辨由同一位雙語者所說的究竟是法語音或俄語音（請參閱洪蘭譯，1996）。4 個月大能分辨英文或是波蘭文的子句，6 個月後對母語子句的分辨愈來愈清楚。7 至 10 個月時出現依詞界（word boundary）斷詞的偏好，而非隨意將字音斷開的句子（Jusczyk et al., 1989，引自 Karmiloff-Smith, 1996）。因著一出生就對語言的形式敏感，使嬰兒能「計算」所輸入的語音，挑選最適合母語的結構，漸漸將語言模組化。所謂**模組（module）**，指的是單獨處理某一能力的機制，有其固定的神經組織，且有領域特定、處理迅速、自動化、訊息鎖定等特性（Karmiloff-Smith, 1996），而語言模組就是只處理語言的機制。本章將介紹嬰兒如何由複雜的環境中分析出語音並判斷「詞」單位，進而習得詞彙、語法，以語言和人溝通。至於語言發展是天生論或是環境論，將在文中一併討論。

　　在嬰幼兒能以口語溝通前，就有許多非口語的溝通方式，如眼神接觸、以哭聲表達各種狀況，或是雙臂高舉，希望大人抱、以「啊」聲並張開口表示想吃東西、拿東西（如果凍）給大人表示「幫忙打開」、害怕時拍拍自己等（錡寶香，2002）。除了以非語言方式與周圍的人溝通，嬰兒也學習及利用周遭訊息。例如：當寶寶哭了，媽媽馬上站起來，一面說「來了，來了！不哭！不哭！」寶寶就會安靜下來，聽到媽媽的腳步聲近了，他將視線轉到門邊，期待

媽媽出現；媽媽一出現，他破涕為笑。顯然，許多線索，包括非語音者（腳步聲），都是學習溝通的管道。

　　上述例子都說明幼兒必須有認知運作，且語言能力和認知能力並進，才學得到溝通，例如：「分辨」出是媽媽的聲音（不是其他人的聲音）、媽媽的腳步聲，以及愈來愈靠近的腳步聲代表媽媽在空間中也更接近他了。也因有認知操作，學語言時，幼兒會「過度類化」，例如：父母親不會指貓為狗，但是幼兒可能會，因為貓和狗的外型很相似。當然也有研究指出，過度類化並非語言發展必然的現象（Marcus et al., 1992）。不論過度類化是否必然發生，都指出語言發展與認知發展相互伴隨。

　　當然有學者以為認知在先，而後始有語言，例如：Piaget 認為，感覺動作期的嬰兒必須與環境互動，有了主角、動作，受者的概念才會產生句法（主詞、動作、受詞）。換句話說，語言是知覺動作下的產品，句法、語意則是概念類化下的產品。不過，研究指出，17 個月大的嬰兒可以理解定冠詞的意義，也能理解及物和不及物所指稱的動作（Hirsh-Pasek & Golinkoff, 1996）。及至 27 個月幼兒可以分辨有因果指稱的動詞，如：「Big bird is turning Cookie Monster.」和「Big bird is turning with Cookie Monster.」之別，顯然幼兒細察「with」所造成的語意差異。又如：「giving to」（給）和「taking from」（取）的差異，幼兒必須以說者的角度來分辨主角間動作的關係，這些都不是以感覺動作可以解釋的。

　　一般發展心理學教科書會提到嬰兒由發出一些非語言的聲音到牙牙學語，ㄧㄚㄧㄚㄧㄚ一段時間後，在 1 歲至 1 歲半間，有的嬰兒要到 24 個月，發出第一個成人聽得懂的字音，如「ㄏㄨㄚ」。而在牙牙學語和發出第一個字音間，嬰兒會以手（或手指）來溝通，指出他們想要的東西，指出他們要人注意的東西或是伸出雙臂要人抱。

　　在發出第一個字之後，幼兒字彙快速增加，在 2、3 歲之間，他們開始學習成人世界規範的「禮貌語」和說話的「形式」，如說「謝謝」和覆述故事，儘管他們說的不完整。這時他們也開始使用「為什麼」一詞不斷的問。3 歲左右幼兒的詞彙又擴張至心智詞彙如：希望，記得等（Chouinard, 2007）。使用心智詞彙是一個重要的指標，表示幼兒可以用詞彙描述自己和他人的心智運

作，有興趣的讀者請進一步參閱《小小孩，學說話》（黃淑俐譯，2002），更瞭解 0 至 3 歲的語言發展。

在語言發展中，除上述發展的描述外，仍有許多叫人不解的現象，目前的學習理論也無法全部解釋語言的發展。例如：

1. 在複雜的聲音和語音中，嬰幼兒怎麼知道哪些語音組成一個有意義的詞？
2. 一群人說話甚至搶著說話，嬰幼兒怎麼分辨不同人斷斷續續、似乎連續又不連續間語言的關係？
3. 當嬰兒好不容易捉到一個常常出現的音，如「不哭、不哭」，但伴隨著媽媽各樣的表情和動作，這聲音到底指的是什麼？
4. 嬰兒又怎麼學到眼前最熟悉的人的稱呼？有時聽到「親愛的」、有時是「太太」、有時「寶貝」、……，這些不同的稱呼，究竟是指同一人或是不同人？
5. 當媽媽抱寶寶指著環境中的事物命名時，他朝母親手指的方向望去，一堆東西在前頭，他怎麼知道媽媽說「漂亮的花」是什麼？

目前研究人員還在努力設計實驗以回答上述問題。以下是目前對語音、詞彙、語法習得的一些研究成果。

第二節

嬰兒語音知覺和語音操弄

語音知覺指的是辨識大聲、小聲、高音、低音等語音特徵的能力。聲音的不同可以由語音起始時間（voice onset time, VOT）和頻率 （frequency）的不同來表達。人聽到聲音會進行類別知覺（categorical perception）處理，若是同類，則忽略其變異；若是不同類，則偵測其物理上的差異。在研究上，通常要受試者分辨一連串的語音（continua speech）是否相同，研究結果清楚指出，嬰兒對子音如「七」和「西」有類別知覺（Kuhl, Tsao, & Liu, 2003）。有趣的是，成人之間對同一語音的發音不一定相同，有許多的變異，因著嬰幼兒以類別辨音，

因此可以聽懂不同口音說的相同詞彙。能夠分辨則表示對音的處理有效率，繼而能學習此音並操弄之。例如：嬰兒會自己玩聲音，一位 14 個月大的嬰兒連續說「ㄅㄚˊㄅㄚˊ」和「ㄚˇ」。有一天他突然說出「ㄅㄚˊㄚˇ」，他非常的興奮，一直「ㄅㄚˊㄚˇㄅㄚˊㄚˇㄅㄚˊㄚˇ」個不停。

發展上，要有類別知覺要先能辨音。嬰兒的辨音能力如何？研究者以高強度吸吮〔high-amplitude sucking（HAS）〕的方法，讓 1 至 4 個月以英語為母語的嬰兒分辨 /ba/（VOT 20 毫秒）和 /pa/（VOT 40 毫秒）兩音；另一組音是 /ba/（VOT 60 毫秒）和 /pa/（VOT 60 毫秒）。當 VOT 拉長，後兩者是相同的，不論前者或後者，嬰兒的反應都與成人相同。若所分辨的不是母語，研究者肯定嬰兒從出生至 6 個月可以分辨非母語的音，是所謂**泛語音處理（language general processing）**。如 1 至 4 個月以英語為母語的嬰兒能分辨法語 [A] 和 [a]；成人則是特定語音（language specific）的分辨者，只能分辨環境中熟悉的語音，換句話說，語音辨識與環境有關係。隨著年紀增加，個體愈不能辨別非母語的音，只能分辨自己所生長環境中母語的音。例如：日本成人 /r/ 和 /l/ 兩音不分，但是 6 個月以前的日本嬰兒則可以分辨 /r/ 和 /l/ 兩音（Kuhl, 2004）。基於日本成人與美國成人在生理、認知能力上的相近，在語音辨識上卻大不同，顯然環境中的語音經驗是主因。

什麼時候嬰兒開始成為**特定語音處理**者？不同地區的研究，不論以縱貫或橫斷方法的研究結果指出，6 到 8 個月大的嬰兒比 10 到 12 個月大的嬰兒，更容易分辨非母語的語音配對（劉惠美，2006），換句話說，約 1 歲左右，嬰兒開始對語音做特定的處理。

若增加環境條件，給嬰兒非母語訓練，結果如何？研究者找 9 個月大的美國嬰兒，一組接受每次 25 分鐘，12 次的訓練，為時 4 星期，總共 5 小時。訓練為實驗者以布偶說中文故事；另一組嬰兒則有同樣時間接受英語故事。結果聽中文故事的嬰兒對中文語音判斷能力提昇，這再次說明了環境的影響（Kuhl, Tsao, & Liu, 2003）。這個中文語音經驗的增加是否可以利用錄影帶（DVD）來呈現？研究結果發現只看 DVD 沒有效果，這表示，學語言，社會互動是需要的。社會互動中，母親若構音清楚，誇張音高（pitch contour），拖長母音（vowel space），其嬰兒語音辨識測試反應較快（Liu, Kuhl, & Tsao, 2003）。而語

音辨識能力與嬰兒在12個月和24個月的詞彙量有關（Tsao, Liu, & Kuhl, 2004）。換句話說，母親語音清楚有助於幼兒辨音，而幼兒辨音與日後詞彙量成長有正向關係。

不過，聲音的物理訊息對於分辨一個詞的起始與結束處並沒有幫助。例如：books and disc player，其中 sand 和 ddis 在一連串聲音中並不是分開的，嬰兒如何聽出一串字音中的「詞」，或說嬰兒怎麼「**斷詞**」（**word segmentation**）？研究者說明如下（劉惠美，2006）：

1. **語音線索（prosodic cue）**：指伴隨我們說出的字音（包括音節、詞、片語）有音高、重音、停頓和音調等特色。因著語音上的特色，表達出不同的溝通意涵，如敘述和問句（例：他走了。他走了？）或是情緒（例：氣到不行。氣——死了）。基於大多數雙音節的重音在詞之前，因此嬰兒以重音（stress pattern）和音節的強弱（strong-weak syllable）來斷詞。9個月嬰兒分辨重音－弱音音節（strong-weak，如 kingdom, children）勝於弱音－重音音節（如 guitar, surprise）。6個月嬰兒對兩者判斷結果相近，表示還不能以重音和音節來斷詞。

2. 對單音節的辨認。研究人員以熟悉偏好注視（familiar preferential looking）的方法，探討嬰兒在一連續語音段落中對熟悉的單音節字和不熟悉的單音節字的分辨，結果顯示6個月以上的嬰兒偏好熟悉的字。這表示常出現在環境中的音節，嬰兒較能掌握與分辨。

整體而言，一出生嬰兒即可辨音，但是6個月時仍不能斷詞，似乎要到8個月才能對環境中常常出現的語音詞做回應。

第三節

詞彙發展

研究肯定幼兒學習語言，特別是**詞彙（vocabulary）**的驚人速度。Hart 和 Risley（1995）在他們的書中估算，一個嬰幼兒每天若有14個清醒的小時，且

每小時有人跟他說 50 個詞，每天他聽到 700 個詞，一年 365 天聽到 250,000 個詞，這是一筆不小的數量。事實上依據家庭背景不同，嬰幼兒每小時聽到的詞由 616 到 2,153 個不等（Hart & Risley, 1995）。計算這些刺激量的重點在它與幼兒的詞彙量有關，且與日後，如小學二年級的詞彙量有關 （Hart & Risley, 1995），而詞彙量又是預測閱讀能力最明顯的指標。有研究者（Beals & Tabors, 1995） 嘗試分析親子對話中，母親所用稀有詞彙（rare words）對幼兒語彙的影響。研究結果顯示，母親在幼兒 2 歲時使用稀有詞彙量多寡，與幼兒 3 歲及 4 歲的稀有詞彙量有關，也與幼兒 5 歲時心理詞彙（以「畢保德圖畫詞彙測驗」測量）成績有關。這些相關研究再次指出詞彙與環境語言刺激的關係。

　　關於台灣的幼兒詞彙發展，錡寶香（2002）曾請 26 位家長長期記錄嬰幼兒詞彙，這些幼兒最早的前 50 個詞彙分類如表 6-1。年齡上有的 13 個月就有前 50 個詞彙，也有 21 個月大時才發展出前 50 個詞彙。大多數嬰兒在 17、18 個月習得前 50 個詞彙。其中詞彙最多歸屬於人的稱謂，最少的是主詞／代名詞、量詞和問句詞。表 6-1 呈現部分實例，供讀者參考。由表中詞彙可看出幼兒所處語言環境的豐富與多元。

表 6-1　　幼兒前 50 個詞彙實例

生活中所接觸人之稱謂、名字：爸爸、媽媽、姊姊、阿嬤（祖母、婆婆、阿婆）、哥哥、妹妹、阿姨（或姨）、自己的名字、弟弟、阿公（祖父、爺爺）、舅舅、叔叔、阿伯（伯伯）、家中寵物的名字
表達動作：抱抱、吃（呷、ㄚ ㄇ ㄟ）、睡覺、走、喝、抱、坐（坐坐）、打（打打）、開、痛痛、洗（洗洗）、去、拿、踢、出去（出）、給、買、跑、洗、泡泡、咬、背（背背）、畫畫、抱、呼呼、搖、掉了、倒、包、跳、穿、戴、玩、抓、追、騎、切、捏、牽牽、哭、餵、擦、拍手、跌倒、流血、散、掉、接、拆、起來、畫、下去、洗澡、排
指稱動物：狗（汪汪）、魚（魚魚）、貓（喵喵）、小鳥（或鳥/鳥鳥）、鴨鴨（或鴨子）、牛、馬、豬、小雞（咕咕雞）、熊（熊熊）、鵝、羊、兔子、鹿、青蛙、老虎、蝶、大象、虎、虫、蜘蛛、壁虎、螞蟻
指稱食物／飲料：ㄋㄟㄋㄟ（牛奶）、水、飯、麵（麵麵）、蛋（蛋蛋）、茶（ㄉㄟˇㄉㄟˊ）、菜（菜菜）、麵包（包包）、蘋果（蘋或 apple）、香蕉、薯條、糖糖、果凍、肉（肉肉）、餅乾（餅餅）、葡萄（葡）、布丁、蝦、蓮霧、鳳梨、蕃茄、草莓、果汁、汽水、可樂、豆漿、多多、湯湯、炸雞、片（羊乳片）、跑（舒跑）、冰淇淋、黑輪（台語發音）、玉米、雞翅、ㄇㄟˇㄇㄟˇ（稀飯）

表 6-1　　幼兒前 50 個詞彙實例（續）

例行活動中常用語：謝謝（謝）、bye-bye（bye 或見—即再見）、不要、尿尿、大便（便便、大大或ㄋㄟㄋㄟ）、要、是、好、喂（喂喂）、嗨、有、安（晚安）、不可以、又、請、早
指稱身體器官：手、腳、耳朵（朵）、頭、嘴巴（巴、嘴）、眼睛（眼、睛）、臉、小雞雞、頭髮（髮）、鼻子、牙牙、肚臍、肚子（肚肚）、ㄋㄧㄟㄋㄧㄟ（乳房）、手指頭、眉毛、屁股
指稱衣物的詞彙：鞋鞋（鞋子）、襪襪（襪子）、褲褲（褲子）、帽子（帽、帽帽）、尿布（布布、尿ㄆㄟㄆㄟ）、服（衣服）、衣、珠珠、鈕扣、兜兜
指稱玩具／遊戲：球、書、玩具（玩）、積木、氣球、洋娃娃（娃娃）、盪鞦韆、皮卡丘、溜滑梯（咻）、拼圖
形容詞或修飾詞彙：臭臭（臭ㄇㄡㄇㄡ）、燙燙（燙燙的）、餓餓、怕怕、漂漂（漂亮）、冰冰（好冰）、溼溼（答答）、熱熱（燒燒、燒）、黑黑、硬硬、高高、大、惜惜、活該、暗暗、髒髒
指稱「交通工具」：車車（ㄅㄨㄅㄨ）、飛機（機機、機）、船、火車、腳踏車、公車、汽車、轎車、卡車、土機
指稱「個人用品」：筆、藥（ㄧㄠˇㄧㄠˇ）、錢（錢錢）、紙、梳子、鏡（眼鏡）、傘、書包、PP（尿布、ㄆㄟㄆㄟ、布布）、奶嘴（嘴嘴）
指稱「家用品」：被被（被子）、燈（電燈）、碗、門、牙膏、杯、枕頭、床、桶桶、電話、電視、梯、ㄉㄚㄉㄚ（時鐘）
指稱「屋外的東西」：花、星星、太陽（公公、太陽公公）、草、樹（樹樹）、旗旗、石頭
地方的名稱：麥當勞、家、外面、廟、浴室、廁所
主詞／代名詞：我、我的、這個、你
量詞：個、顆、把
問句詞彙：什麼、找誰、誰

資料來源：摘自錡寶香（2002）

　　嬰兒如何快速習得詞彙，心理學者以下列研究來解釋。

一、內在限制

　　內在限制（internal constraints）指的是個體內在對詞彙學習有一些先天上的條件（Markman, 1990）：

1. **整體的假設（whole object assumption）**：當嬰兒聽到一名稱時，會將此名稱與所指物的整體相配合，而不會以為命名所指的是物的某一部分。例如：寶寶第一次聽到「狗狗」，知道媽媽講的是會「汪汪叫」的動

物，而不是指它發出聲音的嘴巴或是其他部位。

2. **類別名稱假設（taxonomic assumption）**：當呈現二張狗的照片及一張骨頭的照片，實驗者說：See this dax（指著其中一張狗的照片），find another dax（找另一個 dax）。雖 dax 是一新詞，幼兒會指另一張狗的照片而不會指骨頭的照片。這說明幼兒瞭解同一類會有同名稱，而不是指與主題相關（thematic relation）的另一物。

3. **互斥假設（mutual exclusivity assumption）**：當呈現一熟悉物，如杯子及另一不熟悉物，實驗者說：Point to fendle，3 歲幼兒會指不熟悉物，因為他知道所熟悉杯子的命名。例如：2 歲半的球球洗完澡，媽媽幫他穿上一件像日本和服的外衣，看起來有日本人的架勢。媽媽指著球球說：「日本人」。幼兒知道自己叫「球球」，判斷媽媽不是說他是日本人，因此他認為這一個稱呼指的是衣服。有一天，球球拖著這一件「和服」在地上跑，說：「球球踩日本人」。由互斥法則，球球學到新命名。

在上述研究基礎上，Taylor 和 Gelman（1989）對 2 歲幼兒呈現兩種熟悉的玩具，如球和狗，都是孩子知道的名稱。每種玩具又分兩種情況：(1)相似的情況：玩具的形狀、顏色、材料一樣，但有一點不同，如兩隻狗穿不同顏色的背心；(2)不相似的情況：形狀、顏色、材料都不一樣。研究者花一些時間隨機挑上述玩具，教幼童新詞彙，如：Look, this is a tive. Let's put tive on the chair〔這是一隻（個）tive，我們把 tive 放椅子上〕，而後測試。當研究者問：Can you put a tive in the box? 接受不相似玩具教學的幼童，會挑學習時研究者命名的玩具；接受相似玩具教學的幼童會挑同一類的玩具。這研究指出，當幼童已知物體命名，當再聽到對相似物體的新命名，他會分辨而學到如「貴賓」、「拉不拉多」等不同品種的命名。這研究結果證實，不止在基礎層次（basic level）命名，如狗或球，在下屬層次（subordinate level）命名，如拉不拉多，也有內在限制協助幼兒學習新詞彙。

基本上有內在限制這樣的假設，由學習的角度來說是合理的，但它似乎不能全然解釋語言習得的現象，例如：幼兒看見建高樓時使用的伸縮起重機而呼叫「長頸鹿」的類化現象（柯華葳觀察）。此外，這些研究都在探討物體命名

（名詞）的獲得，其它詞類如何獲得？有研究者提出，**語法的線索（syntactic cues to word meaning）**是習得詞彙的另一種方法。

二、語法的線索

研究者認為幼兒會以語法形式來推想字意，此線索又稱為**語法支架（syntactic bootstrapping）**。Naigles（1990）[1]給 24 個月大的幼兒看錄影帶，其中有兔子和鴨子雙雙擺動兩臂，而後兔子推鴨子，使鴨子彎下去。幼兒分兩組。一組看影帶同時聽到：The rabbit and the duck are gorping（不及物動詞）；另一組聽到：The rabbit is gorping（及物動詞）the duck。測試時，幼兒看兩個錄影帶，一是兔子和鴨子雙雙擺動兩臂，但兔子沒有推鴨子的影帶；另一是兔子推鴨子的影帶。研究者問：Where's gorping now, find gorping. 結果發現幼兒能分辨及物和不及物動詞。聽不及物動詞組的選兔子沒有推鴨子的影帶；聽及物動詞組的幼兒選兔子推鴨子的影帶。Hirsh-Pasek 和 Golinkoff（1996）[2]以 Big Bird, Cookie Monster 的圖片和 4 個動詞 tickling, hugging, feeding, washing 作研究，也看到 13 到 15 個月幼兒會以動作者—動作—受者的句型決定圖意；但是當研究者只問：Where's the Cookies Monster?（餅乾怪獸在哪兒？）或 Find the Big Bird（找出大鳥）時，儘管動作者很清楚，但因沒有實驗者提供的句型架構，幼兒沒有理解的依據，則隨意選擇圖片。顯然語法是幼兒理解測試圖意的依據之一，但上述這些研究都沒有指出幼兒是否真的獲得上述詞彙的詞意（例如：虛構的 gorping，以及是否分辨 tickling, hugging, feeding, washing 的不同），還是只利用了語法找到圖意。

三、社會文化線索

不同於內在限制的假設，Tomasello 和他的同事提出，詞意在談話情境中

---

1 有興趣 Naigles（1990）以及 Hirsh-Pasek 與 Golinkoff（1996）的研究者，請參閱黃淑俐譯（2002）《小小孩，學說話》一書。

2 同註 1。

自然存在，幼童由成人的表情、凝視等，如閱讀他人意向（intention）以瞭解詞意（Tomasello & Barton, 1994）。他們認為上述研究都有一個限制，就是研究者所呈現的新詞彙與所指之物很接近，但在日常生活中，兒童所接受的訊息與所指稱的可能不接近。例如：母親一邊關門一邊說：「風好大」。開門的動作與風好大似乎是兩件事，那麼孩子是怎麼學到語言的呢？

　　Tomasello 和 Barton（1994）設計一系列的研究，來說明不需要以內在限制或語法線索，就可以說明詞彙的習得，例如設計下列四種詞彙與動作的情境：

　　1. 研究者說：Let's twang Big Bird, let's twang him，帶出新詞與動作。

　　2. 研究者將 Big Bird 放好並說：OK。

　　3. 研究者做動作（twang 的動作）並說：there。

　　4. 研究者不小心作一個別的動作說：woops。

　　上述四個動作都讓幼兒聽到新詞並連著看到動作，是詞與動作接近的狀況。

　　Tomasello 和 Barton 也設計了新詞與動作不接近的狀況，也就是作完上述動作 1 就做動作 4，而後動作 2 與 3。在兩種狀況下，2 歲兒童都學到新詞彙。Tomasello 和 Barton 的結論是，幼童由 OK、there、woops 等用語知道說者的意向，也就知道什麼是重點，自然會忽略不相關的干擾（動作 4）而習得詞彙。

　　Tomasello 和 Barton（1994）也以同樣的設計指出不需所謂的內在限制，孩子在對話中（discourse context）也可以尋得學習的線索。所謂利用對話中的線索，Tomasello 和 Akhtar（1995）則設計了沒有特別說明是指動作或指物的情境。孩子或許是在研究者與新玩具有一連串動作後的某個新動作聽到「modi」（意指動作）；或許是看研究者對不同玩具做某一動作，當拿出新玩具做同樣的動作時說「modi」（意指物品），2 歲兒童能分辨「modi」是指動作或物件。換句話說，沒有語法的線索在此研究中都不影響詞彙學習。

　　Tomasello 認為，一個溝通的情境（communicative context）充滿訊息，孩童依成人意向，不論新詞與所指物是否接近，更不需內在限制或語法支架假設，就可以習得新詞，重點在孩子需要處於豐富的溝通環境中。

第四節

語法發展

　　語法指的是字詞的位置，簡稱詞序，複雜的則為語法或文法。詞序如：「球球走路」（動作者＋動作）；又如：「媽媽吃一口……很好吃吧？」（以問句型式徵求肯定）「那是什麼？」（問句）「慢慢走『才』不會摔下去」（條件句）。5 歲左右，兒童的語法就與成人日用的語法組織接近了。程小危（1986）分析七位 1 至 1 歲半幼兒的語言，指出幼兒語法規則是以字詞間特定語意關係為基礎的。也就是說，幼兒開口說某句話之前，具有相當明確的語意，他要學的是如何以適當的字序表達出來。這說法就與天生論者以人有「語言機制」是不同的。語言天生論者以人皆具備一套語法形式，以此形式來理解外在的語言刺激。

　　研究者以幼兒詞彙組合分析語法發展，由單詞期到結合詞彙，如「媽媽抱抱」類型中以「動作者＋動作」為最多（程小危，1986）。其次為「動作者＋名詞」和「要＋動作詞」。最早出現結合詞彙在 12 到 22 個月之間。大多數嬰兒在 17、18 個月出現結合詞彙（錡寶香，2002）。其實單詞期是有許多意思的，如「媽媽」不只是稱呼，可以是命令（要媽媽做事）或是表達高興看到媽媽（張欣戊，1985）。由表 6-2 看出 13 至 24 個月大嬰幼兒詞彙結合已有基本語法的形式。

　　另外還有形容的用法、量詞以及簡單句，如表 6-3。

　　其他如情緒表達：媽媽怕怕、媽媽惜惜（台語）、寶寶痛痛；狀態描述：姐姐流血、叔叔唱歌、車壞掉了、婆婆坐車、小鳥飛呀等。在這些資料中也可以看到幼兒使用許多「這裡」、「這邊」、「那邊」、「那個」等來替代所要指示的物或意思。由這些語料可以看出到 2 歲左右，幼兒已相當有表達自己的能力了。

表 6-2　　13 至 24 個月嬰幼兒詞彙結合類型舉例

詞彙結合類型	例子
動作者＋動作	媽媽抱抱、媽媽弄、公公修、婆婆餵、姊姊蓋、狗狗叫、魚游、我要、我吃
動作者＋名詞	哥哥車、媽媽鞋鞋、姐姐琴、阿嬤錶
要＋動作詞彙	要看書、要跳舞、要去、要再吃、要切電視、要刷牙
動詞＋受詞	拿書、讀書、開門、噴水、夾魚、搖娃娃、吃飯、彈鋼琴、穿鞋鞋、喝湯、買玩具、抱這個、換這本、擦嘴、擦手、爬樹、給我、爬樓梯、買鮮奶、買優酪乳
名詞＋沒有	ㄋㄟㄋㄟ沒有、鞋鞋沒有、阿嬤沒有、哥哥沒有、音樂沒有
身體部位＋狀態	腳痛、手臭臭、頭癢癢、腳好酸、肚子餓（餓餓）、口渴
實體＋特質	尿布臭臭、茶茶燙燙、 被子髒髒、車壞壞、衣服溼溼、花花漂漂、電燈亮、鞋鞋漂漂、雲好多、哥哥壞壞
「的」詞彙結合	我的球、爸爸的筆、你的車車、我的肚肚、媽媽的 March、媽媽的小乖乖
還要＋動作詞彙	還要喝、還要去、還要開開、還要大便

資料來源：摘自錡寶香（2002）

表 6-3　　13 至 24 個月嬰幼兒形容、量詞以及簡單句

用法	例子
特質＋實體	好大魚、好大狗、新鞋鞋、臭阿姨、笨媽媽、警察叔叔、企鵝家族、聖誕公公、洗澡玩具、阿甄姐姐、大鏡子、黃色珠珠
量詞＋名詞	一個餅乾、一個球、一棵樹、一顆糖、一塊餅乾、一件衣服、一本書、一枝筆、一隻狗、一隻貓、一雙鞋子、一頂帽子、一個電燈
簡單句雛形	ㄋㄟㄋㄟ喝光光、這髒髒丟掉、爸爸開車、翔翔洗車、婆婆休息一下、韋韋看醫生、均庭吃西瓜、陳嬤剪指甲、爸爸玩電腦、弟弟穿布鞋、弟弟拉窗戶、爸爸倒垃圾、媽媽吃飽了、我先脫、爸爸拿球、太陽公公起來、請人幫忙、媽媽在這裡、來這裡睡覺、我在這邊、奶嘴掉在地上

資料來源：摘自錡寶香（2002）

第五節

問句發展

在張欣戊（1985）、程小危（1986）、錡寶香（2002）等人關於台灣幼兒詞彙、語法發展研究論文中，都未見對幼兒問句的分析。研究指出幼兒問的問題反應出他的認知、知識與他想要及需要的資訊。由幼兒問的問題大致可以分析出他所尋覓的訊息，例如：

1.事實：那是什麼？在哪裡？你喜歡西瓜嗎？誰的杯子？

2.解釋：為什麼他哭了？你怎麼弄出來的？

3.請求或尋求注意力：可以吃一顆糖嗎？

前兩類都屬於訊息尋求，在幼兒所有問題中占的比例高達 70 %至 90%。換句話說，透過問題獲得的答案是幼兒學習知識最直接的管道（Chouinard, 2007）。

西方文獻（例：Bloom, Merkin, & Wootten, 1982）指出，2 歲左右的兒童能使用高頻的 yes-no、what 及 where 問句。若依問句發展順序，初步發展順序是：where、what、who、how、why、which、whose、when。這其中不難發現where、what、who 所問的比較具象，進而漸漸抽象。而國外文獻中還看到，where 跟著 go、what 跟著 happen、who 跟著 do 的動詞使用（Bloom, Merkin, & Wootten, 1982）。幼兒使用中文，何時發展問句以及使用狀況則尚須研究。另外，在中文語言環境中，使用問句還包括語尾助詞如「嗎」、「呢」。幼兒如何習得適時適當的加上問句的語尾助詞，也需要進一步的研究。

第六節

第六節

嬰幼兒語言發展特色

由上面例子，我們不難發現，在嬰幼兒語詞中有兒語如ㄋㄟㄋㄟ，有外語如 star，有生活常見的命名如優酪乳，有基本句式如「爸爸倒垃圾」。到此，幼兒的表達已足夠他與外界溝通。此時可以觀察到大多數幼兒非常愛說話，例如：每天一早醒來，把家中成員如點名般唸一遍，不會漏掉家裡的狗、貓，甚至常見到的鄰居。要出去玩時，例行的唸：「上樓，換衣服，下樓，走，坐媽媽車，等爺爺、奶奶，紅綠燈，停，走囉。」又如一位小女生拿著玩具電話獨自說半天，讓不知情的客人以為電話另一端有人與他對答。這是自我練習，其中有模仿，有裝扮，但都是自動自發的反覆練習。其次，是以語言自我規律，如 Vygotsky 所說的語言是思考、記憶、規範行為的工具。許多時候幼兒跟自己說話，如幼兒洗澡時，不斷的唸：「……玩水，……不要倒出來，倒裡面（指澡盆裡）」等等平時媽媽規範他行為的話語，此時是他規範自己的警語。這些特色是以現有學習理論不容易解釋的現象，也是研究者繼續努力的方向。

無論如何，我們肯定認知能力和語言使用與理解都有關係。Gopnick 和 Meltzoff（1985）曾觀察記錄五位 15 至 21 個月嬰兒直到他們出現兩字期為止。研究者主要觀察嬰兒如何使用**關係語詞（relational words）**如 there, no, more 等。他們發現隨著年齡增加，嬰兒使用這些語詞所指稱的範圍擴大。剛開始，嬰兒以這些語詞來向他人指物，做**社會交換（social exchange）**，如 more cookies（還要餅乾），no（拒絕做某事）等。漸漸，他們所表達的是自己的行動與物或與他人的關係。例如：「MORE」，告訴自己再放一塊積木；「THERE」，做完一件事的宣告。此時他所表達的不只是社會的溝通，更是對自己認知操作的表達，因此語言的習得不單為社會活動，也是認知活動。我們也可以說，語言習得也需要社會活動與認知發展一起配合。若單單以天生論來解釋語言習得，是簡化了其複雜的發展歷程。就回顧發展來說，嬰兒需要有一、二年的時間讓發聲器官成熟，方得以擬人聲發音，到 4、5 歲時，才有較完整的母語詞

彙與語法以與外界溝通。若給我們 5 年的光陰，在一個有足夠語言條件的環境中，我們也是可以習得一種外語的。換句話說，母語習得看似自然，其中學習能力及環境中有充分的語言刺激都是必要的條件（Hart & Risley, 1995）。

問題討論

1. 嬰兒如何習得母語語音和詞彙？
2. 環境對語言發展有怎樣的影響？

參考文獻

中文部分

洪蘭（譯）（1996）。**天生嬰才**。台北市：遠流。

張欣戊（1985）。幼兒學習漢語單詞期的語意概況。**中華心理學刊，27**（1），1-11。

程小危（1986）。習國語幼兒最初期語法規則之本質及其可能的學習歷程。**中華心理學刊，30**，93-122。

黃淑俐（譯，2002）。R. M. Golinkoff & K. Hirsh-Pasek 著。**小小孩，學說話**（How babies talk: The magic and mystery of language in the first three years of life）。台北市：信誼。

劉惠美（2006）。嬰幼兒語言發展的重要機制：解讀語言密碼。載於**進入嬰幼兒的語言世界**。台北市：信誼。

錡寶香（2002）。嬰幼兒溝通能力之發展：家長的長期追蹤記錄。**特殊教育學報，16**，23-64。

英文部分

Beals, D., & Tabors, P. (1995). Arboretum, bureaucratic and carbonhydrates: Preschoolers' exposure to rare vocabulary at home. *First Language, 15,* 57-76.

Bloom, L., Merkin, S., & Wootten, J. (1982). Wh-Questions: Linguistic factors that contribute to the sequence of acquition. *Child Development, 53,* 1084-1092.

Chouinard, M. (2007). Children's question and knowledge state. *Monographs of the Society for Research in Child Development.*

Gopnik, A., & Meltzoff, A. (1985). Changes in the meaning of early words and their relation to cognitive development. *Journal of Pragmatics, 9,* 495-512.

Hart, B., & Risley, T. R. (1995). *Meaningful differences in the everyday experience of young American children.* Baltimore: Paul H. Brookes Publishing Co.

Hirsh-Pasek, K., & Golinkoff, R. (1996). *The origins of grammar.* MA: MIT Press.

Karmiloff-Smith, A. (1996). *Beyond modularity: A developmental perspective on cognitive science*. Cambridge, MA: The MIT Press.

Kuhl, P. K. (2004). Early language acquisition: Cracking the speech code. *Nature Reviews: Neuroscience, 5,* 831-843.

Kuhl, P., Tsao, F.-M., & Liu, H.-M. (2003). Foreign-language experience in infancy: Effects of short-term exposure and social interaction on phonetic learning. *PNAS, 100*(5), 9096-9101.

Liu, H.-M., Kuhl, P., & Tsao, F.-M. (2003). An association between mothers' speech clarity and infants' speech discrimination skills. *Developmental Science, 6*(3), F1-F10.

Marcus, G., Pinker, S., Ullman, M., Hollander, M., Rosen, T., & Xu, F. (1992). Overgeneralization in language acquisition. *Monographs of the Society for Research in Child Development, 57.*

Markman, E. (1990). Constrains children place on word meanings. *Cognitive Science, 14*(1), Special Issues, 57-77.

Naigles, L. (1990). Children use syntax to learn verb meanings. *Journal of Child Language, 17*, 357-374.

Taylor, M., & Gelman, S. (1989). Incorporating new words into the lexicon: Preliminary evidence for language hierarchies in 2-year-old children. *Child Development, 60* (3), 625-636.

Tomasello, M., & Akhtar, N. (1995). 2-year-olds use pragmatic cues to differentiate reference to objects and actions. *Cognitive Development, 10,* 201-224.

Tomasello, M., & Barton, M. (1994). Learning words in nonostensive contexts. *Developmental Psychology, 35*(5), 639-650.

Tsao, F.-M., Liu, H.-M., & Kuhl, P. (2004). Speech perception in infancy predicts language development in the 2nd year of life: A longitudinal study. *Child Development, 75,* 1067-1084.

嬰兒期
社會發展

學習目標

1. 嬰兒的情緒發展特性。
2. 嬰兒的氣質與影響因素。
3. 嬰兒的依附關係發展。

　　嬰兒期的社會發展對個人人格特質的養成和建立社會性互動的關係密切。雖然嬰兒期大約至出生後 30 個月，在這段時期嬰兒不但表現出與他人和環境互動的能力，而且藉由社會的互動擴展對環境的理解，形成自我概念的雛形並且學習自我控制。在本章中，我們將逐一地介紹嬰兒期的情緒發展、依附關係、自我概念和自我控制的發展。

第一節

嬰兒期情緒發展

　　嬰兒和他周遭的人或物經常有情緒的表達與交換。在本節中我們將著重於情緒的辨識、情緒的表達以及情緒的功能。相關研究發現，情緒在嬰兒與照顧者建立關係、在輔助嬰兒探索和發掘自我等層面均扮演重要角色（Campos, Stenberg, & Emde, 1983; Izard, 1991）。首先介紹嬰兒期情緒發展的主要現象。新生兒在初生時，便有許多情緒的表情，他們在不同的情境下所展現出的表情往往幫助成人瞭解嬰兒當時的情緒經驗。學者 Carroll Izard（1993）以錄影帶拍攝嬰兒各式的表情，然後由成人來評估當時嬰兒的情緒經驗，Izard 發現成人對嬰兒表情所代表的情緒經驗往往有一致性的評估，例如：成人們能區分嬰兒的「快樂」和「感興趣」的表情。

一、基本情緒的發展

　　因為嬰兒在尚未有語言能力時無法以語言描述他們的情緒，研究者從他們所發出的聲音、肢體動作，以及臉部表情來辨識嬰兒的情緒反應，其中以臉部表情所提供的情緒線索最為豐富。Ekman 和 Friesen（1971）研究發現，不同文化中的人們對一些表情圖片的情緒辨識結果雷同，Ekman 於是將這些判讀結果相同的情緒稱為**基本情緒（basic emotion）**。有關嬰兒基本情緒的研究指出，1 歲之前的嬰兒逐漸由趨向快樂而避開不愉快，進而表現出快樂、感興趣、驚

訝、害怕、悲傷和厭惡等情緒（Campos et al., 1983; Izard, 1991）。在嬰兒的早期各基本情緒的分化並不明顯，因此成人在區辨嬰兒的情緒表情時，雖然能夠區分出正向與負向的情緒，但對於特定的負面情緒就不易區辨了。這樣的情形隨著嬰兒的成長也漸漸能夠區辨出來。下面我們分別敘述三種普遍被研究的基本情緒——即快樂、生氣和害怕。

（一）快樂

快樂（happiness）的情緒初時表現於嬰兒的微笑中，而後強度增強而持續成為歡笑的表現。不論是微笑或歡笑，快樂的情緒大多發生在嬰兒習得新技能的時候，例如：當他們的動作或認知技能增進的時候。笑容的一項經常性的功能是使與之互動的成人繼續以相同的方式刺激嬰兒保持快樂的情緒，因此快樂的情緒使嬰兒與父母建立一個溫暖親和的關係，而且也有助於嬰兒能力的增長。

初生嬰兒的笑容首先發生於睡眠中，被輕柔安撫和聽到媽媽柔和且高頻的聲音時（Emde & Koenig, 1969）。在 1 個月大的時候嬰兒對視野中因移動而引發他目光追逐的物體感到興趣，也同時露出笑容。接著在 6 至 10 週間對人的臉部露出**「社會性笑容」**（social smile），很快地就伴隨發出愉悅的「咕咕」（cooing）聲。在 3 個月大時，嬰兒經常在與別人互動時露出笑容，表示他們將人臉視為一種具特殊社會意義的刺激。由上述的種種情形使我們發現，笑容的發生與視知覺的能力有平行的發展現象。

歡笑（laughter）大約在 3 到 4 個月大時發生，包含著快速訊息處理的歷程。剛開始的時候主要是對活動的刺激事件，例如：媽媽做出一連串奇特好玩的動作，使嬰兒在快速處理這些訊息時發出快樂歡笑聲。後來，嬰兒開始對令他感到驚訝的細微改變發出笑聲。在半歲以後，嬰兒經常在與熟識的人互動時發出笑聲。到了 1 歲以後，笑容和歡笑成為較複雜的社會訊號，例如：嬰兒在得到喜愛的玩具時也想和成人分享他的快樂，因此抱著玩具繞著大人跑來跑去想要獲得成人的注意等。這些現象使我們瞭解嬰兒何時表現出快樂的情緒，以及這樣的情緒表達所產生的社會性功能。

（二）生氣和害怕

新生嬰兒對許多類型的經驗表現出不愉快的情緒，例如：飢餓、就醫、體溫改變、太多或太少的刺激。在剛出生時，嬰兒以哭聲來表達不滿的情緒。然後他們表達的強度和頻率逐漸增加，而且也逐漸對某些特定的事件連結，例如：他所感興趣正在注意的物件被移開、手臂不能自由動作、照顧者離開一會兒……等。

害怕的感覺也如同生氣的感覺，對大多數的嬰兒而言，始於半歲至1歲之間。在半歲之前，嬰兒對於有興趣的玩具總是很快的伸出手去抓，但是半歲之後，這樣的情形就不常見了，取而代之的是他們先觀察甚至於遲疑，然後才伸手去拿。從「**視覺懸崖**」（visual cliff）的研究中也發現：嬰兒在 6 個月之後開始表現出對身在高處的謹慎和恐懼，在一陣猶豫之後，他們經常避開邊緣和有落差的界限。不過最明顯的例子，則是由面對陌生人時所表現出的「**陌生人焦慮**」（stranger anxiety）。一般而言，在害怕的情緒能表現出來以前，嬰兒先表現出小心翼翼並且有些迷惑的樣子，他們似乎在進行某種很需要的認知活動，然後忽然之間流露出焦慮、緊張的神情。表現出焦慮與害怕的情緒反應有賴三個主要因素：嬰兒的**氣質**（temperament）、過去與陌生人接觸的經驗，以及接觸此陌生人的情境。有關嬰兒氣質的特性將在下一節中詳述。至於嬰兒在過去與陌生人接觸經驗的機會多寡，以及有沒有令他特別緊張的經驗，是在家中還是在陌生情境（例如：實驗室）中遇到……等，均會影響嬰兒所表現出來的緊張害怕的情緒時間長短和強度。害怕和生氣情緒的產生原因，主要是反應當嬰兒的動作能力進步時，這些情緒有助於提昇嬰兒的生存力。生氣所產生的力量使嬰兒克服阻撓，達成他們所想要的目標。害怕在嬰兒會爬和走之後尤其重要，他們使嬰兒對新的事物好奇，同時也能提高警覺，並且和照顧者保持親近的關係。生氣和害怕的另一項功能是使照顧者繼續照顧嬰兒時，減少嬰兒在探索中所面臨的危險。

二、嬰兒與成人間的情緒互動特性

嬰兒與成人間的情緒互動有兩種主要的特性：第一種稱為**「相互約束模式」**（mutual regulation model）；第二種稱為**「社會性參照」**（social referencing），分述於下。

（一）相互約束模式

嬰兒在與成人的互動中扮演一個主動積極的角色。嬰兒在大約 3 個月大時，便能將他所需要刺激量的多寡表現在與成人的互動中，他們以各種表情、聲音與肢體動作告知與其互動的成人。一般而言，太弱的刺激引不起嬰兒的注意，而太強的刺激則使他們難以承受。對於刺激量的強弱辨別，也存有個別差異。例如：體重較輕的新生兒對於刺激的強弱很敏感，刺激強度超過限度會影響其發育；對於正常的新生兒雖然有較大幅度的強度上限，但過度、過強的刺激仍是應避免的。

嬰兒在互動中以各種方式表達他的感覺和反應，但良好的互動通常需要成人正確的「解讀」嬰兒所表現的行為所代表的意思。自然地，一個成人並不一定能正確且合宜的對嬰兒的各種表達做出回應。倘若嬰兒沒有如期的得到他所想要的回應，一般而言，嬰兒會立即表現出很不愉快的反應，但是他們也同時繼續發出一些訊息使先前互動中所造成的緊張有機會進行修補的工作，於是嬰兒與成人的互動便在「良好」與「不良」的相互回饋中逐漸改善。在這個過程中，嬰兒慢慢學會要如何表達有關感覺的訊息以及當對成人的回應並不滿意時應該如何反應。

嬰兒與成人的互動中，通常有兩種主要溝通的目標：其一是對周遭環境中的人或物進行探索，並且產生連結；其二是持續舒適的情緒平衡。當嬰兒和成人互動時，若達到溝通的目標，嬰兒的一般情緒反應是愉悅或感興趣。如果一個照顧者不注意觀察而忽略嬰兒所表達的想要什麼訊息，或是堅持嬰兒應該做一些他已經表示不想做的活動時，嬰兒便會感到生氣或沮喪。因此嬰兒與成人的互動中包含著彼此相互性的約束與影響。

嘗試去瞭解別人的感覺是一項重要的能力，有助於人際間能建立共識互信

的關係，同時也是保護自己的重要能力。嬰兒在 6 個月至 1 歲間不但發展出辨識臉部基本情緒表情的能力，而且也能以自己的情緒表達與別人的情緒相互呼應。這些都是在 1 歲以前的重要發展現象。

（二）社會性參照

　　一旦上述的能力發展出來，嬰兒便開始以別人的臉部表情意義，做為自己在不確定的陌生情境中該如何反應的參考，這樣的應用使嬰兒探索與適應新環境的能力大幅提高。嬰兒在不明確的新環境中，藉由別人的經驗所帶來的情緒反應，做為自己行為指標的現象，我們稱之為**社會性參照**。一般而言，社會性參照的能力開始於 6 個月之後，嬰兒使用社會性參照的能力逐漸普遍而熟練。他們以此協助瞭解環境中物件的特性（例如：這個物件能不能吃、好不好玩……等）和別人的行為結果（例如：這樣做會不會有危險、這樣做會不會帶來不快的情緒……等），並且也以此作為判斷可能結果和模仿他人行為的依據。

　　以視覺懸崖的研究為例，1 歲大的嬰兒在面對明顯的淺或深的懸崖時，他們能夠不看母親的臉部表情而做出自己向前爬行或往後避開的行為。但是當深度的線索不很清楚的時候，他們便在懸崖前停下來，往下看然後再看他們母親的表情。當母親露出害怕或生氣的表情時，大多數嬰兒就會停下來不向前爬行；當母親露出悲傷的表情時，有部分的嬰兒停下來，也有一部分向前爬行；當母親露出快樂或感興趣的表情時，那麼大多數的嬰兒會向前爬行。因此嬰兒在面對狀況不明的情境時，他們便依賴來自值得信任的母親之情緒訊息，作為主要參照的指標（Sorce, Emde, Campos, & Klinnert, 1985）。

　　社會性參照的能力在 12 至 18 個月之間很快的結合身體動作、認知能力和情緒理解等三方面的能力，而成為經常使用且形成促進此三方面能力發展的動力。社會性參照的能力也能作為評量嬰兒在身體動作、認知與情緒發展狀況的工具。例如：研究發現聽力受損的嬰兒使用社會性參照的年齡較一般健康的嬰兒為晚，這可能是聽力受損的嬰兒，因為聽覺訊息的不完整而使自我覺察能力發展較慢所致（MacTurk, Meadow-Orlans, Koester, & Spencer, 1993）。

三、自我意識性情緒

人類除了能理解、感受並表達基本情緒外，也逐漸對複雜的所謂「**自我意識性情緒**」（self-conscious emotions）具有感受、理解和表達的能力。這些含有自我意識的情緒包括：羞愧（shame）、難為情（embarrassment）、罪惡感（guilt）、嫉妒（envy）和驕傲（pride）……等，其中有些是因為自我受威脅、受損，有些則因為自我得到增強。例如：當我們覺得羞愧或難為情時，我們對自己產生負向的感覺；而當我們覺得驕傲的時候，則是因為對自己的成就感到愉悅（Campos et al., 1983）。因為自我意識性情緒比較複雜，而且經常不能直接感受到，需要經過一個含有自我在內的評量過程，所以我們也稱它們為「**次級情緒**」（secondary emotion）或「**複雜情緒**」（complex emotion）。

自我意識性情緒大約在 1 歲半之後逐漸表現出來。研究發現在 18 至 24 個月間，我們可以觀察到幼兒以眼睛往下看、雙手下垂以及將臉藏起來，作為感受到羞愧或難為情的典型行為（Lewis, Sullivan, Stanger, & Weiss 1989; Sroufe, 1979）。由幼兒的反應我們也發現，成人的指引往往是在幼兒初始感受到這些複雜情緒的必要條件，也就是說，幼兒在剛開始的時候並不能夠自發性地直接產生自我意識性情緒，成人必須對所發生的事件賦予情緒意義，使幼兒知道在什麼時候，在什麼情況下「應該」會有什麼樣情緒的感覺。例如：「羞羞臉！你怎麼偷拿小毛的玩具！」「你看你，怎麼這麼愛哭！」

成人的語氣與評價，使幼兒學習到社會的價值觀，成人心目中所鼓勵的目標和行為，也因此不同的文化中所傳遞的評價標準並不相同。例如：西方的文化強調個人的成就應令人感到驕傲，個人成就低落則感覺羞愧；而東方文化則強調慷慨和分享所帶來的喜悅，不考慮、不關心別人則令人感到羞愧。

四、情緒的自我控制

嬰兒與幼兒一方面延展他們對情緒反應的理解以及表現的多樣性，另一方面也學習控制他們的情緒。「**情緒的自我控制**」（emotional self-regulation）是指「使用策略去調整情緒至舒適平衡的狀態以利自我目標的達成」（Dodge,

1989; Thompson, 1994）。情緒的自我控制始於生命早期而且延續一生，一個嬰幼兒可能以迴避引起不快的刺激物或以吸吮奶嘴來嘗試平靜自己。一個成人可能以內在的自我對話或提醒來輔助自己保持冷靜。我們從發展的角度想探討個體的情緒自我控制是如何開始的？有哪些可能的轉變？以及什麼因素能促發有效的情緒自我控制？

首先，從早期的自我控制談起。新生嬰兒因為腦部和身體的自控能力有限，對於外界的刺激反應比較直接，而且容忍度也比較低，這主要是因為腦部的皮層發育上的限制以及身體反應的控制未能自主的關係。因此我們可以觀察到新生兒的腦部和身體發育與情緒自我控制間的相關現象。

新生兒的腦部發育快速，一方面使新生嬰兒在很短的時間中得以廣泛地接觸環境並且進行探索，另一方面也使新生兒能自主地控制自己的身體和反應。在這個過程中，照顧者和嬰兒間的互動關係，在協助嬰兒發展出適應環境的反應扮演著重要的中介角色，是嬰兒選擇性學習自我控制的關鍵。

我們從嬰兒和照顧者之間的早期社會性互動中觀察到，在出生後 2 至 4 個月間，嬰兒開始與照顧者進行面部表情的互動，例如：嬰兒對照顧者表現出「社會性笑容」，並且也對環境中的物件表現出興趣。在這段時間中，照顧者藉由和嬰兒間交換正向的情緒表情，得以使嬰兒調整自我控制，能持續地對環境保持注意力和興趣，因此嬰兒在半歲以前就逐漸發展出正向情緒的調節能力。

嬰兒對負向情緒的控制能力大約在半歲至 1 歲間逐漸發展出來。如前所述，在半歲以後嬰兒不再立即探索所感到興趣的物件，而轉而先觀察然後再探索的行為，在這樣的行為反應中即包含對情緒自我控制的能力。嬰兒很自然地在這個年紀表現出減輕生氣和害怕的情緒反應傾向，這樣的反應傾向也表示嬰兒的動作能力增加，開始能夠移動自己的身體來主動地探索環境，不過主動的探索也意味著必須面對環境中的可能危機和困難。生氣的情緒經常表現於正在進行的行為受阻，例如：因身體控制不理想而在行進中跌倒，所以常常開始發生在嬰兒開始爬或行的初期。照顧者對此在對這個時期中的嬰兒所提供的協助方式，在引導嬰兒日後自我調節受挫時的情緒控制是有關的。

害怕的情緒則發生於陌生或失控的情境，例如：嬰兒被一個陌生人抱著。害怕情緒的發生，也代表著嬰兒開始能夠分辨這個抱著他的人是否是自己所熟

悉的。照顧者對嬰兒感到害怕時的反應，也因此關係著嬰兒對陌生情境的適應。總之，照顧者因應嬰兒的情緒所表現出的反應，逐漸增加了嬰兒對外在刺激的容忍能力，也對嬰兒在這情境中如何反應，提供了重要的參考和學習方向。嬰兒和照顧者的互動關係是早期社會化的基礎，我們會在下面的章節中介紹依附關係的形式與其重要性。

在許多文化中，我們並不鼓勵表現負向的情緒，主要的原因是因為負向情緒會干擾建立一個和諧的社會互動。所以在這些文化中，照顧者較經常鼓勵嬰兒的正向情緒而不鼓勵負向情緒，例如：男嬰表達負面的情緒，以及女嬰表現攻擊行為等均不被鼓勵。所以嬰兒在很小的時候就因文化和性別上的影響，而表現出情緒自制的差異。

在 1 歲之後，嬰兒的情緒自制歷程中加入了語言的因素。情緒語彙在 18 個月之後快速的成長（Dunn & Hughes, 1998; Dunn & Munn, 1985），嬰兒於是能藉由語彙來描述自己的感覺，從而引導照顧者來幫助嬰兒因應這個情緒反應。嬰兒能夠使用語彙表達自己的情緒，也顯示他們對於自己以及他人的情緒狀態有所瞭解，因此，兒童對情緒的理解以及控制情緒的能力均顯著地發展。

第二節
嬰兒之氣質和發展

嬰兒自出生時即表現出個別差異。他們在日常活動的規律性（例如：睡眠和清醒時間的長短）、在對同樣刺激的反應，以及在達成情緒穩定的快慢和形式上均有所不同。研究嬰兒早期的個別差異對其發展的影響令許多心理學家感到興趣。我們在本章中將介紹一項紐約長期追蹤研究，以及有關氣質對發展的影響。

紐約長期追蹤研究是由 Thomas 和 Chase 於 1956 年開始對 141 名嬰兒進行研究，自他們出生後數個月開始持續觀察至成人。結果發現嬰兒的氣質與其心理適應問題的特性有關。不過所謂氣質也並非是一成不變的，父母親的照顧和

教養的形式能夠大幅修改兒童的情緒反應方式。Thomas 和 Chase（1975）的研究引發了許多與嬰兒氣質相關的研究，包括：氣質的穩定性、氣質的生物基礎、氣質與教養的相互影響等。

一、氣質的測量

氣質主要由三種方式測量：第一種是經由父母親進行有關嬰兒的訪談和問卷調查資料；第二種是經由醫生和護士或褓母對嬰兒的行為檢測資料；第三種是經由研究者對嬰兒行為反應的直接觀察。而最近也有些是以生理反應的資料作為輔助的測量，例如：腦波的活動量、血壓等。研究者希望藉由這些測量，以瞭解氣質的遺傳基礎和腦部結構與活動的關係。

一般而言，來自父母親的報告是測量氣質的主要資料，因為由於長期接觸，父母親對於嬰兒的瞭解比從其他的來源所得資料更能深入。不過父母親的評量也可能源於過度主觀，因此我們將此評量視為是父母親對其子女的主觀判斷。當父母親對子女的評量是極端的時候，研究者就應酌予對子女行為的客觀觀察，以確認父母親的評量。

Thomas 和 Chase 將描述與氣質有關的活動分為九類（見表 7-1）。

根據這九項活動的反應特性，再將嬰幼兒的氣質分為三類：

1. 容易照顧的嬰兒（大約佔樣本之 40%）：此類的嬰兒很容易建立並維持規律的作息，經常是愉快的而且很容易接納新經驗。
2. 困難照顧的嬰兒（大約佔樣本之 10%）：此類嬰兒很不容易建立作息常規，不易接受新經驗，而且情緒反應傾向負向和強烈。
3. 慢啟動的嬰兒（大約佔樣本之 15%）：此類嬰兒活動量低，對環境刺激反應微弱，而且經常處於不快樂的情緒，對新經驗的適應很慢。

值得注意的是大約有 35% 樣本中的嬰兒並沒有明確的形式，他們並不屬於上述中的典型，而混合著這三類的反應形式，因此在歸類的時候需要很謹慎的使用上述的類別標籤。

表 7-1　氣質的九向度

向度	內容
1.活動量	活動時間和非活動時間的比例，例如：有些嬰兒經常在動，另一些嬰兒則動得很少
2.受干擾度	環境中的刺激改變嬰兒行為的程度
3.規律性	身體機能的規律性，生活中睡眠、飲食、排泄的常規穩定性
4.適應性	對環境中變化的適應，例如：對新經驗的接納是快或慢
5.傾向與迴避	對新的物件和人的反應，有的嬰兒接受新經驗時是帶著笑容的，另一些嬰兒則是哭泣著拒絕接觸新的經驗
6.注意的集中	專注於一項活動的時間長短，有的嬰兒可以把玩一個玩具持續很久，另一些嬰兒則否
7.反應強度	反應時的能量強度，有些嬰兒笑和哭的反應都強，另一些嬰兒則較溫和
8.反應閾值	激發出反應所需的刺激強度，有些嬰兒對些微的變化發出反應，另一些嬰兒則否
9.情緒反應的性質	愉快友善的行為反應或是不愉快不友善的反應，有些嬰兒在遊戲與互動中經常表現出笑容等友善反應，另一些則經常表現出煩燥和哭的反應

二、氣質的穩定性

　　嬰兒的氣質具有相當的穩定性。一般而言，在嬰兒時期所測量到的氣質特性，亦可能在幼兒期和兒童期，甚至於成年以後再測時得到類似的結果（Caspi,, Bem & Elder, 1989; Kochanska & Radke-Yarrow, 1992）。由紐約長期追蹤研究中分至三種類型氣質的嬰兒，亦於後續追蹤的資料中表現出穩定的行為表現。例如：困難照顧的嬰兒比容易照顧的嬰兒較可能表現出學校適應的問題；而慢啟動的嬰兒日後在適應中學時期的學校各種要求，也可能較易產生逃避的態度和反應（Thomas & Chess, 1984）。以上的證據均來自於嚴謹的研究結果，不過研究中也發現氣質的穩定性僅是中等強度的，在個人成長的過程中有為數不少的孩童在一兩年間再測量時，在氣質分類上結果不相同。事實上，只有自一開始便是極端外向或內向的孩童才在長時間的測量上結果一致（Kerr, Lopez, Olson, & Sameroff, 2004）。

Jerome Kagan（1992）長期研究「行為抑制」（behavioral inhibition）的氣質反應，Kagan 將此反應定義為「在面對不熟悉的人或情境時的迴避傾向」。他發現在 4 個月大時，行為抑制的嬰兒對高活動量的新奇物（例如：色彩鮮豔或轉動很快的旋轉玩具）就產生不安的情緒。在 21 個月大時，此嬰兒被認為是面對新環境和新的玩具或不熟悉的人時，會表現出較一般嬰兒更多的害怕。在他 4 歲、5 歲半和 7 歲半的再測中，此兒童仍表現出不喜社交和謹慎不冒險的態度。所以行為抑制是一種具中等程度穩定性的特質。氣質反應仍會受到環境的影響而有幅度上的改變，而早期的氣質與個體生理反應相關，因此也可能含有遺傳的因素。

三、氣質的遺傳因素

氣質的遺傳因素是由對同卵和異卵雙生的研究所得，發現同卵雙生比異卵雙生在有關氣質的各項測量向度上，以及人格測量上均具相似性（Emde et al., 1992; Robinson, Reznick, Kagan, & Corley, 1992），而且也發現決定氣質和人格特質的個別差異大約有一半來自遺傳因素。此外，不同的種族和性別所表現出來的氣質，其個別差異也反映出遺傳因素的可能影響，例如：中國的嬰兒和美國白人的嬰兒比較，在活動量、煩躁度、口語表達均較低，而且比較容易被安撫（Kagan et al., 1994）。又如男嬰比女嬰的活動量為高，而女嬰則比較膽小和易焦慮。這些差異都可能延續到兒童期和青少年時期。

四、氣質的環境因素

除了遺傳因素對氣質的影響之外，環境因素決定了氣質的表現方式和強弱。遺傳和環境的因素共同決定了個體的氣質。以下以不同的文化和性別所經驗到環境的差異來說明。

在不同的文化中，所鼓勵和強調的價值觀不盡相同，不論在育兒方式或是在觀念上都可能使嬰兒成長的過程中擁有不同的環境經驗。例如：在日本的母親認為必須經由靠近並依賴母親學習新事物；而美國的母親則認為教養子女獨

立是很重要的。於是日本母親經常表現出安撫在身邊子女的行為，而美國母親則強調多提供刺激給子女。環境的條件不同可能帶來子女在氣質的表現方式不相同。

因性別的不同而提出不同的環境條件是很普遍的現象。一般而言，父母在新生嬰兒出生後即可能對男嬰或女嬰有不同的看法，男嬰較常被認為是強壯有力，精神飽滿的；女嬰則較常被認為是柔軟細緻的。這些因性別而生的態度和印象影響著父母親照顧子女的方式，比如父母親可能比較鼓勵男孩主動外向，而希望女孩跟隨在身邊。這些差別的對待方式也使男孩和女孩的氣質特性有所不同。

此外，當一個家庭中有兩個或以上的孩子時，父母親對兩個子女的態度可能有相對的兩極化現象。比如父母親認為一個孩子比較乖巧，另一個孩子相對地比較難照顧，雖然實際上這兩個子女的行為表現差異並不太大。孩童的氣質與父母親對此孩童的態度有關（Schachter & Stone, 1985），也反映出氣質與人格特質是遺傳和環境共同影響所衍生的結果。

五、遺傳與環境的交互影響

根據 Scarr 和 McCartney（1983）的觀點，遺傳基因可能會以三種不同的互動的形式影響我們所經驗的環境，這三種形式是：**被動的遺傳與環境相關性（passive genotype/environment correlations）、引發的遺傳與環境相關性（evocative genotype/environment correlations）**，以及**主動的遺傳與環境相關性（active genotype/environment correlations）**。被動的遺傳與環境相關性是指父母所提供的家庭環境主要受父母自己的基因型所影響，父母也將基因遺傳給子女，所以子女的成長環境受他們的基因型所影響。例如：語言表達能力強的父母，可能在生活中經常和子女對話並鼓勵子女表達看法。父母也將基因傳給子女，所以子女也可能因為遺傳了父母的語言傾向偏好語言表達，因此基因與環境的互動密切。引發的遺傳與環境相關性是指個人的遺傳特質影響了其他人對他或她的行為，而提供了不同的環境條件，進而影響其人格的塑造。例如：外貌吸引人的孩子比外貌不吸引人的孩子，得到更多的注意與回應，因而對其

人格特質有所影響。主動的遺傳與環境相關性是指擁有不同遺傳的人主動尋求符合他們遺傳傾向的環境。例如：外向的孩子傾向主動參與社交活動，喜愛社會互動與聚會。

　　這三種互動的形式在成長過程中對於一個人的發展有著不同程度的影響。如圖 7-1 所示，嬰兒期大部分是受父母所提供的家庭環境所影響，因此被動的遺傳與環境相關性在生命早期顯得特別重要。在兒童期因為活動範圍擴大至學校與同儕，主動的遺傳與環境相關性對個人的發展影響漸漸增強。值得一提的是引發的遺傳與環境相關性在個人成長的過程中一直是重要的，也就是一個人因遺傳所呈現之特質與行為會長期影響他人對他／她的反應。

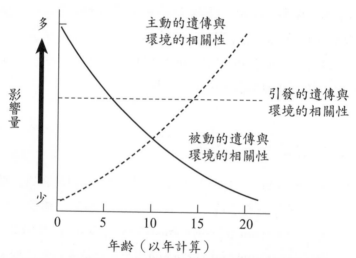

圖 7-1　　被動的、引發的與主動的遺傳與環境的相關性
在各個年齡的相對影響性

六、氣質與孩童教養方式的適配度

　　環境和氣質的相互配合能幫助孩童產生比較具適應力的行為和人格特質。研究發現氣質是可能改變的，例如：只有大約一半在幼時為害羞、慢啟動的孩子，在 6 歲時仍然被測量為同一類型。而在步入成年時仍被測量為同一類型的人數就更少了。因此教養方式對改變孩童氣質是有影響的，而且持續地、溫和

地引導孩童，有助於嬰兒發展適應行為。

　　例如：一個社交性向較低的孩童，可能需要父母親首先提供一個安靜且讓他感覺自在的環境，然後慢慢地引導他與他人相處。在幼兒時期，以與一個友伴建立關係為主，而不過分急切地鼓勵他同時與數個孩童玩耍。與友伴初始互動時，父母親可能需要扮演中介的角色，安排一些共同活動的機會，直到子女與玩伴能快樂自在的遊戲為止。這樣逐步引導的過程漸漸地改變了孩子的性情與行為，而使幼兒時期的氣質有可能在兒童初期至成年間展現出不相同的特質。

　　另一項研究發現當一個孩童活動量小的時候，父母親以口語提供引導的條件是很重要的。比如母親經常以口語告訴孩童該如何做，較能鼓勵此孩童探索環境。但是如果是一個活動力很高的孩童，父母親以口語提示該如何做的指導時，反而使孩童的探索活動減少（Gandour, 1989）。而使此孩童在沒有深入參與的情況下，從一個活動轉移到另一個活動，這樣配合度低的教養方式使孩童表現出適應力低的行為特質。

　　對於困難照顧的孩童，父母親的教養方式尤其具挑戰性。這些孩童的共同特性是對許多事物呈負向且強烈的反應，對於照顧者的安撫往往不容易很快接受。父母親在面對這樣氣質的孩童時，可能很容易產生懲罰的傾向和不一致的應對方式（Lee & Bates, 1985），主要原因在於父母親在嘗試安撫孩童不成功時，一方面逐漸失去信心，另一方面則是父母親也可能放棄對孩童原有的堅持所致。如果一個困難照顧的孩童遇到強勢教養的父母，可能會增加孩童反抗行為以及衝突的親子關係。但如果父母親表現出溫暖回應的教養態度，並且即使在孩童各種負向行為的挑戰下，仍然保持穩定和樂的家庭氣氛，孩童的困難行為便會逐漸減少與改善。因此氣質與教養方式的**適配度（goodness-of-fit）**，對決定孩童的人格特質和適應行為深具重要性，而且也是親子間關係建立的基礎。

第三節

依附關係

　　所謂「**依附關係**」（attachment relationship）是指自嬰兒起個體與特定照顧者間建立的情感連結，此緊密的情感連結使個體在共處時感受到愉快的經驗，而且在面對壓力時能得到安慰。一般而言，依附關係大約在 1 歲以前建立，主要的條件是照顧者對嬰兒所提供的身心照顧與回應。嬰兒所表現出的依附關係在行為上是很多樣化的，當照顧者走進房間時，當照顧者說話時，嬰兒提高注意然後露出明顯的笑容；當嬰兒與照顧者分離感到難過或覺得害怕時，他貼近照顧者，嘗試得到安慰；當快樂的時候，嬰孩朝向照顧者分享喜悅。這些都是依附關係中可能重複發生的行為反應。

一、依附關係的特性

　　早期有關依附關係的研究中指出，此關係的建立並不是因為生物性的滿足，也就是說並不是因為照顧者滿足了嬰兒生理上飢渴等的需求。有關這方面的證據以 Harlow 和 Zimmermann（1959）的實驗中，幼小恒河猴對「布媽媽」和「鐵絲網媽媽」所建立的依附關係最為重要。小恒河猴並沒有和提供奶瓶的「鐵絲網媽媽」建立依附關係。事實上小恒河猴大部分的時間依偎在「布媽媽」的身上，只有在飢餓的時候才去吸置於「鐵絲網媽媽」身上的奶瓶。

　　在人類嬰兒的研究上，我們亦發現嬰兒並不一定與照顧他們生理需求的人建立依附關係，他們也和不照顧他們飲食的父親、手足或祖父母建立依附關係（Schaffer & Emerson, 1964）。而且嬰兒也可能和絨毛玩偶建立類似依附的情感連結。

　　依附關係的另一項特性是一旦建立之後，就能持續相當長的時間，因此個體早期與照顧者的互動經驗，可能具有相當決定性的影響。Bowlby 認為「依附關係是嬰兒為生存與發展，而與照顧者間所建立的情感連結」，在建立關係的

過程中，嬰幼兒逐漸形成一個與父母親（照顧者）互動方式的內在表徵，此內在表徵主要包括對於照顧者所能提供照顧的預期。此表徵逐漸成為主導親子互動的指標。Bowlby（1980）稱此為**「內在工作模式」**（**internal working model**）。

二、依附關係的發展

　　依附關係在 3 至 18 個月間有發生幾個重要的轉變。大部分的嬰兒在出生後至 6 週時對社會性或非社會性刺激表現正向偏好的反應，故稱此時期為**非社會期**（**the asocial phase**）。在非社會期將結束時，嬰兒開始普遍對笑臉有所偏好。6 週至 7 個月左右，嬰兒喜歡有人為伴，但是還不能清楚區別不同的人。他們對人露出笑容的反應多於對物體（Ellsworth, Muir, & Hains, 1993）。他們雖然最喜愛經常出現的照顧者，而且也較易被照顧者安撫，但對任何人（包括陌生人）的注意都普遍表現出正向的回應（Watson, Hayes, Vietze, & Becker, 1979），因此稱為**無辨識性依附期**（**the phase of indiscriminate attachments**）。7 至 9 個月是嬰兒與依附對象發展特定關係的時期，嬰兒只在與一個特定對象（通常是母親）分離時表現出焦慮與反抗的行為，嬰兒這時通常能爬並且移動自己的身體，他們傾向靠近母親，也對陌生人有所警覺，並可能伴隨焦慮反應。與特定對象形成安全依附關係，將有助於嬰兒對環境進行探索，此時期被稱為**特定依附期**（**the specific attachments phase**）。在形成初始特定依附關係之後，依附關係在 1 歲前逐漸發展與特定對象形成穩定的互動模式。同時，在形成依附關係數週後，一些嬰兒也開始和其他人（例如：父親、手足、祖父母等）建立新的依附關係。到 18 個月時，大部分的嬰兒不只與一個人建立依附關係，而且還有一些嬰兒與五個以上的人建立依附關係，因此這時期被稱為**多重依附期**（**the phase of multiple attachments**）。

三、依附關係的測量

　　依附關係的測量以 Ainsworth（1978）所發展出來的**「陌生情境」**（**strange**

situation）為最重要。Ainsworth 假設嬰兒若與其照顧者發展出良好的情緒密切的關係，那麼他們就可能以照顧者為適應和探索陌生環境的安全基地。因此 Ainsworth 設計了一個稱之為「陌生情境」的測量。在下表中，我們將此測量的步驟簡短整理說明。

步驟	事件	所觀察之依附行為
1	實驗者將母親和嬰兒帶進遊戲間然後離開	
2	母親坐著，嬰兒自行玩耍	母親是安全的基地
3	陌生人走進遊戲間，坐下，並與母親交談	對不熟悉成人的反應
4	母親離開遊戲間。陌生人對嬰兒有反應（例如：當嬰兒不安時嘗試安撫他）	分離焦慮
5	母親回遊戲間，安撫嬰兒。陌生人離開	與母親重聚的反應
6	母親再度離開遊戲間	分離焦慮
7	陌生人再走進遊戲間並安撫嬰兒	被陌生人安撫的可能性
8	母親回遊戲間，安撫嬰兒，並設法讓嬰兒對玩具再感興趣	與母親重聚的反應

四、依附關係的類型

根據「陌生情境」中嬰兒與母親和陌生人間的互動反應，Ainsworth 分析出安全的依附關係和兩種不安全依附關係，後續 Main 等人又發現第三種不安全依附關係，以下分別敘述它們的特性。

（一）安全型依附關係

安全型依附關係（secure attachment）的典型反應是嬰兒以照顧者（母親）為安全基地進行探索。當母親離開時，他們可能會哭也可能不會哭，哭泣的主要原因是他們喜歡照顧者遠勝於陌生人。當母親回來時，他們主動尋求安撫，而且哭泣反應明顯下降。

（二）迴避型依附關係

迴避型依附關係（avoidant attachment）的主要特徵是當照顧者在場時，嬰兒的反應冷淡，當照顧者離開時，嬰兒並不表現出不安的情緒，而且他們對

陌生人的反應也大致如此。當照顧者回來時，他們迴避或者很慢才向前迎接。當照顧者欲擁抱時，他們經常不想被抱。

（三）拒絕型依附關係

拒絕型依附關係（resistant attachment）的主要特徵是在照顧者沒離開以前，嬰兒很想親近照顧者因而很少探索行為。當照顧者離開再返回來時，他們會表現出生氣、拒絕的行為反應，有時推或踢照顧者。而且經常發生持續哭泣不易安撫的情形。

（四）混亂型依附關係

後續研究中 Main 等人（Main & Solomon, 1990）發現，在陌生情境中，當照顧者回來時，嬰兒表現出多種的相互矛盾混淆的行為反應。嬰兒可能在照顧者抱他的時候，眼睛朝向別處。又如嬰兒可能迎接照顧者，但目光憂鬱。大部分這類型的嬰兒與照顧者接觸時，露出茫然的目光。有些時候，會突然哭出來或者擺出奇特固著的姿式。約有 5%的美國嬰兒表現出不安全依附的極度壓力反應（NICHD[1] Early Child Care Research Network, 2001）。這類型被稱為**混亂型依附關係（disorganized/disoriented attachment）**類型。

因為嬰兒在「陌生情境」中的反應與在家中和照顧者的互動方式很類似，能反映自然情況下，嬰兒與照顧者間的互動模式，所以是很重要的測量依附關係的方式。

以上所測量的是社會中依附關係類型。在不同的文化中，需謹慎解釋這些類型的特性。比如德國的嬰兒測得屬於迴避型依附關係多於美國社會，這是因為德國人鼓勵他們的嬰兒獨立而不依賴於照顧者身邊。而為數不少的日本嬰兒是屬於拒絕型依附關係，這也可能是源自於日本文化中，強調克制情感的觀念，並不一定是反映不安全的依附關係。因此，文化差異可能顯示文化價值觀和教養方式對形成依附關係的影響。然而不論在何種文化中，安全的依附關係仍占最大的比例（van Ijzendoorn, Goldberg, Kroonenberg, & Frenkel, 1992）。

---

[1] NICHD 即 National Institute of Child Health and Development

問題討論

1. 嬰兒何時能具備基本情緒？

2. 說明嬰兒情緒自控發展的特性。

3. 嬰兒氣質的主要向度為何？氣質會不會改變？

4. 嬰兒的依附關係的主要類型以及它們對嬰兒發展的影響為何？

參考文獻

Ainsworth, M. D. S. (1978). *Patterns of attachment: A psychological study of the strange situation*. Hillsdale, NJ; New York: Lawrence Erlbaum Associates.

Bowlby, J. (1980). *Attachment and loss* (vol. 3). New York: Basic Books.

Campos, J. J., Stenberg, C. R., & Emde, R. N. (1983). The facial expression of anger in seven-month-old infants. *Child Development, 54*, 178-184.

Caspi, A., Bem, D. J., & Elder, J. (1989). Continuities and consequences of interactional styles across the life course. *Journal of Personality, 57*, 375-406.

Dodge, K. A. (1989). Coordinating responses to aversive stimuli: Introduction to a special section on the development of emotion regulation. *Developmental Psychology, 25*, 339-342.

Dunn, J., & Hughes, C. (1998). Young children's understanding of emotions within close relationships. *Cognition and Emotion, 12*(2), 171-190.

Dunn, J., & Munn, P. (1985). Becoming a family member: Family conflict and the development of social understanding in the second year. *Child Development, 56*, 764-774.

Ekman, P., & Friesen, W. V. (1971). Constants across cultures in the face and emotion. *Journal of Personality and Social Psychology, 17*, 124-129.

Ellsworth, C. P., Muir, D. W., & Hains, S. M. J. (1993). Social competence and person-object differentiation: An analysis of the still-face effect. *Developmental Psychology, 29*, 63-73.

Emde, R. N., & Koenig, K. L. (1969). Neonatal smiling and rapid eye movement states. *Journal of the American Academy of Child Psychiatry, 8*, 57-67.

Emde, R. N., Plomin, R., Robinson, J. A., Corley, R., DeFries, J., Fulker, D. W. et al. (1992). Temperament, emotion, and cognition at fourteen months: The MacArthur longitudinal twin study. *Child Development, 63*, 1437-1455.

Gandour, M. J. (1989). Activity level as a dimension of temperament in toddlers: Its relevance for the organismic specificity hypothesis. *Child Development, 60*, 1092-1098.

Harlow, H. F., & Zimmermann, R. R. (1959). Affectional responses in the infant monkey. *Science, 130*, 421-432.

Izard, C. E. (1991). *The psychology of emotions*. New York: Plenum.

Izard, C. E. (1993). Four systems for emotion activation: Cognitive and noncognitive processes. *Psychological Review, 100*, 68-90.

Kagan, J. (1992). Behavior, biology, and the meanings of temperamental constructs. *Pediatrics, 90*, 510-513.

Kagan, J., Arcus, D., Snidman, N., Feng, W. Y., Hendler, J., & Greene, S. (1994). Reactivity in infants: A cross-national comparison. *Developmental Psychology, 30*, 342-345.

Kerr, D. C. R., Lopez, N. L., Olson, S. L., & Sameroff, A. J. (2004). Parental discipline and externalizing behavior problems in early childhood: The roles of moral regulation and child gender. *Journal of Abnormal Child Psychology, 32*, 369-383.

Kochanska, G., & Radke-Yarrow, M. (1992). Inhibition in toddlerhood and the dynamics of the child's interaction with an unfamiliar peer at age five. *Child Development, 63*, 325-335.

Lee, C. L., & Bates, J. E. (1985). Mother-child interaction at age two years and perceived difficult temperament. *Child Development, 56*, 1314-1325.

Lewis, M., Sullivan, M. W., Stanger, C., & Weiss, M. (1989). Self development and self-conscious emotions. *Child Development, 60*, 146-156.

MacTurk, R. H., Meadow-Orlans, K. P., Koester, L. S., & Spencer, P. E. (1993). Social support, motivation, language and interaction: A longitudinal study of mothers and deaf infants. *American Annals of the Deaf, 138*, 19-25.

Main, M., & Solomon, J. (1990). Procedures for identifying infants as disorganized/ disoriented during the ainsworth strange situation. In M. T. Greenberg, D. Cicchetti & E. M. Cummings (Eds.), *Attachment in the preschool years: Theory, research, and intervention*. Chicago: University of Chicago Press.

NICHD Early Child Care Research Network (2001). Child-care and family predictors of preschool attachment and stability form infancy. *Developmental Psychology, 37,* 847-862.

Robinson, J. L., Reznick, J. S., Kagan, J., & Corley, R. (1992). The heritability of inhibited and uninhibited behavior: A twin study. *Developmental Psychology, 28,* 1030-1037.

Scarr, S., & McCartney, K. (1983). How people make their own environment: A theory of genotype to environment effects. *Child Development, 54,* 424-435.

Schachter, F. F., & Stone, R. K. (1985). Difficult sibling, easy sibling: Temperament and the within-family environment. *Child Development, 56,* 1335-1344.

Shaffer, H. R., & Emerson, P. E. (1964). The development of social attachments in infancy. *Monographs of the Society for Research in Child Development, 29,* 1-77.

Sorce, J. F., Emde, R. N., Campos, J., & Klinnert, M. D. (1985). Maternal emotional signaling: Its effect on the visual-cliff behavior of 1-year-olds. *Developmental Psychology, 21,* 195-200.

Sroufe, L. A. (1979). Socioemotional development. In J. D. Osofsky (Ed.), *Handbook of infant development* (pp. 462-516). New York: John Wiley & Sons.

Thomas, A., & Chess, S. (1975). A longitudinal study of three brain damaged children: Infancy to adolescence. *Archives of General Psychiatry, 32,* 457-462.

Thomas, A., & Chess, S. (1984). Genesis and evolution of behavioral disorders: From infancy to early adult life. *The American Journal of Psychiatry, 141,* 1-9.

Thompson, R. A. (1994). Emotion regulation: A theme in search of definition. *Monographs of the Society for Research in Child Development, 59,* 25-52.

van Ijzendoorn, M. H., Goldberg, S., Kroonenberg, P. M., & Frenkel, O. J. (1992). The relative effects of maternal and child problems on the quality of attachment: A meta-analysis of attachment in clinical samples. *Child Development, 63,* 840-858.

Watson, J. S., Hayes, L. A., Vietze, P., & Becker, J. (1979). Discriminative infant smiling to orientations of talking faces of mother and stranger. *Journal of Experimental Child Psychology, 28,* 92-99.

Chapter 8

幼兒期社會與情緒發展

學習目標

1. 幼兒期親職教養類型與影響。
2. 幼兒期的同儕關係。
3. 幼兒期人格和自我概念的發展。
4. 幼兒期性別概念和性別角色的發展。

　　家庭關係和同儕關係是幼兒期兩項重要的社會關係。本章將介紹幼兒期之中，這兩項社會關係的特性。在幼兒期中，人格自我概念和性別概念發生了重要的一些變化，因此，本章將著重討論這些變化及其影響。

第一節

家庭關係

　　家庭關係是影響幼兒期發展最重要的因素。一般而言，幼兒期對家庭的依附不亞於嬰兒期，但同時幼兒也努力建立自我的獨立性。

一、幼兒期依附關係與發展

　　你可能還記得，在上一章提到依附關係大約在嬰兒 1 歲左右的時候形成，到了 2 至 3 歲的時候，依附關係仍非常強，但是依附行為漸漸不明顯。這時幼兒雖仍如之前一樣喜歡和父母親親近，也在與母親重聚時，露出愉快的神情，但是當幼兒不感害怕或壓力下，3 歲幼兒有可能遠離安全堡壘，而且並不會顯露出不安的樣子（Crittenden, 1992）。

　　依附關係的品質也和幼兒的行為有關。安全依附的幼兒表現出較少的問題行為，而不安全依附幼兒則可能對同儕和成人表現出較多的生氣和攻擊性行為（DeMulder, Denham, Schmidt, & Mitchell, 2000）。一般而言，依附關係在 4 歲左右發生重要的變化。這個時期之前，嬰兒的依附關係主要是要確認母親會在分離之後，仍會持續存在，而幼兒的依附關係則是能瞭解即使與母親分離，自己和母親的關係仍會繼續下去。同時，在 4 歲左右，幼兒和母親的依附關係，得以延伸到其他關係之中；這也就是 Bowlby 所稱的「依目標調整的夥伴關係」。這樣的關係從原先針對一個人，而延伸至對幼兒其他的社會關係。因此安全依附的幼兒通常比不安全依附幼兒較能和同儕或是幼教老師建立正向的關係（DeMulder et al., 2000）。

　　不過將內在工作模式延伸至其他的關係中，也使幼兒內心產生一些衝突。2 歲的幼兒已經能瞭解自己能對母親產生影響，也有逐漸衍生出獨立的自我。但是也因為如此，當母親要做一件事時，幼兒可能卻想做另一件事。不過一般而言，幼兒聽從的時候，仍然居多（例如：聽從母親說：「太燙了，不要摸！」等危險的警告），而且當他們拒絕的時候，往往是被動的，只是不合作而不是直接說「不要」。所以父母親的教養方式在這個時期，對幼兒有著很大的影響。

二、親職教養類型及影響

　　在幼兒漸漸自主與獨立的過程中，家庭中父母的反應也對幼兒造成不同的影響。心理學家試圖指出這些家庭親職教育的類型，並且探討它們對子女的影響。Baumrind（1971）以四個家庭的功能來區分親子互動的形式。這四個功能分別是：提供溫暖和供給、控制明確度、期望與要求和親子溝通。Baumrind 更進一步根據這四個功能面向的高低強弱將親職類型分為三類。這三個類型分別是：**縱容型**（高供給、低要求、低控制和低溝通）、**權威型**（高控制、高要求、低供給和低溝通），以及**民主型**（高供給、高要求、高控制和高溝通）。

　　Maccoby 和 Martin（1983）根據 Baumrind 的看法，提出一個二維分類系統（見表 8-1）。這兩個向度是控制與要求強度以及接受度，並且依據這個向度的高或低區分出四種類型，其中三種類型與 Baumrind 的類型一致，第四種則是低控制與要求程度和低接受度的稱為「**漠視型**」。以下分別敘述這四種類型對幼兒的影響。

表 8-1　　Maccoby 和 Martin 的二維分類系統

	接受度高	接受度低
要求與控制高	民主型	權威型
要求與控制低	縱容型	漠視型

資料來源：摘自 Maccoby & Martin（1983: 39: Figure 2）

（一）民主型

民主型（authortative parenting）的家庭教養方式對兒童有較多正向的影響，民主型的父母有較高的控制和接受度，一方面設定要求與規則，另一方面也盡量滿足孩子的需求。成長於民主型家庭中的兒童有較高的自重感，並且較獨立，同時也尊重順應父母的要求，而且有較多的助人行為。他們對自己有信心，有動機追求高學業成就，所以在學校的表現較成長於其他教養類型家庭中的兒童為佳（Crockenberg & Litman, 1990; Steinberg, Elmen, & Mounts, 1989）。

（二）權威型

兒童成長在權威型（authoritarian parenting）的家庭中，面對父母高度的要求與控制，以及相對而言低溫暖和溝通。他們有較低的自重感以及較差的社交技能。有些兒童變得比較壓抑，另一些則表現高度攻擊性，或是其他失控的反應。這些情形並不只限於幼兒期，高中生的研究（包括追蹤超過 6,000 名青少年的資料）顯示較之於民主型，來自權威型家庭的青少年有較低的學業成績、較負面的自我概念（Steinberg et al., 1995; Steinberg, Lamborn, Dornbusch, & Darling, 1992）。

（三）縱容型

研究指出，成長於縱容型（permissive parenting）家庭中的兒童較可能具有攻擊性，並且比同儕表現出較多不成熟的行為。他們比較不願意承擔責任，也較不獨立。

（四）漠視型

漠視型（uninvolved parenting）的教養方式對兒童帶來最多負向的影響。在嬰兒期逃避型、不安全依附的嬰兒往往來自於心理上不關心的家庭互動關係。父母親可能因為自己的適應不良，或是憂鬱而無法與子女建立情感上的連結，或者因為從事其他活動而忽略對子女的照顧。不論原因為何，父母親若長期忽略子女，將使子女長期的表現出混亂的社會關係。在青少年時期，也較可

能表現出衝動和反社會的行為，在能力以及學業表現上落後於同儕。

　　民主型教養方式對於兒童有較多正向的影響，而且民主型的父母較常參與子女的學校活動，關心學校的功能，並且較常和老師溝通。高度學校參與和民主型教養方式的組合最能使兒童在學校有好的表現。

　　另一些研究指出，中產階級家庭以及原生家庭（子女成長於和親生父母組成的家庭）中，民主型教養類型占最大的比例。

第二節

同儕關係

　　嬰兒期因為主要和父母及手足互動，使家庭中的生活經驗成為嬰兒期人格和社會關係的核心影響力。進入幼兒期（大約 2 至 6 歲），幼兒的活動範圍延伸至家庭之外，而與同儕互動建立關係漸形重要。

一、幼兒的遊戲行為

　　早期同儕關係的建立往往透過遊戲的方式進行。一般而言，兒童在任何年紀均有一些時間是**獨自遊戲（solitary play）**。大約在 6 個月左右他們開始對同年紀的同伴感到興趣。例如：如果二個 6 個月的嬰兒面對面時，他們彼此會互相觀看、碰觸、抓對方的頭髮、微笑，這些行為均表現出他們對同儕的興趣。

　　在 14 至 18 個月時，學步兒童在一起玩遊戲的方式，以相鄰但玩不同的玩具的形式最經常發生，這樣的遊戲類型稱為**平行遊戲（parallel play）**。在這個年齡，學步兒可能會彼此注視或發出聲音，但大多數的時候沒有共同進行遊戲的行為。直到 18 個月之後，才開始有所謂**聯結遊戲（associative play）**的行為。在聯結遊戲中，學步兒主要玩著自己的玩具和同伴對話，或者模仿同伴玩玩具的行為。

　　3 歲至 4 歲時，幼兒開始進行**合作遊戲（cooperative play）**，幾個兒童共

同玩一個遊戲。合作遊戲可以是建構性的，也可以是象徵性的。一群兒童可以一起用積木建造房子或城市，他們也可能玩「扮家家酒」。

　　遊戲不但和認知發展有關，也和社交技能的發展有關。研究者指出其中一項社交技能是「加入團體」的能力。具備這項能力的幼兒會先觀察其他幼兒在做什麼，然後試著加入。當幼兒加入團體的能力較差時，他們可能採用攻擊性或打亂團體正進行的活動等方式試圖加入團體，而可能造成被團體拒絕的結果（Fantuzzo, Coolahan, & Mendez, 1998）。

　　幼兒時期的同儕遊戲類型反映著他們社交技能的發展情形，也預測他們日後的社會發展。3歲的幼兒如果社交技能較差，他們所進行的遊戲類型，往往以平行遊戲為主，而非合作遊戲，此情形尤其遍見於女童；男童的社交技能較差時，則較可能表現出攻擊性行為。幼兒期的社交技能可以透過學習新技能來提高被團體接受的可能性。研究指出採用新的社交技能常能在短期就有效提高團體接受度（Doctoroff, 1997）。

二、幼兒的攻擊性行為

　　攻擊性的互動方式在幼兒時很常見，攻擊性行為的定義是明顯有意的傷害別人或破壞物品。意圖是區分攻擊行為和**「劇烈遊戲」**（rough-and-tumble play）的主要依據。劇烈遊戲是指兒童所進行的遊戲有肢體互動或運動競爭，因此有可能發生受傷的意外。幼兒的攻擊行為，在形式和頻率上隨年齡漸有所改變。在2至4歲時，發生肢體攻擊的頻率最高，口語攻擊的次數則較少見，但口語攻擊行為是主要形式。大部分2至4歲幼兒的攻擊行為是工具性的，為了達成特定目的；而4至8歲則主要是因為懷有敵意。攻擊行為常發生在2至4歲幼兒和父母親衝突之後，4至8歲兒童則常發生在與同儕衝突之後。

　　2至3歲幼兒在挫折時，很可能是丟東西或打別人。但當他們的語言能力提高時，反應的形式從較多對身體的攻擊轉變成為較多口語攻擊。這個轉變的趨勢，反映幼兒自我中心的現象漸漸減輕，並且漸漸能瞭解其他兒童的想法和感覺。此外，身體攻擊的頻率減少，也和同儕間逐漸建立**優勢階層**（dominance hierarchies）有關。大約在3至4歲間，兒童從競賽時的輸贏在團體中形成支

配優勢的從屬關係（Strayer, 1980），因而減少了實際上發生攻擊行為的頻率。

另一項轉變是在幼兒時期攻擊行為的性質，從工具性攻擊轉變為敵意性攻擊。工具性攻擊是指以得到或破壞物品為目標，敵意性攻擊是以傷害別人或是獲得利益為目的。所以當 3 歲的阿蘭推開小明，搶走他的玩具是一種工具性攻擊；但如果 5 歲的阿蘭罵小君是笨蛋，那麼就是一種敵意性攻擊。

有些心理學家認為攻擊行為是因為挫折經驗而造成（Dollard et al., 1939）。挫折經驗引發攻擊的假設普遍被接受，但是挫折並不一定引起攻擊行為，不過挫折提高了攻擊行為發生的可能性。幼兒經常挫折，因為他們常不能做自己想做的，也不能清楚表達自己的需要，所以的確會常在挫折之後表現出攻擊行為。當他們的溝通能力增進，自己的行為更有組織和計劃的時候，他們的挫折感降低，攻擊行為也就下降了。

另一些心理學家認為，攻擊行為是透過觀察學習得到增強物所造成。當阿蘭推開小明搶到玩具時，他得到增強物（玩具），所以攻擊行為就可能提高。父母對幼兒的攻擊行為屈服時，幼兒的行為就會被增強，而可能漸形成長期以攻擊行為表達需求的形式。模仿學習也對幼兒學習攻擊行為有影響。幼兒觀看卡通和電視、電影等媒體中的暴力行為，也可能透過觀察學習，學到攻擊行為的表達方式，和認為攻擊行為是可以被接受的。父母採用體罰也示範了攻擊行為。幼兒所接觸的攻擊行為愈多，暴力行為獲得強化的可能性愈高，幼兒就愈可能模仿這些攻擊行為（Eron, Huesmann, & Zelli, 1991）。

三、幼兒的利社會行為和友誼關係

利社會行為是有意識的主動助人行為（Eisenberg, 1992），利社會行為也隨著年齡而發展，稱為**利他行為（altruism）**，大約在 2 至 3 歲左右開始，也就是在幼兒開始對其他幼兒遊戲感到興趣的時候。他們已經能瞭解別人的感覺，並且能支持和同情別人，典型的幼兒助人行為包括：幫助受傷的兒童、分享玩具，或試著安慰別人等等（Zahn-Waxler, Radke-Yarrow, Wagner, & Chapman, 1992）。

利社會行為逐漸轉變成為較複雜的形式。一些利社會行為隨年齡增加，例

如：捐助他人和協助行為。但另一些利社會行為並非如此，例如：安慰別人的行為在幼兒期和低年級學童身上，所發生的頻率較年紀較長的學童為多（Eisenberg, 1992）。

有較多利社會行為的幼兒，常對他人有較多的同情，平常也有較多的正向情緒，他們也較受同儕歡迎（Mayeux & Cillisen, 2003）。長期追蹤表現較多利社會行為的幼兒發現，利社會行為會持續到成年（Eisenberg et al., 1999）。

大約 18 個月起，學步兒對玩伴的偏好是建立友誼的開端（Howes, 1983, 1987）。到 3 歲左右，約有 20%兒童有固定的玩伴。4 歲時，大約一半的幼兒平均一天的活動中有 30%或以上，是和另一個兒童一起進行（Hinde, Titmus, Easton, & Tamplin, 1985）。因此，建立穩定友誼的關係是幼兒期一項重要的社會行為。

第三節

人格和自我概念

幼兒期一項重要的發展是逐漸發展出個人獨特的人格。一般而言，兒童的氣質，在嬰兒期、幼兒期和兒童期持續穩定（Novosad & Thoman, 1999）。在幼兒期大約 3 至 4 歲時，幼兒的氣質和其他行為的關聯漸漸明顯，困難照顧的幼兒此時表現出較多的攻擊和不當行為（Gunnar et al., 2003）；而害羞的幼兒也表現出較多的情緒障礙（Schwartz, Snidman, & Kagan, 1996）。

嬰兒的氣質是形成日後兒童與成人期個人人格的基礎。在幼兒期氣質逐漸融入個人人格的結構中，例如：困難照顧的幼兒開始發覺自己過度反應的行為帶來同儕的拒絕，而另一方面害羞的幼兒因為社交行為明顯較少，而可能常被父母鼓勵參與社交活動（Rubin, Burgess, & Hastings, 2002）。父母親對待幼兒的氣質和行為的方式深深影響著幼兒的人格養成。如果父母親拒絕困難照顧或是害羞的幼兒，將可能是造成幼兒發展社會關係的困擾，也會影響他們的認知能力（Fish, Stifter, & Belsky, 1991）。父母若鼓勵幼兒，接納他們的反應特性，

則將可能提高幼兒建立和維持社會關係的可能性，以及增強幼兒調節情緒能力的發展（Coplan, Bowker, & Cooper, 2003）。人格的形成過程受到幼兒的個人氣質，以及他們所習得相關行為的結果所塑造（McCrae, Costa, Ostendord, & Angleitner, 2000）。然而，個人的氣質和人格之間的關係雖然持續有相關，但相關性在兒童期和青少年期漸漸減弱。

幼兒的自我概念是具體的，幼兒著重以外顯的特質而較少以持續內在的特質描述自己，例如：我是女生、我留長髮、我和誰玩、我住哪裡等。幼兒也常以這樣的分類方式描述他的玩伴和其他人。幼兒較偏好和同齡、同性別的玩伴遊戲，在幼兒分類自己的方式（如我很乖，我和小明是朋友等），也反映他們的內在工作模式（internal working model）。幼兒的情緒調節能力是幼兒形成自我概念的一個重要指標（Hoeksma, Oosterlaan, & Schipper, 2004），例如：幼兒若在生氣時，能很快找到方法讓自己快活起來，或是在面對挫折時轉移注意力到不同的活動。這些情緒調節的能力和幼兒的多項社會能力發展有關。研究指出 2 歲時的情緒調節能力，能預測 4 歲的攻擊性行為（Rubin, Burgess, Dwyer, & Hastings, 2003）。幼兒期若情緒調節能力較佳，則較可能於兒童期受同儕的喜愛和歡迎（Denham et al., 2003）。情緒調節的能力對於易衝動、生氣的幼兒更加重要（Diener & Kim, 2004）。早產兒因語言發展遲緩於幼兒期的自我控制和情緒調節上有較多困難（Carson, Klee, & Perry, 1998; Schmitz et al., 1999）。此外，長期追蹤的研究也發現，幼兒期的情緒調節力和兒童期遵守道德規範和判斷是非的能力有關（Kochanska, Murray, & Coy, 1997）。

幼兒期的情緒發展也包括：理解別人的情緒狀態和發展出同情心。同情心有兩個面向：一個面向是理解別人的情緒狀態和情況，另一個面向是感同身受。具同情心的幼兒往往能經驗到別人的感覺，或是感受到相當類似的情緒。同情心和攻擊性行為有負相關，幼兒的同情心愈多，攻擊性行為就愈少（Strayer & Roberts, 2004）。Hoffman（1982, 1988）將嬰幼時期同情心的發展分為四個階段，列於表 8-2。

表 8-2 　同情心的發展階段

階段		描述
階段 1	整體性同情心	1 歲之前，當嬰兒覺察到別人的情緒，他全盤的做出類似的反應，例如：聽到別的嬰兒哭，他也會跟著哭起來
階段 2	自我中心的同情心	12 至 18 個月之間，嬰幼兒開始有自我感，他們不會全盤反應，但仍會受到影響。他們以適用自己的方式，嘗試安慰別人
階段 3	同情他人的感覺	2 至 3 歲開始至小學，他們覺察到別人的感覺、體驗部分的感覺，然後以非自我中心的方式回應
階段 4	同情別人的生命狀況	兒童晚期和青少年期，有些兒童發展出對別人感覺更廣泛的體會，並且不但能立即對情況做出反應，而且也對別人的生命經驗作回應

資料來源：摘自 Hoffman (1982, 1988)

第四節

性別概念和性別角色

　　幼兒的性別概念有三個發展步驟。首先發展出**性別認同**（**gender identity**），也就是幼兒能指認出自己和別人的性別。在 1 歲前，嬰兒普遍能分辨男性和女性的臉，並且分在不同的類別（Fagot & Leinbach, 1993）。2 歲前，嬰兒已能使用語言做分類，說明自己和別人的性別。

　　之後發展出**性別持續性**（**gender stability**），也就是一個人的性別是長期穩定不變的。幼兒大約在 4 歲時，瞭解個人的性別是長期性的。當我們問幼兒：「你小的時候是男生還是女生？你將來是男生還是女生？」的問題時，他們的答案是一致的。

　　最後，幼兒發展出**性別恆常性**（**gender constancy**），也就是幼兒理解即使一個人的外觀改變，仍然是同一性別。例如：男生並不因為穿著女裝而變成女生，反之亦然。性別恆常性大約到 5 至 6 歲時當幼兒具備基本恆常性概念時，才逐漸發展出來。在許多文化中的研究發現，嬰幼兒的性別概念發展經由性別

認同、性別持續性和性別恆常性等三個先後的發展步驟。

幼兒理解性別概念是幼兒性別發展的一部分，知道自己的性別以及性別是持久不變的之外，幼兒也需要知道不同性別的適宜行為、想法和偏好。例如：男生是否可以玩洋娃娃，女生是否應該爬樹等。在每一個文化中，對於成年男性和女性有著不同的性別角色期待。許多研究指出，多數的文化中，女性被描述為具備柔弱、溫和、心地柔軟、順服等特質，而男性被描述為具備剛強、衝勁、堅定、主導力等特質，這些都被稱為是男性和女性的刻板化特質（Williams & Best, 1990）。這些刻板化特質在幼兒早期發展快速，3 歲幼兒對於男性和女性的刻板行為有所掌握，例如：「媽媽用爐子，爸爸用起子」。而 4 歲的幼兒傾向用能力區分男性和女性，例如：「爸爸比較會修理，媽媽比較會布置」。3 歲至 4 歲間，幼兒也能指認不同性別的刻板職業、玩具和活動。5 歲時，兒童開始以人格特質描述男性和女性，例如：用「溫暖的」描述女性，以「堅強的」描述男性。

性別合宜的行為（sex-typed behavior）是發展出性別角色的基本成分，男性和女性的行為模式不同（Campbell, Shirley, & Candy, 2004）。在 18 至 24 個月間，幼兒開始表現出對玩具的偏好，例如：女生玩洋娃娃，男生玩卡車。對這樣的偏好理解早於他們能正確指認出自己的性別（Campbell, Shirley, & Candy, 2002）。3 歲時，幼兒開始偏好同性別的朋友和玩伴，也早於他們具備的性別持續性（Corsaro, Molinari, Hadley, & Sugioka, 2003）。

男生和女生間的互動方式從幼兒早期起就有所不同。同儕互動是幼兒習得性別合宜行為的媒介，也增加了性別間的差異。女生間的互動方式是增進親密感，而使關係得以持續，稱為**促進風格（enabling style）**；男生間的互動是以令對方退讓，終止互動關係為主，稱為**限制風格（restrictive style）**；因而造成兩性間較大的行為差異，這兩種互動風格在幼兒時漸漸明顯。女生傾向於問問題或提出請求來影響別人的行為，而男生傾向於命令和要求回應的方式。所以在幼兒時期，男生對女生採用的促進性風格反應冷淡，女生也覺得男生無趣（Maccoby, 1990）。這些現象也可能和男女幼兒傾向與同性別玩伴互動有關。

如果男生玩刻板化女生的玩具或是從事女生的活動會造成什麼結果呢？如果反過來，女生從事傳統男生活動時，又會如何呢？一般而言，成人對女生

「像個男孩子」的接受度和容忍度較高（Sandnabba & Ahlberg, 1999）。所以有較多的女孩嘗試男孩的活動，而這樣的情形也似乎不影響女孩仍然發展出女性化的人格特質，並且增強正向和自我肯定（Burn, O'Neil, & Nederend, 1996; Etaugh & Liss, 1992）。另一方面，如果男生像女生，或是喜歡從事傳統女生的活動時，被接受的程度就大幅降低，許多成人甚至擔心這個男孩有同性戀的傾向（Sandnabba & Ahlberg, 1999）。

不過，男孩和女孩所從事的性別相關活動，並不完全受成人和同儕的影響。事實上，嬰兒或幼兒就從事性別相關的活動，以及男孩的表現較為一致等現象，都顯示性別行為的取向也和遺傳因素有關（Blakemore, LaRue, & Olejnik, 1979）。3歲的男孩可能會明顯的表示不喜歡女孩所從事的活動（Bussey & Bandura, 1992）。男孩可能寧願和像男生的女生一起玩，也不願和像女生的男生玩（Alexander & Hines, 1994）。此外，研究發現男孩的遊戲偏好很難被別人或強化物所改變（Weisner & Wilson-Mitchell, 1990）。這些現象顯示，尤其對男性而言，性別行為是自我認同發展中的重要面向。

問題討論

1. 父母親的四種主要教養類型對幼兒的發展有何影響？
2. 幼兒和同儕的遊戲行為有幾種類型？遊戲和社交技能發展有何關係？
3. 人格和自我概念在幼兒期有何重要轉變？
4. 幼兒的性別概念和性別角色發展特性為何？

參考文獻

Alexander, G., & Hines, M. (1994). Gender labels and play styles: Their relative contribution to children's selection of playmates. *Child Development, 65,* 869-879.

Baumrind, D. (1971). Current patterns of parental authority. *Developmental Psychology Monograph, 4* (1, Part 2).

Blakemore, J., LaRue, A., Olejnik, A. (1979). Sex-appropriate toy preference and the ability to conceptualize toys as sex-role related. *Developmental Psychology, 15,* 339-340.

Burn, S., O'Neil, A., & Nederend, S. (1996). Children tomboyishness and adult androgeny. *Sex Roles, 34,* 419-428.

Bussey, K., & Bandura, A. (1992). Self-regulation mechanisms governing gender development. *Child Development, 63,* 1236-1250.

Campbell, A., Shirley, L., & Candy, J. (2002). Sex-typed preferences in three domains: Do two-year-olds need cognitive variables? *British Journal Psychology, 93,* 203-217.

Campbell, A., Shirley, L., & Candy, J. (2004). A longitudinal study of gender-related cognition and behaviour. *Developmental Science, 7,* 1-9.

Carson, D., Klee, T., & Perry, C. (1998). Comparison of children with delayed and normal language at 24 months of age on measures of behavioral difficulties, social and cognitive development. *Infant Mental Health Journal, 19,* 59-75.

Coplan, R., Bowker, A., & Cooper, S. (2003). Parenting daily hassles, child temperament and social adjustment in preschool. *Early Childhood Research Quarterly, 18,* 376-395.

Corsaro, W., Molinari, L., Hadley, K., & Sugioka, H. (2003). Keeping and making friends: Italian children's transition from preschool to elementary school. *Social Psychology Quarterly, 66,* 272-292.

Crittenden, P. M. (1992). Quality of attachment in the preschool years. *Developmental*

& Psychopathology, 4, 209-241.

Crockenberg, S., & Litman, C. (1990). Autonomy as competence in 2-year-olds: Maternal correlates of child defiance, compliance, and self-assertion. *Developmental Psychology, 26,* 961-971.

DeMulder, E., Denham, S., Schmidt, M., & Mitchell, J. (2000). Q-sort assessment of attachment security during the preschool years: Links from home to school. *Developmental Psychology, 36,* 274-282.

Denham, S., Blair, K., DeMulder, E., Levitas, J., Sawyer, K., Auerbach-Major, S., & Queenan, P. (2003). Preschool emotional competence: Pathway to social competence. *Child Development, 74,* 238-256.

Diener, M., & Kim, D. (2004). Maternal and child predictors of preschool children's social competence. *Journal of Applied Developmental Psychology, 25,* 3-24.

Doctoroff, S. (1997). Sociodramatic script training and peer role prompting: Two tactics to promote and sociodramatic play and peer interaction. *Early Child Development & Care, 136,* 27-43.

Dollard, J., Doob, L. W., Miller, N. E., Mowrer, O. H., & Sears, R. R. (1939). *Frustration and aggression.* New Haven, CT: Yale University Press.

Eisenberg, N. (1992). *The caring child.* Cambridge, MA: Harvard University Press.

Eisenberg, N., Guthrie, I. K., Murphy, B. C., Shepard, S. A., Cumberland, A., & Carlo, G. (1999). Consistency and development of prosocial dispositions: A longitudinal study. *Child Development, 70,* 1360-1372.

Eron, L. D., Huesmann, L. R., & Zelli, A. (1991). The role of parental variables in the learning of aggression. In D. J. Pepler & K. H. Rubin (Eds.), *The development and treatment of childhood aggression* (pp. 169-188). Hillsdale, NJ: Lawrence Erlbaum Associates.

Etaugh, C., & Liss, M. (1992). Home, school, and playroom: Training grounds for adult gender roles. *Sex Roles, 26,* 129-147.

Fagot, B. I., & Leinbach, M. D. (1993). Gender-role development in young children: From discrimination to labeling. *Developmental Review, 13,* 205-224.

Fantuzzo, J., Coolahan, K., & Mendez, J. (1998). Contextually relevant validation of peer play constructs with African American Head Start children: Penn Interactive Peer Play Scale. *Early Childhood Research Quarterly, 13,* 411-431.

Fish, M., Stifter, C. A., & Belsky, J. (1991). Conditions of continuity and discontinuity in infant negative emotionality: Newborn to five months. *Child Development, 62,* 1525-1537.

Gunnar, M., Sebanc, A., Tout, K., Donzella, B., & Van Dulmen, M. (2003). Peer rejection, temperament, and cortisol activity in preschoolers. *Developmental Psychobiology, 43,* 346-358.

Hinde, R. A., Titmus, G., Easton, D., & Tamplin, A. (1985). Incidence of "friendship" and behavior toward strong associates versus nonassociates in preschoolers. *Child Development, 56,* 234-245.

Hoeksma, J., Oosterlaan, J., & Schipper, E. (2004). Emotion regulation and the dynamics of feelings: A conceptual and methodological framework. *Child Development, 75,* 354-360.

Hoffman, M. L. (1982). Development of prosocial motivation: Empathy and guilt. In N. Eisenberg (Ed.), *The developmental of prosocial behavior* (pp. 281-314). New York: Academic Press.

Hoffman, M. L. (1988). Moral development. In M. Bornstein & M. Lamb (Eds.), *Developmental psychology: An advanced textbook* (2nd ed., pp. 497-548). Hillsdale, NJ: Lawrence Erlbaum Associates.

Howes, C. (1983). Patterns of friendship. *Child Development, 54,* 1041-1053.

Howes, C. (1987). Social competence with peers in young children: Developmental sequences. *Developmental Review, 7,* 252-272.

Kochanska, G., Murray, K., & Coy, K. (1997). Inhibitory control as a contributor to conscience in childhood: From toddler to early school age. *Child Development, 68,* 263-277.

Maccoby, E. E. (1990). Gender and relationships: A developmental account. *American Psychologist, 45,* 513-520.

Maccoby, E. E., & Martin, J. A. (1983). Socialization in the context of the family: Parent-child interaction. In E. M. Hetherington (Ed.), *Handbook of child psychology: Socialization, personality, & social development* (Vol. 4) (pp. 1-102). New York: John Wiley & Sons.

Mayeux, L., & Cillisen, A. (2003). Development of social problem solving in early childhood: Stability, change, and associations with social competence. *Journal of Genetics Psychology, 164,* 153-173.

McCrae, R., Costa, P., Ostendord, F., & Angleitner, A. (2000). Nature over nurture: Temperament, personality, and life span development. *Journal of Personality & Social Psychology, 78,* 173-186.

Novosad, C., & Thoman, E. (1999). Stability of temperament over the childhood years. *American Journal of Orthopsychiatry, 69,* 457-474.

Rubin, K., Burgess, K., & Hastings, P. (2002). Stability and social-behavioral consequences of toddlers' inhibited temperament and parenting behaviors. *Child Development, 73,* 483-495.

Rubin, K., Burgess, K., Dwyer, K., & Hastings, P. (2003). Predicting preschoolers' externalizing behaviors from toddler temperament, conflict, and maternal negativity. *Developmental Psychology, 39,* 164-176.

Sandnabba, N., & Ahlberg, C. (1999). Parents' attitudes and expectations about children's cross-gender behavior. *Sex Roles, 40,* 249-263.

Schmitz, S., Fulker, D., Plomin, R., Zahn-Waxler, C., Emde, R., & DeFries, J. (1999). Temperament and problem behavior during early childhood. *International Journal of Behavioral Development, 23,* 333-355.

Schwartz, C., Snidman, N., & Kagan, J. (1996). Early childhood temperament as a determinant of externalizing behavior in adolescence. *Development & Psychopathology, 8,* 527-537.

Steinberg, L., Darling, N. E., Fletcher, A. C., Brown, B. B., & Dornbusch, S. M. (1995). Authoritative parenting and adolescent adjustment: An ecological journey. In P. Moen, G. H. Elder, Jr. & K. Luscher (Eds.), *Examining lives in context: Perspec-*

tives on the ecology of human development (pp. 423-466). Washington, DC: American Psychological Association.

Steinberg, L., Elmen, J. D., & Mounts, N. S. (1989). Authoritative parenting, psycho-social maturity and academic success among adolescents. *Child Development, 60,* 1424-1436.

Steiberg, L., Lamborn, S. D., Dornbusch, S. M., & Darling, N. (1992). Impact of parenting practices on adolescent achievement: Authoritative parenting, school involvement, and encouragement to succeed. *Child Development, 63,* 1266-1281.

Strayer, F. F. (1980). Social ecology of the preschool peer group. In A. Collins (Ed.), *Minnesota symposia on child psychology* (Vol. 13) (pp. 165-196). Hillsdale, NJ: Lawrence Erlbaum Associates.

Strayer, J., & Roberts, W. (2004). Empathy and observed anger and aggression in five-year-olds. *Social Development, 13,* 1-13.

Weisner, T., & Wilson-Mitchell, J. (1990). Nonconventional family lifestyles and sex typing in six-year olds. *Child Development, 62,* 1915-1933.

Williams, J. E., & Best, D. L. (1990). *Measuring sex stereotypes: A multination study* (Rev. ed.). Newbury Park, CA: Sage.

Zahn-Waxler, C., Radke-Yarrow, M., Wagner, E., & Chapman, M. (1992). Development of concern for others. *Developmental Psychology, 28,* 126-136.

part 3

兒童期（學齡兒童）之發展

兒童期是一個穩定成長的時期，兒童的認知與社會能力逐漸累積，形成個人特質。本篇以兒童期的認知發展和社會情緒發展為主軸，介紹兒童期的主要發展特性。

Chapter 9

兒童期認知發展

學習目標

1. 認識 Piaget 之後的研究者對認知發展所提出的觀點。
2. 理解知識與認知能力的互動。
3. 理解錯誤概念發生的可能原因。

具體運思

第五章提過，Piaget 認為幼兒認知發展的特色，是**自我中心思考**與**直覺思考**。根據 Piaget 理論，兒童期的認知邏輯發展屬**具體運思**（concrete operation）。在具體運思期的孩子，注意力不再集中於當下，他對發生過的事可做可逆（reversibility）思考。所謂可逆思考指的是，個體可以把已經發生的事倒回去想，如錄影帶倒帶，因此當他倒回整個過程，會發現物體外表發生變化，但不一定會影響物體的內涵與本質。Piaget 稱此時期的兒童有**守恒概念**（**concept of conservation**）。也就是因可逆思考，兒童可以瞭解「外在改變，實質不變」的概念（請見Piaget守恒概念作業示意圖9-1至圖9-5）。此外，幼兒在前運思期有困難的思考操作如「關係」、「自我中心」等，在兒童時期都不再是困難。具體運思雖然比前運思進步了一大段，但是仍有另一種侷限，那就是只能在具體的事物上進行思考運作。比如說，我們給具體運思期的兒童三支長短不一的竹棒，要他依長短排列，他能做得很好。但若以符號（語言）方式給同樣的問題，例如問他：張三比李四高，李四比趙五矮，誰最高？他因為無法看到真實（具體）的物件或人，會一時無法作答。學校裡的課程便設計「具體操作物」，如雪花片，來幫助學生思考。

一、數量守恒

孩童見到兩排一對一排列的珠子，確定兩排珠子數量相等，而後實驗者將下排拉開（上排珠子仍集中放置，下排珠子分散放置），前運思期幼兒會以為下排珠子比上排多，因其所占空間較廣。

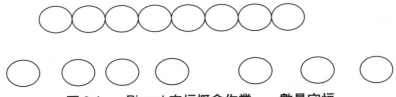

圖 9-1　Piaget 守恒概念作業──數量守恒

二、液體守恒

　　兩個一模一樣的杯子（甲與乙），裡面裝了等量的液體，將其中一個杯子的液體倒入一個較扁平的丙杯中，要孩子判斷扁平丙杯中液體的量與甲杯是否一樣。多數前運思期幼兒，或是判斷甲杯多或是判斷丙杯多，因水位較高或是較寬。

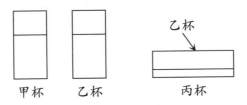

圖 9-2　Piaget 守恒概念作業──液體守恒

三、重量守恒

　　研究者展現兩顆相等重量的黏土球（甲與乙），經孩子判斷，他也同意兩顆球重量相等。當著孩子的面，研究者將乙顆球壓扁成丙球。前運思期幼兒會以丙球比甲球重，因其所占面積較廣。

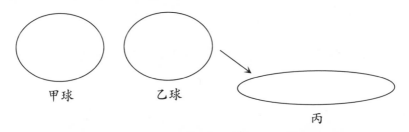

圖 9-3　Piaget 守恒概念作業──重量守恒

四、長度守恒

　　研究者呈現兩把等長的尺（左邊），經孩子判斷，他也同意兩把尺等長，而後研究者將其中一隻移開（或是彎曲），只有具體運思期的兒童會說兩把尺仍是一樣長。

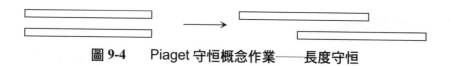

圖 9-4　　Piaget 守恒概念作業——長度守恒

五、可逆思考（以液體守恒為例）

　　以液體守恒為例，實驗操作是將乙杯的液體倒入丙杯中，要孩子判斷丙杯中液體的量與甲杯是否一樣。有可逆思考的兒童會想，丙杯水來自乙杯，而乙杯與甲杯中的液體量本來相同，因而判斷丙杯和甲杯液體量應該也相同。

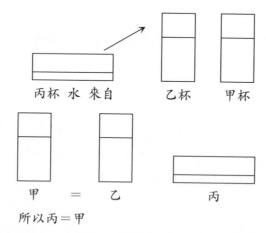

圖 9-5　　Piaget 守恒概念作業——可逆思考

訊息處理之認知歷程

　　Piaget 之後的研究者，傾向將個體的認知運作視為一連串的步驟，每一步驟有其運作原則及其容量上的限制，此取向稱之為**「訊息處理觀點」**（**information processing approach**）。「訊息處理觀點」以電腦來描述人腦，電腦有硬體和軟體。軟體中有許多工程師設計的程式，使電腦可進行各種計算（包括寫作）；程式的撰寫有其規則與原則，我們稱之為電腦語言，其中語言有其邏輯；電腦要有產品必須有資料輸入，以軟體進行運作，產品才得以產生。人腦以電腦來類比，也有輸入，由視、聽等感覺器官得到資訊。腦中有規則與原則進行處理，把這些訊息變成有意義的知識（產品）（圖 9-6）。但是規則、原則如何產生，是研究者最關切的議題。

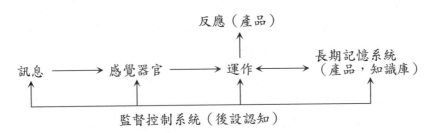

圖 9-6　　人腦輸入和輸出的假設──訊息處理歷程

　　近來基於對人腦研究與認識激增，訊息處理觀點的研究也在轉型，如由線性資訊處理到同步處理（parallel processing），以及以人腦運作（如神經元的連結）來設計電腦運作。當科技日新月異，電腦容量一直增加，我們有理由相信電腦運作會愈來愈接近人腦。但人腦呢？有沒有限制？由發展的角度來說，是有一些限制的。哪一些因素會影響認知運作？會是發展上的限制？或說哪一些因素會因發展而改變？研究上肯定的有：知識組織的單位或稱**意元**（**unit**、**chunk**）、速度（**speed**）和策略（**strategies**）。而這三個因素都與**先備知識**有

關係，下面分別說明。

第三節
影響認知運作之因素

一、知識組織的單位——意元

「床前明月光，疑是地上霜，舉頭望明月，低頭思故鄉。」

若是一位 4 歲小朋友剛開始唸這一首詩，他是一個字音一個字音的記。這一首詩共有 20 個字，若一個字是一個單位，20 個字是 20 個單位，以記憶操作的限制來說，每次運作容量大約是 7 ± 2，因此，輸入頭 5 個字就已占滿容量，沒有運作空間去思考整句是什麼意思。但是若是以 5 個字為一單位（一句為一單位），全首詩記下來時，還有空間可以思考整首詩是什麼意思。若有人是以一首詩為單位，他運作的時候是可以同時思考好幾首詩。因此，記憶時如果把「單位」變大，處理的「量」自然變大。有一名美國大學生 S.F.，練習自己的記憶容量。例如：他看到 3、4、9、2 四個數字，因他有跑步習慣，就把數字轉化成 3 分 49.2 秒。至於其他的數字，有的轉化成重要年代或是某人生日。然後再將年代、生日、長跑秒數等組合成更大單位。經過 20 個月的練習（每天 1 小時，每週 3 至 5 天），他對數字記憶容量由 7 個數字增加到 80 個數字。這是把單位變大的例子，也是使用「策略」（請見本節的三、策略）增加記憶量的一個例證。換句話說，「容量」有彈性，其彈性在乎每次記憶單位有多大。由發展來說，知識是容量的關鍵，知識豐富，意元變大，記憶處理的容量自然變大（請見本節的四、先備知識）。

二、速度

陳心怡（Chen, 2000）分析 6 至 16 歲在《魏氏兒童智力測驗》（WISC-III）

上的表現，他將智力分數分為：語文理解指標、知覺組織指標（包括：積木設計、圖片排序、圖片完成、物體組合）、不受干擾指標、處理速度指標（包括：解碼、符號搜尋）等，來說明發展與認知處理的關係。研究結果指出，不受干擾指標隨年齡增加分數提高；處理速度上，在 8 至 10 歲之間提高，顯然隨年齡增加，愈能集中注意力（不受干擾），處理資訊速度愈快、愈自動化。年齡愈小，作業間差異愈大，6、7 歲作業間的差異大於 14、16 歲間的差異。當然，速度與上面提到的處理單位也有關係。單位愈大，認知運作速度愈快。如理解一首詩，單位愈大，運作速度愈快。

三、策略

　　策略是指運作的方法。例如：小朋友知道要把家裡的電話號碼記住的方法是要不斷的覆誦。覆誦就是策略。有的小朋友則會採用寫下來的方式，這也是一種策略。策略用得適時適切，運作的速度會增快。研究指出多數兒童和幼兒需要提醒才能採用適切的策略，否則他們就是以覆誦為主要策略。一般來說，5 歲幼童知道有些事會很快忘掉，他可以說「要反覆記」才記得，但是他不會使用策略，包括「反覆記」來幫助記憶。7 至 9 歲知道且會使用「反覆背誦」。11 歲知道重新組織要記住的事情比反覆背誦對記憶有幫助。有實驗教導 4、5、6 歲學生不同的記憶策略（Goswami, 1998），研究結果發現，只教策略，學生使用時反而混淆；若告訴學生為什麼在某種情境下要用某種策略，才能增進學生策略的使用。這裡出現另一認知能力稱**「後設記憶」**（metamemory）。後設記憶指的是對記憶的認識與知識，以及什麼時候使用這些知識的能力，其中包括監督與調整。年幼的兒童後設記憶能力不成熟，因此無法選擇合適的策略，或是無法評估某一個策略是否對記憶某件事有效。關於發展與後設認知的關係請見下一節：後設認知。

四、先備知識

　　上面提過記憶容量是有彈性的。發展上，幼兒記憶容量雖有限，但是有某

特定領域知識和沒有此特定領域知識也會造成記憶量與運作上的不同。Chi（1978）以數字廣度（digit span）測量 4 歲兒童至大學生，她發現數字記憶多寡與年齡成正比。年齡愈大，記的量愈多。4、5 歲平均記 4 個數字；6、7 歲記 5 個數字；9 至 12 歲平均記 6 個數字；大學生記 8 個數字左右。但是，當 Chi 比較會下棋的 10 歲兒童與不會下棋的成人記棋盤上棋子的位置時，兒童能記憶 9 個左右的棋子，成人只記得 5 個左右。Chi 的結論是：因著對棋子的知識造成兩者的差別。下棋的兒童不是一個一個棋子的記，而是一組一組的記（單位大於一個棋子），記下來的棋子數目就比較多（圖 9-7）。在有限的認知容量中，因有知識，造成組織知識的意元變大，記憶量也就變大。兒童怎會有棋子的知識？因為他常常下棋。Chi、Hutchinson 和 Robin（1989）也曾對 7 歲男童的恐龍知識做過研究，發現專家兒童對其所熟悉的恐龍，能以他們的生態，如食物、防禦機制、生活環境、行動等特徵來分類，類似生物學者，一點也不含糊。學科方面同理，Carey（1986）也曾指出 7 歲以前兒童以人的知識（就是對自己的認識）來解釋生物現象，及至 10 歲有生物知識後，才以生物知識解釋生物。

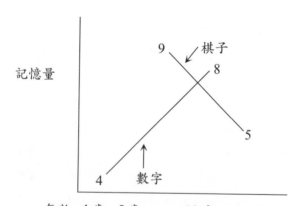

圖 9-7　兒童數字記憶量與棋子數記憶量比較
資料來源：引自 Chi（1978）

　　因此到小學階段，特別是高年級學生，不但因著發展也因知識增加，有許多認知方面的發展已趨成人水準。以注意力為例，單延愷、陳映雪、蘇東平

（2004）測試小學生至成人，其中以國小一至三年級為第一階段，國小四至六年級為第二階段、國中一至三年級為第三階段、成人 20 至 30 歲為最後一階段。單延愷等人採用的測驗有：(1)注意力測驗：分別測試視覺和聽覺的分配性注意力；(2)語文記憶測驗；(3)非語文記憶測驗，以及(4)執行功能：威斯康新卡片分類測驗。結果顯示：

1. 在視覺上，成人與小一、小四組有差異。
2. 在聽覺上，成人與小一組有差異。
3. 在語文延宕記憶上，成人與小一組有差異。
4. 在非語文記憶中，立即與延宕都是小一組比其他組差，但其他各組間沒差異。再認則每一組之間都沒有差異。
5. 執行功能上，成人與一年級組在能完成的類別數上有差異。

　　基本上，差異大多發生在成人與國小低年級階段，至於視覺上，成人與國小低年級和高年級學生皆有差異。視知覺組織則在 11 歲至 13 歲間提高（Chen, 2000），顯示「學習」在處理視覺訊息中所扮演的角色。

BOX 9-1
文化因素：以中文記數字比以英文記數字快，為什麼？

　　國際間有不少研究，對於亞洲地區以中文為系統學生的數學表現比西方地區要好，很有興趣。除了父母的期許、練習的時間外（Wang & Lin, 2005），他們仔細研究後，發現語文特色與數學運算有關係。例如Geary（1993）指出，以中文記數字比以英文記數字可以多記幾個數字，因為，中文數字的音節短，例如：複誦1378中文唸「一」「三」「七」「八」，英文是「one」「three」「seven」「eight」，音節長，記憶量增加。例如「87」，中文有兩個音節，英文 eighty seven 有四個音節。

　　其次，中文計數以「十」為單位，因此 11、12、13、到 21、22、23 只要加入「十」唸二十一、二十二等；甚至可以簡單唸為二一、二二……。31、32、33 以此類推。英文卻要唸 eleven、twelve、thirteen、……twenty one……，在記憶負擔上是比中文數字要多許多。

第四節

後設認知

後設認知（metacognition）是指對記憶與認知歷程的監督與調整，有人稱為「認知的認知」。監督指的是注意到自己目標的距離，例如：需要記得的東西或是理解還有多遠；調整指的是計畫和分析自己的認知行為和能力。若監督後發現自己與目標有相當距離，則需調整方法或策略，以達成目標。我們以閱讀為例來說明。

在閱讀過程中，讀者很主動也很自動的運用他的知識與能力。「自動」是描述讀者幾乎不察覺自己在抽取既有知識以利閱讀；「主動」是指讀者對自己閱讀歷程及閱讀理解的掌控。例如：在文章中碰到陌生的字，讀者有好幾種途徑來面對它，使理解全文不受到阻礙。讀者或是馬上查字典，或是可以不查字典，而由上下文、字形、字音來猜字意，當然也可以根本不去管它是什麼意思，繼續往下讀。當往下讀時，發現「不管它」或是「所猜的字意」與上下文不能配合時，可能會再回頭看它一眼，此時仍還可以決定要不要查字典。當讀者認為自己不理解，就會想辦法把文章讀清楚，或是再讀一次，或是去查字典，或是請教別人。而決定自己是否理解是在閱讀處理歷程外有一監督理解的認知作用，也就是後設認知。

後設認知使讀者覺知（aware）到，有妨礙理解的事件發生（監督），並決定要如何處理（調整）。不止是字的不理解，有時候讀了幾句後，發現連貫不起來；有時讀完全文發現與題目配合不來，這都是後設認知在發揮作用。

我們可以說後設認知是我們對自己一切認知活動，包括：認知歷程及認知成果的認識（Flavell, 1976: 232）。因著這個認識，當我們吸取外界知識時，因我們對自己的已知、未知、長處、短處及需求與興趣有一個衡量，我們可以判斷要讀懂一篇文章要用去多少時間。若我們決定去學習一項自己不是很清楚的事物，我們會想該怎麼學，用什麼方法學，對自己會是最有效的，這都是後設認知的工作。以更簡單的話來說，當我們知道自己不知道，並開始想方法使自

己知道或是決定放棄，不想多增加知識，或是依自己的需要挑一些知識來學，都是後設認知的工作。

　　研究很清楚指出，年紀較小及閱讀能力較差的讀者在閱讀時，以讀字為主，他們較不察覺自己有讀錯、讀不清楚的地方，例如：有的學童讀漏了一行仍繼續讀，似乎未察覺到有什麼不妥（Garner, 1987）。一般的讀者在閱讀過程中都會有類似下面監督理解的情形產生，如自問：「前面不是說到有三個重點，為什麼我只讀到兩點？」「我想我得再讀一下第一段，看看它的主旨是什麼？」「這作者到底在說什麼？」但年幼及閱讀能力較差的讀者讀過文章後，腦中可能只剩聲音，在理解上則是「船過水無痕」。

　　因此後設認知能力與發展有關，後設記憶（metamemory）同理，就是對自己記憶的監督與調整，也與發展有關（Goswami, 1998）。

第五節

認知與學習

　　在訊息處理取向下，心理學家對於學習有下列假設。

一、學習者自行建構而非直接抄襲外界的知識

　　Piaget 之後的研究者研究年幼孩子的思考運作時，發現他們會使用一些策略和方法。例如：一位 6 歲的女孩計算「一隻惡魔有 4 個頭，每個頭上有 64 根頭髮，他共有幾根頭髮？」她的計算方法是，60 加 60 就是 120，120 乘以 2 等於 240，再加上 4 個 4 是 16。女孩回答，惡魔有 256 根頭髮。這個解法中有分解，有加法及乘法，而這些方法都是成人使用的計算方法（Ginsburg & Allardice, 1984），只是用的方式不同。成人可能將 64 分解成 60 和 4，而後 60 × 4 再加 4 × 4 得到答案。　研究者發現，兒童不會執著於固定的解題方法，例如：個位數字相加，他們有不同策略但是在不同時候展現。例如：有時以大數

字加小數字，有時直接提取答案，有時由 1 開始往上加（Siegler, 1988）。隨著年齡的增加，兒童漸漸採取最有效策略，如直接提取答案。

二、每位學習者對知識有不同的建構，是因他原先對這類知識的認識

每個人有不相似的先備知識會造成不同的知識建構。例如：「頻率」一詞，當我們說詞彙頻率指的是詞彙量的多寡，但是以聲音頻率一詞來想頻率的人可能不知詞彙頻率的道理。而有人說「我們的頻率不對」時，似乎又擴大頻率的解釋。各人怎麼解釋「頻率」，端看他對「頻率」一詞的理解與認識。

三、建構知識時，學習者並不分辨知識是否完整，他就開始建構

為了要使所呈現的知識，對學習者自己來說是完整的，或是他自己要對自己解釋這是什麼，若他覺得知識不完整時，他就自己補上。這裡所謂的不完整是由學習者的角度來看，只要他覺得與他原有的基模不能相配合，他會自己想出較連貫的解釋來完整這段知識。由外界的標準來說，他可能是不全然理解外界的訊息，或是他誤解了，而且他所補上的可能會造成錯誤的知識架構或理論。數學中稱這種理論為**錯誤理論（buggy theory）**，自然科學稱之為**生手理論（naïve theory）**，社會科學稱偏見。這些錯誤的建構會導致以後更多錯誤的形成（見「BOX9-2 兒童**另類概念**」）。

BOX 9-2
兒童另類概念

因著學習者自行建構，且受不相似背景知識的影響，既使使用同一本教科書，接受同一位老師教導，不保證每一位學生會有相同的認識。學生有自己的想法，且是受過教育的想法。高慧蓮、蘇明洲、許茂聰（2003）研究國小六年級學童對呼吸

作用的想法，發現其中有許多另類概念，兒童不認為所有生物要呼吸。下面是他們將過去訪談做的分類。例子中顯示，學生以自己的經驗與觀察，也就是以既有知識自行補充。

1.身體是封閉的所以無法呼吸

　S1：貝類整個身體被自己厚厚的殼包住，又生活在土裡，所以貝類不會呼吸。

　T：你怎麼知道的？

　S1：我曾經挖過貝類，他們都藏在土裡，他們也沒有腳可以跑出來，怎麼可能呼吸呢？沒有呼吸器官，所以無法呼吸。

　S2：蜘蛛，他沒有鼻子。

　S3：（冬天葉子掉光）植物沒有葉子了，應該就無法呼吸，植物應該會暫時休息。（以冬眠概念補充）

2.因有其他功能可以替代呼吸功能

　S4：（胎兒在媽媽肚裡）不會（呼吸）

　T：為什麼？

　S4：因為……他有臍帶，但是應該是送養分的。

　T：胎兒不呼吸沒有關係嗎？

　S4：嗯，……應該有養分就可以了吧。（部分知識，自行補充）

3.不會活動的不用呼吸

　S5：胎兒不用活動所以不需要呼吸。

　T：不用活動就不會呼吸嗎？

　S5：對呀，我們一直活動所以呼吸，胎兒又不會動。

4.呼吸是為別的功能

　S6：（仙人掌）沒有葉子進行光合作用。

　T：沒有光合作用就不會呼吸嗎？

　S6：對呀，如果不光合作用，他當然就不用呼吸空氣，因為呼吸空氣也沒有用。

這些似是而非的觀念需要老師或父母細心偵測出來，以為教學補救上的參考。

四、已形成的基模或理論很不容易修正

　　如上面所述，個體學習時，已有的基礎影響所接受的訊息。解題時，基模也先提供已有的解題過程；若這些知識基模有錯誤，很可能就造成錯誤的解法且反覆的使用這些錯誤的解法。這是因個體對這筆知識已形成了信念（belief）（Schoenfeld, 1985: 35），例如：當個體看到正確的物理實驗與他的信念相衝突時，他仍持守其信念而不改變其想法。

五、吸收了知識後，兒童的能力隨之增加，因知識與能力間有著微妙的互動關係

　　研究指出，有恐龍知識的兒童比沒有恐龍知識的兒童會做高層次知識組織（Chi et al., 1989）；受過教育的兒童比沒有受過教育的兒童明白許多物質不一定是有生命的事實（Carey, 1986），這些研究都說明，知識促成個體理解、推理、解題的能力。由另一個角度來說，能力，特別是後設認知能力，促使個體能有系統的組織知識及取用知識。但是兒童仍有需要學習的地方。Schauble（1990）以電腦呈現賽車設計的遊戲，讓 8 至 21 歲兒童操作。目的在看兒童如何計畫、比較、判斷，並有根據的來說明引擎、車翼和車輪與行駛速度的關係。當這些兒童第一次接觸遊戲時，他們顯出沒有系統的在設計賽車。他們也不會利用電腦上對車子各部位造成車速度上的變化所顯示的紀錄。他們雖知道遊戲的目的是做出最快的賽車，但他們的計劃卻不能配合目標，所掌握不同車部位的資訊也不足，判斷時更沒有足夠的因果證據，而所依據的是兒童自己先前對賽車的看法，而不是由本次實驗所得資料。換句話說，在科學的推理上，兒童是有所不足，他們必須要學習（請見下一節的說明）。

第六節

知識與類比推理

類比推理指的是借用對應、配對過程，將已知的知識遷移到一個新的情境中，以期發現新情境中的關聯。類比推理是邏輯推理的基礎，許多心理學家以類比推理研究推理的發展。傳統類比題目如：「鞋子：腳＝帽子：（　）」。鞋子穿腳上，鞋子、帽子都是衣物部分，腳是身體部位，因此帽子也要應用到人身上的部位，答案是「頭」。教學上常以類比幫助學生利用現有知識，觸類旁通。兒童也常以所知類比新知，也就是「同化」新知。類比也是學習遷移的一個方法（請見第五章 Brown 和 Kane 於 1988 年的研究）。

國內也有不少研究以類比推理研究兒童推理的發展（例如：江淑卿，2001；黃幸美，1997、2003）。江淑卿研究 6、7 歲兒童，發現 6 歲兒童在對應上若經過提醒，正確率可以提高，但是對於對應的推理仍有發展空間。舉例說明：題目為「牛：牛頭＝羊：（　）」（可以選的有羊、羊頭、羊腳、牛、牛頭、牛腳）。

6 歲兒童

S1：羊（錯誤對應）

T：為什麼選整隻羊？

S1：這兩個好像。（錯誤推理）

若經老師強調概念間關係，表現或許可以有改善。

T：這是整頭牛，這是牛的頭，這兩個有什麼關係？

S2：（放入羊頭圖片）

T：為什麼選羊頭？

S2：羊頭是羊的一部分。

有時他們配對正確但無法說出概念間關係。

T：為什麼選鳥？（題目是房子：人＝鳥窩：？）

S：鳥窩和鳥可以配在一起。

T：為什麼鳥窩和鳥可以配在一起？

S：（微笑）

但是他們會受反證影響。

T：為什麼不選羊腳？

S3：頭不見了很可怕。

T：再仔細看看，牛跟牛頭配在一起，就好像整隻羊和什麼配在一起？

S3：對，羊的腳可以。

這表示 6 歲兒童在此領域的推理發展還不穩定。

類比的另一形式是**比喻（metaphor）**，常被用在文學上，例如：報紙是世界的日記、歷史是一面鏡子、太陽是一個火球等。在日常生活中我們使用成語，如「唇亡齒寒」、「一言九鼎」、「如影隨形」也是比喻。在兒童文學中也常有類似「美麗的蝴蝶姑娘，好像一朵會飛的花」、「小小螢火蟲，好像小燈籠」的比喻，以另一個概念來說明原先要傳遞的訊息。兒童對比喻的理解，根據趙德昌（1993）研究指出，年級發展是關鍵，包括閱讀經驗增加和認知上對於抽象類比的理解增加。表 9-1 以學生對「雷達是飛行員的眼睛」的解釋為例表 9-1 看出年級愈高，愈有完整的理解。

表 9-1　　學生解釋類型：以「雷達是飛行員的眼睛」為例

名稱	例
沒有解釋	雷達不是眼睛 雷達像飛行員的眼睛 飛行員是開飛機的，眼睛是看東西的
不適合的解釋	雷打下來打到眼睛 飛行員的眼睛是雷達 飛行員有近視，看不清楚，有了雷達就可以看清楚了 雷達變成飛行員的眼睛

表 9-1　　學生解釋類型：以「雷達是飛行員的眼睛」為例（續）

名稱	例
屬性的解釋	雷達有那個圓圓、亮亮的，像眼睛
合適的解釋	雷達能告訴飛行員，哪裡有敵機，有時飛行員沒有看到

資料來源：趙德昌（1993）

　　由研究看出，比喻理解也與知識背景有關。這反應到當成人，不論是老師或父母企圖以比喻表達時，年幼兒童或許因著知識與經驗與成人不同，會有不同的解釋。

1. 5 歲和 12 歲兒童在背誦七言絕句時，有什麼不一樣的地方？
2. 說明 Piaget 之後研究者如何解釋學習的發生。
3. 說明後設認知與一般認知的區別。

參考文獻

中文部分

江淑卿（2001）。兒童類推理能力的學習潛能評估研究。**教育心理學報，33**（1），47-64。

高慧蓮、蘇明洲、許茂聰（2003）。國小六年級學童呼吸作用另有概念之質化研究。**師大學報：科學教育類，48**（1），61-90。

黃幸美（1997）。兒童解決數學及自然科學問題的問答討論與類比推理思考研究。**教育心理學報，32**（2），123-144.

黃幸美（2003）。**兒童的問題解決思考研究**——第四章。台北市：心理。

單延愷、陳映雪、蘇東平（2004）。兒童與青少年注意力、記憶，與執行功能之發展。**臨床心理學刊，1**（1），21-29。

趙德昌（1993）。兒童對比喻理解之研究。**國立中正大學心理學系碩士論文**，未出版，嘉義縣。

英文部分

Carey, S. (1986). Cognitive science and science education. *American Psychologist, 41,* 1123-1130.

Chen, H.-Y. (2000). Gender differences in cognitive abilities: Trends from age 6 to age 16 based on WISC-III standardization data for Taiwan. *NSC Proceeding, 10*(2), 201-216.

Chi, M. (1978). Knowledge structure and memory development. In R. Siegler (Ed.), *Children's thinking: What develops?* Hillsdale, NJ: Lawrence Erlbaum Associates.

Chi, M., Hutchinson, J., & Robin, A. (1989). How inferences about novel domain-related concepts can be constrained by structured knowledge. *Merrill-Palmer Quarterly, 35,* 27-62.

Flavell, J. (1976). Metacognitive aspects of problem solving. In L. B. Resnick (Ed.), *The nature of intelligence.* Hillsdale, NJ: Lawrence Erlbaum Associates.

Garner, R. (1987). *Metacognition and reading comprehension.* Newark, NJ: Ablex Publishing Corporation.

Geary, D. (1993). Mathematical disabilities: Cognitive, neuropsychological, and genetic components. *Psychological Bulletin, 114*(2), 345-362.

Ginsburg, H., & Allardice, B. (1984). Children's difficulties with school mathematics. In B. Roggoff & J. Lave (Eds.), *Everyday cognition.* Cambridge, MA: Harvard University Press.

Goswami, U. (1998). *Cognition in children.* London: Psychology Press, Taylor & Francis Group. (中譯本：兒童認知，羅雅芬譯，心理出版社出版)

Schauble, L. (1990). Belief revision in children: The role of prior knowledge and strategies for generating evidence. *Journal of Experimental Child Psychology, 49, 31-57.*

Schoenfeld, L. H. (1985). *Mathematical problem solving.* NY: Academic Press.

Siegler, R. (1988). Individual differences in strategy choices: Good students, not-so-good students, and perfectionists. *Child Development, 59,* 833-851.

Wang, J., & Lin, E. (2005). Comparative studies on US and Chinese mathematics learning and the implications for standards-based mathematics teaching reform. *Educational Researcher, 34*(5), 3-13.

Chapter
10

兒童期社會
與情緒發展

學習目標

1. 兒童期的道德發展。
2. 兒童期的家庭關係。
3. 兒童期的同儕互動和友誼關係。
4. 兒童期的人格與自我概念發展。

兒童期道德發展

　　一般而言，兒童在學校就學的年齡大約在 6 至 12 歲，所以也稱為學齡兒童期。這段時期，父母和老師的期望是學齡兒童能在學校適應良好，能明辨是非，並且行為能符合文化價值觀。道德發展對瞭解兒童社會化歷程具重要意涵，道德的面向包括：道德情緒、道德推理，以及道德行為，是複雜的社會發展歷程。以下分別敘述這三個面向。

一、道德情緒

　　道德情緒是指進行與是非對錯相關的活動時，所經驗到或衍生出的情緒狀態。從 Freud 的看法，道德規則是包括一體的兩面，一面是「好孩子」不會做的事，例如：偷竊；另一面是「好孩子」會做的事情，例如：順從父母。當兒童做了不該做的事情，他內心會感到罪惡感或感到羞愧；這些負面情緒，都不是兒童所想要的，所以兒童會盡量做應該做的事，而不做不應該的事情。另一方面，當兒童做了符合自己與父母期望的事，他就可能會感到驕傲與快樂。

　　如果一個 7 歲的男孩，站在糖果店裡面，看到各式色澤鮮活、可口的糖果，禁不住誘惑，開始想著如何神不知鬼不覺拿走糖果。但是他的「**超我**」（**superego**）（根據心理分析理論的看法）卻告訴他：這是偷竊行為，並且偷竊會帶來罪惡感；但如果他不偷，他可能會感覺飢餓。Freud 認為，如果是一個擁有健康人格特質的人，他將順從超我，即使這樣會使他感到飢餓。

　　Erikson 的看法類似 Freud，不過他認為兒童其實是向父母學習道德規則。個人榮譽、避免罪惡感以及羞愧感三者同樣重要。親子關係的品質是促進道德情緒發展的重要因素，例如：當男孩決定不偷糖果時，他不但避免了罪惡感以及羞愧感，也同時產生對自己感到驕傲的感覺。

　　研究發現，罪惡感、羞愧和驕傲等道德情緒都在 6 歲前發展出來（Fung，

1999; Kochanska, Casey, & Fukumoto, 1995）；同時，親子關係是道德情緒發展的重要因素。例如：遭虐待的兒童對於會產生罪惡感和驕傲的情境理解程度不及一般兒童（Cicchett et al., 2003）。多數兒童認為「羞愧」是自己做錯了什麼事的時候所經驗到的情緒；但 6 歲的兒童對於引發羞愧的情境理解並不很充足，所以還不能清楚的指出產生羞愧的原因。到 10 歲左右，大部分的兒童已能明確的說明產生羞愧的情境，並指出是因為個人的道德行為犯錯而引發出羞愧的感覺。青少年對羞愧的理解更趨複雜，他們認為感到羞愧是因為沒有達到自己所訂的標準，或者是所犯的錯誤被其他人知道，才會引發羞愧感（Olthof, Ferguson, Bloemers, & Deij, 2004）。

二、道德推理

　　道德推理是對特定行為的對錯做出判斷，Piaget 和 Kohlberg 的理論對道德推理提出主要的看法。Piaget 認為，道德的發展分為**道德現實論階段（moral realism stage）**和**道德相對論階段（moral relativism stage）**。在學齡兒童早期，兒童對於道德規則的看法，是道德規則因為來自於權威者（例如：父母、政府、宗教領袖等），所以不得改變；他們並且認為違背道德規則將會帶來懲罰。這樣的看法是屬於道德現實論階段。

　　在 8 歲以後，Piaget 認為兒童進入所謂道德相對論階段，在這個階段中，兒童相信道德規則可以在人們同意的情況下改變。他們瞭解到，玩遊戲最重要的一件事，就是所有參與的人都遵循相同的規則。8 至 12 歲的兒童也知道，只有在犯錯被捉到的情況下，才會有處罰。他們也瞭解，並非所有的事件都是「有意」造成的，例如：一個孩子跌落山澗，可能是意外事件，而非一定是因為預謀和設計所造成的。這個階段的兒童也能分辨結果和意圖，例如：如果有一個人不經意沒有付錢就拿走了糖果，而另一個人是有意偷走糖果，兒童往往說這兩個人都應該回去付錢，但只有那個有偷竊意圖的人應該受罰。Piaget 的這些看法也被研究所支持，8 歲以上在道德相對論階段的兒童，重視意圖高於重視結果（Zelazo, Helwig, & Lau, 1996）。

　　L. Kohlberg的道德認知發展理論，以一系列的道德困境進行研究，卻以一

個人類生命價值為核心問題，詢問兒童他們的判斷以及解釋其原因。其中一個有名的故事是漢斯偷藥的故事，漢斯因為太太生病需要一種新藥治療，但是藥商不願降價，漢斯無法負擔而使太太瀕臨死亡；這時漢斯面臨是否偷藥或是讓太太死亡的抉擇。故事之後，兒童接著被詢問：「你認為漢斯是否應該偷藥？為什麼？」Kohlberg根據研究結果，提出道德發展六個階段論。學齡兒童的道德發展往往以Kohlberg的第一、第二階段為主。詳細的理論架構詳見第十三章。

三、道德行為

道德情緒和道德行為之間的關聯，有賴道德推理的認知歷程。Kohlberg和他的同僚進行了許多相關的研究，發現道德推理和行為之間的關係是顯著相關的。在學齡兒童期，行為的結果對於後續行為具影響力。鼓勵可受接納的行為和懲罰不適宜的行為，可能會增加兒童的合宜行為，降低不當行為。而且如果對鼓勵和懲罰解釋其原因，將有助於兒童改善道德行為，這就是所謂**引導式管教**（inductive discipline）。

懲罰不當行為也必須謹慎，如果父母親以「當眾打耳光」來懲罰兒童的偷竊行為，儘管父母的原意是希望兒童不再偷竊，但是兒童可能學到偷竊時不要讓父母知道。同時，當懲罰過於嚴厲和令人羞慚，也可能適得其反，他可能因為生氣父母親公眾打耳光，而將注意力完全集中於自己的生氣情緒，而忽略了自己的偷竊行為才是懲罰的原因（Hoffman, 1988）。因此在引導式的教導中，應集中兒童的注意力於應被糾正的事件上，儘量減少過度的和公眾的懲罰所造成的注意力轉移，並且引導兒童思考並進行補救（Zahn-Waxler, Radke-Yarrow, & King, 1979）。

此外，觀察學習也是習得道德行為的重要方式，兒童可以從觀察其他兒童、故事書和媒體學到一些行為所引發的結果，做為約束自己行為的參考。

第二節

兒童期之社會關係

　　兒童的獨立性逐年增加，除了家庭中與雙親和手足的關係之外，友誼關係和社交地位也是兒童主要的社會關係。

一、家庭關係

　　學齡兒童對於家庭成員的角色和關係的理解，遠較學齡前兒童為佳。大約在 9 歲時，兒童已能分辨父母在家庭中所扮演的親職角色，和夫妻角色在本質上有所不同。學齡兒童也能瞭解父母之間的衝突，主要是因為彼此有不同的目標，幼兒可能認為解決父母間衝突的方式是一方順從一方，但學齡兒童已經瞭解解決衝突的方式是彼此妥協（Jenkins & Buccioni, 2000）。

　　學齡兒童雖然漸漸獨立，但是仍然依靠父母為安全堡壘，他們持續依賴父母的支持和親近（Buhrmester, 1992）。幼兒和兒童如果經驗到和父母親長期分離，有較大的可能性會經驗到情緒的困擾（Smith, Lalonde, & Johnson, 2004）。隨著學齡兒童的成長，父母親和兒童所著重的議題，也可能漸漸有所不同。在學業上，學齡兒童的課業可能受學校和老師的規範較多；在生活上，對於兒童分擔家務和同儕互動（如到朋友家過夜）等議題上，父母和子女所關切的重點不同。父母對子女的規範往往代表父母對子女的期望，而子女所關切的則是在父母規範和個人期待間取得平衡。父母親對子女的期望在兒童期之中有所改變，一方面也是因為父母親發現子女能在自我約束下達到父母所預期的標準。父母漸漸讓兒童獨立處理自身的事務，成為兒童期親子互動的主要特徵，而且男孩通常較女孩得到較多的自主空間。

　　父母的自我規範能力對子女有重要的影響力，是兒童的榜樣（Prinstein & La Greca, 1999）。父母對子女的期望是另一個重要的因素，父母高度期望和監督較能提昇兒童的自我規範力。長期追蹤研究顯示，成長在民主型家庭中的兒

童，從學步期就表現出較佳的社交能力，他們不但能堅持而且能負責；社交能力較差的兒童可能缺乏堅持力或不能擔負責任；而尚無社交能力的兒童則兩者都不具備。研究發現在民主型家庭中成長的兒童，多數被評為具備社交能力，而漠視型家庭中的兒童，則多數被評為未具備社交能力（Baumrind, 1991）。

　　手足間的互動關係可能有幾種情形（Stewart, Beilfuss, & Verbrugge, 1995）：第一種情形是照顧者的關係，也就是一個手足扮演父母親那樣的照顧角色，經常是年長的兄姊照顧年幼的弟妹；第二種是好伙伴的關係，也就是手足之間相似性高並且喜歡一起活動；第三種情形是批判衝突的關係，也就是手足間常爭吵，嘲諷對方，一方想掌控另一方的關係；第四種情形是互不在意的關係，也就是手足間關係淡薄，彼此互不重視。一個家庭中的手足關係可能各有不同，一個兒童也可能和其他兄弟姐妹有著不同的關係。

二、同儕互動和友誼關係

　　在兒童期中，兒童與同儕的互動關係漸趨重要。典型的兒童同儕關係是同性別同儕的互動情形明顯多於與異性同儕，也就是產生所謂「**性別區隔**」（gender-segregation）的現象。兒童期的同儕關係以及友誼的建立，主要是從共享興趣開始。因為共同的興趣以及活動偏好，而使兒童自然形成互動頻繁的團體。學齡男童喜愛進行的競賽以及競力活動，使男童較常與其他男童互動，並且也建立依競賽的結果所形成的優勢階層（dominance hierarchies）（Pelligrini & Smith, 1998）。

　　另一方面，女童所偏好的活動類型相似，使女童較喜愛與其他女童建立友誼，而社會技能的發展又更有助於女童間的互動。有時男童和女童也有一些共同進行的活動，例如：追逐遊戲，但一旦這一類型的活動結束，男童和女童就可能回歸以他們的同性別同儕為主的互動之中。

　　跨文化的研究指出，擁有友誼、認為自己有好朋友，有助於學齡兒童的社會發展（Schraf & Hertz-Lazarowitz, 2003）。Selman（1980）研究兒童的友誼，發現幼兒以及低年級的學齡兒童，認為好朋友是指「在一起玩的人」，也就是花時間在一起遊戲活動的人。到了 10 歲左右，兒童的友誼概念著重在互相信

任（reciprocal trust）。兒童友誼概念漸漸發展，成為具備信任、情緒支持和忠誠等三個向度的關係。朋友間的互動遠較非朋友間頻繁，在互動過程中，也有較多的社會性支持，以及語言與非語言的交流。朋友一起解決問題的效率較高，朋友間的衝突可能也較多，但兒童逐漸以協調不一致的意見為解決衝突的方式。友誼對兒童的社會化發展程度具重要性，是兒童期社會關係中重要的一環。

三、社交地位

　　兒童期的社會關係，除了家庭關係和友誼關係外，兒童在一個團體中的社交地位也對兒童的社會人格發展具重要性。發展心理學家以兒童在一個團體中受歡迎以及被拒絕的情形，做為瞭解兒童被同儕接納的程度，此測量方式稱為「社交地位」（social status）。

　　社交地位的測量方式主要是以提名法來進行。當一個團體中的兒童彼此認識互動一段時間之後，每位兒童提名三名團體中最受歡迎的兒童以及最不受歡迎的兒童。根據團體中兒童互相提名的結果，在最受歡迎的提名兒童中得票數最高，而且最不受歡迎得票數低的一組兒童歸類為「受歡迎型兒童」（the popular children）；而在最不受歡迎的提名兒童得票數最高，但在最受歡迎提名得票數低的一組兒童歸類為「被拒絕型兒童」（the rejected children）。在最受歡迎的提名兒童得票數以及最不受歡迎提名兒童得票數均高的一組兒童歸類為「爭議型兒童」（the controversial children）。在最受歡迎以及最不受歡迎提名兒童得票數均低的一組兒童歸類為「被忽略型兒童」（the neglected children）。最後，不屬於以上四類的兒童，被稱為「一般兒童」（the average-status children）。

　　兒童的社交地位反映出兒童的特質，以及在一個團體中和同儕互動的情形。外表吸引人的兒童以及壯碩的兒童，較易被評為受歡迎的兒童；較害羞、被動的兒童容易被忽略；脾氣暴躁的兒童以及攻擊性強的兒童較易被同儕拒絕（Eisenberg et al., 1999）。此外，兒童的社會技能也很重要，受歡迎型兒童對其他兒童常表現出正向支持、非攻擊性的行為，尊重他人的意見，並且較能調

節情緒表達,也較能察覺他人的情緒(Fitzgerald & White, 2003; Underwood, 1997)。

被拒絕的兒童大致分為兩類:一類是**退縮拒絕型兒童(the withdraw/rejected children)**,他們通常不被同儕喜愛而產生退縮的現象。在多數嘗試得到同儕接納但是受挫之後,他們決定放棄,形成社會性退縮;另一類是**攻擊拒絕型兒童(the aggressive/rejected children)**,他們常具破壞性、不合作,但仍相信自己受同儕喜愛。他們不易控制自己的情緒表達,而且較常干擾玩伴也較不尊重同儕(Pettit, Clawson, Dodge, & Bates, 1996; Zakriski & Coie, 1996)。在東方社會中,攻擊性和干預行為往往造成兒童不受歡迎的結果(Chen, Rubin, & Li, 1995)。如果一個兒童因攻擊性行為長期被同儕所拒絕,他的攻擊性就更可能成為穩定的特質,從兒童期持續到成年。

攻擊行為也有性別差異。女性兒童若具攻擊性,往往會被同儕拒絕;男性兒童則未必如此,而可能有受歡迎和被拒絕的兩極化反應(Rodkin, Farmer, Pearl, & Van Acker, 2000)。值得注意的是,具攻擊性的男性和女性兒童卻都認為自己的社交地位很高,這可能和他們操縱別人和控制社會情境有關(Cillessen & Mayeux, 2004)。攻擊傾向高的男性兒童也較可能結交同類型的朋友,而且對具利社會行為的同儕表現出較多的報復性反應(Coie & Cillessen, 1993; Poulin & Boivin, 1999)。攻擊性高且受歡迎的男孩,較難降低其攻擊性行為(Phillips, Schwean, & Saklofske, 1997)。

被忽略型兒童較不穩定,他們也可能在進到一個新的同儕團體時,成為受歡迎的兒童。不過如果兒童長時間被忽略,則可能產生孤獨和憂鬱的現象(Wentzel & Asher, 1995)。研究發現,學齡兒童若處於社會孤立時,腦部掌管疼痛的區域會受到刺激而產生疼痛感(Eisenberger, 2003)。研究也發現,社會孤立的兒童傾向依賴成人「修補」自己的社交處境而產生不切實際的期待,例如:老師為什麼不要他們做我的朋友?此傾向致使兒童更易憂鬱(Galanaki, 2004)。因此,兒童期是習得社會技能的關鍵時期,兒童期的社交地位不但反映兒童的社交情形,也對兒童的社會情緒發展有重大的影響。

第三節

兒童之人格和自我概念發展

一、五大人格特質

　　兒童期的人格發展是人格養成過程中的一段關鍵時期。一般而言，成人的人格特質共分為五個向度，包括：**外向性（Extraversion）、友善性（Agreement）、嚴謹性（Conscientiousness）、開放性（Openness）與神經質（Neuroticism）**。長期追蹤研究發現，嬰兒在 15 個月大時的氣質和他們 9 歲時的五個向度人格特質相關（Hagekull & Bohlin, 2003）。這五個人格向度被稱為「五大人格特質」。我們根據數篇研究的結果，將人格特質的五大面向和嬰兒氣質成分的相關列於表 10-1 中。

表 10-1　　五大人格特質

特質	行為表現	相關氣質成分
外向性	主動、堅持、樂觀、外向	活動量高、社會性、正向情緒性、愛說話
友善性	親近性、寬容度、慷慨、仁慈、同情心、信任感	高度接近性／正向情緒性、具控制力
嚴謹性	有效率、組織性、謹慎、可靠、負責任	具控制力、工作持續力
開放性	藝術性、好奇、富想像力、領悟力、原創性、廣泛興趣	接近性、低抑制性
神經質	焦慮、自憐、緊張、易怒、不穩定、憂慮	負向情緒性、易受干擾

　　在許多文化和國家的研究資料中均發現，人格的五大特質（Borkenau & Ostendorf, 1990）不但在西方國家，也在非西方國家中發現，而且它們也是穩定的特質，在相隔 10 年以上的測量間仍具穩定性。至於兒童和青少年的研究也發現，兒童已具有明顯的五大人格特質（van Lieshout & Haselager, 1994）。父母親對處於兒童期子女的人格描述也與五大人格特質相符（Zhang, Kohnstamm,

Slotboom, Elphick, & Cheung, 2002），而且父母親的描述也和兒童的行為觀察結果一致。

學齡兒童的人格特質和他們的學業成就以及社會技能有關。例如：學童的友善性得分愈高，他們的攻擊性行為愈低（Sanson, Hemphill, & Smart, 2004）；友善性得分高的兒童也較能以有效的方式解決紛爭（Jensen-Campell, Gleason, Adams, & Malcolm, 2003）。

二、心理自我與自尊

在兒童期時，兒童對自我的概念中，除了幼兒期具備的類別自我、社會自我以及情緒自我之外，又增加了一個新的成分，那就是**心理自我（psychological self）**。心理自我是指一個人對他／她自己心理特質的理解，也就是對自己的人格特質的瞭解。在兒童期心理自我的複雜度增加，漸漸變得抽象，例如：一個 6 歲的兒童可能會說自己是「聰明的」或是「愚笨的」；而一個 10 歲的兒童對自我心理的描述可能是「我比大部分的兒童都聰明」或者「我在創作方面不及我的朋友」等。心理自我是兒童人格發展的主要面向，隨年齡漸趨複雜和相對性，而且漸漸不以外在特徵為主，轉以自己的感覺和想法為核心。

兒童對自己的評價逐漸隨年齡，由正向描述為主轉變為也包括正負向的評價。兒童對自己能力的評估漸漸分化，分為包括：學業、運動能力、外表、社會接納度、友誼、親密關係、與父母親的關係等能力（Harter, 1990）。對於自己各方面的整體評價，通常稱為**自尊（self-esteem）**，這並不是兒童對自己在各方面能力評估的總和，而是兒童內心對經驗基礎的自我判斷以及來自重要他人的支持等兩種價值的評價（Harter, 1987, 1990）。一般而言，兒童在 7 至 8 歲進入小學教育之後，才漸漸發展出自尊。

首先，兒童的自尊是當兒童處理訊息的能力漸增時，他們開始有能力在內心比較理想的自我和自己真實的經驗，進而形成具經驗基礎的自我判斷。例如：受歡迎的兒童對社會自我中的社交能力評估高於被拒絕的兒童；然而一個不受歡迎的兒童未必一定自尊低落，也許他並不重視社交能力，而更重視自己的別項能力（比如看重學業能力），而得以平衡社交能力的不足，維持自信。

所以，自尊也因為個人所著重的自我價值各有不同而有所差異。

　　因此，自尊的基礎在於兒童所期待的理想自我，和兒童所認為已達成的實際自我間的差距。一名兒童如果希望自己的學業成就高，但並沒有達到理想，則可能會造成自尊降低的情形；兒童如果具有一項才能，也不一定能提昇自尊，除非他覺得這項才能是重要的。

　　其次，自尊也受到兒童所感受到來自重要他人（父母親和同儕）的整體支持度的影響。兒童自尊的發展有賴於得到家人的接納和喜愛，他們也需要建立穩定的友誼關係。兒童期的友誼關係往往建立於相同的興趣和活動，所以有機會和具相同嗜好以及技能相當的同儕互動，對於兒童建立友誼，得到同儕支持具重要性。

　　Harter 的研究發現，兒童的自尊受到理想自我和實際自我間的差距以及整體社會支持度的影響（Harter, 1987）。她研究小學三至六年級的兒童，依重視程度和差距量將理想自我和實際自我差值分為高、中、低三類；並且設計有關社會支持度的問卷，以自陳回答的方式，反映兒童對社會支持度的主觀評量。在圖 10-1 中所呈現的結果，顯示兒童的低差值並不代表兒童不會有低自尊，而當兒童的社會支持度偏低時，兒童也可能自尊降低。同樣的，得到家人和同儕的支持也不代表兒童會擁有高自尊，因為兒童也可能對實際自我距理想自我甚遠而自尊降低。

　　兒童期的自尊和憂鬱程度呈反比關係，約為-.67 至-.80（Harter, 1987; Renouf & Harter, 1990）。從長期追蹤研究中發現，自尊在短期內是穩定的（相關係數約為.40）。兒童 8 至 9 歲時的自尊和 10 至 11 歲時的自尊顯著相關（Block & Robins, 1993）。

三、影響自尊的因素

　　兒童自尊的差異主要受四個因素所影響：第一個影響因素是兒童在不同領域所得到有關成敗的直接經驗。在學齡時期，兒童對自己在學業表現、運動、音樂等方面的表現漸漸有較清楚直接的評量，這些具評量性質的經驗，影響著兒童的自尊。

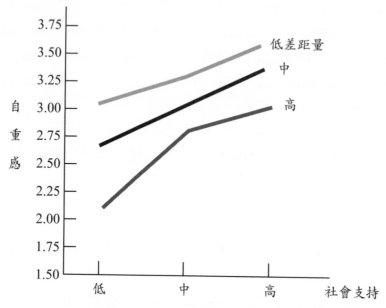

圖 10-1 在 Harter 研究中，三和四年級學童社會支持程度的理想與實際自我差值間的關係

資料來源：Harter (1987)

　　第二個影響因素是父母和同儕的價值觀和態度，例如：同儕對於外表所設定的標準深深影響兒童和青少年。如果一個兒童被認為「太高」或「太胖」，可能會令該兒童覺得自己是另類。父母的價值觀也影響著兒童重視特定領域的自我期許；第三個影響因素是來自別人的評語和判斷，這也扮演著重要的角色。常被別人稱讚的兒童，其自尊較常被批評的兒童高（Cole, 1991）；最後，在不同的社會文化中，兒童自我評價的方式和重點各有不同，例如：在歐美國家，父母親著重協助兒童根據自己的興趣和能力發展自尊；在東方社會中，兒童的自尊則和文化所強調的特質有關（例如：合作、謙虛、深藏不露等）（Miller, Wang, Sandel, & Cho, 2002）。

四、大眾媒體的影響

　　兒童的社會情緒發展除了家庭與學校的影響之外，也受大眾傳播媒體所傳

達的社會價值觀所影響。美國的普查資料指出，兒童觀看電視節目或電影、報紙等媒體的時間，隨年齡逐漸多於其他活動（如運動）的時間（American Academy of Pediatrics, 2002）。研究發現學齡兒童只觀看具暴力傾向的電視節目，較觀看各種類型節目的控制組兒童，表現出攻擊行為的可能性高出數倍之多（Boyatzis, Matillo, Nesbitt, & Cathey, 1995）。另一項影響因素是觀看暴力傳媒的時間，長期大量觀看具暴力傾向節目的兒童，較易表現出暴力行為。同時，具暴力傾向的兒童較喜愛暴力影片，而經常觀看暴力影片的家庭也較有以暴力管教子女的傾向。研究發現長時間觀看暴力影片，易造成對暴力失去敏感度，較可能認為暴力是解決問題的方式，並且表現出較少利社會行為（Funk, Baldacci, Pasold, & Baumgardner, 2004; van Mierlo & Van den Bulck, 2004）。除了暴力影片之外，具暴力性的網路遊戲也與兒童和成人的暴力傾向有關。

　　長期追蹤研究發現，兒童在 8 歲時觀看暴力節目時間的頻率，與其 30 歲時的犯罪行為呈正相關（Eron, 1987）。8 歲所觀看的暴力節目頻率並且是預測 19 歲時的暴力行為最有力的指標，而且男性和女性均有類似的結果。暴力性影片和節目以及大眾傳播訊息，影響兒童的社會情緒發展；不過大眾傳播媒體也提供兒童學習的機會，因此，家庭中宜選擇具多元價值觀和高教育性的節目，以豐富兒童的社會訊息和經驗，建立更健全的社會關係和自我的發展。

問題討論

1. 想一想你何時會感到羞愧？何時感到有罪惡感？
2. 你還有幾位小學時期的朋友到現在仍是朋友？為什麼另外一些小學時的朋友，後來不再聯絡？
3. 一個被拒絕的兒童和一般兒童有何不同？
4. 請寫下十個對自己的描述。這些描述和兒童期的自我評價特性相較有何不同？
5. 兒童期自我概念的特性為何？

參考文獻

American Academy of Pediatrics (AAP) (2002). *Television: How it affects children*. Retrieved July 2, 2004, from://www.aap.org/family/tv1.htm

Baumrind, D. (1991). Effective parenting during the early adolescent transition. In P. A. Cowan & M. Hetherington (Eds.), *Family transitions* (pp. 111-163). Hillsdale, NJ: Lawrence Erlbaum Associates.

Block, J., & Robins, R. W. (1993). A longitudinal study of consistency and change in self-esteem from early adolescence to early adulthood. *Child Development, 64,* 909-923.

Borkenau, P., & Ostendorf, F. (1990). Comparing exploratory and confirmatory factor analysis: A study on the five-factor model of personality. *Personality & Individual Differences, 11,* 515-524.

Boyatzis, C. J., Matillo, G., Nesbitt, K., & Cathey, G. (1995, March). *Effects of "The Mighty Morphin Power Rangers" on children's aggression and pro-social behavior*. Paper presented at the biennial meetings of the Society for Research in Child Development, Indianapolis, IN.

Buhrmester, D. (1992). The developmental courses of sibling and peer relationships. In F. Boer & J. Dunn (Eds.), *Children's sibling relationships: Developmental and clinical issues*. Hillsdale, NJ: Lawrence Erlbaum Associates.

Chen, X., Rubin, K. H., & Li, Z. (1995). Social functioning and adjustment in Chinese children: A longitudinal study. *Developmental Psychology, 31,* 531-539.

Cicchetti, D., Rogosch, F., Maughan, A., Toth, S., & Bruce, J. (2003). False belief understanding in maltreated children. *Development & Psychopathology, 15,* 1067-1091.

Cillessen, A., & Mayeux, L. (2004). From censure to reinforcement: Developmental changes in the association between aggression and social status. *Child Development, 75,* 147-163.

Coie, J. D., & Cillessen, A. H. N. (1993). Peer rejection: Origins and effects on children'
s development. *Current Directions in Psychological Science, 2,* 89-92.

Cole, D. A. (1991). Change in self-perceived competence as a function of peer and tea-
cher evaluation. *Developmental Psychology, 27,* 682-688.

Eisenberger, N. (2003). Does rejection hurt? An fMRI study of social exclusion. *Sci-
ence, 302,* 290-292.

Eisenberg, N., Guthrie, I. K., Murphy, B. C., Shepard, S. A., Cumberland, A., & Carlo,
G. (1999). Consistency and development of prosocial dispositions: A longitudinal
study. *Child Development, 70,* 1360-1372.

Eron, L. D. (1987). The development of aggressive behavior from the perspective of a
developing behaviorism. *American Psychologist, 42,* 435-442.

Fitzgerald, D., & White, K. (2003). Linking children's social worlds: Perspective-tak-
ing in parent-child and peer contexts. *Social Behavior & Personality, 31,* 509-522.

Fung, H. (1999). Becoming a moral child: The socialization of shame among young
Chinese children. *Ethos, 27,* 180-209.

Funk, J., Baldacci, H., Pasold, T., & Baumgardner, J. (2004). Violence exposure in real-
life, video games, television, movies, and the internet: Is there desensitization?
Journal of Adolescence, 27, 23-39.

Galanaki, E. (2004). Teachers and loneliness: The children's perspective. *School Psy-
chology International, 25,* 92-105.

Hagekull, B., & Bohlin, G. (2003). Early temperament and attachment as predictors of
the Five Factor Model of personality. *Attachment & Human Development, 5,* 2-18.

Harter, S. (1987). The determinations and mediational role of global self-worth in chil-
dren. In N. Eisenberg (Ed.), *Contemporary topics in developmental psychology*
(pp. 219-242). New York: Wiley-Interscience.

Harter, S. (1990). Processes underlying adolescent self-concept formation. In R. Mon-
temayor, G. R. Adams & T. P. Gullotta (Eds.), *From childhood to adolescence: A
transitional period?* (pp. 205-239). Newbury Park, CA: Sage.

Hoffman, M. (1988). Moral development. In M. Bornstein & M. Lamb (Eds.), *Devel-

opmental psychology: An advanced textbook (2nd ed., pp. 497-548). Hillsdale, NJ: Lawrence Erlbaum Associates.

Jenkins, J., & Buccioni, J. (2000). Children's understanding of marital conflict and the marital relationship. *Journal of Children Psychology & Psychiatry & Allied Disciplines, 41,* 161-168.

Jensen-Campbell, L., Gleason, K., Adams, R., & Malcolm, K. (2003). Interpersonal conflict, agreeableness, and persaonality development. *Journal of Personality, 71,* 1059-1085.

Kochanska, G., Casey, R., & Fukumoto, A. (1995). Toddlers' sensitivity to standard violations. *Child Development, 66,* 643-656.

Miller, P., Wang, S., Sandel, T., & Cho, G. (2002). Self-esteem as folk theory: A comparison of European American and Taiwanese mother's beliefs. *Science & Practice, 2,* 209-239.

Olthof, T., Ferguson, T., Bloemers, E., & Deij, M. (2004). Morality- and identity-related antecedents of children's guilt and shame attributions in events involving physical illness. *Cognition and Emotion, 18,* 383-404.

Pelligrini, A., & Smith, P. (1998). Physical activity play: The nature and function of a neglected aspect of play. *Child Development, 69,* 577-598.

Pettit, G. S., Clawson, M. A., Dodge, K. A., & Bates, J. E. (1996). Stability and change in peer-rejected status: The role of child behavior, parenting, and family ecology. *Merrill-Palmer Quarterly, 42,* 295-318.

Phillips, D., Schwean, V., & Saklofske, D. (1997). Treatment effect of a school-based cognitive-behavioral program for aggressive children. *Canadian Journal of School Psychology, 13,* 60-67.

Poulin, F., & Boivin, M. (1999). Proactive and reactive aggression and boys' friendship quality in mainstream classrooms. *Journal of Emotional & Behavioral Disorders, 7,* 168-177.

Prinstein, M., & La Greca, A. (1999). Links between mothers' and children's social competence and associations with maternal adjustment. *Journal of Clinical Child*

Psychology, 28, 197-210.

Renouf, A. G., & Harter, S. (1990). Low self-worth and anger as components of the depressive experience in young adolescents. *Development & Psychopathology, 2,* 293-310.

Rodkin, P., Farmer, T., Pearl, R., & Van Acker, R. (2000). Heterogeneity of popular boys: Antisocial and prosocial configurations. *Developmental Psychology, 36,* 14-24.

Sanson, A., Hemphill, S., & Smart, D. (2004). Connections between temperament and social development: A review. *Social Development, 13,* 142-170.

Schraf, M., & Hertz-Lazarowitz, R. (2003). Social networks in the school context: Effects of culture and gender. *Journal of Social & Personal Relationships, 20,* 843-858.

Selman, R. L. (1980). *The growth of interpersonal understanding.* New York: Academic Press.

Smith, A., Lalonde, R., & Johnson, S. (2004). Serial migration and its implications for the parent-child relationship: A retrospective analysis of the experiences of the children of Caribbean immigrants. *Cultural Diversity & Ethnic Minority Psychology, 10,* 107-122.

Stewart, R. B., Beilfuss, M. L., & Verbrugge, K. M. (1995, March). *That was then, this is now: An empirical typology of adult sibling relationships.* Paper presented at the biennial meetings of the society for Research in Child Development, Indianapolis, IN.

Underwood, M. (1997). Peer social status and children's understanding of the expression and control of positive and negative emotions. *Merrill-Palmer Quarterly, 43,* 610-634.

van Lieshout, C. F. M., & Haselager, G. J. T. (1994). The big five personality factors in Q-sort descriptions of children and adolescents. In C. F. Halverson, Jr., G. A. Kohnstamm & R. P. Martin (Eds.), *The developing structure of temperament and personality from infancy to adulthood* (pp. 293-318). Hillsdale, NJ: Lawrence Erlbaum Associates.

van Mierlo, J., & Van den Bulck, J. (2004). Benchmarking the cultivation approach to video game effects: A comparison of the correkates of TV viewing and game play. *Journal of Adolescence, 27,* 97-111.

Wentzel, K. R., & Asher, S. R. (1995). The academic lives of neglected, rejected, popular, and controversial children. *Child Development, 66,* 754-763.

Zahn-Waxler, C., Radke-Yarrow, M., & King, R. A. (1979). Child rearing and children's prosocial initiations toward victims of distress. *Child Development, 50,* 319-330.

Zakriski, A., & Coie, J. (1996). A comparison of aggressive-rejected and nonaggressive-rejected children's interpretation of self-directed and other-directed rejection. *Child Development, 67,* 1048-1070

Zelazo, P. D., Helwig, C. C., & Lau, A. (1996). Intention, act, and outcome in behavioral prediction and moral judgment. *Child Development, 67,* 2478-2492.

Zhang, Y., Kohnstamm, G., Slotboom, A., Elphick, E., & Cheung, P. (2002). Chinese and Dutch parents' perceptions of their children's personality. *Journal of Genetic Psychology, 163,* 165-178.

part 4

青少年期之發展

　　青少年是人一生發展過程中，明顯有身、心重大變化的階段之一。青少年不但身體上起變化，心智認知上也有轉變，而最新的腦研究也指出，青少年的額葉有不同於兒童期的成長。因著這些轉變，帶出的是情緒、社會與適應行為上的改變。本篇共有三章，將就青少年的生理、認知、社會與情緒發展作理論與實務上的說明。

Chapter 11

青少年期 生理發展

學習目標

1. 認識青少年期生理的主要變化及變化機制。
2. 瞭解青少年大腦發展的特徵。

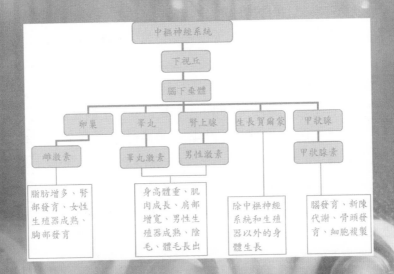

第一節

誰是青少年

在兒童與成人之間，一般稱之為「青少年」時期。但什麼時候是兒童時期的結束以及成人時期的開始，實不容易界定。有人以法律條文來規範，例如：可以投票的年紀，或是可以開車或喝酒的年齡就算成人，而成人之前則稱為青少年。但法定所謂的「成人」年齡並不一，例如：20 歲可以投票，18 歲以後可以喝酒，男性 16 歲可以結婚生子等，因此是以 20 歲、18 歲或是 16 歲以前為青少年，在法律條文中找不出確切的依據。有人則考慮生理發展，如第二性徵出現即算**青春期（Puberty）**開始，兒童期結束。有的社會有成年儀式如冠禮。西方社會以年齡區分，青少年被稱為 teenager，因 13 歲到 19 歲的拼音中都有 teen 如 thirteen、fifteen、nineteen 等。教育上則把國中、高中、高職學生統稱為青少年。換句話說，「青少年」是一個涵蓋年齡層很廣的名稱。行政院青年輔導委員會（2005）對青少年的定義，包括 12 歲至 24、25 歲。

不只是兒童到成人間的時間長度不容易定義，怎樣的特徵才算是青少年，也有許多種說法。從發展上來看，個體發展到一個時間，生理與行為上產生許多不同於過去的改變。例如：女生來「月經」，男生「變聲」，小孩變「叛逆」等，都是很容易觀察到的「不同」。但是這些變化很快會穩定下來，是不是就不算青少年了？例如：行政院青年輔導委員會將 12 歲至 24、25 歲都算為青少年，這年齡層中的變化，包括由學習和社會來的影響，不能一言以蔽之。更重要的是在看得到的行為變化背後，有更多看不見的改變，如認知發展或是賀爾蒙的影響等。無論怎樣的變化或是特徵，青少年必須面對這一切的改變，並把這些改變納入「自我」的系統中。也就是說，面對身體上的變高、變胖，並體會性生理方面的變化以及心理層次的轉化，進而能接受這一切，是進入成人世界的前兆與必須，使自己漸漸與父母分開，有獨立自主的信念，建立新的人際關係。本章將就青少年生理上，包括腦的發展先做介紹，下一章則介紹青少年認知上的改變，以說明轉變為青少年的身心特徵。

第二節

青少年大腦之發展

　　大腦在不同階段有不同的發展重點。在儀器愈來愈不必侵入腦而可以偵測腦活動的造影設備產生後，神經心理學者與發展學者也循序漸進的研究青少年大腦發展上的特徵。

　　大腦可以簡單的分做四個區域：**額葉、顳葉、頂葉和枕葉**（如圖 11-1），各有專化的責任。大體上，枕葉負責視覺訊息處理；顳葉和聽覺及語言有關；頂葉負責空間、感覺運動協調；額葉則與「執行」有關，如規劃、決策、語言表達。這四個腦葉間也包含不專化的「聯合區」，讓專化區的功能同時在此彼此聯合。

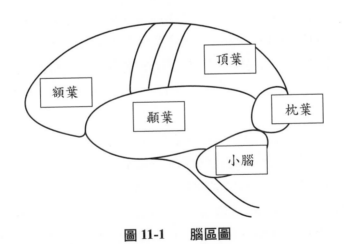

圖 11-1　　腦區圖

　　腦葉基本上由**神經元**構成（如圖 11-2）。神經元有個大大的細胞體，和傳送訊息的軸突以及接受訊息的**樹狀突**。細胞間的聯繫是靠「**突觸**」，雖名為「觸」，但事實上細胞間是有空隙，不直接碰觸的。空隙間的電化傳遞使訊息相通。隨著個體成長與發展，各部位的軸突會**髓鞘化**且突觸需要修剪，目的都在使訊息傳遞更迅速。髓鞘化指的是到軸突被髓磷脂包裹的過程。包裹軸突的

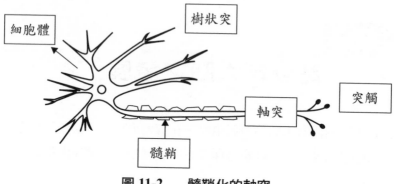

圖 11-2　　　髓鞘化的軸突

用意在使神經元間訊息傳遞速度可以增加。一般來說，有髓鞘化軸突傳遞訊息的速度是沒有髓鞘化軸突的一百倍。在腦部掃瞄影像中，神經元所組成的「大腦皮質」顏色較深，稱為「灰質」，而髓鞘化的纖維顏色較淡，被稱為「白質」。青少年大腦發展重點在額葉的髓鞘化（圖 11-2），在腦部掃瞄影像中，髓鞘化使白質增加。隨年齡增加，前額葉與頂葉髓鞘化增加，工作記憶與抑制作業的表現亦較佳（Paus, 2005）。因額葉負責較複雜的認知運作，工作記憶和抑制都屬兩面向以上的運作，例如：工作記憶包括處理和儲存兩作業，抑制要判斷與處理重要與不重要的訊息。因此額葉的成熟幫助青少年能更迅速針對重點，處理資訊。

　　至於**突觸修剪**也是腦發展過程的必要現象。人類出生時，神經元都已存在，繼續發展的包括：突觸、樹狀突和神經纖維以及髓鞘，這一些都是神經元之間訊息傳遞的橋樑。我們預期隨著成長，突觸間接觸密度增加。但是神經科學家發現，當突觸密度到一程度，分支的現象減少，稱為突觸修剪，突觸修剪，會使灰質減少。 突觸修剪的功能，目前較被接受的解釋是同樣的心智活動因為練習與經驗增加，所需力氣少所攝取葡萄糖不必多，也就是不必再太費力氣從事已知訊息（Sowell, Thompson, Tessner, & Toga, 2001）。 但是在腦中，不同部位有不一樣的發展時間，或是灰質減少或是白質增加都不是一起發生的，而是會隨著年齡的不同，不同部位有不同的發展。例如：視覺皮質突觸密度在 2 至 4 歲間就降至成人密度，前額葉密度則要在 10 至 20 歲之間才降至成

人密度（Johnson, 1997）。整體而言，目前的腦資料顯示，青少年時期認知的變化（見第十二章）與腦的成熟特別是灰質、白質的改變有關。這所影響的不只是認知能力的速度，也反應在更細緻的辨識與判斷，如對於人表情細微變化的觀察（Paus, 2005）。

　　針對灰質、白質的研究可以幫助我們更瞭解腦與認知的作用及一般青少年與臨床上有問題青少年的異同。例如：追蹤 13 歲以前被診斷出有孩童精神病患者（Gogate, Giedd, Janson, & Rapoport, 2001）的研究發現，每隔兩年的追蹤顯示，精神病患者的突觸增生與修剪活動都不足。由過去以行為為基礎的判斷，到目前可以進一步參考腦的成長資料，兩方資料相互比照，應可以更準確判斷精神疾病。

第三節
身體與性生理發展

　　生理變化是青少年脫離兒童期最明顯可觀察到的變化，一般人以「青春期」稱之。在這變化中，**下視丘**、**腦下垂體**和**性賀爾蒙**三者之間的交互作用，控制個體的成熟。

　　下視丘位於大腦皮層下，約一顆彈珠大，是維生系統的調節與控制中心，包括：調節血壓、心跳、飲食、月經週期、受孕、性反應與性行為以及賀爾蒙的生成。腦下垂體接受下視丘傳來的訊息，釋放賀爾蒙，傳遞到全身，規律身體與生理的成長與功能（圖11-3）。賀爾蒙乃進入血液的化學產物統稱，可分為：生長賀爾蒙、雌（女性）激素（女性賀爾蒙）、男性激素（賀爾蒙）、黃體素（luteinizing hormone, LH）等。

　　其實胚胎期就有性腺分泌男性激素（androgens），促成男性內在與外在性器官長成，更重要的是形成下視丘─腦下垂體─性腺這一軸的循環（圖11-3）。若此促進作用未發生，則胚胎發展成女孩。也就是說，人類胚胎形成男性或女性在於Y染色體製造出的化學物質──睪丸素，學者稱之為「亞當原則」。如

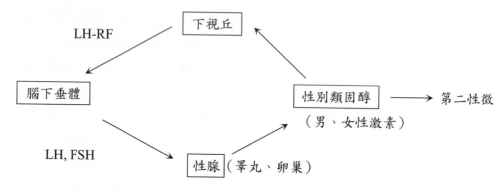

LH- RF：黃體素釋放賀爾蒙（LH-Releasing Factor）
LH：黃體素（luteinizing hormone, LH）
FSH：刺激卵包素（follicle-stimulating hormone, FSH）

圖 11-3　　下視丘、腦下垂體和性荷爾蒙的交互作用

果個體對此化學物質沒有反應，或是此化學物質沒有產生，就是「夏娃原則」。
睪丸素不只促進男性內部性器官發展，也抑制女性內部性器官（如導經管）的
發展；相反的，若沒有睪丸素，女性內部性器官則繼續發展。至於外部性器
官，若有男性激素出現，發展成為陰莖和陰囊，若男性激素沒有出現，則女性
外部性器官繼續發展。出生後，這一軸的活動力降低；到青春期，腎上腺體分
泌男性賀爾蒙，再次活躍下視丘—腦下垂體—性腺的循環。腎上腺體正好位於
腎臟上方，在男性、女性身上同時分泌男性激素和雌激素，在女性身上分泌低
量的男性激素，而在男性身上則分泌高量的男性激素；相反的，在女性身上分
泌高量的雌激素，而在男性身上則分泌低量的雌激素。

　　前面提過下視丘、腦下垂體和性賀爾蒙三者之間的交互作用（圖 11-3），
控制個體生理的成熟。賀爾蒙透過血管傳到各特定細胞，會因每天不同時段有
不同程度的分泌與體內循環。性腺（男生睪丸、女生卵巢）分泌賀爾蒙是受腦
下垂體控制。腦下垂體會不斷監督性腺賀爾蒙〔包括刺激卵包素（follicle-stimu-
lating hormone, FSH）和黃體素（LH）〕的分泌量。當分泌量太高，下視丘和
腦下垂體降低刺激性腺，減低賀爾蒙分泌。這就是避孕藥丸產生的原理。藥丸
中的賀爾蒙讓下視丘和腦下垂體抑制賀爾蒙以致不產卵。

　　青春期啟動腦下垂體推波助瀾的產生高量的 FSH 和 LH。同時腎上腺開始分泌男性激素，刺激男性和女性陰毛的發育。而後，下視丘和腦下垂體亦開始功能性的啟動。在女性身上，LH 增高，由卵巢分泌的女性激素也快速增高，造就排卵和月經。男性則形成精子。月經出現，表示女生卵泡成熟，內分泌會促使子宮壁充血增厚，以備受精卵在子宮壁著床。若無受精，內分泌減少，子宮內膜自動剝落，形成月經。經期的第一天到下一次月經的前一天稱月經週期，一般人是 28 天，但是週期由 21 天到 40 天都有可能，只要有規律性都是可以接受的。

　　男性激素刺激陰囊、陰莖、攝護腺、輸精管、喉頭、骨頭、腎臟、肌肉的成長。由腎上腺分泌男性激素會刺激男性和女性的體毛增長（圖 11-4）。男性因還有睪丸激素分泌的男性激素，因此體毛更厚。腎上腺也分泌孕前素，在男性轉化成睪丸素。在女性，孕前素受 LH 影響由卵巢分泌。孕前素加上女性激素刺激胸部發展，使體型女性化。

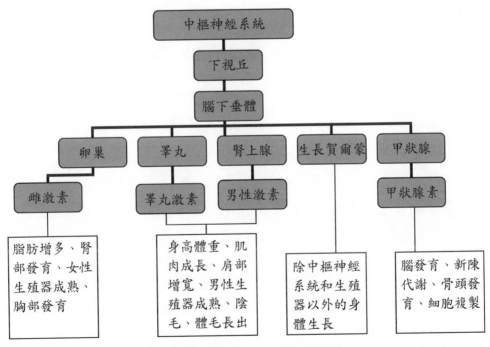

圖 11-4　　中樞神經系統、激素與身體部位的成長

女生最早的第二性徵是胸部發育，平均大約在 10 歲半左右，但是需要 4 至 5 年發展至成人的大小。至於月經，大約在 12 歲半左右來臨，也正是要長高的時候。若月經先發生，會影響身高的發展。至於男生，最早的第二性徵是睪丸變大，大約在 11 歲至 11 歲半左右。生理的成熟基本上有時序，也有個別差異。一般而言，例如：女性胸部開始發育的個別差異由 10 歲到 16 歲，第二性徵出現的時序請參考表 11-1。至於早發生或晚發生，若有發展差異上的顧慮，請教醫學專科是最好的辦法。

表 11-1　依發生時序，青春期男女明顯的生理變化

女生	男生
胸部開始變化	睪丸開始變化
長身高	陰毛初長
陰毛初長	陰莖開始變化
體力增加	長身高
初經	第一次射精
長成成人的體型	身高急速竄升
胸部發育完全	長臉毛
陰毛發育完全	聲音變低
	陰莖發育完全
	體力急速竄升
	陰毛發育完全

資料來源：摘自 Jeff（1998）。
註：由於個別差異以及國內發育時間資料不全，在此不列出各部位發育的時間點。

　　整體而言，男女生生理變化依不同部位有不同的時間點和成長速度。一般來說，女生比男生早兩年長高；女生胸部比男生睪丸早 6 個月發展；女生陰毛比男生早一年半發生；當女生胸部長好時，男生的陰莖才開始長。
　　青春期男性激素的分泌會造成皮膚分泌油脂進而產生青春痘（或稱粉刺）。女性激素則會抑制此分泌，因此，男生比女生多皮膚上的困擾。皮膚各部位對皮脂分泌和男性激素反應不一，因此產生青春痘的機率亦不一，多數長在臉面、背部和胸部。

　　青春期啟動時間受遺傳影響但也受環境條件影響。例如：若在月經來之前已成運動選手或舞者，第二性徵如胸部或月經發展會較一般青少年慢，這可能和運動員大量運動較少身體脂肪有關。不過營養帶來的影響不可忽視，由 1800 到 1980 年，以歐美的資料看來，每 10 年，青少女提前兩個月發生月經。其實青少年成長除賀爾蒙外，營養、基因、疾病等因素都會影響發展上質與量的不同。以我國青少年身高體重發展為例，1972 到 2002 年的 30 年間，不論男女生身高體重都變高變重，這是營養造成的（表 11-2）。不過，也看出青春期（12 至 15 歲間）是身高、體重改變最大的時期。而男女間是有差別的，男生比女生都高且重，而成長差距隨年齡增加加大，這是基因造成的。此外，生長激素也會與青春期賀爾蒙的分泌交互作用。例如：月經來之後與之前身高的成長速度會改變，月經來之前，女生會有一段時間快速長高，月經來之後，身高的成長會慢下來。

表 11-2　　30 年間台灣青少年身高、體重資料

年	1972				1994				2002			
	身高		體重		身高		體重		身高		體重	
歲	男	女	男	女	男	女	男	女	男	女	男	女
12	143	145	34	35	154	153	45	45	154	152	47	45
15	161	154	48	45	169	158	59	51	170	159	61	52
18	167	157	55	47	171	159	63	52	171	159	64	53
23	NA	NA	NA	NA	171	159	64	51	174	159	69	52

資料來源：行政院青年輔導委員會（2005）；1972 年資料取自王煥琛、柯華葳（1999）
註：NA 指沒有資料。

第四節

早發育、晚發育對心理與
行為之影響

一、身體意象

　　身體意象指一個人對自己身體的主觀評價。身體意象形成就如自我概念形成一般，是透過自己、他人與社會所反應的訊息加以綜合而成。換句話說，意象與認知發展有關係。當青少年會多向度思考時（請見第十二章），對自己身體的看法也就變得多元與複雜。因此，性別、第二性徵發生的早或晚、身高、體重、對社會文化的認同、與同儕比較的訊息，以及父母對青少年身高體重的期許等，都會影響青少年的身體意象。在這些變項中，「青春期徵兆發生的早或晚」是青少年評估身體意象重要的指標（莊文芳，1997）。女生比男生容易產生負面的身體意象，例如：有 29.31%高中職女生覺得自己又重又矮，其中認為自己太重的有47.08%，太矮的有51.96%，比男生覺得自己太重的32.09%、太矮的40.93%多（行政院青年輔導委員會，2005）。這與社會價值觀有關係，社會文化的標準和同儕亦影響青少年對自己身體的意象，家庭影響則相對較小（陳君儀，2001）。整體而言，青少年容易以外在標準評價自己的身體，就如媒體或廣告中以女性身體為訴求，使各種以美容、美白、瘦身的產品一枝獨秀。

二、自我概念

　　當青少年身體開始變化，周遭的人，包括父母，會期許他的表現與身體發展一致。也因此當生理有變化，人際關係、自我概念都可能產生變化。一般而言，早熟對男生有加分作用。他們較獨立、較自信，在同儕中較受歡迎，此加分作用可以一直發揮到 30 歲左右。相對的，生理發展較遲的青少男在適應上和行為上有較多問題；對女生來說，早成熟的影響似乎有正面的也有負面的

（圖 11-5）。有研究發現早熟女生有較高自尊，但也有研究指出較早成熟，較有「偏差」行為，如偷竊或與成人有衝突等。原因可能是身體成熟讓他們早接觸年紀大的同儕，而受到影響。關於早發育早熟或晚發育晚熟與自我概念研究有不一致的研究結果，問題仍是，怎麼定義青少年以及早熟、晚熟，特別是不同社會對早熟、晚熟有不一樣的定義與對待。整體而言，當自我與社會期許有差異，青少年人際關係與自我概念都可能比較傾向負面。

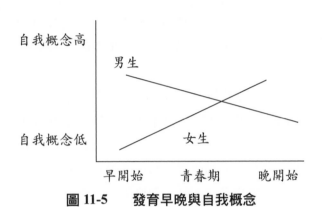

圖 11-5　發育早晚與自我概念

三、性行為

隨著青少年身體變化提前，加上社會風氣的改變，由表 11-3 可以看見青少年的第一次性行為隨時間也有提早的趨勢，人數也有增加的趨勢，其中男比女多。

表 11-3　青少年有性行為的比例（1995 年和 2000 年）

	有性行為者		首次年齡	
	男	女	男	女
1995 年	10.4%	6.7%	NA	NA
2000 年	13.9%	10.4%	15.97 歲	16.15 歲

資料來源：取自行政院青年輔導委員會（2005）
註：NA 指沒有資料

四、健康與死亡

身體發育期，運動很重要，但是根據調查，青少年休閒活動主要以看電視為主，且每週平均上網 12 個小時，主要是找學校課業資料、音樂下載、email、即時通訊（MSN），其中玩線上遊戲者，玩的時間大約用去 6 小時。運動方面，49%的 15 至 18 歲青少年每週運動 1 次，其中 48%的人每次運動時間少於 1 小時，每週 2 次以上者不到 25%。較少的運動量很可能是造成有大約 3 成國中生、高中高職學生體重大於理想體重的原因。當然也有約 1 成學生體重不合理想——過輕，不論過重或過輕的體重，都是值得關注的現象（行政院青年輔導委員會，2005）。

另值得一提的是青少年的睡眠。高中職生睡眠少於 6 小時者平均有 19.2%，其中高中學生比例是 21.0%，高職生比例是 19.1%，國中生的比例則是 7.5%（行政院青年輔導委員會，2005）。青少年生理上突增的賀爾蒙分泌與新陳代謝，使其容易疲倦，且生理時鐘改變，傾向晚睡晚起。若學校的作息仍如小學一般，青少年是會受缺眠之苦。而睡眠對腦細胞的修復以及對記憶的穩固現象都被研究提出（請參閱梁雲霞譯，2003）。如何在作息制度上以及升學壓力和作業量上減輕青少年課業負擔，並使他們有更充足的睡眠時間是未來學校可以考慮的輔導項目。

至於疾病與死亡，2004 年青少年（15 至 24 歲）死亡人數有 2,110 人，其中男性有 1,511 人，女性 599 人。前十位死亡原因如表 11-4，青少年死亡主因為事故傷害，而男性自殺與他殺人數都比女性高出兩倍至三倍。如何幫助男性青少年體認自己的情緒與自我，在人際上的互動，能更適應環境，是輔導工作的重點。

表 11-4　　青少年死亡主因（2004 年）

	合計		男性		女性
事故傷害	1,117	事故傷害	856	事故傷害	261
自殺	222	自殺	150	自殺	72
急性腫瘤	211	急性腫瘤	145	急性腫瘤	66
心臟疾病	44	肺炎	25	心臟疾病	20
他殺	33	他殺	25	腦血管疾病	8
肺炎	32	心臟疾病	24	先天性畸形	8
腦血管疾病	30	腦血管疾病	20	他殺	8
先天性畸形	22	先天性畸形	14	肺炎	7
腎病變（腎炎）	10	腎病變（腎炎）	8	結核病	4
慢性肝病	10	慢性肝病	8	糖尿病	3

資料來源：摘自行政院衛生署（2004）。

註：人數加起來不等於總和是因為還有其他項以及男女生在第九和第十項項目不同。

問題討論

1. 哪些生理因素會觸發青春期？

2. 討論青少年身體發展與社會價值的關係。

參考文獻

中文部分

王煥琛、柯華葳（1999）。**青少年心理學**。台北市：心理。

行政院青年輔導委員會（2005）。**青少年政策白皮書**。台北市：作者。

行政院衛生署（2004）。**人口統計**。台北市：作者。

莊文芳（1997）。**影響台北市青少年對身體意象認知相關因素之探討**。國立陽明大學衛生福利研究所碩士論文，未出版，台北市。

陳君儀（2001）。**社會化過程因素與少年身體形象知覺之研究**。國立台灣大學社會學研究所碩士論文，未出版，台北市。

梁雲霞（譯）（2003）。**大腦知識與教學**（第三章）。台北市：遠流。

英文部分

Gogate, N., Giedd, J., Janson, K., & Rapoport, J. (2001). Brain imaging in normal and abnormal brain development: New perspective for child psychiatry. *Clinical Neuroscience Research, 1,* 283-290.

Jeff, M. (1998). *Adolescence.* NY: John Wiley & Sons.

Johnson, M. (1997). *Developmental cognitive neuroscience*. Malden, MA: Blackwell. （中譯本：發展的認知神經科學，洪蘭譯，信誼基金會出版）

Paus, T. (2005) Mapping brain maturation and cognitive development during adolescence. *Trends in Cognitive Science, 9*(2), 60-68.

Sowell, E., Thompson, P., Tessner, K., & Toga, A. (2001). Mapping continued brain growth and gray matter density reduction in dorsal frontal cortex: Inverse relationships during postadolescent brain maturation. *The Journal of Neuroscience, 21* (22), 8819-8829.

青少年期
認知發展

學習目標

1. 理解青少年思考歷程變複雜的機制。
2. 認識青少年生理變化、情緒變化與認知變化間的關係。
3. 瞭解青少年的自我中心思考。

　　案例1：國一的靜靜不太說話，除讀書外，最常做的是上網。父親不知在何處，家中經濟狀況不好，常有三餐不繼的事發生。媽媽工作時，靜靜要負起照顧弟弟的責任，沒辦法像其他同學享受當小孩的生活。她覺得這世界非常不公平。

　　案例2：小正國三，打人被抓到，打人是因他不滿意有人自以為正義，決定要教訓他。小正從小跟著阿公阿媽，當他頂嘴或是不乖時，叔叔和阿公會毫不客氣出手揍他。小正說：「大人說不打你，你就不會聽話，……，我覺得他們說的好像也對，因為有時候我真的會怕被打而聽話。阿公說做錯事就要接受處罰，我覺得也很有道理，但你們（指輔導老師）說人不能打人？」

第一節

予豈好辯哉：青少年特色

　　相對於嬰幼兒或是兒童期認知發展的研究，青少年期認知發展的研究較少。一個可能性是青少年的推理漸漸趨向成人的思考邏輯，穩定下來，因此可研究的變異不多。另一是在青少年研究中較多重點放在其生理、自我、社會行為，以及犯罪行為上。自從美國心理學者S. Hall以**「狂飆」**（storm and stress）來描述青少年的發展，較多研究著重青少年是否受賀爾蒙影響而憤世忌俗（案例1）、行為叛逆、與成人對立（案例2）、易受同儕影響以致藥物濫用、未婚性行為氾濫等（Steinberg & Morris, 2001）。青少年確實面臨生理、心理、社會、學習上許多的變化，帶來他們適應上的一些困難。如一般父母、老師和成人所觀察到的青少年有以下特徵：

1. 為辯論而抬槓，以一個微薄證據堅持己論。
2. 很快的下結論，如說：我又錯了、你們就是看我不順眼。
3. 自我中心，如家中若有急事需要他放下手邊事幫忙，但他仍堅持自己的權利。
4. 找大人碴。

5. 誇張。極致的表現是「有什麼大不了」（APA, 2002）。

不過，大多數青少年並不「狂飆」（Lerner & Galambos, 1998; Steinberg & Morris, 2001）。

上述這些青少年表現雖屬社會層面，基本上與其思考邏輯上的變化——認知發展有關。本章介紹青少年認知發展，並討論上述青少年現象與認知發展的關係。

第二節

多向度之思考

討論青少年認知發展，不能忽略他已接受了多年正式的教育以及社會對他的影響。學校教育使他的思考能力與學科領域有關（請見第九章）；社會因素如電視、電動玩具都會影響其思考運作（Keating, 1990）。整體而言，青少年思考上：

1. 由絕對（每個問題都有正確的答案）進入相對（沒有正確的答案，沒有確切標準以判斷答案，因此每一個答案可能都對）。

2. 以批判的形式來思考（可能不止一個正確答案，但要有有效的標準判斷哪些是較好的答案）。

研究指出，青少年初期與中期比兒童有更多意見，因他能由不同角度審視一件事、預期一個決定的後果，以及評量資訊來源的可信程度。例如：研究者以醫療選擇的問題問八、十、十二年級學生。年級愈高，愈注意到可能有的醫療風險、要找不同專家的意見，以及醫療可能的後果（摘自 Keating, 1990）。事實上，到 14、15 歲時，青少年與成人的推理所展現的能力差不多，而且兩者都有偏見與推理錯誤的地方（Kuhn, Garcia-Mila, Zohar, & Andersen, 1995）。這顯示青少年推理與知識同時增長，帶出推理上的複雜度。這也可以解釋青少年在人際、情緒上變複雜的原因〔請見形式運思期一節（三）至（五）〕。

整體而言，青少年時期認知上的轉變，包括：

1. 漸增的能力與自動化，使有限的認知空間釋放出來可做他用。
2. 不同領域的知識愈來愈豐富。
3. 同時能接納不同的意見與表徵。
4. 能採用不同的策略和歷程來應用或學習知識，且能監督自己的思考運作。
因此青少年時期是學習與進行批判思考的大好時期。

一、認知發展：腦與認知處理速度

速度、效率和容量，是研究者定義認知處理與發展的重要指標（請見第九章）。基本上，研究者假設隨年齡增長，認知處理速度、效率和容量都增加，不論是記憶、注意力、解決問題能力。但是如前面所說，青少年的知識隨經驗與教育愈來愈豐富，此外，腦部的成長，特別是樹狀突的分支與軸突的髓鞘化使腦的重量達到出生時的四倍（Johnson, 1997）（見第十一章）；加上額葉（見圖 11-1）的成熟，都使他們在反應上變得更有效率。也就是說，同樣的認知作業對青少年來說，比對幼童或兒童需要較少認知上的費力。

髓鞘化和突觸修剪與認知操作有關係。Travis（1998）以找出圖形重疊的中點和找出不一致地方的選擇性注意力測驗測四年級、八年級和十二年級學生，並記錄腦電波（EEG）。研究結果指出，隨著年級增加，反應時間減少、正確率增加，而速度變快，伴隨著的是執行時抑制力增加。髓鞘化和突觸修剪反應出速度，但是抑制力與前額葉成熟有關。

二、形式運思期

依 Piaget 的觀察，兒童進入 12、13 歲時，思考運思上進入新境界，他們能思考各種可能性（possibilities），不但思考實際的，也有想像的，如理想。Piaget 稱之為**形式運思（formal operation）**，因其思考運作更符合邏輯思考原則，且不必再借助具體事物。例如：數學的運算可用符號來思考，而不必有實物為依據。以下將就此特色加以說明。

（一）可以處理同時存在的因素

對具體運思期的兒童來說，他們講究經驗上的真實性（empirical reality），對無法找到的真實，他們無法想像。例如：紅、黃、藍、綠四個積木的可能組合，有紅、黃、藍、綠、紅黃……、紅藍黃……、紅黃藍綠及零組合等。對形式運思期的青少年來說，他們可以考慮一切邏輯上的可能性，以作出這些組合；但兒童看到積木，想不到有零組合。當青少年能思考所有的可能性，在人際互動上，也就造成一些困擾。例如：當父母要他做甲選擇時，他會爭執為什麼不選乙、丙甚至丁。這表示他知道這件事有很多種可能性，他不明白為什麼父母只提供他一種答案，雙方爭執因此而起。

（二）使用第二種符號

我們使用的第一種符號是語言符號，第二種符號指的是可代替第一種符號的符號，如以X、Y或a、b來替代雞或兔，以解雞兔同籠的問題。如上述所舉例子，紅、黃、藍、綠四個積木可以分別以 a、b、c、d 四個符號來代替並操作，零組合自然產生不受具體積木是否在眼前的影響。又如國中學生可以學習，如直角三角形直角兩邊平方和等於斜邊的平方（$a^2 + b^2 = c^2$）。此時，a、b、c可以是積木，可以是三角形的邊，可以是任何的物件。因著可以以符號替代，思考就更抽象了。因個體不再受限於具體事物，思考的廣度也就增加了。

（三）假設演繹思考

青少年思考的第三個特色是使用**假設演繹的思考（hypothetical deductive reasoning）**，假設必須有一些知識或事實作基礎。有一個故事提到：孩子們都認為母親喜歡雞腳（假設），有一次他們一起回家給母親祝壽，買了一堆「有品牌」的雞腳。因為他們從有記憶以來，看到母親每次都夾雞腿、雞胸給兄弟姊妹吃，自己卻吃雞腳（事實）。當母親打開雞腳禮盒，潸然淚下。實情是，母親不是喜歡吃雞腳的人，只是因為母愛，她一直把雞有肉的部位給孩子們吃。當青少年因著成長與經驗，累積許多知識，會思考各種可能性和做抽象思考，他能針對未發生的事，先作預想，這就是假設。上述故事的孩子觀察到母

親常吃雞腳是事實，但認為母親愛吃雞腳，則是一個假設。

　　Piaget 與同事曾設計一實驗來說明形式運思期的演繹假設思考。他們提供受試者四瓶化學藥品及一瓶清水，化學藥品分別是：(1)稀硫酸；(2)氧化氫水；(3)硫化硫酸鹽；(4)碘化鉀。受試者的工作是把各種液體組合以製造出黃色的液體來。當前運思期的兒童進行此項工作時，多數是兩兩的組合，結果找不到黃色液體，而且他們兩兩組合時，沒有依任何系統的程序來進行「實驗」。具體運思期的兒童或許能有系統組合兩兩藥水，卻是藉著機遇或實驗者的提示碰對，因他們不記得是如何達成目的的。約至青少年，開始以有系統的方式，考慮 n × n 的一切可能組合。換句話說，他假設化學藥品 1 ＋化學藥品 2，1 ＋ 3，……1 ＋ 3 ＋ 4……等都有可能製造出黃色的液體。他將所有組合先列一張表，然後一一驗證，刪除不會產生黃色液體的組合而找到正確的組合（圖 12-1）。由於他們能假設，預見各種可能性，因此實驗過程中，每瓶液體要有保留的使用，使每種可能性都被試驗到。因「預見」（假設）所需，而能有系

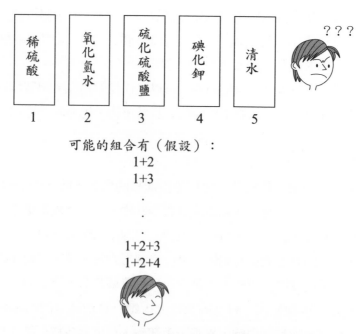

可能的組合有（假設）：
1+2
1+3
.
.
.
1+2+3
1+2+4

圖 12-1　　調出黃色的液體？思考示意圖

統、有計畫的操作是前兩階段兒童不容易做到的。預見情勢才能有計畫。因此，我們常覺得學前兒童衝動、做事欠思考，學齡兒童雖較好些，但仍不周全，到形式運思期時，青少年的思考雖不是面面俱到，但大致能三思了。

做假設—演繹思考在學業上很重要，因這是科學推理（scientific reasoning）的要求，是學習或作學問必須具備的。但也因著會做假設性思考，表示他們能去猜測別人所想。當因想太多，常脫離真實，在人際關係上會引起一些困擾。例如：男學生多看某女學生一眼，這位女學生就可能假設：「他對我有意思」或是「他覺得我很醜」，而這些可能都不是男學生所想的。

當青少年做假設思考時，也會對父母、老師、學校、社會所扮演的角色做一些思考。他期望父母、老師有不同的表現；也就是說，他心目中有理想的父母、老師、學校、社會的形象，一種假設的形象。當青少年心目中有理想的父母、老師或學校形象後，因與實際的形象有差距，他們很快就發現成人是「虛偽」、言行不一的。這自然造成他們心中的不滿，特別是在雙方有衝突後，青少年臉上表現出「不屑」的表情，大概都是因他覺得成人的表現太不符合他的理想所致。但是在我們的社會，事實上青少年還是以父母的意見為依歸。以國中學生選擇甄選入學決策時，在開始思考選擇的階段，青少年會以老師的資訊為重要依據，但是在決定階段還是以父母的意見為意見（例：劉淑慧，2000）。

（四）內省的能力：思考所思考

形式運思期的孩子將自己和別人的「思考」拿來思考，同時也能將自己當作一個分離的個體，由別人的角度來衡量自己的人格、智力及外表，這是內省的表現。當青少年看到別人時就會想到自己，由別人的角度來看自己，因而也會激起對自己的不滿。回顧具體運思期的兒童每年新年被要求寫「新年新希望」或是「我的願望」，這都不算是反省。他們寫光陰似箭，要愛惜光陰等並不是真的感受到光陰的無情，因為他們尚未感受到時間的壓力，也因而不會改善「浪費時間」的行為。青少年稍微知道時間的壓力，但無法作好時間管理，主要是因意志力。但是也可能因多數時間在學校，起居作息時間都被學校設計好，青少年不覺自己對時間需要有所管理。

（五）青少年的自我中心思考

Piaget 以形式運思為認知發展的最後一個階段，換句話說，當青少年有了形式運思後就與成人的思考邏輯是一樣的。但很多成人覺得青少年很自我中心，不是很成熟。青少年的自我中心不同於幼兒期的自我中心。Elkind（1967）曾就此議題深入討論。他以為青少年是能將自己的、他人的思考都概念化，但他無法區辨他人思考的對象與自己關心的對象可能不同，因而產生了青少年期的自我中心。例如：青少年由於生理上的變化使他特別注意自己，自己的外表成了自己最專注的對象，因而使他以為別人也和他一樣，注意自己的行為與外表。由思考能力來說，他有想別人所想的形式，但他放置了自己所預期的內容，認為別人在想他。

Elkind 稱此現象為青少年的「**想像觀眾**」（imaginary audience）。這裡所謂的「觀眾」是指青少年認為自己是焦點，別人一定都在看他。「想像」是指這不是真實的情況，而是青少年「想」別人都在看他。因著「想像觀眾」使得青少年出門前無法決定要穿什麼衣服，或是在公共場所彆彆扭扭。他們在想像觀眾的壓力下，可能變得很順服，以確定別人對他的評語是肯定的，如他所期望的一樣。

但青少年不都是順服的，這也與他們的思考有關。前面提到青少年會想成人所說所做的都不是唯一的說法與做法，而且成人所說的與他們所做的不盡相同，行為言語不一致，更與青少年的理想不同。而這理想常使青少年有一套對自己、對他人、對團體獨一無二的看法，他們常覺得成人不明白他這一套看法。Elkind 稱之為「**個人神話**」（personal fable），個人神話的例子在青少年日記上常出現。在日記上他記錄了他對戀愛、挫折、人生的獨特看法。因此當青少年犯錯而他自己並不覺得有錯時，他常有「為義受苦」的表情，因他覺得自己有正當的理由，只是成人不理解，他寧願受處罰都不認錯，由成人角度來看，這就是「叛逆」。

因著思考上想像觀眾和個人神話兩種自我中心的特徵，青少年可以想他人所想，也可以把自己的思考與情緒等看不見的東西拿來當思考的對象，使得青少年思考在成人眼中變得非常自覺且無法下決心（圖 12-2），當然，青少年對

圖 12-2　　青少年自我中心思考

自己也就不會滿意了。

第三節

Piaget 之後論青少年認知發展之研究

在討論認知發展時，有一理論亦頗受注意。就是俄國心理學家 Vygotsky（1978）所提出的**情境論（contextualism）**。Vygotsky 以為情境對認知發展有影響，特別是社會互動對認知結構與歷程的發展之影響力。Vygotsky 的主要論點在於，他認為認知發展上的差異，可歸因於認知環境中可以辨識出的因素。不過目前在研究上，多數的重點都擺在個體間的互動，如親子、師生、同學間

的互動等,例如:研究指出小組討論可以促進高層次的思考活動(Brown & Campione, 1994)。 至於大環境對個體認知發展的影響,如學校的文化、社會的動態如何支持或抑制認知發展,應是我們論述認知發展需要注意的。

BOX 12-1

認知發展與自我中心

　　Piaget 提出認知發展階段論的核心是因階段的不同,思考邏輯會不同。例如:上面提到把四瓶化學藥品和清水組合以製造出黃色液體的作業。幼兒、兒童和青少年會因看問題(假設幾種可能)而有不同解題方式。幼兒可能只聽到指令,「組合」成「黃色液體」,就將四瓶化學品倒在一起。兒童知道事情不會這麼簡單,不可能是一次把四瓶倒在一起,因此要分幾次實驗。青少年因著能假設,預見各種可能性,因此實驗過程中,每瓶液體要有保留的使用,慢慢找到哪一些化學液體在一起可以形成黃色液體。因此另一個描述認知發展階段的核心是處理問題所採取的觀點是一個面向、兩個面向或是三個面向。青少年會假設基本上是三個面向:一是過去蒐集的資料、二是對未發生的有「預見」,三是對目前的評量。相對的幼兒只注意一面向,這也是為什麼幼兒的安全較堪慮。兒童可以瞻前顧後(兩面向),青少年可以三思,幼兒只見眼前;因此幼兒自我中心,以自己所見、所受來看他人。但是青少年即使三思也可能自我中心,只是其預見是主觀的預見。

　　以電視影響青少年的價值判斷為例。基於電視畫面快速呈現,以及為增加刺激性,許多解決問題方式是直接的,如常見的暴力語言或行為,這對培養兒童與青少年思考都不是好教材。雷庚玲、江美瑩、楊品鳳(2001)曾分析電視劇中親子互動模式,發現多數親子衝突都以「女兒自我犧牲」、「兒子隱瞞以達自己需求的功利主義」來解決。電視劇中較少呈現「折衷妥協」或是「兼容並蓄」的處理過程。自我犧牲或隱瞞都是直接解決的方法;後兩者,「折衷妥協」和「兼容並蓄」是高層思考的表現。如雷庚玲等人提出的警告,這種親子互動解題模式對閱聽人的影響,特別是正在養成價值觀的兒童和青少年,是需要我們正視的。

　　在 Piaget 之後,有許多研究也指出,階段論對認知發展有解釋不全的地

方。例如：有些地區的青少年無法解答Piaget關於形式運思的作業，根據Piaget的階段論，這些青少年都不在形式運思期內。但是Piaget以後的研究指出，個體對每個領域知識的熟悉程度是解題的關鍵。例如：Kuhn、Amsel 與 Adams（1979）的研究指出，在科學推理上產生因果假設，試驗並評鑑此假設的能力是漸漸發展出來的。例如：在分辨理論與證據上，當研究者要受試青少年提出理論說明某一因果關係時，受試青少年會以證據來說明，但是在選擇證據時，青少年常因自己錯誤的理論（misconception）而忽略或自行解釋出現在他面前的證據。青少年初期，似乎知道要考慮眼前的證據，但不能清楚分辨什麼是證據、什麼是論理（argument）。更年長一些的青少年雖能分辨證據與理論，但容易受自己既有理論的影響。有研究甚至指出，大學生在推理上也有此方面的缺失。Kuhn等人（1979）以其研究資料提出，青少年在 11 至 14 歲間，由只有少數幾位推理成功，漸漸變得有更多人可以推理成功。而轉變的關鍵是科學知識的增加，對學科內容的認識程度及對問題的熟悉度會影響推理的邏輯性。

　　換句話說，推理的有效性與對內容的熟悉程度有關係，如道德推理、人際推理、社會政治議題解決等，都發現青少年還是比兒童有一致的推理邏輯。由思考推理訓練課程的成功與失敗檢討中可以看出，絕大多數內容獨立的思考訓練會是失敗的。換句話說，推理與內容相關，不能分開。究其因，當要求青少年說出如此推理的原因，因為沒有實質內容，或是內容與真實世界有衝突，青少年的表現就不佳。

　　洪志明、蔡曉信（2002）以水溶液中的化學平衡問題探討十五位高中數理實驗班學生解題過程的差異。這些學生以其解題成就被分成高成就組、中成就組和低成就組。低成就組有明顯的觀念錯誤和計算錯誤，解題過程中也因此見高下。

1. 高成就組以概念性的理解形成問題表徵；低成就組以記憶性的訊息表徵題意。
2. 隨著問題情境的變化，高成就組運用不同的方法解題，靈活選擇解題策略；低成就組以基本技能及數學演算找出解答。
3. 相對於中、低成就組，高成就組顯示較高頻率的自我評鑑。

高成就組解題上明顯較有彈性，有多向度的思考且有自我評鑑的後設認知

（請見第九章）。為什麼同樣都是高中數理實驗班學生，低成就組學生的表現沒有高成就組的彈性？知識成熟與否影響解題的思考如此例。知識上的差異造成解題歷程中的差異，這也是 Piaget 後學者對 Piaget 認知發展階段論的批評。同在一階段的青少年不一定有相同的表現，其中知識扮演關鍵的角色。

一有趣的現象是，青少年似乎知道思考要科學、要有系統，因此即使面對可以接受的答案，他可能都因此信念而一概拒絕。這本是相對的思考，但在此反映的，反而是他對答案的不確定以及他的知識不足。已有不少研究指出，青少年在不同學科上有的錯誤概念（如 di Sessa, 1993）。如何幫助他們改變錯誤概念，形成正確的學科理論且對自己的知識有自信，是目前心理學者與教育學者共同努力的方向。

此外，研究指出，對**知識的信念（epistemological beliefs）**影響對事物的推理判斷。知識信念包括：認為知識的穩定性（知識是肯定的或知識是暫時性的）、知識的結構（知識是由許多事實組成或是知識是整合的概念）、學習的控制權（能力是天生或是經驗累積），以及學習的速度（一學就會／學不會，或是慢慢學才學得到）。研究指出，知識的結構信念和知識的穩定性，與個體思考時的觀點取替、彈性思考、反思以及接受議題的複雜性有關（Schommer-Aikins & Hutter, 2002）。也就是說，覺知知識是暫時的且是一整合的概念，其思考與判斷上就更多元與具有彈性。青少年進入形式運思後，漸漸體會知識本身的複雜程度，也更能處理較有爭議或是爭論複雜的議題，其運思自然也更多元。

12-2
課外活動有益思考與能力培養

雖然青少年有能力做邏輯的推理，但是在日常生活中，他們還是會表現出無系統、無反省甚至無目標性的思考（其實成人也是），與理論所述不一致。究其因之一，日常生活中有其他考慮，而實驗中所呈現的情境與材料讓青少年覺得有壓力，刺激他發揮高層次的思考。因此，學校如何安排系統、組織、有要求的作業，而不是「背誦」為主的功課，青少年就可以發揮他們的思考特色。

　　Feldman和Matjasko（2005）指出，青少年參加以學校為主、有結構性的課外活動對其學業發展、輟學率降低、藥物使用、心理適應、虞犯行為減少都有正面影響。我國青少年有接近三分之一的學生參加環保、社區服務（如巷道清掃）或是教育服務（如圖書館、校內研究等）。對於科學科技服務（如製作網頁與維護）或是議題倡導（如消費意識、人權意識）等參與人數少於百分之二。學生沒有參加志願服務之主因是沒有時間（半數以上）或是時間無法配合（行政院青年輔導委員會，2005）。鼓勵學生參加有組織的服務與課外活動是增進認知能力、社會能力很重要的管道。

1. 什麼是好的推理（good reasoning）？
2. 怎樣的條件會影響青少年進行好的推理？
3. 青少年是從眾還是背逆？有什麼理論依據？

參考文獻

中文部分

行政院青年輔導委員會（2005）。**青少年政策白皮書**。台北市：作者。

洪志明、蔡曉信（2002）。高中數理實驗班學生「水溶液中的化學平衡」解題之質性研究。**師大學報：科學教育類，47**（1），15-38。

雷庚玲、江美瑩、楊品鳳（2001）。「孝道困境」之重新分類及「消解模式」中動機與成果之分野：以電視連續劇中之親子互動為例。**中華心理學刊，43**（1），83-101。

劉淑慧（2000）。**國中生選擇甄選入學之決策歷程分析**。國立彰化師範大學輔導與諮商學系碩士論文，未出版，彰化市。

英文部分

American Psychological Association (APA) (2002). *Developing adolescents: A reference for professionals.* Washington, DC: The Author.

Brown, A., & Campione, J. (1994). Guided discovery in a community of learners. In K. McGilly (Ed.), *Classroom lessons: Integrating cognitive theory and classroom practice.* Cambridge, MA: MIT Press.

di Sessa, A. (1993). Toward an epistemology of physics. *Cognition and Instruction, 18* (2 & 3), 105-225.

Elkind, D. (1967). Egocentrism in adolescence. *Child Development, 38,* 1025-1034.

Feldman, A., & J. Matjasko (2005). The role of school-based extracurricular activities in adolescent development: A comprehensive review and future directions. *Review of Educational Research, 75*(2), 159-210.

Johnson, M. (1997). *Developmental cognitive neuroscience.* Malden, MA: Blackwell. （中譯本：發展的認知神經科學，洪蘭譯，信誼基金會出版）

Keating, D. (1990). Adolescent thinking. In S. Feldman & G. Elliott (Eds.), *At the threshold: The developing adolescent.* Cambridge, MA: Harvard University Press.

Kuhn, D., Amsel, E., & Adams, C. (1979). Formal reasoning among pre-and late adolescents. *Child Development, 50,* 1128-1135.

Kuhn, D., Garcia-Mila, M., Zohar, A., & Andersen, C. (1995). Strategies of knowledge acquisition. *Monographs of the Society for Research in Child Development, 60*(4).

Lerner, R., & Galambos, N. (1998). Adolescent development: Challenges and opportunities for research, programs and policies. *Annual Review of Psychology, 49,* 413-446.

Schommer-Aikins, M., & Hutter, R. (2002). Epistemological beliefs and thinking about everyday controversial issues. *The Journal of Psychology, 136*(1), 5-20.

Steinberg, L., & Morris, A. (2001). Adolescent development. *Annual Review of Psychology, 52,* 83-110.

Travis, F. (1998). Cortical and cognitive development in 4th, 8th and 12th grade students: The contribution of speed of processing and executive functioning to cognitive development. *Biological Psychology, 48,* 37-56.

Vygotsky, L. (1978). *Mind in society: The development of the higher psychological processes.* Cambridge, MA: The Harvard University Press.

青少年期社會
與情緒發展

學習目標

1. 青少年期自我認同的發展。

2. 青少年期的性別認同。

3. 道德發展。

4. 青少年期的家庭與同儕關係。

對於許多成年人而言，青少年時期是一個充滿新鮮衝動、高潮起伏、青春和不羈回憶的時期。從兒童期邁入青少年期，個人不但在身體上有著重大變化，也在心智上大幅成長。本章共分三節，分別討論青少年自我認同的發展、道德發展，以及青少年的家庭與同儕關係。

青少年期自我認同發展

一、青少年的認同危機

青少年進入 Freud 所謂的**生殖期（genital stage）**，是 Freud 人格發展的最後一個階段，在此階段，青少年達到心理的成熟。根據 Freud 人格發展理論，生殖期之前是**潛伏期（latency stage）**，而青春期的開始，則喚醒了在兒童期潛伏著的性衝動。

E. Erikson（1959）雖不否認性成熟的重要，但是他認為在青少年時期達到個人認同，是更加重要的發展任務。Erikson 認為，**認同（identity）**是瞭解個人特質如何在各年齡層的人生階段、情境和社會角色中發展，而形成自我連續感的過程。在 Erikson 的理論模式中，青少年的中心危機是「認同對立於角色混淆」（identity versus role confusion）。Erikson 認為在青少年早期，青少年因為身體快速成長以及青春期性系統的成熟，使得在這段時期中，青少年的心理成長較為緩慢，滯留於兒童和成年之間。兒童時期的自我認同可能已不太適合，而新的認同尚待成形，它將使青少年逐漸承擔包括：職業角色、性別角色、宗教角色及其他各類成年人的角色等。

因為青少年開始瞭解自己將來可能扮演多重的社會角色，對於這些角色的期待，以及選擇所帶來的種種混淆，可能使青少年陷入缺乏自我認同所帶來的危機，這稱為**「認同危機」（identity crisis）**。青少年時期的同儕關係更顯得重要，青少年在同儕關係中獲得支持，有助於解決認同危機，達到個人信念、

職業目標，以及人際關係各方面的自我完整性。

二、認同狀態

對於青少年的認同，Marcia（1966, 1980）將之分為四類認同狀態（identity statuses）。他認為青少年在形成自我認同的過程中，有兩個關鍵成分，即**危機**（**crisis**）和**承諾**（**commitment**）。Marcia 認為，「危機」是一個「做決定的時期」，在此時期中，新舊的價值觀被重新檢視，可能會產生巨大衝擊，也可能發生得很和緩；「承諾」是重新檢視之後，對特定的角色、價值或理念作出承諾的決定。

如果將這兩個成分依高低程度並列，可將認同狀態分為四類（見表13-1）：**達成認同**（**identity achievement**）、**延宕認同**（**moratorium**）、**過早認同**（**foreclosure**），以及**認同混淆**（**identity diffusion**），分述如下：

達成認同：指個人經過一個危機並且達到對理念、職業或其他目標承諾的決定。

延宕認同：個人處於一個危機的時期，但尚未做出決定。

過早認同：個人沒有經過危機期，就做出承諾的決定。青少年沒有重新評價已有的立場，只是單純接受父母或是文化所強調的承諾。

認同混淆：青少年不是在危機之中，也沒有做出承諾。混淆代表著危機之前的階段，或是危機之後但無法達成承諾。

表 13-1　Marcia 的四種認同狀態

危機程度 承諾程度	高	低
高	達成認同（度過危機）	過早認同
低	延宕認同（處於危機時期）	認同混淆

資料來源：Marcia (1980)

三、青少年認同的相關研究

事實上，形成認同的年齡可能比 Erikson 或 Marcia 最初所認為的還更晚。

一些研究指出，認知成熟度對形成認同的相關性很高，青少年的邏輯思考能力發展愈強，愈有可能達到 Marcia 所謂的「達成認同狀態」（Klaczynski, Fauth, & Swanger, 1998）。另一些研究則指出，個人認同是在穩定與不穩定之間擺盪，過程延續人的一生（Marcia, 2002）；因此，青少年可能只是人生中形成個人認同的一個時期，而非唯一的時期。研究也指出，有些青少年達到認同的狀態，但又回到另一個未達認同的狀態，繼續尋找個人認同（Berzonsky, 2003）。這可能發生在原先所達成的認同，在某些時候並不是最具有適應力的情形下發生，例如：當青少年面對極大的壓力（如患重大疾病等）時，較有可能轉移到過早認同的狀態，而放棄自己原有的認同，轉而接受別人所期待的目標。這似乎能保護這些青少年在面對艱難困境的負向情緒考驗，不過，此時所達成的認同就並不一定是解決認同危機的最佳反應。

青少年自我認同的發展也受文化的影響，例如：美國的父母親傾向認為青少年期的工作經驗對於他們選擇職業，達成生涯認同有所助益，因此較鼓勵青少年爭取這方面的歷練。所以，在跨文化的研究中發現，美國青少年花在打工的時間較其他歐美國家青少年為多（Larson & Verma, 1999）。另一個普遍的現象是，在現今西方社會中，青少年達成認同的年齡往往在青春期之後十年或以上，主要的原因是青少年多半自己選擇職業，而且求學的時間延長，才可能建立自己的生涯認同；反之，在另一些社會中，青少年有較多機會繼承父業，也許並沒有經歷太大的危機，就達到認同。還有一些社會對於區隔兒童和成年有明確的儀式，也有助於支持青少年承擔其社會角色。

四、青少年的自我概念

兒童期的自我概念漸漸著重於個人的內在特質，到了青少年時期，這個趨勢更加明顯，對於自我的瞭解，不但強調心理層面，而且也更加抽象化。根據對 262 名青少年的研究發現，在回答「我是誰？」的問題時，青少年以個人外表屬性（例如：我很高）描述自己的比率逐年降低，而以個人理念（例如：宗教信仰）描述自己的比率逐年提昇。如圖 13-1 所示，到了青少年晚期，青少年多數以個性、信念、人生哲學、道德標準等描述自己的特質（Damon & Hart,

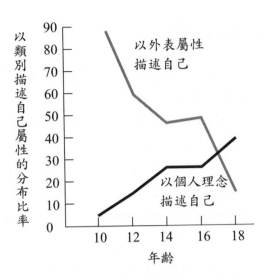

圖 13-1　　兒童與青少年以外表屬性描述自己的比例逐年降低，以個人理念描述自己的比例逐年提昇

資料來源：Montemayor & Eisen (1977)

1988; Montemayor & Eisen, 1977）。同時，青少年的自我概念漸趨分化，尤其當他們逐漸體會到自己的社會角色不只一個（例如：學生、朋友、子女等），而這些社會角色的本質也各不相同。一旦形成自我概念就會對青少年的行為產生影響力，例如：青少年的學業自我概念愈強就愈可能挑戰難度愈高的課程，青少年也可能對自己能力較差的學科，自信較為不足。青少年的學業自我概念，一方面來自對理想自我和實際表現的比較，另一方面則來自外在與同儕的比較。青少年對一個學科的能力自我評估，也可能影響他對自己其他方面的評價。如果一名高中生對數學感到學習困難，則可能影響他對其他能力的學習與自我評價。整體自我能力的評價可能建立於，對自己在數個不同領域的自評基礎之上，而產生整體自我能力和單一領域表現間具階層性的關係（Bong, 1998；Yeung, Chui, & Lau, 1999）。

五、青少年的性別角色認同

　　青少年的性別角色認同，一方面是來自生理的變化和成熟，另一方面性別角色認同則來自社會環境的影響以及青少年對性別的瞭解。相對於兒童，青少年認為性別角色是約定俗成的社會規範，所以青少年對性別角色持有較具彈性的態度（Katz & Ksansnak, 1994）。父母親的態度和行為，對塑造青少年的性別認同和性別角色的看法上影響很大（Raffaelli & Ontai, 2004）。到了青少年中期，青少年開始不再單純的認為，人們應該表現出與自己性別相符的特質，而發現有少數人是同時具備男性和女性心理特質的。發展心理學家以「性別角色認同」（sex-role identity）代表與性別相關的心理自我概念。

　　早期的心理學研究中，將男性化和女性化特質視為相對立的特質，而認為一個人可以是男性化或是女性化，但不能同時是男性化和女性化的。到了 1970年代，許多研究發現男性化和女性化特質是兩個不同的向度，而可能在一個向度上是高的，在另一向度上也是高的，所以同時具備男性化和女性化特質是可能的（Bem, 1974; Spence & Helmreich, 1978）。如表 13-2 所示，依照男性和女性特質表現的高低程度可以區分為四種類型，包括：**男性化（masculine）**、**女性化（feminine）**、**雙性化（androgynous）**，以及**未分化（undifferentiated）**等四種。「男性化」是指男性化程度高且女性化程度低者；「女性化」是指女性化程度高且男性化程度低者；「雙性化」是指男性化和女性化程度均高者，「未分化」是指男性化和女性化程度均低者。

表 13-2　依男性和女性特質高低程度分為四種類型

女性化程度 ＼ 男性化程度	高	低
高	雙性化	女性化
低	男性化	未分化

　　美國的研究發現，在性別角色認同上，雙性化或男性化的青少年，不論男女，均有較高的自尊（Gurnakova & Kusa, 2004）。這樣的發現表示，少男具男

性化性別認同，有較高的自尊，然而少女具有女性化性別認同卻反而產生低自尊的結果，性別認同的差異可能造成重大的影響。然而跨文化的研究結果反而發現，具有雙性化或男性化的女性青少年的自尊較低。例如：以色列女童若具有男性化特質，並不受到同儕所歡迎，而有較低的自尊（Lobel, Slone, & Winch, 1997）。因此，考量男性化或女性化的適應情形，實與文化關係密切。一個文化可能強調男性化特質，但是卻不鼓勵女生具備這些特質，因而造成性別認同和自尊的關係在不同文化中有著重大的差異。

第二節

道德發展

一、Piaget 的道德發展觀點

個人的道德評價在社會化的過程中扮演重要的角色。道德的領域包括：全範圍的人際反應、涵蓋態度、信念、價值及實際行為。Piaget（1932）出版的《兒童的道德判斷》（*The Moral Judgment of the Child*）一書中指出：道德發展是從兒童學習社會規範開始，此時道德的基本內涵是順從社會的規範。但是隨著兒童的成長，兒童也漸漸對人類社會有新的瞭解，尤其是當兒童瞭解到合作的可能性和條件時，道德的本質也有了改變。因此 Piaget 認為，在發展的歷程中有兩種道德，分別是**規範性道德（morality of constraint）**和**合作性道德（morality of cooperation）**。另外，Piaget 也將道德分為「具體層次」和「抽象層次」；其中「抽象層次」代表深層或具有普遍性的社會知識；而「具體層次」則是指具體的實例。

規範性道德是責任分際單純化的他律性道德。其中，兒童接受來自成年人的若干指令並且無論環境條件如何都必須遵行；「是」即是與這些指令一致，而「非」則是不一致者，而行事的意向動機則幾乎與「是非」無關，責任全由外在因素所決定（Piaget, 1932: 335）。

由上述得知，在規範性道德階段的兒童，之所以能社會化的主要原因是由於對成年人的片面式尊敬。這種尊敬意指，兒童視成年人為比自己聰明、有能力、偉大、優越而產生一股敬畏的情感，也因此學習尊重成人所訂的規條，從而社會化。

另一方面，兒童也與同年齡的玩伴一起互動，這種互動的過程使兒童發現一種與成人互動不同的關係。在與同伴互動時，雙方擁有相當的地位和權利，是有予有取的協調合作過程，必須解決紛爭、彼此約定規則並且遵守諾言。從這樣的經驗中，兒童逐漸意識到所謂「規範」是為了協調促進社會活動的進行，合作往往能達成雙方共同的目標，而遵守所約定的規則，是因為希望從合作中得到利益。因此兒童漸漸發覺合作的條件和可能性，這種發現並不是由片面的敬畏而來，而是來自合作夥伴間的相互尊重和合作關係的穩固性。此外，兒童與成人的互動中，往往無法瞭解成人所訂的規範理由何在，也鮮能營造互惠的協議，因此較難建立具有深層的合作關係。但是兒童間的互動則由於雙方地位的對等，他們必須溝通彼此的意圖並且以合理的方式得到同伴的信服。所以 Piaget 認為同儕的互動是道德發展的重要關鍵。

最後，Piaget 認為道德即是平衡社會中每一份子的合作關係中，所應盡的義務和應享的權利。一個平衡和諧的社會意指它所訂的規則（例如：法律）能公平的均衡每一成員的利益以及責任，能裁定產生衝突的個人，而不危害社會系統的運作，並且也因為系統的公平性而得到參與者的支持。所以 Piaget 認為道德的重心在於如何規範個體間相互平衡的公正觀念（the concept of justice）。

二、Kohlberg 延續 Piaget 的研究

Piaget 對於道德的研究在出版後被忽略了許多年，直到 Kohlberg 在 1958 年所完成的論文，引發了研究道德的新看法，對於使道德發展成為一個蓬勃的研究領域，確有其深遠的貢獻與影響。以下簡述 Piaget 和 Kohlberg 對於道德發展的研究工作之主要異同點。

Piaget 和 Kohlberg 都著重道德推理的基本認知結構，而不著重對於特定道德規則的學習歷程。兩者都對道德有著深層結構與具體實例兩層次的敘述，並

且以公平的觀念做為理論系統的重心。對他們而言，道德中心議題是如何在合作互動關係中，依據公平的原則，將人們的需求排列出優先秩序以求得平衡。因此所謂道德是指「**行為的邏輯**」（logic of action）。

在實際的研究中，Kohlberg 與 Piaget 均使用深入訪談的方式來測量受訪者的道德推理，但是 Piaget 所使用的題材只著重在一個向度上，並且受限於獲取該向度資料的多寡。而 Kohlberg 則以開放式的故事和討論來涵蓋多樣的特質和主題，因此 Kohlberg 的計分方式也較 Piaget 複雜詳細（Colby, & Kohlberg, 1987）。

Piaget 主要以兒童為研究的對象，而 Kohlberg 則以六個階段來描述從兒童至成年的轉變，Kohlberg 並且將現階段的性質與涵義做了明確的敘述。Piaget 和 Kohlberg 均以隨年齡所表現出不同的傾向，做為不同階段的依據，而 Kohlberg 更以長期縱貫研究（longitudinal research）50 餘名男童 20 年的數據做為依據，較之以橫向研究（cross-sectional research）所得數據更有力（Colby, Kohlberg, Gibbs, & Lieberman, 1983）。

此外，Piaget 和 Kohlberg 都不認為來自成人的教條式教導，對兒童的道德發展具有重要的影響力，兩者都認為重要的是讓兒童注意到社會中人際間的關係所蘊含的意義功能和目的，因此同儕間的互動與協調是很重要的經驗。而且 Kohlberg 將這社會經驗中的互動觀念界定的更廣，他認為對於道德發展而言，最關鍵的社會經驗是「**角色取替的機會**」（role-taking opportunity）。所謂角色取替意指，能設身處地考慮他人的觀點，參與群體決策的過程與執行。因此這些角色轉換的機會就不只是由同伴中的互動才能得到，而與父母互動或透過其他團體，也能提供這樣的機會

三、Kohlberg 的道德情境兩難

Kohlberg 是以假設的故事做為深入訪談的題材，故事中敘述著一些道德上的兩難困境，然後藉由受訪者的反應及理由分析受訪者的道德推理。下面是其中一個典型的兩難故事（漢斯和藥商的故事）：

在歐洲有一位婦人因為患了某種奇特的癌症而瀕臨死亡。醫生們認為有一種藥可以挽救她的生命，這種含鐳元素的藥剛由住在同城市的一位藥商所發現。該藥的製造成本很高，但是藥商的賣價是製造成本的 10 倍。這位婦人的丈夫，名叫漢斯，他向每一個他認識的人借錢，但是只湊到藥價的一半。他告訴藥商他太太即將死去，並且請求藥商賣便宜一點，或是讓他晚一點付藥款。但是藥商說：「不行！藥是我發現的，我準備用它來賺錢。」漢斯十分焦急，所以他想不顧一切地闖入藥店，去偷取藥品，給他的太太服用。漢斯應該這樣做嗎？為什麼？

資料來源：Kohlberg (1969: 379)

　　受訪者的回答往往是根據一個或數個層面來作答，例如：故事中人物的動機或意向，以及行為的方式等。

四、Kohlberg 道德發展理論

　　Kohlberg 將多位受訪者的反應歸納為**道德前層次（preconventional level）**、**道德慣例層次（conventional level）**、**道德慣例後或倫理原則層次（post conventional or principled level）**。每個層次包括兩個階段，而形成了一個六階段的道德發展理論，現在將這六個階段的內容整理在表 13-3。

　　Kohlberg 的道德發展理論中，可以歸納出來在道德前層次的受訪者，特別注重「好」、「壞」、「對」、「錯」的標示，並且以行為所帶來的後果（如懲罰或獎勵）來判斷對錯。在道德慣例層次中主要的重點是遵從現有的社會道德規範以維持社會秩序。而在道德慣例後層次則以普遍適用的倫理原則，例如：人權的平等與人性的尊嚴，因此道德推理是獨立於既有的社會法律與權威而存在的。

表 13-3　Kohlberg 道德發展理論的六個階段

層次	階段
道德 前層次	第一階段 處罰與服從的取向。根據行動的有形結果來判定行動的好壞，凡是可以避開處罰和順服「有制裁力量者」的行為就是對的。 第二階段 工具性的取向。行為就像工具一樣，能夠導致滿足個人需要的行為就是好工具。人際關係是從市場交易的觀點來看待的。從事這些好行為偶爾也會使別人獲得滿足，不過「我」要先能滿足，才能輪到「別人」。行為中還沒有什麼感激、公平或忠誠之類的情操。
道德慣 例層次	第三階段 人際間和諧的取向，也就是「好孩子」的取向。所謂好的行為是要能使他人喜歡或被人所讚許的行為。相當重視順從和做個好孩子。 第四階段 權威的取向——法律與秩序的取向。強調權威與法規的重要性，認為個人應該守本位、盡責任、尊敬權威、共同維持社會秩序。
道德慣 例後或 倫理原 則層次	第五階段 社會契約取向。這個階段有一種功利主義的傾向。根據社會所同意的標準來決定行為的對錯。意識到個人評價的相對性，所以對錯本身不再是絕對的。在法律、規範之外，雙方的契約便是主要的對錯標準。 第六階段 泛人類的倫理取向。對錯乃取決於良心。道德（倫理）原則是自己所選擇的，所依據的是抽象概念，而不是根據具體的規條。

資料來源：Kohlberg (1969)

五、Kohlberg 道德發展階段的相關研究

　　Kohlberg 的道德發展階段和年齡呈正相關，兒童的道德推理大多數是在第一和第二階段，青少年的道德推理則多數在第二和第三階段（Walker, 1989）。成年人則在第三和第四階段最為普遍（Gibson, 1990）。圖 13-2 中是一個追蹤 58 名（10 歲）男孩，長達 20 年以上的研究資料（Colby et al., 1983）。這項研究顯示第一階段在兒童期達高峰，在青少年期消失；第二階段在兒童期至青少年期緩慢下降，青少年期之後更為下降；第三階段在青少年時期達到高峰，然

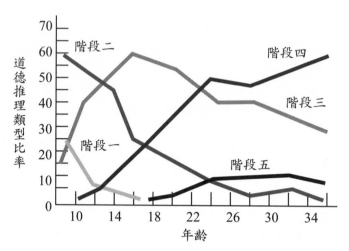

圖 13-2　　Colby 和 Kohlberg 等人長期追蹤 58 名男孩的研究結果

資料來源：Colby, Kohlberg, Gibbs, & Lieberman (1983)

後緩降；第四階段在兒童期出現比率低，隨年齡漸增，在 30 歲之後達到高峰；第五階段在青少年期後期才漸漸出現，而且在 30 歲時出現比率仍低。由此可知，Kohlberg 的各階段隨年齡進階。相關研究的結果，第二階段大約在 10 歲時是最主要的道德推理方式，而第三階段則大約在 12 歲時最為普遍。

　　Kohlberg 的道德發展理論另有兩個重點：一是各階段的發展是循序漸進的，發展的速度可快可慢，但不會有「跳過」某一階段的情形，也不應有發展倒退的現象。另一重點是 Kohlberg 認為，他所提出的六個階段是具有世界性的，也就是即使在不同的文化中，這樣的發展階段理論仍可得到證據的支持。

　　以上的兩個重點，在過去的二十餘年中，得到許多研究的支持，例如：Colby、Kohlberg、Gibbs 和 Lieberman（1983）在長期追蹤研究中發現，受試者大多是從某一道德發展階段進展到較高的階段，而當他們沒有進展時也都會停留在最後的發展階段，而只有大約 5% 的受試者退回較低的階段。又如 Snarey（1985）綜合在 27 個文化中所完成的 45 個研究結果發現，雖然文化背景有差異存在，但是各樣的道德推理卻仍依循 Kohlberg 所提出的階段順序發展。

　　然而也有學者提出質疑，比如 Simpson（1974）發現有 20% 的美國大學生在參加研究時，已達到第四階段後，卻又退回第二階段的情形。而更多的學者

對於道德發展的普遍性原則提出懷疑，換言之，他們對於道德推理能夠超乎文化影響之外，仍抱持懷疑的態度。比如有些學者對於為何在許多文化中，根本發現不到第五或第六階段的受訪者（Snarey, 1985），而認為Kohlberg的理論，可能是有文化偏頗的。

此外，更有多位學者對於Kohlberg以「公平、正義」為道德發展的唯一基礎提出不同的看法。比如：Gilligan（1982）認為，道德也應建立在人際關係中的責任與關懷；Enright 和 the Educational Psychology Forgiveness Group（1991）則提出除了公平的追求外，寬恕也是道德的重要內涵。而且對於年幼兒童（Damon, 1977），道德推理與情境和行為的關係（Blasi, 1994），以及道德行為中的情緒與認知的互動等的研究，將使道德發展的領域內涵更加豐富，也將帶領我們更深入的探索人類心智的活動。

第三節

青少年之家庭與同儕關係

一、青少年的家庭關係

青少年的社會關係主要包括家庭關係和同儕關係。青少年和父母的關係本質上與兒童期與父母關係不同，他們一方面想要建立自己的自主性，另一方面也希望維持和父母親的關係。一般而言，青少年和父母的衝突可能增加（Flannery, Montemayor, & Eberly, 1994），衝突的性質主要和日常生活中的事物和個人權利有關，例如：父母對青少年的髮型有意見、青少年對父母所訂的規矩常不同意等（Cunningham, Swanson, Spencer, & Dupree, 2003）。然而，雖然父母與青少年之間會有衝突，但對於親子關係的品質卻未必會造成嚴重傷害。美國的研究者估計，大約僅5%到10%的親子關係因為青少年早期的家庭衝突而嚴重受創（Steinberg, 1988）。而親子衝突對父母的衝擊遠較對青少年為重（Dekovic & Meeus, 1997）。青少年的氣質和個性以及兒童期的親子關係，均對青

少年和父母的關係有所影響。

父母親的教養方式與青少年的適應仍密切相關，民主式的教養方式和青少年適應力有正相關；父母親的教養風格影響著青少年的自我概念以及人格特質（Dekovic & Meeus, 1997）；青少年的內在控制力和民主式教養有關（McClun & Merrell, 1998）；父母親的接納能幫助青少年正確判斷自己實際的學業能力（Bornholt & Goodnow, 1999）；父母親對青少年在學校的活動和課後活動的參與程度，和青少年的學習和進行生涯規劃呈正相關（Trusty, 1999），也與青少年的不當行為有負相關（Frick, Christian, & Wooton, 1999）。

家庭的結構對青少年的社會情緒發展有影響。一般而言，與繼父母共同生活的青少年的適應力較與親生父母生活的青少年略差（Hetherington et al., 1999）。較之於少男，少女對於父母離異以及和繼父母相處表現出較多的情緒困擾（Amato, 1993; Hetherington & Clingempeel, 1992），少女較易表現出不安和憂鬱的反應。

二、青少年的同儕關係

同儕關係在青少年時期更形重要。青少年的友誼注重分享內在感覺，重視忠誠和信任。青少年建立友誼的能力並不隨年齡自然成長，而是視青少年的社交能力而定，因此造成許多個別差異（Updegraff & Obeidallah, 1999）。青少年的友誼關係較兒童更能維持長久，研究發現，大約20%的四年級兒童的友誼能維持一年以上，但十年級的青少年則可維持40%的友誼一年以上（Cairns & Cairns, 1994）。青少年晚期的友誼持續的時間較青少年早期為長，因為青少年晚期較青少年早期和兒童期更經常採用妥協方式維持正向關係（Nagamine, 1999）。

在青少年早期，青少年的同儕團體主要是同性別的好友所組成。同儕團體順從性大約在 13 歲時達到高峰，這也正是青少年的自尊下滑的時期。值得一提的是，青少年的同儕壓力並不如一般所認為的巨大以及負面。實際上，青少年選擇他們的同儕以及群體（Berndt, 1992），他們通常歸屬於和自己相類似的態度、價值、行為之同儕團體（Akers, Jones, & Coyl, 1998）。當同儕團體的觀

點和自己的看法差距過大時，他們通常決定離開這個同儕團體，轉而參與其他的同儕團體。

　　青少年的同儕團體主要分為兩類，一類是三至六名來往密切的同儕所形成的「**小集團**」（**cliques**）或稱為「死黨」，他們擁有相類似的價值觀和活動興趣。青少年中期開始，男孩的小集團和女孩的小集團之間互動更加頻繁，逐漸形成由異性組成的小集團（heterosexual cliques）（Richards, Crowe, Larson, & Swarr, 1998）。小集團的成員間也會發展出獨特的歸屬感和溝通的方式，以增加對團體的認同（Cairns, Leund, Buchman, & Cairns, 1995）。

　　另一類同儕團體是由多個擁有相近價值觀的小集團聚合成為組織更大、更鬆散的**群體**（**crowds**），成員包括男性和女性。青少年主要選擇和自己特性和興趣偏好相似的群體，或是自己所想要認同的群體。這些選擇往往有象徵性的意涵，例如：「聰明人」（brains）、「受歡迎的人」（populars）、「運動員」（jocks）、「嗑藥族」（druggies）等。這些群體反映出青少年的「**認同典型**」（**identity prototype**），標示著青少年自己和別人的特性和歸屬，這將有助於建立或強化青少年的認同（Brown, Mory, & Kinney, 1994）。

　　青少年的中晚期，異性小集團和群體中的異性互動逐漸頻繁，形成男女朋友的親密關係，單獨約會行為和幾對情侶集團約會成為主要的活動。此時，小集團和群體開始瓦解，但仍然對青少年建立自我認同，以及與異性交往具輔助性功能。

問題討論

1. 試述 Marcia 對自我認同發展的觀點。
2. 簡述 Kohlberg 的道德發展理論以及受批評之處。
3. 家庭關係在青少年時期有何重大轉變。
4. 簡述青少年的同儕關係特性。

參考文獻

Akers, J., Jones, R., & Coyl, D. (1998). Adolescent friendship pairs: Similarities in identity status development, behaviors, attitudes, and interests. *Journal of Adolescent Research, 13,* 178-201.

Amato, P. R. (1993). Children's adjustment to divorce: Theories, hypotheses, and empirical support. *Journal of Marriage & the Family, 55,* 23-38.

Bem, S. L. (1974). The measurement of psychological androgyny. *Journal of Consulting & Clinical Psychology, 42,* 155-162.

Berndt, T. J. (1992). Friendship and friends' influence in adolescence. *Current Directions in Psychological Science, 1,* 156-159.

Berzonsky, M. (2003). The structure of identity: Commentary on Jane Kroger's view of identity status transition. *Identity, 3,* 231-245.

Blasi, A. (1994). Bridging moral cognition and moral action: A critical review of the literature. In B. Puka (Ed.), *Fundamental research in moral development: A compendium* (Vol. 2) (pp. 123-167). New York: Garland.

Bong, M. (1998). Tests of the internal/external frames of reference model with subject-specific academic self-efficacy and frame-specific academic self-concepts. *Journal of Educational Psychology, 90,* 102-110.

Bornholt, L., & Goodnow, J. (1999). Cross-generation perceptions of academic competence: Parental expectations and adolescent self-disclosure. *Journal of Adolescent Research, 14,* 427-447.

Brown, B. B., Mory, M. S., & Kinney, D. (1994). Casting adolescent crowds in a relational perspective: Caricature, channel, and context. In R. Montemayor, G. R. Adams & T. P. Gullotta (Eds.), *Personal relationships during adolescence* (pp. 123-167). Thousand Oaks, GA: Sage.

Cairns, R. B., & Cairns, B. D. (1994). *Lifelines and risks: Pathways of youth in our time.* Cambridge, England: Cambridge University Press.

Cairns, R. B., Leund, M., Buchman, L., & Cairns, B. D. (1995). Friendships and social networks in childhood and adolescence: Fluidity, reliability, and interrelations. *Child Development, 66*, 1330-1345.

Colby, A., & Kohlberg, L. (1987). *The measurement of moral judgment: Theoretical foundations and research validation* (Vol. 1). Cambridge: Cambridge University Press.

Colby, A., Kohlberg, L., Gibbs, J., & Lieberman, M. (1983). A longitudinal study of moral judgment. *Monographs of the Society for Research in Child Development, 48*(1-2).

Cunningham, M., Swanson, D., Spencer, M., & Dupree, D. (2003). The association of physical maturation with family hassles among African American adolescent males. *Cultural Diversity & Ethnic Minority Psychology, 9*, 276-288.

Damon, W. (1977). *The social world of the child.* San Francisco: Jossey-Bass.

Damon, W., & Hart, D. (1988). *Self understanding in childhood and adolescence.* New York: Cambridge University Press.

Dekovic, M., & Meeus, W. (1997). Peer relations in adolescence: Effects of parenting and adolescents' self-concept. *Journal of Adolescence, 20*, 163-176.

Enright, R. D., & the Educational Psychology Forgiveness Group (1991). The moral development of forgiveness. In W. Kurtines & J. Gewirtz (Eds.), *Handbook of moral behavior and development* (Vol. 1) (pp. 123-152). Hillsdale, NJ: Lawrence Erlbaum Associates.

Erikson, E. H. (1959). *Identity and life cycle.* New York: W. W. Norton.

Flannery, D. J., Montemayor, R., & Eberly, M. B. (1994). The influence of parent negative emotional expression on adolescents' perceptions of their relationship with their parents. *Personal Relationships, 1*, 259-274.

Frick, P., Christian, R., & Wooton, J. (1999). Age trends in association between parenting practices and conduct problems. *Behavior Modification, 23*, 106-128.

Gibson, D. R. (1990). Relation of socioeconomic status to logical and sociomoral judgment of middle-aged men. *Psychology & Aging, 5*, 510-513.

Gilligan, C. (1982). *In a different voice: Psychological theory and women's development*. Cambridge, MA: Harvard University Press.

Gurnakova, J., & Kusa, D. (2004). Gender self-concept in personal theories of reality. *Studia Psychological, 46*, 49-61.

Hetherington, E. M., & Clingempeel, W. G. (1992). Coping with marital transitions: A family systems perspective. *Monographs of the Society for Research in Child Development, 57*(2-3).

Hetherington, E., Henderson, S., Reiss, D., Anderson, E., et al. (1999). Adolescent siblings in stepfamilies: Family functioning and adolescent adjustment. *Monographs of the Society for Research in Child Development, 64,* 222.

Katz, P. A., & Ksansnak, K. R. (1994). Developmental aspects of gender role flexibility and traditionality in middle childhood and adolescence. *Developmental Psychology, 30,* 272-282.

Klaczynski, P., Fauth, J., & Swanger, A. (1998). Adolescent identity: Rational v.s. experiental processing, formal operations, and critical thinking beliefs. *Journal of Youth & Adolescence, 27,* 185-207.

Kohlberg, L. (1969). Stage and sequence: The cognitive-developmental approach to socialization. In D. A. Goslin (Ed.), *Handbook of socialization theory and research* (pp. 347-480). Chicago: Rand McNally.

Larson, R., & Verma, S. (1999). How children and adolescents spend time across the world: Work, play, and developmental opportunities. *Psychological Bulletin, 125,* 701-736.

Lobel, T., Slone, M., & Winch, G. (1997). Masculinity, popularity, and self-esteem among Israeli preadolescent girls. *Sex Roles, 36,* 395-408.

Marcia, J. E. (1966). Development and validation of ego identity status. *Journal of Personality & Social Psychology, 3,* 551-558.

Marcia, J. E. (1980). Identity in adolescence. In J. Adelson (Ed.), *Handbook of adolescent psychology* (pp. 159-187). New York: John Wiley & Sons.

Marcia, J. E. (2002). Identity and psychosocial development in adulthood. *Identity, 2,*

7-28.

McClun, L., & Merrell, K. (1998). Relationship of perceived parenting styles, locus of control orientation, and self-concept among junior high age students. *Psychology in the Schools, 35,* 381-390.

Montemayor, R., & Eisen, M. (1977). The development of self-conceptions from childhood to adolescence. *Developmental Psychology, 13,* 314-319.

Nagamine, S., (1999). Interpersonal conflict situations: Adolescent's negotiation processes using an interpersonal negotiation strategy model: Adolescents' relations with their parents and friends. *Japanese Journal of Educational Psychology, 47,* 218-228.

Piaget, J. (1932). *The moral judgment of the child.* New York: Macmillan.

Raffaelli, M., & Ontai, L. (2004). Gender socialization in Latino/a families: Results from two retrospective studies. *Sex Roles, 50,* 287-299.

Richards, M. H., Crowe, P. A., Larson, R., & Swarr, A. (1998). Developmental patterns and gender differences in the experience of peer companionship during adolescence. *Child Development, 69,* 154-163.

Simpson, E. L. (1974). Moral development research: A case study of scientific cultural bias. *Human Development, 17,* 81-106.

Snarey, J. R. (1985). Cross-cultural universality of social-moral development: A critical review of Kohlbergian research. *Psychological Bulletin, 97*(2), 202-232.

Spence, J. T., & Helmreich, R. L. (1978). *Masculinity and femininity.* Austin: University of Texas Press.

Steinberg, L. (1988). Reciprocal relation between parent-child distance and pubertal maturation. *Developmental Psychology,* 24, 122-129.

Trusty, J. (1999). Effects of eighth-grade parental involvement on late adolescents' educational expectations. *Journal of Research & Development in Education, 32,* 224-233.

Updegraff, K., & Obeidallah, D. (1999). Young adolescents' patterns of involvement with siblings and friends. *Social Development, 8,* 52-69.

Walker, L. J. (1989). A longitudinal study of moral reasoning. *Child Development, 60,* 157-166.

Yeung, A., Chui, H., & Lau, I. (1999). Hierarchical and multidimensional academic self-concept of commercial students. *Contemporary Educational Psychology, 24,* 376-389.

part 5

成人早期與中年期之發展

發展的分期中有所謂的成人期（adulthood），因持續的時間很
長，故又分為成人早期（young adulthood）、中年期（middle adul-
thood）與老年期（late adulthood）。本篇共分為五章，分別敘述成
人早期與中年期之生理發展、認知發展、人格發展、關係形成，以
及工作與休閒，至於老年期之發展將在第六篇敘述。

Chapter 14

成人早期與中年期之生理發展

學習目標

1. 在西方社會何種角色轉變標記進入成人期。

2. 非西方文化如何標記轉變到成人期。

3. 轉變到成人期的心理學標準。

4. 年輕成人哪些方面的身體功能在巔峰狀態。

5. 瞭解年輕成人的健康情況。

6. 瞭解中年期的外表改變。

7. 瞭解骨骼與關節問題如何影響中年男女。

8. 中年男女的生殖系統改變的內容。

9. 瞭解運動的益處。

本章首先敘述何時成人期開始，其次敘述成人早期與中年期生理的發展。

何時成人期開始

當生命旅程遠離兒童期並熱切期望成為大人，在某些社會，**轉變**（transition）到成人期是突然的、戲劇性的，被清楚的儀式所劃分；在西方進步的社會，這種轉變是比較模糊的，唯一較明顯的**標記**（marker）可能是生日儀式了，如慶祝年滿 18 歲或 20 歲生日，此時感覺今後有投票權，可合法購買酒精飲料，而在其他方面感覺並不如此，因為可能還沒有經濟獨立。

一、角色轉變劃分成人期

（一）西方文化之角色轉變

決定一個人是否已到達成人期的最廣泛使用的標準，是**角色轉變**（role transition），它包含承擔新的責任與義務。某些到達成人期的角色轉變是關鍵性的標記，例如：完成學業、開始全職工作、建立一個獨立的家庭、結婚，以及成為父母（Hogan & Astone, 1986）。

有趣的是，人們經驗這些標記事件的年齡是隨著時間而不同，這種改變是**年齡層效應**（cohort effects）的例子。例如：在 20 世紀，當人們念大學的百分比從早期大約 10% 到今天增加到高於 50%，其間完成學業的平均年齡呈穩定的提高。相對的，從 1900 年到大約 1960 年，第一次結婚與成為父母的平均年齡呈穩定的下降，而從 1960 年到 1980 年後期又快速的提高（U.S Census Bureau, 1998）。這種複雜現象，使得使用任何一個事件做為長大成人的標記，都感到困難。

（二）泛文化之角色轉變

　　一個人何時長大成人，在非西方的文化是較為清楚的，在這些文化中，結婚是成人地位的最重要決定因素（Schlegel & Barry, 1991）。

　　許多非西方文化，認為男孩必須符合定義明確的要求，才能成為男人（Gilmore, 1990）。很典型的，這些要求聚焦在三個關鍵特徵：能夠提供、保護、與使女人受孕。相對的，大多數的文化對女性做為成人期的標記，有賴於**初潮**（**menarche**），認為是主要的，且是唯一的。

14-1
非洲男孩行割禮——快刀斬童年

　　南非科薩族的年輕人進入一間泥土屋內，接受族人為他行象徵成人的割體；屋內坐了十幾個男人，臉上和胸上都塗了白土。

　　那些男人唱著：「這是不祥之地，痛苦的小屋，殺手的刀等在這兒。」幾分鐘後，剃刀割掉青年的包皮，也割掉他的童年。

　　行割禮時，青年坐在毯子上，沒有使用麻藥；「儀式醫師」操刀時，青年別過臉去，沒有哼一聲。在割禮上叫出聲來，是一輩子的恥辱。

　　非洲女性行割禮被視為極不人道的陋習，這種儀式剝奪女性的性慾，也讓她們易感染疾病。男性割禮如果進行得當，不會有後遺症。不過，非洲許多地區的男性割禮用的仍是最原始的方法，光是南非每年就有數十名男孩因割禮不衛生而引起併發症死亡，另外有數以百計的男孩受傷或感染。用同一把刀為幾個人行割禮，也會傳染愛滋病。

　　用刀已經算是進步了，過去是用矛，60 歲的龔祖就用他的矛給上千名少年行過割禮，他說：「如果有一排少年等著行割禮，手腳一定要快，在他們還來不及搞清楚是怎麼一回事時，即已完事。」龔祖沒受過正式訓練，他現在操刀的報酬是 30 蘭特（約合台幣 175 元）和一瓶白蘭地酒。

　　也是科薩族的南非總統曼德拉，還記得 63 年前行割禮的一幕。他在自傳中寫道：「一位老人跪在我面前，他的手動作極快，似乎被某種超自然力量控制。他割下包皮時，我感到血管噴火。」

血管噴火並沒完事，科薩族的大學生米拉行完割禮後，住在一間割禮小屋內休養，身子塗上白土，象徵純潔，傷口敷著草藥。他說：「頭四天簡直如置身地獄，每隔幾小時就要換藥；傷口一直痛，無法成眠；依照習俗我們又不能喝水，因此我嚴重脫水。」米拉把割下的包皮吞下去。他說：「如果把包皮丟掉，惡魔會作法讓你死在小屋內。」米拉相信巫術。

所有科薩族男性，不論住在城市或鄉下，都得行傳統割禮。如果在醫院割除包皮，在族人眼裡仍然是長不大的男孩，得不到男人應受的尊敬。不過，這項傳統儀式也不得不順應時代而改變，例如：為因應男性要上學或上班，在小屋內休養的時間由數月減到三周；以前用一把刀割好幾個人，在愛滋病流行後，改為每人用不同的刀。

過去南非政府不願插手管族人的習俗，但東開普省衛生單位今年將把割禮的衛生狀況納入管理，族人也樂於使用消毒過的刀。

資料來源：田思怡譯（1997）

在某些文化中，開始進入成人期的儀式是最重要的儀式之一，稱之為**通行的儀式（rites of passage）**，也就是行成年禮。它包含高度精緻的步驟，可以歷時幾天或幾星期，或是壓縮成幾分鐘。轉變到成人期的部落儀式傾向於公開，並且可能包含痛苦或殘害。因為多年來儀式少有改變，長者帶領年輕人經歷他們早年曾經經驗過的儀式（Keith, 1990）。西方社會的儀式是較不正式與較少流傳，然而某些種族團體仍保持較正式的儀式，例如：**猶太教的成年祝典（bar mitzvah）**。經由通行的儀式，使得代間保持接觸與傳承。

二、心理學的觀點

從心理學的觀點，長大成人意謂著以基本不同的方式與世界互動。在認知方面，相較於青少年，年輕成人的思考是不同的（King & Kitchener, 1994）（參閱第十五章）；在行為方面，年輕成人與青少年最主要的不同，是魯莽行為的顯著下降，例如：高速開車、沒有安全措施的性行為，或是捲入反社會行為（Arnett & Taber, 1994）。從這個觀點來看，年輕成人保持一個較高度的**自我控制（self-control）**與順從社會規則（Hart, 1992）。

在**心理社會**（**psychosocial**）方面，年輕成人從關心**認同**（**identity**）到關心**自主與親密**（**autonomy and intimacy**）來劃分轉變（Erikson, 1982）。

根據 Erikson 的說法，年輕成人的主要任務是處理**親密對孤立**（**intimacy versus isolation**）的心理社會衝突，這是 Erikson 心理社會發展理論的第六個階段，一旦一個人的認同建立，Erikson（1982）相信他（她）已準備與另一人創造一個共享的（shared）認同，這是親密的關鍵成分。沒有一個清楚的認同感，Erikson 認為，年輕成人會害怕做一長期關係的承諾，或是變得過度依賴他（她）的伴侶（參閱第十六章）。

以上的觀點對何時成為成人的問題，並沒有提供任何決定性的回答，我們能說的就是，這種轉變有賴於文化與一些心理的因素，在一個沒有明確定義「通行儀式」的文化，定義一個人是一個成人，有賴個人的知覺是否個人相關的主要標準已經具備。

第二節

成人早期之身體發展

年輕成人的**年齡間距**（**range of ages**）是指 20 幾歲到 40 幾歲之間，這是一生中身體功能處在巔峰狀態，大多數年輕成人有最好的**體形**（**physical shape**），事實上，20 歲出頭是從事激烈工作、沒有麻煩生育、運動表現頂尖的時期，這些成就反映身體系統在其巔峰狀態。有關身體發展的各方面分述如下。

一、生長、體力與身體功能

一個年輕成人身高是多高，未來將持續這樣的高度，維持穩定到中年期，而在老年期有些許下降（Whitbourne, 1999）。雖然男性有較多**肌肉質量**（**muscle mass**），並較女性強壯，兩性體力在 20 歲後期與 30 歲早期之間達到高峰，隨

即緩慢下降直到生命終了；協調與靈巧的高峰也在相同時期（Whitbourne, 1996）。因為這些趨勢，很少專業運動員在他們 30 幾歲中期仍然保持其運動的頂尖。

在 20 幾歲早期，**感覺敏銳度（sensory acuity）**也是在顛峰狀態（Fozard & Gordon-Salant, 2001）。**視覺敏銳度（visual acuity）**維持最佳狀態直到中年，中年時人們傾向為遠視，且閱讀要帶眼鏡。聽覺在 20 幾歲後期即開始下降，特別是對高頻的音調。到了老年，這種聽力損失可能影響一個人瞭解語言的能力，至於人們的嗅覺、味覺、痛覺、溫度改變之感覺，與平衡維持仍大多未改變，直到老年。

二、健康狀態

你的整體健康如何？假如你是一個年輕成人，你會說你的健康是好或較好的機會將大於 90%（U.S. Department of Health and Human Service, 1998）。相對而言，比起孩提時，年輕成人感冒與呼吸感染是少了許多，事實上，只有 1% 的年輕成人因為某種健康相關的情況而使其身體功能受限。

由美國年輕成人的整體健康狀態，因疾病導致死亡，特別是在 20 歲出頭是相當少的（National Center for Health Statistics, 2001），可以想見介於 25 至 44 歲間之美國年輕成人死亡之主要原因要屬偶發事故，其次是癌症、心臟血管疾病、自殺與愛滋病。

在這些統計中顯示重要的性別與種族差異（National Center for Health Statistics, 2001）。介於 25 至 34 歲的年輕男性之死亡人數幾乎是相同年齡女性的 2.5 倍，男性大多死於汽車事故，女性死於癌症。非裔與拉丁裔之年輕男性之死亡人數大約是歐裔年輕男性的 2 至 2.5 倍，但是亞洲與太平洋島之年輕男性之死亡率卻只有歐裔美人年輕男性的一半（National Center for Health Statistics, 2001）。

三、生活形態之因素

生活形態因素，例如：抽菸、喝酒，以及吃得不健康，都對健康有負面影響。

（一）抽菸

抽菸的危害是多方面的，**美國癌症學會（American Cancer Society）**估計各種癌症，其中有超過一半以上是與抽菸有關。**氣腫（emphysema）**是一種破壞肺中氣囊的疾病，主要導因於抽菸，同時抽菸吸入的一氧化碳與尼古丁助長心臟血管疾病的發展（Centers for Disease Control and Prevention, 2001）。香菸中的尼古丁是一有力的畸形因子，懷孕時抽菸能導致死產、胎兒體重不足或在生產過程中死亡。

不抽菸者吸到環境中的二手菸，也會有相當高的危險性得到抽菸相關的疾病，因此許多州與社區已通過較嚴格的立法，禁止在公共建築物內吸菸，同時在美國與許多國際航線也完全禁止吸菸。

抽菸的危害這麼多，戒菸便成為當務之急，戒菸對健康是無價的（Centers for Disease Control and Prevention, 2000）。例如：孕婦停止抽菸顯著的減少早產死亡的機會（Surgeon General, 2001）；已戒菸三年的婦女與從不抽菸的婦女有相等獲得心臟病的危險（Rosenberg, Palmer, & Shapiro, 1990）。總之，證據是明確的，假如你不抽菸，不要開始抽，假如你抽菸，你戒菸總不至太遲。

（二）喝酒

如果你是介於 25 與 44 歲之間，難免有偶然喝酒的機會（Schoenborn & Adams, 2001），過去二、三十年工業化國家的酒精消耗已減少（Wattis & Seymour, 1994），部分是因法律對未到適齡喝酒，以及喝酒開車的嚴加禁止。

對大多數人而言，只要不喝酒開車並不會造成嚴重的健康問題。事實上，無數的研究顯示人們每天喝酒不超過兩杯是有益健康的，例如：每天喝一杯啤酒或其他酒的人，相較於戒酒或酒量大者有較低的中風危險（Ebersole & Hess, 1998）。

在年輕成人中，一種特別麻煩的飲酒類型稱之為**狂飲（binge drinking）**，它已被認定為一種主要的健康問題（Gomez, 2000; Schoenborn & Adams, 2001; Wechsler et al., 1994）。

更甚者則為酒精依賴者或經驗酒精相關問題者，此種情形是男多於女，且多發生在年齡介於 18 至 29 歲的年輕成人（National Institute on Alcohol Abuse and Alcoholism [NIAAA], 1998）。酒精依賴者被專家視為一種形式的**成癮（ad-diction）**，其意是指酗酒者呈現身體依賴酒精，當他們沒有喝酒時經驗退縮的症狀。而大多數尋求治療的也是年輕成人（NIAAA, 1998），其中廣為人知的治療選擇是**酗酒匿名（Alcoholics Anonymous）**組織，其他的治療包括：在治療中心的計畫、行為改變、認知行為治療、嫌惡治療、動機加強治療，以及針灸（Mayo Clinic, 2001）。毫無疑問的，這些計畫的目標是戒酒，但不幸的，我們對這些計畫的長期成功所知有限。

（三）營養

猶記得小時候，父母告訴我們要吃蔬菜，當時不以為然，及至長大成人，方瞭解青豆以及不起眼的食物的確是有益健康的。

專家同意營養直接影響一個人的心理、情緒與身體功能（Mayo Clinic, 2000c），例如：食物與癌症、心臟血管疾病、糖尿病、貧血與消化不良有關。一生中營養的需求與飲食習慣會改變，這種改變主要是由於**新陳代謝（metab-olism）**的差異，或是身體需要多少**熱能（energy）**有關，身體新陳代謝與消化歷程隨年齡增加而漸趨緩慢（Rowe & Kahn, 1998）。

一般而言，對年輕成人、中年與老年人的營養指導是相同的，只是作少許的改變而已（Rowe & Kahn, 1998），因為新陳代謝隨年齡增加而減慢，相較於年輕成人，老年人需要較少的**熱量（calories）**，老年人有較高的脫水危險，宜多飲水，也需要較多的蛋白質。**美國心臟學會（American Heart Association, 1990）**清楚地發布**低脂食物（foods low in fat）**應該取代**高飽和脂食物（foods high in saturated fat）**。

這些建議的主要目標是降低**膽固醇（cholesterol）**的水準，因為高膽固醇是心臟血管疾病的危險因子之一。兩種不同類型的膽固醇是有重要的差異，主

要在於對**血流**（**blood flow**）的影響，**低密度脂蛋白**（**low-density lipoproteins, LDLs**）導致脂肪沉澱累積在動脈，阻止血流，而**高密度脂蛋白**（**high-density lipoproteins, HDLs**）幫助清除動脈與破壞 LDLs，因此膽固醇的檢查不是多少膽固醇，而是 LDLs 對 HDLs 之比例的問題，高水準的 LDLs 是心臟血管疾病的危險因子，而高水準的 HDLs 被認為是一保護因子，可減少心臟血管疾病的危險，對於降低 LDLs 水準是有效的（Löwik et al., 1991）。HDLs 水準可經由運動與**高纖飲食**（**high-fiber diet**）而提高，體重的控制也是重要的。

14-2
控制膽固醇

　　減少膽固醇與飽和脂肪的最好方法是減少攝取動物脂肪與油，美國心臟學會建議每天 300 毫克是最大量的膽固醇攝取量。一粒中等大小的雞蛋有 274 毫克的膽固醇與 1.7 克的飽和脂肪，下列是每種食物 3 盎司的膽固醇與飽和脂肪量：牛肝有 327 毫克膽固醇與 2.5 克飽和脂肪；在所有魚中，烏賊有最高的膽固醇（152 毫克），但有 14 克的飽和脂肪；牛肉、豬肉、羊肉、小牛肉，與雞的膽固醇量並沒有很大的差異，但紅肉的總飽和脂肪含量比起家禽類是相當的高，比起魚類則更高；瘦的魚、蛤、牡蠣、貝有最低的膽固醇與飽和脂肪量；蟹、龍蝦與小蝦有較高的膽固醇量，但非常低的飽和脂肪，飽和脂肪包含在這個討論是因為它們傾向於提高有害膽固醇的水平。

　　HDLs 從循環中幫助移除 LDLs 與減少心臟疾病的危險，它扮演一有益健康的角色，相對於 LDLs，較高的 HDLs，有較少心臟疾病的危險。大多數醫生覺得總膽固醇（LDLs 加 HDLs）超過 200 毫克是太高了，人們應減少脂肪與膽固醇的消耗，同時 LDLs 與 HDLs 之比應是 4.6：1 或更低（Ives, Bonino, Traven, & Kuller, 1993）。

　　另一方法減少 LDLs，是在飲食中增加纖維量，普渡大學的 Dr. Jon Story 說：「只要每天攝取一杯具有麩糠的燕麥，LDLs 膽固醇能減少 20%」（Wallis, 1984），規律的、持續的有氧運動是增加保護 HDLs 的一種健康方法。

　　肥胖是與飲食有關的健康問題，評估你的身體狀態的一良方，是計算你的**身體質量指數**（**body mass index, BMI**），BMI 是體重與身高之比，並與**總體**

脂肪（total body fat）相關，計算 BMI 的公式如下：

$$BMI=\frac{W}{H^2}$$

W=體重（公斤）

H=身高（公尺）

　　國家健康研究所（National Institutes of Health）與美國健康基金會（American Health Foundation）定義健康的體重，是 BMI 少於 24。

　　BMI 與嚴重的醫療狀況以及死亡有關，BMI 愈高，危險性愈高；基於此，假如一個人的 BMI 高於 24，希望能夠降低；但是如果 BMI 太低也是不健康的，太低的 BMI 顯示營養不良，也會增加死亡（National Center for Chronic Disease Prevention and Health Promotion, 2003）。

四、與健康有關之社會、性別與種族議題

　　我們已知大多數年輕成人是非常健康的，然而一些重要的個別差異值得瞭解。

（一）社會因素

　　對健康的兩個重要的社會影響是社經地位與教育。在美國收入是一個人健康如何的主要決定者，主要是因為收入與適當的健康照顧相關，不論種族團體是什麼，生活貧窮的人是比較不健康的。

　　與收入有關的是教育，比起一般沒有讀大學的人，大學畢業生較不可能發展成慢性疾病，如過度緊張與心臟血管疾病；事實上，較少教育的人不僅較可能感染到慢性疾病，也較可能因病死亡（Pincus, Callahan, & Burkhauser, 1987）。

　　如此說來，教育使人健康也不盡然，高教育水準與高收入相連，以及較知道飲食與生活方式對健康的影響，因此，受較高教育的人是在一較好的位置提供健康照顧，並知道有關何種食物與生活方式會影響健康。

（二）性別

男性或女性較健康？這個問題不易回答，主要是因為女性不是例行的包含在許多健康的研究裡，直到 1990 年間（Kolata, 1990），大多數有關心臟血管疾病危險因子的縱貫資料都來自男性的研究。然而我們知道女性比男性壽命長，因為她們比較注意身體的改變而較常使用健康的服務（Ebersole & Hess, 1998）。

（三）種族團體的差異

在美國，最不良的健康條件存在於**鄰近都市內**（inner-city neighborhoods），例如：在大都會區的男性非裔美人比起一些第三世界國家的男性壽命較低（U.S. Census Bureau, 2001）。

如前所述，貧窮和不適當的健康照顧，與較高的死亡有關（McLanghlin, Stokes, & Nonyama, 2001）。即使當貧窮的少數民族接觸健康照顧，比起歐裔美人來是較少接受慢性疾病的治療（National Center for Health Statistics, 2001）。其他種族團體因貧窮不能獲得適當的健康照顧，他們也就有較不良的健康狀況。

第三節
中年期之身體變化與健康

中年期的年齡間距約在 40 幾歲至 60 幾歲之間。在許多方面，中年期是一生的最佳時期，一般而言，人們的健康是好的，他們的收入也在高峰。當人們進入中年，他們開始經驗一些與老化相關的身體改變，分述如下。

一、外表的改變

當你問某人與老化歷程相關的最明顯身體改變，此人有較高的機會提到皺

紋與灰髮，這些外在標誌並不必然是內在身體老化的指標。然而，中年人認為這些改變意謂著自己漸漸年老。

皺紋是皮膚結構，以及其結締與支持組織的改變，曝露於陽光的損傷與抽菸的累積所影響（Whitbourne, 1996）。灰髮是自然的與毛囊正常地停止產生色素所導致（Kenney, 1982），男性的禿頭是一種遺傳的特徵，它是頭頂部的頭髮漸漸掉落，這通常也開始於中年（Whitbourne, 1996）。

更糟的是，你可能注意到衣服不合適了，雖然你注意飲食，你可能憶起不久前想吃什麼就吃什麼，現在只要看見食物就覺得會增加體重。的確，大多數人們介於 30 出頭與 50 幾歲間會增加體重，當新陳代謝慢下則出現所謂的**中年肚（middle-aged bulge）**（Whitbourne, 1996）。

人們對外表改變的反應是不同的，一些人趕忙去買染髮劑與除皺紋霜，其他人則當成是人生的另一階段，個別差異的確很大，特別是男女與文化的差異。

二、骨骼與關節的改變

（一）骨骼

另一個身體的改變是**骨質（bone mass）**流失，這是個潛在嚴重的問題，骨質的高峰是在一個人 20 幾歲時，然後隨年齡增加而下降（Weldon, 1997），骨質流失使得骨骼減弱與易碎，很容易骨折；又因為骨質少，中年人與老年人的骨骼須較長的時間復原。假如骨質流失是嚴重的，其所形成的疾病稱之為**骨質疏鬆症（osteoporosis）**，如圖 14-1，患者骨骼變得多孔，像蜂巢般極易折斷，嚴重者會導致脊椎坍塌，使人背部彎曲而變矮（Masi & Bilezikian, 1997; Weldon, 1997），如圖 14-2。骨質疏鬆症是老年女性骨折的首要原因（Ebersole & Hess, 1998）。骨質疏鬆症的嚴重影響直到老年才易察覺，然而這種疾病發生在人們 50 幾歲時。

相較於男性，女性患有骨質疏鬆症較為普遍，大部分是因為女性本來骨質較少，有些女孩和婦女從小到大沒有吸收足夠的鈣以促進強壯的骨骼，加以停經後減少**雌激素（estrogen）**的分泌而加速骨質流失（Masi & Bilezikian,

骨質疏鬆症的骨組織　　　　　　　　正常骨組織

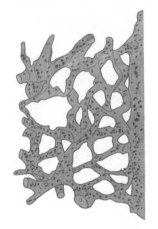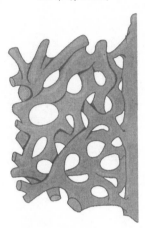

圖 14-1　　骨質流失導致骨質疏鬆症

資料來源：Kail & Cavanaugh (2004: 492)

1997）。

　　骨質疏鬆症形成的原因部分是骨骼成熟時的骨質低、缺乏鈣與維他命D，雌激素減少，以及缺乏**重量承擔（weight-bearing）**的運動，其他的危險因子還包括：抽菸、高蛋白的飲食，以及過量的酒精、咖啡鹼與鈉。治療氣喘、癌、風濕性關節炎、甲狀腺問題與癲癇的婦女也增加危險性，因為使用的藥能導致骨質流失。

　　為了減少骨質疏鬆症的危險，國家健康研究所與**食品及藥物管理局（Food and Drug Administration）**建議從飲食、藥物與活動等著手以預防骨質疏鬆症（Masi & Bilezikian, 1997）。人們應該吃含高鈣的食物（如牛奶與花椰菜），減少酒精的攝取，假如需要，並補充鈣質。一些研究證實，規律的運動是有益的，特別是規律的適度有氧運動。

（二）關節

　　很多中年人埋怨關節痛，這是有原因的，因為在 20 幾歲時，關節內的保護軟骨即呈現損壞徵兆，例如：變薄、破裂與磨損，多年來骨骼下的軟骨受損，可導致**骨關節炎（osteoarthritis）**，逐漸開始疼痛而殘疾，期間伴隨發炎

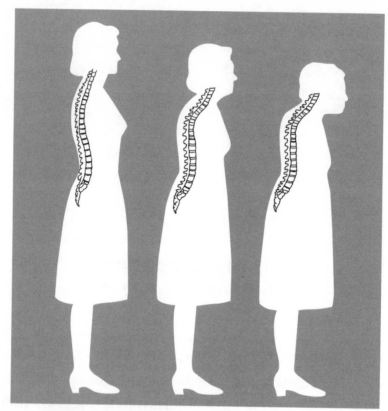

圖 14-2   由於脊椎的壓縮、骨質疏鬆症,最後造成一個人駝背與身高減低

資料來源:Ebersole & Hess (1998: 395)

的症狀(Ettinger, 1995)。這種疾病通常到中年後期或老年早期才被注意到,特別是例行過度使用與濫用關節的患者是最常見的,例如:運動員與勞工。因此骨關節炎的疼痛是因關節使用而磨損,但皮膚的紅、腫與熱是極微的,甚至於沒有。

骨關節炎通常影響手、脊椎、髖骨與膝蓋,不致於影響腰、手肘、肩與踝,有效的治療方法主要是使用**類固醇(steroids)**與抗發炎藥,休息與針對**柔軟度(range of motion)**的無壓力運動,飲食與各種同種療法。

第二種較普通形式的關節炎稱之為**風溼性關節炎(rheumatoid arthritis)**,它是一種更為破壞性的關節疾病,也是緩慢的發展且影響不同的關節,相較於

骨關節炎，風溼性關節炎會造成不同形式的疼痛（Ettinger, 1995）。最常見的是早上患者身體兩側的手指、腰，與踝僵硬、疼痛，關節出現腫脹。風溼性關節炎的典型治療包括：使用**阿斯匹靈（aspirin）**或其他不含類固醇的抗發炎藥，休息與非柔軟度的運動也是有幫助的。有趣的是此疾病症狀的來來去去呈現重複的形式，有時候早上起床會出現，但不久消失了，中午卻又出現。

三、生殖系統的改變

除了外表的改變，中年期也帶來生殖系統的改變，兩性在這些方面的改變是非常不同的，雖然在這些改變的情境中，中年人繼續有積極的性生活。性活動頻率隨年齡增加而下降反映了複雜的**生理心理社會的（biopsychosocial）**因素，包括：生理的改變、日常生活的壓力以及有關性與老年的負向社會刻板印象（Michael, Gagnon, Lauman, & Kolata, 1994）。

（一）更年期與停經

中年婦女帶來一個主要的生理改變：經由自然的方法失去懷孕的能力，此歷程稱之為**更年期（climacteric）**，通常開始於 40 幾歲，終止於 50 歲後期。林美珍（1978）從事婦女更年期症狀及其態度之研究，研究參與者有 600 多位，其中有 121 名婦女正在或已經過了更年期，並請彼等報告更年期的年齡，結果婦女更年期年齡之全距為 38 至 58 歲，顯示個別差異很大，其中數年齡是 48 歲，其平均年齡是 47.49 歲。女性生殖系統改變的時間長短是相當不同，有些人只須一、二年，有些人卻經驗約十年的緩慢歷程。在更年期最重要的改變是女性賀爾蒙、雌激素的產生呈戲劇性的下降（Whitbourne, 1999）。

在更年期，月經變得不規則，到最後終於停止，這種特殊的改變稱之為**停經（menopause）**。雖然有些婦女約在 40 幾歲停經，有些婦女在 50 幾歲仍有規則的月經，然而大多數婦女最後一次月經是在 50 歲早期，至於排卵可能在最後月經後持續一至二年，在這期間如不想冒懷孕危險的婦女宜使用避孕措施。

研究者對更年期與停經相關聯的症狀分為兩組，一為**雌激素相關症狀（estrogen-related symptoms）**，包含：熱潮紅、夜汗、陰道乾、**漏尿（urine** leakage）等，這是由於雌激素快速下降所致；另一為身體的症狀，包含：睡眠困難、頭痛、心跳加速、關節、頸或肩僵硬或酸痛（DeAngelis, 1997）。

停經後，婦女的生殖器官逐漸改變（Whitbourne, 1999），陰道壁收縮且變薄，大小也減小，陰道的潤滑減少與延後，一些收縮也發生在外陰部，這些改變在性活動上有重要的影響，例如：增加痛苦性交的機率，達到高潮須較長的時間與刺激。然而，成人期維持一個積極的性生活，將降低這些問題的程度。

（二）停經症狀的治療

婦女停經後經驗雌激素下降是與增加骨質疏鬆症、心臟血管疾病、**尿失禁**（**stress urinary incontinence**）、體重增加與記憶衰退的危險相關（Lichtman, 1996; Mayo Clinic, 2000b; Sherwin, 1997）。

由於這些增加的危險，以及婦女經驗雌激素相關症狀，許多醫生與研究者鼓吹**賀爾蒙替代療法**（**hormone replacement therapy, HRT**）的使用，婦女攝取低的雌激素劑量，通常是結合**黃體激素**（**progestin**），HRT是具爭議性的，並且是很多研究的焦點（Krauss, 2002; Sagraves, 2001），HRT各有其益處與危險。

多年的研究文獻已證實HRT可減少雌激素相關症狀，新近的研究證實HRT也能減少骨質疏鬆症的危險（Sagraves, 2001），雖然有研究認為 HRT 可減少心臟血管疾病的危險，但一些研究發現 HRT 並沒有減少心臟血管疾病的危險（Krauss, 2002; Welty, 2001），證據是混雜的。其他研究顯示 HRT 對某些婦女可降低低密度脂蛋白的水準與提昇高密度脂蛋白的水準（Skegg, 2001）；有些結果指出HRT幫助維持短期與長期記憶（Sherwin, 1997），雖然其他研究顯示HRT對推理沒有影響（Bertrand, Lachman, & Tun, 2000）。有些暗示性的資料認為HRT在幫助預防**阿茲海默疾病**（**Alzheimer's disease**）扮演一重要角色（Henderson, 1997; Simpkins et al., 1997）。

儘管有這些益處，HRT 也有缺點，最主要考慮的是增加子宮內膜癌與乳癌，特別是在 HRT 之後的十年或更久（Lichtman, 1996; Sagraves, 2001）。幸運的是，當 HRT 使用低量劑的雌激素結合黃體激素，患子宮外膜癌的危險性大大的減少（Mahvani & Sood, 2001）。綜合回顧自 1975 至 2000 年有關乳癌與HRT的研究，發現使用HRT並沒有增加患乳癌的危險（Bush, Whiteman, & Flaws,

2001）。

　　許多醫生與健康組織視 HRT 為停經的重要治療方法（Ewies, 2001），但最近卻質疑這種方法（Krauss, 2002），證據也顯示婦女較少使用 HRT（Weng et al., 2001）。

（三）男性生殖系統的改變

　　不像女性，男性沒有一個生理事件來劃分生殖系統的改變，男性也沒有經驗一個完全沒有小孩能力的失落，然而男性的確經驗精子數量的正常衰退（Lewis, 1995），介於 25 與 60 歲之間，精子產生減少約 30%（Whitbourne, 1996），然而即使在 80 幾歲，一個男性仍非常有機會成為孩子的父親。

　　隨著年齡增加，**前列腺（prostate）**肥大且僵硬，可能阻塞尿道，前列腺癌成為中年的真正威脅，對年過半百的男性，每年定期檢查是非常重要的（American Cancer Society, 1999）。

　　大多數男性在 20 歲中期後，顯示**睪丸激素（testosterone）**的水準逐漸減低（Whitbourne, 1996），然而有些男性在他們 60 歲後期，經驗睪丸激素產生的異常下降，報告的症狀相似一些停經婦女所經驗的，例如：熱潮紅、發冷、心跳快速與神經質（Mayo Clinic, 2000a）。一些醫生稱此雄激素下降，對應於女性的停經，當睪丸激素水準很顯著地下降，有些男性使用**睪丸激素替代治療（testosterone replacement therapy, TRT）**，長期的 TRT 益處與其危險還沒有詳細的研究。

　　男性經驗一些生理改變在性表現上，到了老年，較少知覺到突然射精，須要較長的時間與較多的刺激以達到勃起與高潮（Saxon & Etten, 1994），老年人也報告在性交時常常不能達到高潮與勃起（AARP, 1999）。在 1998 年**威而鋼（Viagra）**問世，可幫助男性達到與維持勃起，對勃起功能障礙者提供一種容易使用的藥物治療，然而正如女性一樣，維持一個積極的性生活，性親密對男女最重要的成分是與伴侶的強烈關係。

四、運動

　　長期以來，醫生與研究者知道運動能顯著的延緩老化歷程。的確，一個規

律的運動計畫，同時伴隨健康生活型態能延緩生理的老化歷程（Whitbourne, 1999），不活動對你的健康是危險的。

成人可從事**有氧運動**（**aerobic exercise**）獲益，因它對心臟提供適度的壓力，有氧運動維持脈搏速率在一個人最大心跳速率的 60%與 80%之間，計算你的最大心跳速率是從 220 減去你的年齡，因此，假如你是 40 歲，你每分鐘心跳的目標是介於 108 至 144（180 × 60%至 180 × 80%）下。從有氧運動獲益所需的最短運動時間有賴於運動的強度，在低心跳速率，運動須持續 1 小時，而在高心跳速率，15 至 20 分鐘就夠了，有氧運動包括：慢跑、階梯有氧、游泳、越野滑雪等。

BOX 14-3
運動時監控脈搏速率

運動時，有些脈搏速率應該增加多少的指標，是為確保一個人不至於運動過多或不足（Blanding, 1982），例如：以每分鐘跳動 220 下（這是理論的最大脈搏速率）來看，減去你的年齡，乘以一個百分比，身體狀況不良的人應該乘以 60%，那些中等狀況的人乘以 70%，而那些身體狀況良好者乘以 80%，結果是一目標的脈搏速率。

假設一個人是 40 歲並且是在中等身體狀況：

220（最大脈搏速率）－40（年歲）＝ 180

180×70%（中等狀況者）＝ 126（每分鐘跳動次數）

目標速率是 126 下，這是一個人運動應該努力達到的，假如這種速率沒有達到，則需要更加激烈的運動；假如這種速率太高了，這種運動量可能對一個人的健康水平是太大了，再者，連續運動使目標速率持續 15 至 30 分鐘。一些權威人士建議每星期至少運動三或四次，有些建議每天運動以維持心臟血管的健康，當健康改進，目標速率將增加，需要一個人運動更激烈來提昇脈搏速率，一旦一個人身體狀況良好（用 80%去乘），運動時提昇脈搏速率到目標數值或稍微高些，就可維持。

當成人從事有氧運動後，在生理上，顯示改進心臟血管功能與大量氧氣的消耗，血壓降低，體力、耐力、柔軟度與協調性均較好；在心理上，顯示壓力降低、脾氣較好、認知功能改善（Surgeon General, 1996）。

　　有氧運動的最大益處是維持身體健康終其一生。在規劃一個運動計畫時，有三點要注意：第一，開始前諮詢一位醫生；第二，記住適度是重要的；第三，在成人期人們運動的理由也會改變，年輕成人傾向於改進其身體外觀而運動，中年與老年較關心身體與心理的健康而運動（Trujillo, Walsh, & Brougham, 1991）。

問題討論

1. 對於成人期，為什麼西方文化缺乏清楚的轉變歷程？
2. 為什麼你認為對 Erikson 而言，是否認同議題在親密議題前決定是重要的？
3. 為什麼生物學的改變發生，性慾仍然維持不變？
4. 系統蒐集近年賀爾蒙替代療法（HRT）的研究文獻？

參考文獻

中文部分

田思怡（譯）（1997，2月24日）。非洲男孩行割禮——快刀斬童年。**聯合報**。

林美珍（1978）。**婦女更年期症狀及其態度之研究**。台北市：正昇教育科學社。

英文部分

AARP (1999). *AARP/Modern Maturity sexuality survey: Summary of findings.* Retrieved from http://www.aarp.org/mmaturity/sept-Oct99/greatsex.html

American Cancer Society (1999). *The prostate cancer resource center.* Retrieved from http://www.cancer.org/media/fact99.html

American Heart Association (1990). *The healthy American diet.* Dallas, TX: The Author.

Arnett, J., & Taber, S. (1994). Adolescence terminable and interminable: When does adolescence end? *Journal of Youth and Adolescence, 33*, 517-537.

Bertrand, R. M., Lachman, M. E., & Tun, P. A. (2000, August). *The effects of menopausal status on cognitive performance.* Paper presented at the annual meeting of the American Psychological Association, Washington, DC.

Blanding, F. H. (1982). *Pulse point plan.* New York: The Random House.

Bush, T. L., Whiteman, M., & Flaws, J. A. (2001). Hormone replacement therapy and breast cancer: A qualitative review. *Obstetrics and Gynecology, 98*, 498-508.

Centers for Disease Control and Prevention (2000). *You can quit smoking: Consumer guide.* Retrieved from http://www.cdc.gov/tobacco/quit/canguit.htm

Centers for Disease Control and Prevention (2001). *Exposure to environmental tobacco smoke and nicotine levels: Fact Sheet.* Retrieved from http://www.cdc.gov/tobacco/research-data/environmental/factsheet-ets.htm

DeAngelis, T. (1997). Menopause symptoms vary among ethnic groups. *APA Monitor, 28*(11), 16-17.

第十四章　成人早期與中年期之生理發展
307

Ebersole, P., & Hess, P. (1998). *Toward healthy aging: Human needs and nursing response* (5th ed.). St Louis: Mosby.

Erikson, E. H. (1982). *The life cycle completed: Review*. New York: W. W. Norton.

Ettinger, W. H. (1995). Bone, joint, and nheumatic disorders. In W. B. Abrams, M. H. Beers & R. Berkow (Eds.), *The Merck manual of geriatrics* (2nd ed., pp. 925-945). Whitehouse Station, NJ: Merek Research Laboratories.

Ewies, A. A. (2001). A comprehensive approach to the menopause: So far, one size should fit all. *Obstetrical and Gynecological Survey*, 56, 642-649.

Fozard, J. L., & Gordon-Salant, S. (2001). Changes in vision and hearing with aging. In J. E. Birren & K. W. Schaie (Eds.), *Handbook of the psychology of aging* (5th ed., pp. 241-266). San Diego, CA: Academic Press.

Gilmore, D. (1990). *Manhood in the making: Cultural components of masculinity*. New Haven, CT: Yale University Press.

Gomez, T. R. A. (2000). College undergraduate binge drinking: A reconceptualization of the problem and an examination of socialization contexts. *Dissertation Substracts International: Section A: Humanities and Social Sciences, 60*, 4621.

Hart, D. A. (1992). *Becoming men: The development of aspirations, values, and adaptational styles*. New York: Plenum.

Henderson, V. W. (1997). Estrogen, cognition, and a woman's risk of Alzheimer's disease. *American Journal of Medicine, 103*(3A), 11S-18S.

Hogan, D. P., & Astone, N. M. (1986). The transition to adulthood. *Annual Review of Sociology, 12*, 109-130.

Ives, D. G., Bonino, P., Traven, N. D., & Kuller, L. H. (1993). Morbidity and mortality in rural community-dwelling elderly with low total serum cholesterol. *The Journals of Gerontology, 48*, M103-M107.

Kail. R. V., & Cavanaugh, J. C. (2004). *Human development: A life-span view*. Belmont, CA: Wadsworth/Thomson Learning.

Keith, J. (1990). Age in social and cultural context: Anthroplogical perspectives. In R. H. Binstock & L. K. George (Eds.), *Handbook of aging and the social science* (3rd ed., pp. 91-111). San Diego, CA: Academic Press.

Kenney, R. A. (1982). *Physiology of aging: A synopsis*. Chicago: Yearbook Medical.

King, P. M., & Kitchener, K. S. (1994). *Developing reflective judgement: Understanding and promoting intellectual growth and critical thinking in adolescents and adults*. San Francisco: Jossey-Bass.

Kolata, G. (1990, February 6). Rush is on to capitalize on test for gene causing cystic fibrosis. *New York Times, P*, C3.

Krauss, R. M. (2002). Individualized hormone-replacement therapy? *New England Journal of Medicine, 346*, 1017-1018.

Lewis, M. I. (1995). Sexuality. In W. B. Abrams, M. H. Beers & R. Berkow (Eds.), *The Merck manual of periatrics* (2nd ed., pp. 827-838). Whitehouse Station, NJ: Merck Research Laboratories.

Lichtman, R. (1996). Perimenopausal and postmenopausal hormone replacement therapy. Part 1. An update of literature on benefits and risks. *Journal of Nurse Midwifery, 41*, 3-28.

Löwik, M. R. H., Wedel, M., Kok, F. J., Odink, J., Westenbrink, S., & Meulmeester, J. F. (1991). Nutrition and serum cholesterol levels among elderly men and women (Dutch nutrition surveillance system). *Journal of Gerontology: Medical Sciences, 46*, M23-M28.

Mahvani, V., & Sood, A. K. (2001). Hormone replacement therapy and cancer risk. *Current Opinion in Oncology, 13*, 384-389.

Masi, L., & Bilezikian, J. P. (1997). Oeteoporosis: New hope for the future. *International Journal of Fertility and Women's Medicine, 42*, 245-254.

Mayo Clinic (2000a). *Hormonal conditions. Male menopause: Does it exist?* Retrieved from http://www.mayoclinic.com

Mayo Clinic (2000b). *Menopause: What is menopause?* Retrieved from http://www.mayoclinic.com

Mayo Clinic (2000c). *Nutrition and disease management?* Retrieved from http://www.mayoclinic.com/home?id=sp 4.1.5.2

Mayo Clinic (2001). *Alcohol addiction*. Retrieved from http://www.mayoclinic.com/
home? id=5.1.1.1.27

McLanghlin, D. K., Stokes, C. S., & Nonyama, A. (2001). Residence and income in-
equality: Effects on mortality among U. S. counties. *Rural Sociology*, *66*, 579-598.

Michael, R. T., Gagnon, J. H., Lauman, E. O., & Kolata, G. (1994). *Sex in America: A
definitive survey*. Boston: Little, Brown.

National Center for Chronic Disease Prevention and Health Promotion (2003). *BMI:
Body Mass Index*. Retrieved from http://www.cdc.gov/nccdphp/dnpa/bmi/index.
htm

National Center for Health Statistics (2001). *Health, United States, 20d with urban and rural
health chartbook*. Retrieved from http://www.cdc.gov/nchs/products/pubs/pubd/hus/
hus.htm

National Institute on Alcohol Abuse and Alcoholism (1998). *Frequently asked ques-
tions about alcohol abuse and alcoholism*. Retrieved from http://www.niaaa.nih.
gov/faq/faq.htm

Pincus, T., Callahan, L. F., & Burkhauser, R. V. (1987). Most chronic disease are repor-
ted more frequently by individuals with fewer than 12 years of formal education
in the age 18-64 United States population. *Journal of Chronic Diseases, 40*,
865-874.

Rosenberg, L., Palmer, J. R., & Shapiro, S. (1990). Decline in the risk of myocardial in-
farction among women who stop smoking. *New England Journal of Medicine,
322*, 213-217.

Rowe, J. W., & Kahn, R. I. (1998). *Successful aging*. New York: Pautheon.

Sagraves, R. (2001). New views on hormone replacement therapy. *Drug Topics, 145*,
59-68.

Saxon, S. V., & Etten, M. J. (1994). *Physical changes and aging* (3rd ed.). New York:
Tiresias.

Schlegel, A., & Barry, H. (1991). *Adolescence: An anthropological inquiry*. New York:
The Free Press.

Schoenborn, C. A., & Adams, P. F. (2001). *Alcohol use among adults: United States 1997-1998.* Retrieved from http://www.cdc.gov/nchs/data/ad/ad324.pdf

Sherwin, B. B. (1997). Estrogen effects on cognition in menopausal women. *Neurology, 48*(5 Suppl. 7), S21-S26.

Simpkin, J. W., Green, P. S., Gridley, K. E., Singh, M., De Fiebre, N. C., & Rajakumar, G. (1997). Role of estrogen replacement therapy in memory enhancement and the prevention of neuroal loss associated with Alzheimer's disease. *American Journal of Medicine, 103*(3A), 19S-25S.

Skegg, D. C. G. (2001). Hormone therapy and heart disease after the menopause. *Lancet, 358*, 1196-1197.

Surgeon General (1996). *Physical activity and health: A report of the Surgeon General.* Atlanta: Centers for Disease Control.

Surgeon General (2001). *Women and smoking: A report of the Surgeon General.* Retrieved from http://www.cdc.gov/tobacco/sgr_forwomen.htm

Trujillo, K. M., Walsh, D. M., & Brougham, R. R. (1991, June). *Age differences in exercise motivaiton.* Paper presented at the annual meeting of the American Psychological Society, Washington, D C.

U. S. Census Bureau (1998). *Statistical abstract of the United States.* Washington, DC: U.S. Government Printing Office.

U. S. Census Bureau (2001). *Statistical abstract of the United States.* Washington, DC: U.S. Government Printing Office.

U. S. Department of Health and Human Service (1998). *Health United States 1997* [DHHS Publication No. PHS 90-1232]. Washington DC: U. S. Government Printing Office.

Wallis, L. (1984, March 26). Hold the eggs and butter. *Time, 123*, 56-63.

Wattis, J. P., & Seymour, J. (1994). Alcohol abuse and elderly people: Medical and psychiatric consequences. In R. R. Wastson (Ed.), *Handbook of nutrition in the aged* (2nd ed., pp. 317-329). Boca Raton, FL: CRC Press.

Wechsler, H., Davenport, A., Dowdall, G., Moeykens, B., & Castillo, S. (1994). Health and behavioral consequences of binge drinking in college. *Journal of American Medical Association, 272*, 1672-1677.

Weldon, B. (1997). *Arthritis and Osteoporosis: Women's health seminar.* Retrieved from http://www.nih.gov/niams/healthinfo/orwhseminar.htm (National Institute of Arthritis and Musculoskeletal and Skin Diseases)

Welty, F. K. (2001). Women and cardiovascular risk. *The American Journal of Cardiology, 88*(7, Supplement 2), 48-52.

Weng, H. H., McBride, C. M., Bosworth, H. B., Grambow, S. C., Siegler, I. C., & Bastian, L. A. (2001). Racial differences in physician recommendation of hormone replacement therapy. *Preventive Medicine, 33*. 668-673.

Whitbourne, S. K. (1996). *The aging individual.* New York: Springer.

Whitbourne, S. K. (1999). Physical change. In J. C. Cavanaugh & S. K. Whitbourne (Eds.), *Gerontology: An interdisciplinary Perspective* (pp. 91-122). New York: Oxford University Press.

Chapter 15 成人早期與中年期之認知發展

學習目標

1. 瞭解成人期智力為何。
2. 什麼類型的能力已被確認,它們如何改變。
3. 什麼是後形式思考,它與形式運思有何不同。
4. 瞭解成人期實際智力如何發展,練習與非練習的能力其發展趨勢為何。
5. 瞭解一個人如何成為一位專家。
6. 終身學習的意義為何,成人與青年人在如何學習的差異為何。

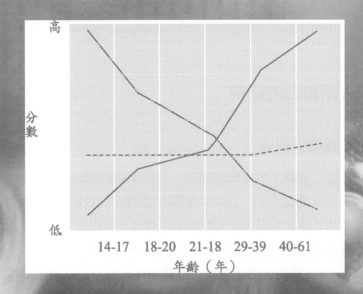

本章首先敘述成人期認知的研究，其次敘述中年期認知的發展，最後簡單敘述終身學習的必要與特性。

成人期認知發展

一、對成人智力的看法

如果拿一張紙，寫下你認為反映成人智力所有的能力，然後看看你的知覺與研究結果如何的相似。可以想見的是，你不會只寫一種能力，其實大多數智力理論是**多向度的（multidimensional）**。基於**全人生（life-span）**的觀點，Baltes 等人介紹成人智力發展的三個重要概念為：(1)**多方向（multidirectionality）**，意即在成人期，某些方面的能力上升，其他方面的能力下降；(2)**個別差異（interindividual variability）**，意即這些能力的改變是各人不同的；(3)**可塑性（plasticity）**，意即這些能力不是固定的，在成人期的任何一時間點與在適當的情境下是可以改變的（Baltes, 1997; Baltes, Lindenberger, & Staudinger, 1998; Baltes, Staudinger, & Lindenberger, 1999; Schaie, 1995）。

二、成人期智力的研究

（一）西雅圖縱貫研究

成人智力是一複雜、多面向的建構，我們如何研究成人的智力？通常有兩種方法，一為正式測驗，另一為評估實際問題解決的技能。

有關使用正式測驗來研究成人期的智力發展，可以 K. Warner Schaie 在 1956 年開始進行的**西雅圖縱貫研究（The Seattle Longitudinal Study）**來說明。Schaie 使用 Thurstone 所編製的標準化**基本心理能力（primary mental abilities）**測驗

來評估各種能力，諸如邏輯推理與空間能力。參與研究者超過 5,000 人，每 7 年測驗 1 次（1956, 1963, 1970, 1977, 1984, 1991, 1998 年），因此成員包括：原始參與者的第二、三代。Schaie 將研究設計稍作修改，成為序列設計（參閱第二章第三節），參與者每隔 7 年測驗，在此同時，加入一組新的研究參與者。研究結果有許多重要的發現，首先是：隨著年齡增加，各種能力有不同的改變，也有年齡層效應。如圖 15-1 所示，基本心理能力逐漸改善到 30 幾或 40 幾歲早期，50 幾歲開始些微下降，到了 60 幾歲下降增加，到了 70 幾歲下降更大（Schaie, 1994）。

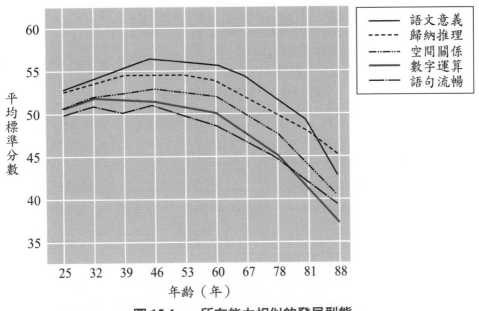

圖 15-1　　所有能力相似的發展型態

資料來源：Schaie (1994)

年齡層差異也呈現，如圖 15-2 所示，新近出生的年輕成人與中年人在歸納推理上比較早出生的要好，而年長者在數字技能比年輕者要好（Schaie, 1994）。這些年齡層效應可能反映教育經驗的不同，年輕者的教育強調事情自行想出解決，而年長者的教育強調機械性的學習，此外，年長者沒有計算機或電腦，他們必須手算來做數學問題。

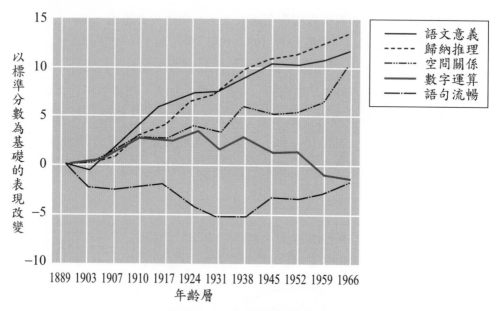

圖 15-2　　年齡層型態差異

資料來源：Schaie (1994)

　　Schaie 也發現許多個別差異，有些人的發展型態接近一般的趨勢，但其他的卻呈現不尋常的型態，例如：一些人在 40 幾與 50 幾歲間，大多數的能力呈穩定的下降，而一些人在某些能力下降，但其他能力並沒有下降，而又有些人在 14 年間大多數的能力很少下降。

　　此外，Schaie（1994）也指出，減少老年人認知下降的幾個變項：避免罹患心臟血管與其他慢性疾病，住在適宜的環境，經由閱讀與終生學習維持認知活絡，在中年時有一適應性的人格型態，配偶具有高的認知狀態，在中年時滿意自己的成就。

　　Schaie 的研究結果正支持 Baltes 等人提出成人智力發展的三個重要概念：多方向、個別差異與可塑性。三點結論是很清楚的：第一，成人期智力發展是逐漸上升，接著是一相當穩定的時期，然後在大多數的能力經歷一逐漸下降期；第二，這些趨勢因年齡層的不同而異；第三，個別的型態也因各人不同而呈現相當的變化。

（二）流體智力與結晶智力

一些研究者將基本能力加以組織，而形成**次級心理能力（secondary mental abilities）**，在成人發展研究中，兩種次級心理能力受到廣泛的注意：**流體智力（fluid intelligence）**與**結晶智力（crystallized intelligence）**（Horn, 1982）。

流體智力是成為一個具彈性與適應思考者的能力，能瞭解概念間的關係，也包含需要對情境，特別是新情境的瞭解與反應之能力：歸納推理、統整、抽象思考等（Horn, 1982），測量流體智力的例子如：在此系列中「AD-GJMP？」，接下來是哪一個字母。

其他用以測量流體智力的方法包括：迷陣、謎題、從形狀中看出關係、從關係中做推論，多數時候，這些測驗有時間限制，高分與快速解決有關。

結晶智力是在某種文化經由生活經驗與教育獲得的知識。結晶智力包含：廣博的知識、溝通的瞭解、判斷，與訊息的熟練（Horn, 1982）。記得歷史事實、字的定義、文學知識，以及體育瑣事訊息的能力就是結晶智力的例子。

從發展觀之，流體智力與結晶智力追隨兩種非常不同的路徑，如圖 15-3 所

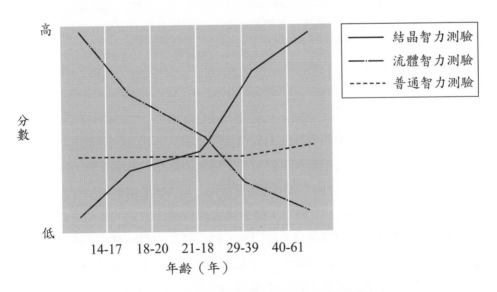

圖 15-3　結晶與流體智力相反的發展趨勢

資料來源：Horn (1970)

示，流體智力經由成人期而下降，而結晶智力則上升。雖然我們還不完全瞭解為什麼流體智力下降，它可能因疾病、受傷，與老化等累積的影響，在腦部產生變化有關，或是由於缺乏練習使然（Horn & Hofer, 1992）。相反的，結晶智力的上升表示人們每天繼續不斷增加知識。

BOX 15-1
結晶智力不退反進

在老年的研究中，智力是最為心理學家所注意的了，Horn（1970）將智力分為流體智力與結晶智力；流體智力是指個人的普通心理能力，特別是屬於實際操作的能力，如符號與數字的配對、知覺統整的拼圖等的心理動作能力，以及在視覺範圍內轉換注意的能力。這種智力隨著年齡的增加到了老年，會有衰退的傾向，而與知識、經驗及學習無關。老年人的這種智力之所以不如年輕人，是因為老年人的反應時間慢，需要較多的時間去反應，這使得老年人在駕駛汽車或閱讀方面比較受影響。

結晶智力是指經由經驗而獲得知識，如字彙定義、語文理解，以及普通常識等屬於語文的能力，這種能力並不因年老而衰退，對某些人而言，且有增加的趨勢，因此老年人在利用過去的經驗、儲存的知識來解決問題是大有可為的。

有了這種認識，老年人應該選擇與經驗和知識累積有關的情境與工作，而不應選擇有時間壓力與需要發展新方法的工作，如此一來老年人的表現可能比年輕人更好。

資料來源：林美珍（1988）

這些發展趨勢再次說明各種能力的發展變化很大，而個別差異在流體智力與結晶智力也不同，個別差異在流體智力上隨著時間保持相當的固定，個別差異在結晶智力上隨著年齡增加，因情境需要使用，而大大的維持結晶智力（Horn, 1982; Horn & Hofer, 1992）。例如：很少成人練習解決上述的字母系列問題，而人們可藉由閱讀來增進其字彙，也因為人們閱讀多少有相當的不同，差異就可能出現了。總之，結晶智力提供一相當豐富的知識基地，當材料是熟悉的可從基地抽取資源，而流體智力對在新情境的學習提供動力。

（三）超越形式運思：成人期的思考

　　這是研究成人期智力發展的另一種方法，評估實際問題解決的技能。

　　假如面對下列的兩難情境：你是學校學生仲裁委員會成員之一，最近聽到一件有關剽竊的案子，學生手冊上載明剽竊是嚴重犯罪，結果是要開除的，剽竊一篇報告而被告發的學生說，他從來沒有被告知他需要使用正式的出處與引述。請問你要投票開除這個學生嗎？

　　當這個以及相似的問題呈現給青少年與成人，有趣的差異出現了。青少年傾向於指出學生手冊寫得很清楚，學生疏忽它，結論是學生應被開除。青少年傾向於以形式運思的措詞來面對問題，他們從提供的訊息中，基於自己的經驗，演繹推理達到單一的解決，形式運思的思考者確定這種解決是對的，因為他們基於自己的經驗以及邏輯的驅使。

　　許多成人基於問題的有限訊息，勉強做出任何決定，特別是當問題能作不同方式解釋時（Sinnott, 1998）。他們指出，關於學生個人，我們所知有限：他曾經被教導使用資料的適當程序？教授是否清楚的說明什麼是剽竊？從這個觀點，問題是更加模糊，成人會考慮情境的多面，那是超過問題所提供的訊息，最後決定學生是被退學或不被退學。這種思考顯示瞭解到，他人的經驗可能非常不同於自己的。

　　成人使用的思考歷程是不同於形式運思的（Sinnott, 1998）。這種取向包含考慮情境的限制與狀況，瞭解現實有時會限制解決，以及知道「感覺」在思考時有其重要性。

　　Perry（1970）首先發現成人的不同思考並追蹤其發展，他發現 18 歲大一學生傾向於依賴權威角色的專業來決定思考方式的對與錯，這些學生的思考與邏輯緊密結合，如同 Piaget 聲稱，唯一正當的答案是出自邏輯推論。

　　在未來幾年，知覺改變，學生經歷較不確定哪一個答案是對的，或是否有對的答案的時期，然而到他們準備畢業時，學生對一個議題精通從不同的面去探究，發展出特殊的觀點。他們瞭解對一議題有自己的資源而採取某一立場，而其他人有不同的立場，都應同等的被尊重，在大學期間，學生瞭解在某一議題有不同的觀點。Perry 結論認為這種思考是不同於形式運思，代表認知發展

的另一水準。

基於幾個縱貫研究與無數橫斷研究，研究者歸納認為這種型態的思考代表超越形式運思的一種質的改變（King & Kitchener, 1994; Kitchener & King, 1989; Kramer, Angiuld, Crisafi, & Levine, 1991; Sinnott, 1998），稱之為**後形式思考**（**postformal thought**），意即瞭解到**真實**（**truth, the correct answer**）可以因情境的不同而異，解決必須考量現實的、合理的，曖昧與矛盾是規則而不是例外，情緒與主觀因素在思考上扮演一重要角色。總之，研究證明年輕成人的後形式思考有其起源的（Sinnott, 1998）。

Kramer（1989; Kramer et al., 1991）也提出三階段的發展歷程：**絕對論者**（**absolutist**）、**相對論的**（**relaticistic**），以及**辯證的**（**dialectical**）。絕對論者是思考意謂堅決的相信問題只有一個正確的解答，個人經驗是所有真偽的基礎，18 至 22 歲的人傾向於這種方式的思考；相對論的思考意謂瞭解到議題有很多面，正確的行動或解答有賴於情境，20 幾歲到中年早期的成人最常使用這種形式的思考，相對論的思考具有一潛在的危險，因為他們傾向以個案來推理事情，較不可能承諾某一立場；最後階段是辯證的思考，辯證思考者看到不同觀點的優點，能夠綜合起來，對他們強烈承諾而做出可行的解決方案（Kramer & Kahlbaugh, 1994; Sinnott, 1994a, 1994b, 1998）。

雖然後形式思考的各種研究有些不同，但研究者大多同意成人從相信只有一個對的解法的思考方式到接受有多種解法的事實，這種進展是很重要的，在處理實際的、日常生活問題時能夠考慮情緒與思考的統整。

（四）在生活問題中統整情緒與邏輯

在處理生活問題時，思考形式的不同有其重要的影響，例如：夫妻能夠瞭解並綜合彼此的觀點是比較可能解決衝突，夫妻不能這麼做是比較可能感到憤慨，傾向分開，或甚至解散（Kramer, 1989; Kramer et al., 1991）。

除了增加對問題有多於一個「對」的解答之瞭解，Labouvie-Vief（1997; Labouvie-Vief & Diehl, 2000）認為成人思考具有統整情緒與邏輯的特徵，從年輕成人開始，繼續經中年，人們逐漸從強調順從與**不依賴脈絡**（**context-free**），轉變到強調改變與**依賴脈絡**（**context dependent**）原則。隨著年齡增加，成人

傾向於做決定與分析問題不是這麼基於邏輯的原因，而是基於實際的與情緒的原因，規則與標準不視為是絕對的，而視為是相對的。成熟的思考者瞭解到思考有其固有的社會事業特質，要求與他人妥協，容忍矛盾與曖昧，這種轉變意謂人的**自我感（sense of self）**也有了根本的改變（Magai, 2001）。

　　這種發展，在下列的經典研究中呈現。中學生、大學生與中年人各給三個兩難問題去解決（Blanchard-Fields, 1986），其中一則兩難問題是低的情緒涉入，為兩個虛構國家（North Livia 與 South Livia）所引起的衝突，其他兩則兩難問題是高的情緒涉入，其一是父母與其青少年兒子對去拜訪祖父母的意見相左（兒子不想去），另一是一對男女需要解決一件不是預期的懷孕事情（男的反對墮胎，女的贊成有所選擇）。

　　結果如圖 15-4 所示，其中有兩個重要發現：第一，在推理水準方面，有清楚的發展趨勢，中年人最能夠統整情緒與思考；第二，中學生與大學生的推理水準在虛構國家間戰爭的兩難問題是相等的，但年輕成人學生在拜訪與懷孕的兩難問題上，較快速的統整情緒與思考，這些結果支持Labouvie-Vief建議的發展的改變。

　　成人期認知繼續發展的證據，相較於 Piaget 僅針對邏輯思考，這種繼續發

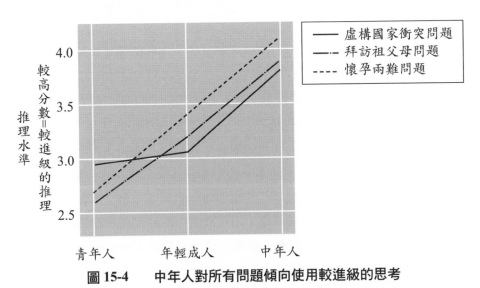

圖 15-4　中年人對所有問題傾向使用較進級的思考

資料來源：Blanchard-Fields (1986)

展觀點對成人期的描述是較積極的，情緒與邏輯的統整，使成人在非常個人，甚至在愛與工作等難以處理的問題方面，提供做決定的基礎。

中年期智力發展

　　相較於兒童期認知的快速成長，或是成人早期後形式認知的爭論，中年期的認知發展是相當平靜的，大部分在第一節討論的智力發展趨勢將繼續並更加堅固。中年期認知發展主要是專業水準的較高發展，實際問題解決的更具彈性。

一、實際智力

　　日常生活中會碰到許多問題，例如：一位中年婦女，在炸食物時，熱油突然濺到一旁的火爐，火舌開始竄升，她該如何處理？又如：一男士所住公寓的冷氣故障，他要求房東請人來修理，但一星期過後打了幾次電話，仍然沒有動靜，暑氣逼人，他應該做什麼？

　　這些實際的問題是不同於智力測驗所測量的，這些問題比較現實，它反映人們例行面對的真實情境。傳統智力測驗被垢病之一就是不評估成人日常生活使用的技能（Diehl, 1998）。大多數人們花很多時間處理他們個人的財務、與不合作的人周旋、安排忙碌的時間表，而不是在解決奧秘的迷津。

　　以傳統智力測驗來測量成人智力的缺點，導致以不同的方式來看待智力，即區別學業智力與其他的技能（Sternberg & Grigorenko, 2000）。廣泛的技能關係到人們如何形成、選擇或適應他們的物理與社會環境，稱之為**實際智力**，前述兩個例子顯示實際智力如何被測量，這種現實生活的問題與傳統測驗之不同主要有三（Diehl, 1998）：**人們更有動機去解決、與個人經驗較相關、它們的解答不只一個。**

（一）Denney 的理論

Denney（1982）假定在實際智力測驗的表現，有賴於兩種不同的成分，其發展趨勢如圖 15-5。底下 d 線代表**非練習的能力**（**unexercised ability**），這是一個人沒有練習或訓練所表現的水準，非練習的能力是不常用的能力，沒有發展完全，或是被要求去處理新情境。例如：當呈現一個之前未曾見過的問題，受影響的認知能力是你的非練習能力，非練習能力反映處理認知問題較低界限的能力，如傳統實驗室的作業，與許多智力測驗題目表現的能力，接近於非練習的能力。

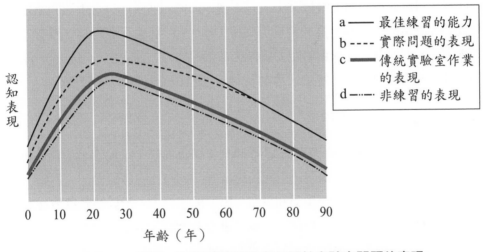

圖 15-5　　**橫過一生實際問題的表現優於實驗室問題的表現**

資料來源：Denney (1982: 821)

a 線代表**最佳練習的能力**（**optimally exercised ability**），這是一個正常健康成人在最佳訓練與練習情境下的表現水準，最佳練習的能力是最常使用的，最多練習的，使用這些能力的問題通常處理得正確與快速，可從圖中 b 線與 d 線之比較得知。最佳練習的能力反映在一個人較具專業的領域。

是否一種特殊的能力是非練習的或是最佳練習的，則是因人而異，例如：一個人可能在電腦程式上沒什麼訓練，而一個**微軟**（**Microsoft**）程式團隊的領

導者將有高的技能，因此，一種能力如何被分類有賴於個人的經驗與專業，而不是技能的特質；這是一個重要的區別，意思是說另外的練習與教育能夠形成某種能力的發展路徑。

非練習的與最佳練習的能力發展歷程是相同的，它們增加直到成人早期，經中年期維持高原，之後下降。如圖 15-5 所示，實際問題的表現與最佳練習的能力在中年期快速接近。

當人們對實際問題的回答，以其有效性來評量，發現實際智力並沒有下降，直到生命的後期才出現下降（Heidrich & Denney, 1994）。Diehl（1998）、Allaire 和 Marsiske（1999）研究顯示實際智力與心理計量智力有關，以某種程度而言，日常生活問題反映日常生活的挑戰，人們如何處理日常生活問題是與傳統心理計量能力有關。這些資料均支持 Denney 的理論，他認為實際智力包含兩種不同的成分，非練習的能力與最佳練習的能力，前者與心理計量的能力相接近，後者與一個人的經驗、專業有關，人們到了中年，則達到高峰。

（二）實際智力的應用

實際智力與成人期的後形式思考連結（Blanchard-Fields, Janke, & Camp, 1995），特別是當一個實際問題引起情緒反應，此時連結經驗與個人喜歡的思考模式，決定一個人是否使用**認知分析**（對問題思考）、**針對問題採取行動**、**被動依賴的行為**（從情境中退縮），或是**逃避與否認**。中年後期的成人，對高度情緒問題，較會採取被動依賴與逃避的方式，有趣的是，對幫助性議題的問題，例如：消費者的問題與家庭管理，處理是不同的（Blanchand-Fields, Chen, & Norris, 1997）。相較於青少年或年輕成人，中年人對幫助性問題較常使用針對問題策略。很明顯的，中年人對實際問題的解決是更具彈性，我們不能用任何一種方式來說明中年人問題解決的特徵。

二、成為專家

開車的人可能都有這種經驗，當行進中的車子突然發出劈劈啪啪的爆裂聲，你會很快的把車停在道路邊，熄火，打開引擎蓋，接著往裡面看；對你而

言，看起來像是一大堆不知道的東西，不抱希望，只好請人拖吊到汽車修理廠。一名中年機械工人出來修理，在幾分鐘之內，車子跑的像新的一樣，怎麼會這樣呢？

第一節提到，以經驗為基礎的智力（結晶智力）經歷大部分的成人期仍繼續增進，一些發展學者更進而聲稱我們每個人在某方面（例如：我們的工作、人際關係、運動，或是汽車修護）成為專家，這對我們是重要的（Dixon, Kramer, & Baltes, 1985）。在某種意義上，一個專家（像修汽車的機械工人）是指一個人在某種工作上比沒有投入這麼多努力的其他人好，我們選擇在某些領域成為專家，在其他方面仍是業餘者或是生手。

是什麼使得專家較生手好呢？最重要的是**專家已擁有解決問題或做決定的其他可行方法的豐富知識**，這些能使他們跳過生手所須的步驟（Ericsson & Smith, Eds., 1991）。專家並不總是如生手般遵照規則，他們較具彈性、創造性，以及好奇，有優異的策略完成工作（Charness & Bosman, 1990），即使以速度而言，他們可能慢些，因為他們花較多時間計畫；跳過一些步驟的能力，使專家具有決定性的益處，以此觀之，這代表知識勝於推理（Charness & Bosman, 1990）。

研究結果證實，專家的表現傾向於在中年期達到高峰，然後些微下降（Charness & Bosman, 1990），然而，這種專家的表現下降並不像他們的訊息處理、記憶與流體智力等能力下降得這麼大，因此，基於經驗為基礎的知識是專家的重要成分。如此看來，似乎專家與訊息處理、記憶與流體智力不那麼相關，而上一節提到這些能力是良好的認知表現的基礎，如何解釋呢？Rybash、Hoyer和Roodin（1986）建議一個歷程，稱之為**膠囊作用（encapsulation）**來解釋，他們的觀點認為思考歷程（訊息處理、記憶、流體智力）到思考產物（專家）變得連結或膠囊化，這種膠囊作用的歷程使得專家去補償下降的基礎能力，也許使得思考更有效（Hoyer & Rybash, 1994）。

以汽車機械工人來說明膠囊作用的意義。依常理而言，人們成為機械工人，在教導過程中，好像在玩一個包含二十個問題的遊戲，其間最佳的策略是問一個問題，其答案就是該問題的答案，不同的問題分別有不同的答案。在開始時，機械工人分別的學習有關汽車的思考策略與內容知識，但當此人的修車經驗增加，思考策略與內容知識合併，不再像玩二十個問題的遊戲，而能逐一回答正

確的答案，熟練的機械工人正確的知道如何進行。就像上述的例子，有經驗的機械工人，只要看看引擎，就能診斷出發出奇怪聲音的原因，而一個新手可能花上幾個小時，仔細閱讀汽車手冊，各種指導書籍，檢查引擎蓋下各個部分等，當他都檢查完畢時，甚至不記得有些部分是曾經檢查過的。熟練的機械工人能夠避免這種訊息的負荷，而瞄準某個特殊部位，考慮這個部位是源自於經驗告訴他這是出問題的地方。

第三節

終身學習[1]

　　生活在資訊發達與科技進步的時期，為了跟得上這種快速的改變，許多組織與專業現在都強調如何學習的重要，而不是學習到特殊的內容，因為內容可能在一、兩年就過時了。對大多數人而言，大學教育可能不是他生涯中最後的教育經驗，很多專業的工作者，例如：醫學、護理、社會工作、心理學與教育，現在都要求獲得在其領域的繼續教育學分。電腦學習使得一些專業與有興趣的成人終身學習更可達到（Fretz, 2001; Ranwez, Leidig, & Crampes, 2000）。

　　終身學習大多在大學裡，也有在其他地方。許多組織在各種議題上，從與工作相關的特殊議題到休閒活動，提供員工研究講習或討論會。此外，許多電視頻道提供教育節目表，以及連結到電腦線上課程，電腦網路、布告欄提供教育資訊的交換，終身學習很快的普及起來。

　　終身學習是為繼續教育與再訓練員工需要的最好方式，正逐漸被接受，但

1　終身學習是基於以下的理由：

　(1)在本章一開始介紹 Baltes 等人有關成人智力發展的三個重要概念，其中之一為可塑性，意即這些能力不是固定的，在成人期的任一時間點與在適當的情境下是可以改變的。

　(2)在西雅圖縱貫研究中發現，減少人們認知下降的幾個變項之一為經由閱讀與終身學習維持認知活絡。

　(3)生活在資訊發達與科技進步的時代，為適應快速改變，終身學習有其必要。

終身學習僅只是早期教育的延伸嗎？Knowles（1984）認為教育兒童與青少年是不同於教育成人的，成人學習者之不同於較年輕學習者有下列幾方面：第一，成人有較高的需求去知道在學習前為什麼要學習；第二，成人在進入學習情境前已有較多與不同的經驗；成人對處理實際問題需要的事情比較有意願去學習，而不是抽象、假設情境的事情；第三，大多數成人的學習動機受內在因素使然（例如：自尊或個人滿足），而不是外在因素（例如：工作升遷或加薪）。

　　總之，終身學習逐漸增加其重要性，但教育者必須認識學習型態是隨人們年齡的增加而改變。

1. 為什麼形式運思不適合統整情緒與邏輯思考？
2. 認知分析（對問題思考）、針對問題採取行動、被動依賴的行為（從情境中退縮），或是逃避與否認，如何與因應壓力相關聯？
3. 專家知識能被教嗎？為什麼能或為什麼不能？

參考文獻

中文部分

林美珍（1988，10 月 12 日）。結晶智力不退反進。**民生報**，家庭版。

英文部分

Allaire, J. C., & Marsiske, M. (1999). Everyday cognition: Age and intellectual ability correlates. *Psychology and Aging, 14*, 627-644.

Baltes, P. B. (1997). On the incomplete architecture of human ontogeny: Selection, optimization, and compensation as foundation of developmental theory. *American Psychologist, 52*, 366-380.

Baltes, P. B., Lindenberger, U., & Staudinger, U. M. (1998). Life-span theory in developmental psychology. In R. M. Lerner (Ed.), *The oretical models of human development* (Vol. 1) (5th ed., pp. 1029-1143). New York: John Wiley & Sons.

Baltes, P. B., Staudinger, U. M., & Lindenberger, U. (1999). Lifespan psychology: Theory and application to intellectual functioning. *Annual Review of Psychology, 50*, 471-507.

Blanchard-Fields, F. (1986). Reasoning on social dilemmas varying in emotional saliency: An adult developmental study. *Psychology and Aging, 1*, 325-333.

Blanchard-Fields, F., Chen, Y., & Norris, L. (1997). Everyday problem solving across the adult life span: Influence of domain specificity and cognitive appraisal. *Psychology and Aging, 12*, 684-693.

Blanchard-Fields, F., Janke, H. C., & Camp, C. J. (1995). Age differences in problem-solving style: The role of emotional salience. *Psychology and Aging, 10*, 173-180.

Charness, N., & Bosman, E. A. (1990). Expertise and aging: Life in the lab. In T. M. Hess (Ed.), *Aging and cognition: Knowledge organization and utilization* (pp. 343-385). Amsterdam, The Netherlands: North-Holland.

Denney, N. W. (1982). Aging and cognitive changes. In B. B. Wolman (Ed.), *Handbook of developmental psychology* (pp. 807-827). Englewood Cliffs, NJ: Prentice-Hall.

Diehl, M. (1998). Everyday competence in later life: Current status and future directions. *The Gerontologist, 4*, 422-433.

Dixon, R. A., Kramer, D. A., & Baltes, P. B. (1985). Intelligence: A life-span developmental perspective. In B. B. Wolman (Ed.), *Handbook of intelligence: Theories, measurements, and application* (pp. 301-350). New York: John Wiley & Sons.

Ericsson, K. A., & Smith, J. (Eds.) (1991). *Toward a general theory of expertise: Prospects and limits*. New York: Cambridge University Press.

Fretz, B. R. (2001). Coping with licensing, credentialing, and lifelong learning. In S. Walfish & A. K. Hess (Eds.), *Succeeding is graduate school*: *The career guide for psychology students* (pp. 353-367). Mahwah, NJ: Lawrence Erlbaum Associates..

Heidrich, S. M., & Denney, N. W. (1994). Does social problem solving differ from other types of problem solving during the adult years? *Experimental Aging Research, 20*, 105-126.

Horn, J. L. (1970). Organization of data on life-span development of human abilities. In L. R. Goulet & P. B. Baltes (Eds.), *Life-span developmental psychology: Research and theory* (p. 463). San Diego, CA: Academic Press.

Horn, J. L. (1982). The aging of human abilities. In B. B. Wolman (Ed.), *Handbook of developmental psychology* (pp. 847-870). Englewood Cliffs, NJ: Prentice-Hall.

Horn, J. L., & Hofer, S. M. (1992). Major abilities and development in the adult period. In R. J. Sternberg & C. A. Berg (Eds.), *Intellectual development* (pp. 44-99). Cambridge, UK: Cambridge University Press.

Hoyer, W. J., & Rybash, J. M. (1994). Characterizing adult cognitive development. *Journal of Adult Development, 1*, 7-12.

King, P. M., & Kitchener, K. S. (1994). *Developing reflective judgement: Understanding and promoting intellectual growth and critical thinking in adolescents and adults*. San Francisco: Jossey-Bass.

Kitchener, K. S., & King, P. M. (1989). The reflective judgment model: Ten years of research. In M. L. Lommons, C. Armon, L. Kohlberg, F. A. Richards, T. A. Grotzer

& J. D. Sinuott (Eds.), *Adult development: Models and methods in the study of adolescent and adult thought* (Vol. 2) (pp. 63-78). New York: Praeger.

Knowles, M. (1984). *The adult learner: A neglected species*. Houston, TX: Gulf.

Kramer, D. A. (1989). A developmental framework for understanding conflict resolution processes. In J. D. Sinnott (Ed.), *Everyday problem solving: Theory and applications* (pp. 138-152). New York: Praeger.

Kramer, D. A., & Kahlbaugh, P. E. (1994). Memory for a dialectical and nondialectical prose passage in younger and older adults. *Journal of Adult Development, 1*, 13-26.

Kramer, D. A., Angiuld, N., Crisafi, L., & Levine, C. (1991, August). *Cognitive processes in real-life conflict resolution*. Paper Presented at the annual meeting of the American Psychological Association, San Francisco.

Labouvie-Vief, G. (1997). Cognitive-emotional integration in adulthood. In K. W. Schaie & M. P. Lawton (Eds.), *Annual review of gerontology and geriatrics* (vol. 17) (pp. 206-237). New York: Springer.

Labouvie-Vief, G., & Diehl, M. (2000). Cognitive complexity and cognitive-affective integration: Related or separate domains of adult development? *Psychology and Aging, 15*, 490-504.

Magai, C. (2001). Emotions over the life span. In J. E. Birren & K. W. Schaie (Eds.), *Handbook of the psychology of aging* (5th ed., pp. 399-426). San Diego, CA: Academic Press.

Perry, W. I. (1970). *Forms of intellectual and ethical development in the college years*. New York: Holt, Rinehart & Winston.

Ranwez. S., Leidig, T., & Crampes, M. (2000). Formalization to improve lifelong learning. *Journal of Interactive Learning Research, 11*, 389-409.

Rybash, J. M., Hoyer, W. J., & Roodin, P. A. (1986). *Adult cognition and aging*. New York: Pergamon Press.

Schaie, K. W. (1994). The course of adult intellectual development. *American Psychologist, 49*, 304-313.

Schaie, K. W. (1995). *Intellectual development in adulthood: The Seattle longitudinal study*. New York: Cambridge University Press.

Sinnott, J. D. (1994a). New science models for teaching adults: Teaching as a dialogue with reality. In J. D. Sinnott (Ed.), *Interdisciplinary handbook of adult lifespan learning* (pp. 90-104). Westport, CT: Greenwood Press.

Sinnott, J. D. (1994b). The relationship of postformal thought, adult learning, and lifespan development. In J. D. Sinnott (Ed.), *Interdisciplinary handbook of adult lifespan learning* (pp. 105-119). Westport, CT: Greenwood Press.

Sinnott, J. D. (1998). *The development of logic in adulthood: Postformal thought and its application*. New York: Plenum.

Sternberg, R. J., & Grigorenko, E. L. (2000). Practical intelligence and its development. In R. Bar-On & D. A. Parker (Eds.), *The handbook of emotional intelligence: Theory, development, assessment, and application at home, school, and in the workplace* (pp. 215-243). San Francisco: Jossey-Bass.

成人早期與中年期之人格發展

學習目標

1. 瞭解 Erikson、Loevinger 和 Levinson
   的階段理論相似與差異處。
2. 瞭解 Costa 和 McCrae 的人格五因素
   模式，此模式用在縱貫的研究為何。
3. 生命事件架構或脈絡模式是研究成
   人人格發展的另一取向。
4. 正向心理學為何，以及其對成人人
   格發展的貢獻。
5. 瞭解 Fredrickson 的正向情緒對問題
   解決與創造力的貢獻。

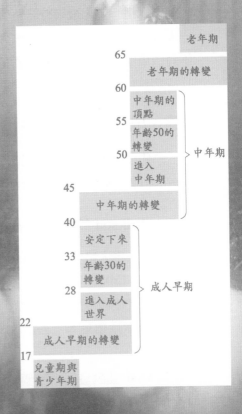

本章主要探討成人人格的改變與連續，首先說明人格之定義，其次介紹學者的成人人格發展理論，繼之敘述人格穩定與改變的縱貫研究，以及生命事件影響成人人格，然後特別提出逐漸成長的正向心理學與人格的發展。

第一節

人格與成人期人格發展理論

一、人格

人格（personality）是指一個人行為、思考與情緒的特殊型態。有時人格一詞用以指一個人最獨特的特質，例如：我們可能注意到某人是害羞的，而另一人是外向的。同時人格的概念認為一個有特殊特質的人，是基於這些特質在不同情境與不同時間具有相當的不變性之假設（Mischel & Shoda, 1995）。

二、成人期人格發展理論

一些理論家認為人格發展如階段般進行，這部分將敘述 Erik Erikson、Jane Loevinger 和 Daniel Levinson 的階段理論。

（一）Erikson 的心理社會論

在全人生人格發展理論中，最早與最著名的要屬 Erikson 的心理社會八階段理論了。Erikson 受 Freud 所影響，但不像 Freud；Freud 早期心理性發展認為，個體處理愉悅的身體感覺影響與形成人格發展，Erikson 則認為人格發展是在社會系統環境中（Erikson, 1963, 1968, 1982; Erikson, Erikson, & Kivnick, 1986）。

Erikson 強調發展中的個體與社會系統的關係，兩者相互影響。這種相互

影響使得人格在一可預期的方式下得以改變或發展；Erikson 的理論是基於這樣的前提：我們是隨著年齡增加，在一共同的遺傳計畫中發展，然而；這種遺傳設定計畫的開展是發生在一特殊的社會與文化脈絡中，這種脈絡會修正遺傳設定計畫。根據 Erikson，人類文化指導或助長遺傳的開展，瞭解人類發展應強調遺傳與文化的交互作用。

　　Erikson 的八階段理論中的每一階段，由於個人內在遺傳與外在社會文化期待，都有一明顯的情緒衝突或危機，個體在每一階段解決衝突可以是正向健康的方式，或是負向不健康的方式；同時個體必滿意的解決早期階段的衝突，方能成功的解決後續階段的衝突。表 16-1 為 Erikson 心理社會發展理論概觀。

表 16-1　Erikson 心理社會發展理論概觀

生命的時期	心理社會危機	社會互動的範圍	自我定義	重要內容及社會影響
早嬰兒期	基本信任對不信任	母親或照顧者	我是我被給予的	此階段的主要發展任務是建立對照顧者的信任感，照顧者若是持拒絕或不一致的態度，嬰兒則學習到世界是一個充滿危險的地方，他人是不可信任的
晚嬰兒期/早兒童期	自動對羞愧懷疑	父母	我是我要成為的	兒童必須學習飲食、穿衣、衛生等自助技能。缺乏獨立自主性將導致兒童懷疑自身的能力而感到羞愧
早兒童期	主動對罪惡感	家庭	我是我能想像的	兒童開始肩負責任，有時表現不符父母期望的行為與活動，這些活動往往使兒童感覺內疚，如果能夠成功的解決這個衝突，一方面是兒童能保持自動自發的精神，另一方面又尊重他人而不至於侵犯到他人的權益
中兒童期	勤奮對自卑	社區、學校	我是我所學的	學習重要的社會與讀寫算技能。與友伴之間作社會比較。勤奮努力掌握社會與學習技能，增加兒童的自信心，否則將導致自卑感
青少年期	認同對角色混淆	國家	我是我定義的我自己	介於兒童到成人之間的過渡期。青少年對於自我認定的問題很有興趣，諸如我是誰？建立基本的社會與自我認定，否則在將要扮演成人角色時，將發生角色錯亂現象
成人早期	親密對孤立	社區、國家	我們是我們所愛的	建立友誼獲得愛與伴侶之親密人際關係，否則將感受孤獨疏離寂寞

表 16-1　　Erikson 心理社會發展理論概觀（續）

生命的時期	心理社會危機	社會互動的範圍	自我定義	重要內容及社會影響
中年期	生產繁衍對頹廢遲滯	世界、國家、社區	我是我所創造的	由工作中獲得成就，建立美滿的婚姻家庭生活，協助滿足下一代的需要，個人如不願或不能肩負社會責任，或不願對社會有所貢獻，將會頹廢或自我中心，不關心他人
老年期	統整對絕望	宇宙、世界、國家	我是還活著的我	回顧一生，生命旅程具有意義有所成就，快樂充實滿足無憾，否則只覺來日不長而人生的願望與目標多未能實現，充滿了悔恨失望，人生的經歷與社會經驗決定最後的危機結果

　　Erikson 敘述成人人格發展的三個階段，第一個階段在成人早期，稱之為**親密對孤立（intimacy versus isolation）**。成人早期通常是有機會與另一人形成深度親密關係以及有意義友誼的，而一種孤立感是來自於一個人不能形成有價值的友誼與一個親密關係。

　　年輕成人逐漸有興趣與他人發展密切關係，他們也經驗強烈的獨立與自由的需要，成人早期的發展掙扎於一方面有親密與承諾的需要，另一方面有獨立與自由的需要間，雖然親密與獨立的平衡是整個成人期所關心的，Erikson 認為它是成人早期的顯著主題。

　　中年人主要關心的是解決**生產繁衍對頹廢遲滯（generativity versus stagnation）**的衝突。生產繁衍指關心下一代，它可以經由作父母或幫助其他小孩，或是經由工作指導後進做為對社會的貢獻者；因此，生產繁衍者定位他們的角色為對那些活得比他們長久者給予關心與提供有意義的方向。

　　有些成人沒有完成生產繁衍，而變得厭煩、自我縱容，以及對社會的傳承不能有所貢獻，Erikson 稱這種狀況為頹廢遲滯，這樣的人不能處理他們小孩的需要，或不能對年輕成人提供經驗。

　　至於最後一個階段，統整對絕望將在老年期的發展再敘述。

（二）Loevinger 的自我發展理論

Loevinger（1976）的理論強調人格發展包含自我逐漸分化的知覺，亦即每個人的發展都是對自己以及與他人關係更為明確的瞭解，表 16-2 摘要 Loevinger 理論的成人階段。

表 16-2　Loevinger 的成人期，自我發展的六個階段

階段	內容
順從者	服從外在的社會規範，因此外表，所有物、表面事物力求符合社會規範
意識的順從者	增加一個人對自己人格的覺察，增加一個人行動對他人影響的理解
意識的	一個人自己標準的強烈與完全的理解，自我批評的
個別的	體認一個人的努力與行動對他人的重要性更勝於個人的結果
自主的	尊重每個人的個別性，接受不明確，繼續因應個人行動與他人關係的內在衝突
統整	解決內在衝突，放棄難達到的我，珍惜他人的個別性

表中所列階段的前幾個階段是兒童與青少年發展的議題。Loevinger 表示不是每個人都經歷所有階段，事實上，很少人到達最後兩個階段，她也強調沒有哪一階段是比另一階段好，雖然人們希望到較高的階段。

根據 Loevinger 的說法，人們繼續的集中他們的精力朝向於**真我（real self, or ego）**的發展，一個人的真我緩慢的發展，以致於達到一個人是怎樣的人與他的作為沒有差別的地步；自我是我們的價值、目標，以及對我們自己與對他人看法的主要創立者，在 Loevinger 理論中，自我發展的發生是由於：(1)責任的基本感覺；(2)誠實自我批評的潛能；(3)形成一個人自己的標準與理想，以及(4)為他人無私的關心與愛。

（三）Levinson 的人生季節

Levinson（1978）的成人發展觀點首載於他的書：《人生季節》（*Seasons of a Man's Life*）。他訪問了中年的計時工人、商業經理人、生物學家與小說家。雖然 Levinson 的主要興趣是**中年轉變（midlife transition）**，他敘述了幾

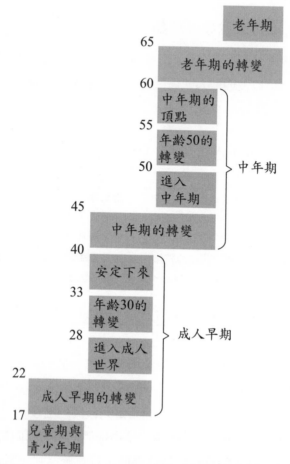

圖 16-1　Levinson 的成人期人格發展時期與轉變

資料來源：Levinson (1978)

個時期，以及生命歷程的轉變，如圖 16-1。

從 1982 到 1992 年，Levinson 與他的同事訪問了一些女性有關成人發展的轉變，他們發現圖 16-1 的架構也能延伸到女性的成人期發展，有關成人期女性的發展在 1996 年出版的《女性人生季節》（*Seasons of a Woman's Life*）一書中（Levinson, 1996）。

Levinson 的理論最重要的概念，是個人的**生命結構**（**life structure**），它是指在任何時間內一個人生命的基礎型態或設計，一個人生命結構藉由他或她選

擇以及與他人關係而顯露。例如：一個人選擇投入大量時間與精力於工作，捨棄與配偶、小孩與朋友的關係；另一人選擇利用時間與精力去幫助他人獲得新能力與工作技能，同時與家庭成員關係密切。Levinson提醒我們，選擇我們生命結構的最重要方面是有關婚姻、家庭與職業。我們與他人，以及與工作的關係是構成生活的原料，它提供生命歷程輪廓與素材。最後，Levinson強調成人發展的不同時期，生命結構也改變與開展。

依Levinson的看法，人的生命歷程包含四個不同時期，每一時期有其顯著特徵，其發展**任務（tasks）**必須精熟，各時期與另一時期有部分重疊，當舊的時期終了，新的時期開始，這些重疊的時期，或**轉變（transition）**，持續約五年。

第一時期，前成人期，從受孕持續到 17 歲，見圖 16-1。在此期間，個體從高度依賴的嬰兒到獨立、負責的成人。從 17 到 22 歲構成成人早期的轉變，此時人們第一次修正與家庭、朋友的關係，以便在成人世界有一席之地。

下一時期為成人早期，年齡約介於 22 至 40 歲間，此期的特徵為具有最大的精力、矛盾與壓力，主要任務是形成與追求年輕人的抱負（實現夢想）、養育家庭，以及在成人世界裡建立一個高的地位。由於愛、職業升遷與個人主要生命目標的實現，此期將有無限的報酬，但也因作父母、婚姻與職業的要求，衝突也是很明顯的，一個人的雄心壯志，以及家庭、社區與社會的要求，可以使人無法抵擋，充滿壓力。

40 至 45 歲是中年轉變期，此時人們瞭解到，還沒有完成成人早期所要做的，而導致有失望的感覺，並使個體重新改變早期的目標。有些人達到或甚至超過他們最初的夢想，然而，他們很快瞭解到他們的傑出成就並沒有使他們免於感到焦慮與危機。這些負向情緒的出現有幾個不同的來源，個體開始經驗到漸漸老去與身體易受傷，他們警覺自己與父母都上了年紀；因此，人們雖仍想完成更多，但卻感到沒有很多時間。的確，這些感覺也是其他人，例如：Gould（1972, 1980）和Sheehy（1995）所謂的**「中年危機」（midlife crisis）**的特徵。成功解決中年轉變使人們改善他們的目標，而與他們的重要他人以及父母分離，這種歷程使自己成為真正的自己。Levinson認為中年轉變是一危機時期，它提供我們更加關心、反省與愛的機會，或者更為頹廢遲滯。

　　第三個時期為中年期，年齡約介於 45 至 60 歲間，在此期間，大多數人有能力對他們的家庭、他們的專業，以及他們的世界有最深遠與正向的影響。人們不再關心他們自己，以及他們的抱負，他們發展了新的目標，即幫助其他人成長。成人在這種年齡，有時會成為年輕人的重要他人，對年輕人的能力與生產性感到驕傲，而不認為是對自己的威脅；再者，當人們進入中年期，他們較能從家庭生活中獲益，基本上，Levinson 有關中年期的想法與 Erikson 的生產繁衍的觀念是相符合的。

　　老年轉變期發生在 60 至 65 歲間，在此期間，年老成人看到自己與他們的朋友身體衰退，以及從其文化的觀點來看，他們現在是老了，而感到焦慮。在老年期（65 歲到死亡），人們必須發展一種生活方式，此種生活方式讓他或她強調過去、現在與未來的現實，在這個時期，人們必須領悟一種相似於Erikson的自我統整對絕望概念的危機。

　　Levinson（1996）報告這種時期與轉變的順序也適用於女性，後續的研究例如：Roberts 和 Newton（1987）發現 Levinson 之人格發展模式的幾方面可應用到年輕與中年女性，特別是 Levinson 所建議的發生在 30 歲的顯著轉變；然而，一個主要的性別差異是年輕成人建構的夢。根據Levinson，回想所謂夢是指一個人從前成人世界到成人世界所建立的目標，年輕成人的夢聚焦在與生涯相關的議題（例如：在一律師事務所晉升到有責任的職位）。Roberts和Newton（1987）報告女性的夢是更加複雜。事實上，女性可能經驗一個分割的夢，顯示考慮人際關係與職業成就兩者，而可能在她們的家庭生活、她們的配偶，或她們的職業經驗不滿意感覺，她們需要較長時間來處理職業。後續的研究需要對這些發現決定是特殊年齡層的影響或是年齡相關的改變。

第二節

成人期人格之穩定與改變

　　人格是穩定或改變到什麼程度是成人發展的一個主要議題。兒童期的人格

特質能預測成人的人格特質嗎？一個害羞的小孩會是個害羞的成人嗎？一個外向的 25 歲年輕人，在他 65 歲時仍是外向嗎？

一、成人人格研究的特質取向

什麼是特質？什麼是人格特質取向的主要假設？特質被一些人格理論家概念為**階層性的（hierarchical）**，其中**主要特質（cardinal trait）**或因素，數量是少的（約 5 至 10），並且影響有限數量的**中心特質（central trait）**或面向，其數量也許是一打左右，然而，中心特質或面向能影響數百個其他**表面特質（surface trait）**（Hershey & Mowen, 2000）。而特質的主要假設為在不同時間、不同情境之下，一個人行為、思考與情緒的特殊型態，仍具有相當的穩定性。

既然人格包含多種特質，研究者常常有興趣在生命歷程的某一時間研究多種特質的呈現，再看經歷一段時間後的預測性；他們也有興趣在社會經驗、家庭經驗與工作經驗中看如何影響人格特質。

二、巴特摩爾縱貫研究

Costa 和 McCrae（1980）是兩位研究成人人格最具影響的心理學家，他們的研究發現，成人期人格特質的持續性是基於**巴特摩爾縱貫研究（Baltimore Longitudinal Study of Aging, BLSA）**，BLSA 是一大樣本，大多數是男性，年齡從 20 到 80 歲，資料蒐集開始於 1950 到 1960 年中期，此研究仍在進行中。研究參與者做了一套標準化的**自陳量表（self-report inventories）**，他們必須在各項論題上報告他或她的意見、感覺與行動。

Costa 和 McCrae（1980）的研究有兩項重要的結果：第一，他們發現人格可概念化為五種獨立的向度或因素所組成：**神經質（neuroticism）**、**外向性（extraversion）**、**開放性（openness to experience）**、**友善性（agreeableness）**與**嚴謹性（conscientiousness）**，這五個向度構成 Costa 和 McCrae 所稱的「人格五因素模式」，如圖 16-2。

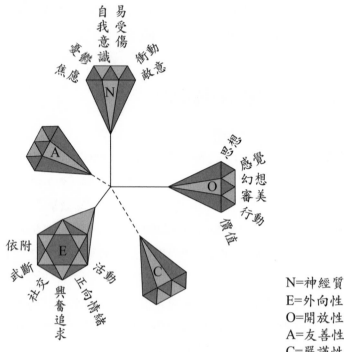

圖 16-2   Costa 和 McCrae 的人格五因素模式

資料來源：Costa & McCrae (1980)

　　大多數對此模式的研究是分析神經質、外向性與開放性等三個向度，每個
人格向度包含六個不同的面向，神經質包括：**焦慮（anxiety）**、**憂鬱（depress-
ion）**、**自我意識（self-consciousness）**、**易受傷（vulnerability）**、**衝動（impul-
siveness）**，與**敵意（hostility）**，每個人在這些面向是如何；外向性是測量一個
人的**依附（attachment）**、**武斷（assertiveness）**、**社交（gregariousness）**、**興
奮追求（excitement-seeking）**、**正向情緒（positive emotion）**與**活動
（activity）**；開放性是關於個人對**幻想（fantasy）**、**審美（aesthetics）**、**感覺
（feelings）**、**行動（actions）**、**思想（ideas）**與**價值（values）**的開放。

　　第二個主要結果是，這三個人格向度在成人期維持相當的穩定，這並不是
說這些人在很多方面沒有改變，事實上，有些人以及他們的生活都有很大的改
變。例如：人們是開放性的就很可能改換工作，過著動盪多事的生活，以激烈

方式經驗好與壞的各種經驗；被評為高神經質的個體碰到新事情就會抱怨、擔心，以致於感覺不滿，因此，所持續的是主要特質或因素，這是人們慣於用以建構他們的生活。

相似的高穩定性也在最近的BLSA研究中發現，參與者是在中年期，僅在神經質、外向性，與開放性有些微下降，一般而言，生命事件對人格因素沒有什麼影響，雖然婚姻狀態與職業的改變會有些微影響（Costa, Herbst, McCrae, & Siegler, 2000）。在菲律賓、德國、義大利、法國、葡萄牙、克羅埃西亞，或南韓等泛文化研究，以人格五因素模式來測量也顯示隨年齡增加很少或沒有改變（McCrae et al., 1999）。

Costa 對這些研究結果的總結是在生命歷程，你所改變的是你的角色，人們會認為隨著年齡增加，人格也改變，但那是他們精力、健康、責任與情境改變，不是他們的基本人格改變。

Costa 和 McCrae 的研究認為成人期人格發展是相當穩定與連續，而不是廣泛的改變或下降與重組，成人人格似乎是一特質組織系統，不受主要改變的影響。

Ruth 和 Coleman（1996）指出，年輕、中年與老年成人間很多明顯的人格差異是因為代間（年齡層）差異，而不是年齡相關的差異，成人人格最顯著的預測者之一是出生年代而不是實際年齡，Roberts 和 Helson（1997）表示從 1950 年代到 1980 年代，個人主義盛行的美國文化，反映在人格上即是美國婦女比較不受一般社會規範的限制，而比較強調個人性。

新的人格理論強調，儘管成人人格是明顯的穩定，仍有相當的改變潛力，Ruth 和 Coleman（1996）建議研究成人人格發展，如果不從不同年齡的平均人格描述去看，而轉向個別生活的研究。在方法上，不用問卷與測驗，而使用直接觀察與訪談，如此可捕捉人們人格與生活的豐富性，在使用此種方法時，也強調試著去瞭解適應能力的有效性，亦即是否一個人應用其獨特資源去改變自己，為了良好的發展去重創情境，或是去克服限制。

第三節
生命事件影響成人人格

一、生命事件取向

　　前述研究成人人格發展的階段取向與特質取向外，生命事件架構或脈絡模式是另一研究成人人格發展的取向。早期研究者認為，主要生命事件（例如：配偶死亡、離婚）會改變他們的人格，較周延的說法是，強調生命事件的中介因素對成人發展的影響，這些中介因素包括：身體健康、智力、人格、家庭支持、收入等。一些人可能視生命事件感到無比壓力，而其他人可能視相同的事件為一種挑戰。

　　此外，我們要考慮生命事件發生的社會文化環境，例如：比起結婚幾年的 20 幾歲年輕人，離婚對結婚多年的 50 幾歲中年人來說是更具壓力的；同時比起 1952 年來，人們在 2002 年較能有效因應離婚，因為今天的社會離婚已比較普遍了。

　　主張生命事件取向的學者Neugarten（1980a, 1980b, 1989），建議人們的年齡與成人人格沒有什麼關係，認為「所謂要**符合你的年齡**」（act your age）已逐漸失去意義，我們長期以來習慣於成人到了什麼年齡，就有什麼地位角色，現在這些似乎與他們的實際年齡亂了步伐，例如：一個 28 歲的市長、60 歲的幼兒父親，以及 70 歲的大學生是不會司空見慣的。

　　Neugarten也對一些暢銷書強調預測的、年齡相關的危機之觀點深感質疑，人們閱讀這些書，會擔心他們的中年危機，對他們沒能適當因應而道歉，對他們沒有中年危機而恐慌，這些危機理論並沒有真正定義成人發展典型型態，例如：中年危機並不必然經歷。因此，Neugarten 認為成人人格是改變的，較不可預測的，並不如許多過於簡單的階段論或危機論所強調的。

　　生命事件取向強調在成人發展中，人們的年齡是一些重要生命事件的指標已沒有什麼關聯。在工作、家庭大小、健康，與教育等方面產生的現象是前所

未有的，例如：子女離家後，有一非常長的**空巢（empty nest）**期，因此父母關係需要重新調適，我們也看到增加了很多**曾祖父母（great-grandparents）**以及那些當他們在 40、50 或 60 歲時開始成家、工作的人。生命任務過去與特殊年齡或發展階段相關聯的，如今似乎在成人整個生命歷程都可重現。

二、生命事件架構

一個人的年齡（或生命階段），某生命事件發生的可能性，以及事件威力（壓力源）相關聯是重要的。有些事件，例如：一個嚴重汽車意外，並不必然與年齡相關，且發生的機率也不高，因此，我們心理上很少有所準備。然而，其他的事件，例如：停經、退休，或父母死亡則與年齡有較強的連結，使我們預期事件到來並發展因應策略，以幫助我們緩和這些事件引起的壓力。圖 16-3 是一生命事件架構（Hultsch & Plemons, 1979）。

此圖敘述四個主要成分：經歷**生命事件壓力源、中介因素、社會／心理適應歷程**，以及**適應或不良適應結果**。從這個觀點，所有生命事件，是否它是正向（結婚、工作晉升）或是負向（離婚、配偶死亡），都被視為具有潛在壓力的；生命事件影響的中介因素可被歸類為內在的（身體健康或智力）或外在的（薪資、社會支持網絡），社會／心理的適應包含個體的因應策略，它可能產生正向或負向的結果。

圖 16-3 指出，考慮生命事件發生的生命階段與社會歷史脈絡也是重要的，對我們生活重要的兩個時間線為個體時間與歷史時間。一個事件（如一個配偶死亡）發生在 30 歲可能與發生在 73 歲有不同的影響；同樣的，一個事件（如在 55 歲退休）發生在 2000 年而不是在 1960 年也有不同的影響。因此成人人格，可從人們經歷生命事件的四個主要成分間交互作用去瞭解，個別的變化是存在的。

三、瞭解個別的變化

廣義而言，研究人格發展有兩個理論取向，其一聚焦在相似性，另一在差

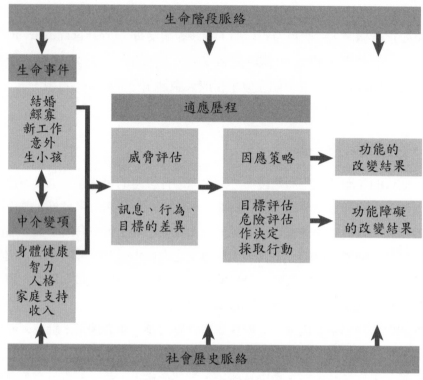

圖 16-3　　生命事件架構

資料來源：Hultsch & Plemons (1979)

異性。Erikson 和 Levinson 的階段論試圖描述成人發展的個體內在改變的共同形式；生命事件架構聚焦在成人人格改變的個別差異特徵。

　　在一個研究女性的縱貫研究，Agronick 和 Duncan（1998）發現人格發展的個別差異獲得廣大的支持，他們探討社會改變（如婦女運動）與人格的問題，發現不是所有的婦女反應都相似，婦女年輕時的成人人格與獨特的成人生活經驗，例如：生涯軌道、小孩養育的時間（timing），以及對家庭的承諾，是對婦女運動反應的預測者。

　　想想自己以及你所知道的其他人，你可能有些部分與其他人是共同的，但有很多方面是與他人不同的，個別差異在任何成人發展模式中是很重要的方面。

第四節

人格與正向心理學

一、正向心理學

　　正向心理學是研究一般人的**力量（strengths）**與**美德（virtues）**或貢獻有效功能之特質的科學（Sheldon & King, 2001: 216），此領域尋求助長個人、社區與社會的最佳功能與成功適應（Seligman & Csikszentmihalyi, 2000）。研究正向心理學者探討使人類繁茂希望、愛、喜悅、信任、知足、興趣、自尊、生活滿意、勇氣、流暢、樂觀、快樂，與安寧的價值與特質。正向心理學的研究始於對數十年來研究負向情緒與失調，例如：憂鬱、焦慮、生氣等作一平衡，在此之前，正向特質並沒有受到注意。Myers（2000）提到在過去 115 年間，憂鬱、焦慮與生氣的研究被出版的有多於 136,000 篇，而喜悅、生活滿意與快樂等主題的研究被出版的卻少於 9,500 篇。成人發展明顯的標示這些正向與負向特質，畢竟，大多數人能夠因應、熟練他們的環境，活出有尊嚴與目的的生活（Sheldon & King, 2001）。

二、正向情緒

　　正向情緒有如最佳安寧的標誌（Fredrickson, 2001: 218），正向情緒如喜悅、愛、知足、興趣與自尊，能夠擴展成人的思考與行動，Fredrickson認為經驗正向情緒者較之沒有這些情緒經驗者，更能夠開啟人們可能的行動與想法，有些相信正向情緒使人們跳脫習慣的想法與行動，其他的則認為正向情緒能促進創造思考與行動。Fredrickson（2001）指出，當人們經驗喜悅，他們自由的創造、遊戲，並且排開在社會、智力、藝術與身體努力的限制，當人們發現經驗有趣，會擴展他們探索的需要，學習新知，參加新經驗，同時自尊來自於與他人分享成功成就，並擬思未來較高的目標。

擴展一個人的思考與行為更有其長期的益處，它創造個人在身體、智力、社會與心理範疇的永續資源。一旦新的思考與行動出現，它們能夠變成習慣性的，持續之久遠超過導致他們獲得新思考與行動的短暫情緒狀態，新發現個人資源能夠類化到不同的情境，加強適應與因應，或是保留當需要時取出使用。當經驗正向情緒，個人較可能發展新的思想與行動，套句成語來表示，就是「福至心靈」。

1. 特質論、階段論，與生命事件論學者在概念人格發展的意義是什麼？每種理論如何說明人格的改變？

2. 在特質上非常長的穩定，支持人格的某些方面是遺傳的想法嗎？為什麼是或為什麼不是？

參考文獻

Agronick, G. S., & Duncan, L. E. (1998). Personality and social change: Individual differences, life path, and importance attributed to the women's movement. *Journal of Personality and Social Psychology, 74*(6), 1545-1555.

Costa, P. T., Jr., & McCrae, R. R. (1980). Still stable after all these years: Personality as a key to some issues of adulthood and old age. In P. B. Baltes & O. G. Brim, Jr. (Eds.), *Life-span development and behavior* (Vol. 3). New York: Academic Press.

Costa, P. T., Herbst, J. H., McCrae, R. R., & Siegler, I. C. (2000). Personality at midlife: Stability, intrinsic maturation, and response to life event. *Assessment, Special Issue, 7*, 365-378.

Erikson, E. H. (1963). *Childhood and society* (2nd ed.). New York: W. W. Norton.

Erikson, E. H. (1968). *Identity, youth and crisis*. New York: W. W. Norton.

Erikson, E. H. (1982). *The life cycle completed: A review*. New York:W. W. Norton.

Erikson, E. H., Erikson, J. M., & Kivnick, H. Q. (1986). *Vital involvement in old age*. New York:W. W. Norton.

Fredrickson, B. L. (2001). The role of positive emotions in positive psychology: The broaden and build theory of positive emotions. *American Psychologist, 56*, 218-226.

Gould, R. L. (1972). *Transformations: Growth and change in adult life*. New York: Simon & Schuster

Gould, R. L. (1980). Transformation tasks in adulthood. *In the course of life: Adulthood and aging process* (Vol. 3). Bethesda. MD: National Institute of Mental Health.

Hershey, D. A., & Mowen, J. C. (2000). Psychological determinants of financial preparedness for retirement. *The Gerontologist, 40*, 687-697.

Hultsch, D. F., & Plemons, J. K. (1979). Life events and life-span development. In P. B. Baltes & O. G. Brim, Jr. (Eds.), *Life-span development and behavior* (Vol. 2). New York: Academic Press.

Levinson, D. J. (1978). *The seasons of a man's life*. New York: Alfred Knopf.

Levinson, D. J. (1996). *Seasons of a woman's life*. New York: Alfred Knopf.

Loevinger, J. (1976). *Ego development*. San Francisco: Jossey-Bass.

McCrae, R. R., Costa, P. T., Jr., de Lima, M. P., Simoes, A., Ostendorf, F., Angleitner, A., Marusic, I., Bratko, D., Caprara, G. V., Barbaranelli, C., Chae, J., & Piedmont, R. I. (1999). Age differences in personality across the adult life spas: Parallels in five cultures. *Developmental Psychology, 35*, 466-477.

Mischel, W., & Shoda, Y. (1995). A cognitive-affective system theory of personality: Reconceptulization situations, dispositions, dynamics, and invariance in personality structure. *Psychological Review, 102*, 246-268.

Myers, D. G. (2000). The funds, friends, and faith of happy people. *American Psychologist, 55*, 56-57.

Neugarten, B. L. (1980a). Act your age: Must everything be a midlife crisis? In *Annual editions: Human development, 1980/1981* (pp. 289-290). Guilford, CT: Duskin Publishers.

Neugarten, B. L. (1980b, February). Must everything be a midlife crisis? *Prime Time.*

Neugarten, B. L. (1989). *Policy issues for an aging society: The psychology of aging*. Washington, DC: American Psychological Association.

Roberts, B. W., & Helson, R. (1997). Changes in culture, changes in personality: The influence of individualism in a longitudinal study of women. *Journal of Personality and Social Psychology, 72*(3), 650-651.

Roberts, P., & Newton, P. M. (1987). Levinsonian studies of women's adult development. *Psychology and Aging, 2*, 154-163.

Ruth, J. E., & Coleman, P. (1946). Personality and aging: Coping and management of the self in later life. In J. E. Birren & K. W. Schaie (Eds.), *Handbook of the psychology of aging* (4th ed., pp. 308-322). San Diego: Academic Press.

Seligman, M. E. P., & Csikszentmihalyi, M. (2000). Positive psychology: An introduction. *American Psychologist, 55*, 5-14.

Sheehy, G. (1995). *New Passages*. New York: Ballantine Books.

Sheldon, K. M., & King, L. (2001). Why positive psychology is necessary. *American Psychologist, 56,* 216-217.

成人早期與中年期之關係形成

學習目標

1. 成人的友誼為何以及如何發展。
2. 愛是什麼，如何開始，以及經由成人期是如何發展的。
3. 經由成人期，結婚像什麼。
4. 中年父母與他們年輕子女之關係如何改變。
5. 中年人如何處理他們需要照顧的年邁父母。
6. 瞭解中年人經驗的祖父母類型為何，孫子女與祖父母如何互動。

在成人發展中，我們的生活會與他人分享。本章首先關心什麼使我們發展良好的友誼與愛的關係；其次，因為這些關係而形成我們基本生活型態——婚姻；第三，父母與子女關係的發展；第四，我們思考作祖父母的意義。這些幾乎是成人早期或中年期人們所經驗到的。

第一節
成人期之友誼與愛的關係

一、友誼

（一）成人期的友誼

從發展的觀點，成人的友誼被視為有五個階段（Levinger, 1980, 1983）：相識（acquaintanceship）、增強（build up）、連續（continuation）、惡化（deterioration）與結束（ending）。這個ABCDE模式描述的不僅是友誼的階段，而且也是友誼改變的歷程。兩人的友誼從相識到增強，有賴於個人對下列幾個向度的同意，例如：相互吸引的基礎、彼此瞭解、溝通良好、知覺友誼的重要等。雖然很多友誼到了惡化階段，但友誼最終是否結束可能有賴於替代友誼是否可得。假如新的潛在朋友出現，舊的友誼便可能結束；假如不是，他們可能繼續，雖然他們可能不被任何一人視為是重要的。

比起任何後續的時期，成人早期傾向於有較多的朋友與相識者（Sherman, deVries, & Lansford, 2000），成人期的友誼是重要的，部分是因為一個人的生活滿意與朋友接觸的質與量非常有關；若大學生有堅強的友誼網絡，對壓力的生命事件會適應得較好（Brissette, Scheier, & Carver, 2002）。因此，在我們的生活上，友誼扮演著重要角色。

研究者發現構成成人友誼基礎的三個明顯的主題是（deVries, 1996）：

1. 最常提到的向度是友誼的情感或情緒基礎，這個向度指的是自我揭露與

親密、欣賞、情感與支持的表現，所有都是基於信任、忠誠與承諾。

2. 第二個主題反映友誼的共享性質，朋友參與或支持相互感興趣的活動。

3. 第三個向度代表社交性與共處性，我們的朋友使我們愉快，是娛樂、玩笑與休閒的資源。

這三個向度被發現存在於所有年齡成人的友誼中（deVries, 1996）。

（二）友誼的性別差異

在成人期兩性的友誼是不同的，反映兒童期學習行為的連續（Fehr, 1996; Sherman et al., 2000）。女性的友誼較為親密與情緒分享，並使用友誼做為向他人吐露秘密的媒介。對女性而言，與朋友在一起討論個人的事，向他人吐露秘密是女性友誼的基礎。相對的，男性的友誼基礎基於分享活動與興趣，他們較可能去打保齡球，或釣魚，或與朋友談論運動；對男性而言，對他人吐露秘密是與競爭需求不一致的，這可能是男性很少這麼做的理由（Cutrona, 1996）；的確，競爭常是男性友誼的一部分，從與朋友打籃球可獲得證明，然而，競爭通常是擺在一邊，不是誰贏誰輸，社會互動才是最重要的因素（Rawlins, 1992）。

女性較之男性有較多親密的關係，為什麼呢？相較於男性，女性從早兒童期起，就有較多這種親密分享經驗，同時對於易受傷也較為輕鬆，因為父母接受小女孩的訴說，並給予支持，而社會壓力對男性卻要他們勇敢、強壯，可能抑制他們形成親密友誼的能力（Rawlins, 1992）。

二、愛的關係

愛是每個人都能感覺，但卻沒有人能完全的定義（測驗你自己：當你看到某人，感覺特別並且說：我愛你。你能完全的解釋你的意思嗎？）因此，研究者從愛的成分試圖瞭解愛。在一系列的有趣研究，Sternberg（1986）發現愛有三個基本成分：(1)**激情（passion）**，對某人的一種強烈生理的慾望；(2)**親密（intimacy）**，一種能與他人完全分享想法與行動的感覺；(3)**承諾（commitment）**，與某人共度美好與患難時光的意願；理想上，一種真愛關係包含所有

三種成分，隨著時光的流動，三種成分的平衡也常常變動。

（一）成人期的愛

愛的不同組合可用以瞭解關係如何發展（Sternberg, 1986），在任何關係的早期，激情通常是高的，而親密與承諾是低的，這是**迷戀**（**infatuation**），一種強烈的基於身體關係，兩人有不瞭解與猜忌的高度危險。所幸迷戀是短暫的，當激情消退，兩人可以獲得情緒的親密關係，或是關係終止。若是前者，信任、誠實、開放與接納必是強烈關係的部分，當它們出現時，**浪漫**（**romantic**）之愛就要發展了。

若有更多的時間，人們經營他們的關係將變得彼此承諾，他們花較多的時間在一起，共同做決定、關心彼此、分享擁有、發展解決衝突的方法，兩人通常向外展示承諾的標誌，例如：戴對方送的戒指、有小孩，或是分享日常生活的瑣事。

（二）戀愛

每個人都希望被某人愛，但真正發生了又充滿困難，Kahlil Gibran（1923）在他的書《預言》（*The Prophet*）指出，愛是兩面的，正如它能給你狂喜，也能使你痛苦，然大多數人願意冒這個險。

人們如何戀愛的呢？解釋這個歷程的最好理論要屬**組合配對**（**associative mating**）了。主要是說，人們找到伴侶是基於彼此的**相似性**（**similarity**），很多相似性的向度，包括：宗教、身體特徵、年齡、社經地位、智力與政治的意識型態等（Sher, 1996），這種配對多半發生在一些社會，那裡的人民有較多控制他們自己約會的機會。

有了相似性，還要有機會相遇，才能影響上述向度的恰合而形成配對。Kalmijn 和 Flap（2001）的研究，從 1,500 對配偶的資料分析，發現在學校相遇或是人們相似的程度，促成最多的男女婚嫁。

一旦人們遇到彼此適合的人，下一步又如何？一些研究者認為進展呈階段性，根據 Murstein（1987）的經典理論，人們應用三個過濾器，代表三個階段：(1)**刺激**，意指此人的身體外觀、社會階級與行為舉止與自己相匹配否？(2)**價**

值，此人有關性、宗教、政治等的價值與自己相匹配否？(3)**角色**，此人對關係的想法、溝通方式、性別角色等與自己相匹配否？假如對三個過濾器的回答都是「是」，你們很可能就形成為一對配偶。

在瞭解成人如何形成一對配偶的同時，一個重要的相關方面是成人在嬰兒期與兒童期的依附類型（Hazan & Shaver, 1994）。研究者已發現，我們每個人傾向於將我們小時候與重要成人的依附關係，重現在我們的伴侶關係中（Hazan & Shaver, 1994; Kobak, 1994; Main, 1996），例如：Hazan 和 Shaver（1987, 1990）發現平易近人的成人（安全型依附），當他小時候也與重要成人有強烈的關係；而那些孤獨有困難形成親近關係者（逃避型依附）小時候也是如此。如此說來，在依附類型的相似性，依據組合配對的概念，也是一重要的成分（Collins & Read, 1990）。

第二節

結婚[1]

大多數成人希望他們愛的關係之結局是結婚，但是他們並不急著完成這個目標。第一次結婚的中位數年齡（median age）自 1970 至 2000 年，已經延後四年，男性約從 23 歲延後到 27 歲，女性約從 21 歲延至 25 歲（U.S. Census Bureau, 2001）。這種趨勢並不是不好，女性不到 20 歲第一次結婚較之女性在 20 幾歲第一次結婚，可能以離婚結束的機率高達三倍之多；而比起女性在 30 幾歲第一次作妻子，不到 20 歲第一次結婚者，可能以離婚作結束的機率則高達六倍之多（U.S. Census Bureau, 2001）。

1　本節僅就結婚這種生活方式加以敘述，其他如單身、同居、同性戀等，限於篇幅從略。

2

一、初期

在結婚的初期是最熱情的，當丈夫與妻子一起分享許多活動與新經驗，充滿幸福與喜悅（Olson & McCubbin, 1983），但當婚姻有麻煩，初期也會產生相當的不愉快（Swenson, Eskew, & Kohlhepp, 1981）。

在結婚的初期，夫妻兩人都必須學習去適應對另一人的不同知覺與期待，許多妻子較之丈夫傾向於關心她們的朋友並與她們保持密切的聯繫，女性也比較可能指出婚姻中的問題，並想要談論這些問題（Peplan & Gordon, 1985）。夫妻也必須學習去面對衝突，事實上，學習解決衝突的有效策略是加強婚姻的重要成分，即相互溝通，這些策略提供夫妻成熟的討論他們問題的方法。

當夫妻安定進入例行生活，婚姻滿意趨於下降（Lamanna & Riedmann, 2003）。研究顯示，對大多數夫妻來說，下降的主要原因是小孩出生（Carstensen, Graff, Levenson, & Gottmann, 1996），事實上，有了小孩意謂著有強烈壓力在從事母親與父親此傳統性別角色行為上（Carstensen et al., 1996）；做父母也意謂著，變得較少時間專心於婚姻，因為照顧小孩是辛苦的工作，需要精力，而這些精力過去是用在維持婚姻品質的（Acock & Demo, 1994; Noller & Fitzpatrick, 1993）。大多數夫妻高興有第一個小孩，這是彼此相愛的具體成果，但很快照顧小孩的現實問題來了，半夜兩點要餵奶、換尿布等等，更別提長期的經濟負擔，至少持續到小孩長大成人。許多研究都發現，第一個小孩出生後，夫妻之間的衝突會增加（Crohan, 1996）。

然而，以小孩出生做為婚姻滿意下降的解釋是太簡單了（Clements & Markman, 1996），事實上，沒有小孩的夫妻也經驗婚姻滿意的下降，這種下降是一共同的發展現象，即使夫妻選擇沒有小孩，也有這種情形。此外，夫妻因為沒有能力有小孩，因而伴隨不孕的壓力，會降低婚姻滿意（Matthews & Matthews, 1986）。縱貫研究顯示婚姻幻滅，例如：愛的感覺下降、愛的表現不同、對配偶反應的感覺，以及增加對配偶的衝突（愛與恨）感情等是婚姻不滿意的重要預測者（Huston et al., 2001）。

二、中年的婚姻

當小孩離開，通常中年夫妻有機會放鬆，有較多時間在一起，婚姻滿意是會改進的（Rosenberg, 1993）。然而，一些中年夫妻的婚姻滿意仍低，他們是心理分開，但繼續住在一起，這種情形稱之為**結婚的單身（married singles）**（Lamanna & Riedmann, 2003）；重要的是，他們是情緒上的離婚，生活像**室友（housemates）**，而不是一對結婚的夫妻。

三、老年夫妻

老年夫妻的婚姻滿意是相當高的（Miller, Hemesath, & Nelson, 1997），然而，長期婚姻滿意，例如：結婚40年或更長，是一複雜的議題。一般而言，在退休後短時間內，老年夫妻的婚姻滿意是增加的，之後因健康問題與年齡增加而趨下降（Miller et al., 1997）。這些婚姻的滿意水準與過去或現在性興趣或性活動量無關，而與朋友互動的程度有正向關聯（Bullock & Dunn, 1988）。的確，許多老年夫妻已發展了分開、滿足的方式（Connidis, 2001; Lamanna & Riedmann, 2003）。

四、維持婚姻快樂

夫妻必須要適應，研究發現多年快樂婚姻的夫妻，顯示在他們的關係中都有能力去適應改變的環境，例如：配偶之一經驗嚴重問題，並未傷害到他們的關係，甚至使關係更連結。而且，夫妻對婚姻的期望隨著時間而改變，逐漸變得更加調合一致了（Weishaus & Field, 1988），相對的，配偶之一有身體疾病，幾乎必然對婚姻品質有負面影響（Wickrama, Lorenz, Conger, & Elder, 1997）。

夫妻彼此如何溝通他們的想法、行動與感覺，也大大決定他們經驗衝突的水準，進而影響長期快樂的感覺（Notarius, 1996），工作與家庭的要求逐漸增加，使婚姻充滿壓力（Rogers & Amato, 1997），婚姻滿意關鍵因素不因歐裔與非裔美人不同而異（Hairston, 2001），還需要愛、幽默與忍耐才能使婚姻快樂

長久。做到其實不難,七件關鍵事情提供夫妻參考(Donatelle & Davis, 1997; Enright, Gassin, & Wu, 1992; Knapp & Taylor, 1994):(1)為你們的關係安排時間;(2)對你的配偶表達愛意;(3)需要時隨侍左右;(4)關係中的問題宜建設性的與正向的溝通;(5)對配偶的生活要有興趣;(6)信任你的配偶;(7)原諒小的不快,試著瞭解大的失禮。

第三節

家庭[2]

一般認為家庭是一對夫妻(或單親),加上至少有一個小孩;因此小孩出生,一對夫妻轉變成一個家庭。雖然美國最普通的家庭型式是**核心家庭(nuclear family)**,僅包含父母(父或母)與小孩,而世界最普通的家庭是**延長家庭(extended family)**,包含:祖父母、其他親戚與父母、小孩住在一起。

一、決定是否要有小孩

夫妻要做的最大決定之一是,是否要有小孩,這種決定比一般人認為的要複雜多了。夫妻須權衡小孩養育的許多益處,諸如個人滿足、實現個人需求、延續家庭香火,以及作伴;但也有很多缺點,包括:費用與生活方式改變(參閱本章第二節之結婚初期)。決定歷程的影響因素是什麼?心理的與婚姻的因素是重要的,當即將做母親者在家庭外工作,生涯與生活方式的因素也有重大關係(Benokraitis, 1999)。

懷孕是計畫的或是意外,是重要的影響因素,夫妻的第一次懷孕是利弊兼具的生命**里程碑事件(milestone event)**(Benokraitis, 1999),養育小孩有很重要的事情要考慮,例如:與自己父母的關係、婚姻的穩定、生涯的滿意,以

---

[2] 本節僅就雙親家庭加以敘述,其他如單親、離婚、再婚等家庭,限於篇幅從略。

及財務的議題。父母大多同意小孩可增加情感，增進家庭連結，給父母一種不朽的感覺，以及一種成就感。大多數父母願意為他們的小孩犧牲，希望他們長大是快樂與成功的。

對大多數夫妻來說，最大的考慮是財務所得，因為小孩的花費是很大的，到底多大呢？根據美國農業部（U.S. Department of Agriculture, 2001）的估計，以一家庭總收入扣稅前年薪 64,000 元為例，在 2000 年有一小孩，在 17 年中要花費 241,770 元在食物、居所與其他生活必需上，這個估計是基於以 2000 年的物價指數為準，尚不包括通貨膨脹在內，大學的花費將又是另外的一筆開銷，難怪父母要考慮了。

有些因個人選擇、所得收入不穩定，以及不孕，以致沒有小孩的夫妻數漸增。在某些方面，這些夫妻較之選擇要有小孩的夫妻，有幾項優勢（Benokraitis, 1999）：較高的婚姻滿意、更為自由，以及較高的生活水準；但是社會對選擇不要有小孩（不是由於不孕）的看法不是正向的（Lampman & Dowling-Guyer, 1995），選擇不要有小孩的夫妻會面臨社會的批評，認為是自我放縱，較不被大多數以孩子取向的社會所喜愛（Arenofsky, 1993），同時在老年也要冒孤獨感的危險（Connidis, 2001）。

二、父母的角色

現今夫妻的小孩少，有第一個小孩的年齡也比過去晚；事實上，直到 1993 年，女性擁有第一個小孩的年齡已超過 30 歲的人數正逐漸增加。延後生第一個小孩，從母親與父親的觀點來看，都有重要的益處。

年齡較大的女性作母親會比較自在，花較多時間與嬰兒在一起，以及對嬰兒比較深情與敏感（Ragozin et al., 1982）。父親的年齡在父親如何與他們的小孩互動上也有不同，相較於在 20 幾歲作父親，30 幾歲作父親者較投入父親的角色，並且花三倍的時間在照顧他們的學齡前兒童（Cooney, Pedersen, Indelicato, & Palkovitz, 1993），然而，30 多歲作父親的男性也比較可能因失去職業的時間（時間用在與小孩互動上），感覺衝突與憤慨（Cooney et al., 1993）。

作父母的技巧也不是自然就會的，它們是要學習的，有了小孩會改變夫妻

生活的各方面，小孩使夫妻關係添加很大壓力，父母雙方需要承諾與合作，作父母充滿了報酬，但也有一大堆事要做，照顧小孩是吃力的工作，也可能產生對分工的意見不合，特別是父母都在外工作，即使母親在外工作（70%以上婦女其小孩18歲以下時，是在外工作的），她們仍負責大部分小孩養育的工作，Pleck（1997）估計男性僅花了女性照顧小孩時間的44%來照顧小孩。

　　儘管如此，一般而言，父母經營處理小孩養育的諸多挑戰是適宜的，當必要時，以及當應用嚴格但合理管教時，父母學習如何妥協、折衷。如有選擇，大多數父母並不後悔他們要有小孩的決定。

三、家庭動力與中年

　　當小孩逐漸長大，甚至離家，例如：去讀大學，父母也到了中年，中年這一代為他們年邁的父母與他們自己逐漸成熟的子女服務（Hareven & Adams, 1996），中年母親（多於父親）傾向於擔任**親戚經營者（kinkeeper）**的角色，此人藉慶祝活動將家庭成員聚集在一起，以及保持彼此的接觸。

　　想想看中年夫妻面臨的主要議題有：維持良好的婚姻、作父母的責任、小孩即將成為成人、自己工作壓力、掛慮年邁父母等等，中年人每天真的有很多事要處理（Hamill & Goldberg, 1997），事實上，中年人有時候被稱之為**三明治世代（sandwich generation）**，他們陷於兩代（他們父母與他們小孩）競爭要求的窘境。

（一）中年人與他們的小孩

　　由於彼此相愛的結果而有了小孩，父母花了相當多的時間、精力與金錢準備讓他們變得獨立而離開。想到這，你不覺得做父母真的很奇怪嗎？

1. 成為朋友與空巢

　　在中年期的某些時候，大多數父母經驗與子女有關的兩種正向發展，突然間，他們的小孩以新的觀點來看他們，以及小孩離家。

　　經歷了養育青少年小孩的緊張後，小孩進入成人早期，父母通常感謝這種

轉變。一般而言，親子關係會改善（Troll & Fingerman, 1996），這種改善可以是相當戲劇性的，例如：一位中年母親的描述：「當我的女兒 15 歲時，她的作為好像我是地球上最笨的人，但現在她 21 歲了，她的作為好像突然間我精明起來，我喜歡她在，她是個好孩子，我們真的變成朋友了。」

這種轉變平順的主要因素，是父母某種程度的助長與認可他們小孩的試圖獨立，大多數父母都能成功的處理空巢的轉變（Lewis & Lin, 1996）。這並不是說父母狠心，當小孩離家，彼此間情緒的結被分散，雖然父母感覺這種改變不同，女性定義自己較強調關係脈絡的，傾向於報告較為苦惱，與負向情緒（Hobdy, 2000），但也只有 25%的母親與父親報告，當最後一個小孩離家時，非常難過與不快樂（Lewis & Lin, 1996）。

雖然如此，父母在可能時，還是會提供相當的財務協助（例如：繳大學學費），其他方面的幫助從一般的（例如：幫大學念書的小孩洗衣服）到不尋常的（例如：在學校附近為小孩買房子之分期付款）。成年小孩與他們的父母一般相信他們有強烈、正向的關係，當必要時，他們可以依賴彼此的幫助（Connidis, 2001）。

2. 當小孩不離家，當小孩又回家

編譯朱邦賢（2002）報導，根據最新一期新聞周刊，全美至少有 400 萬個 20、30 歲的成年人仍靠父母「養活」，這一代統稱 **成年青少年（adultolescent）**。在 2000 年的普查，近 400 萬 25 至 34 歲的成年人和父母同住，而父母也歡迎他們的孩子回家住，這種情形似乎很自然，小孩大學畢業後，找到收入菲薄的工作，搬回父母家可以省去房租等開銷；要找高薪工作，對方卻要求要有研究所學歷。加以大部分成年青少年都不希望一踏出大學校門，立即步上傳統結婚生子的路，如今第一次結婚平均年齡為 26 歲，比 1970 年晚四歲（參閱本章第二節），至於生小孩的年齡更晚上十幾年。

在成年青少年結婚生子前，報導說，美國父母都嘗試提供 20、30 歲的子女有朝一日自立所必備的工具，例如：有人將客房改回臥室，有人付錢給孩子念研究所，有人為孩子付房租和健保費，有人當孩子生涯規劃顧問等，希望他們未來生活是快樂成功的。

孫炳焱（2001）為文：日本的寄生單身貴族，也是指年輕人由學校畢業後，不願就業，也不結婚，生活依然寄生在雙親的庇蔭下。依據日本總理府1997 年調查，20 至 34 歲的未婚者，男性有六成、女性有八成跟父母同住一起，與父母同住的未婚男女，全國有 1,000 萬人之多。造成這個現象的原因是：第一，父親那一代經濟能力很強；第二，子女擇偶條件、要求很高，不輕易結婚；第三，父母疼惜子女，怕他們吃苦，經濟上父親一肩挑，日常家事，母親一肩擔。

無獨有偶的，編譯彭淮棟（2006）的報導，標題為「英國賴家族，25 歲吃爸媽」，也是指年輕人靠父母「養活」。根據英國一項調查發現，25 歲以上的英國未婚者，很多都是「賴家族」，從基本生活支出到學費、房貸，還要靠父母掏腰包。根據調查，家有 25 歲以上子女的英國父母，將近半數還在出錢維持這些子女的基本生活需求，其中倫敦的爸媽最辛苦，有四成七還在拿血本支應成年子女。

以上的報導，可以從年齡層效應來解釋，父母親一代有好的經濟基礎，願意在子女結婚生子前，提供子女自立所必備的工具，而子女這一代因教育延長，成家延後，自然要靠父母協助，父母也樂意為之。

（二）中年人與他們年邁的父母

不管你多大，60 幾歲或 70 幾歲，為人子女這種角色，到了成人期仍然扮演得很好。中年人與他們的父母如何？當他們的父母身體虛弱時會是怎樣的？中年人對他們的父母需要照顧的處理又是如何？

1. 年邁父母的照顧

大多數中年人的父母，他們的健康是適度的良好，然而中年子女的父母需要提供某種程度的照顧，這種人數正逐漸增加，通常這種照顧的工作就落在女兒或媳婦身上（Stephens, Townsend, Martire, & Druley, 2001），這種性別差異也在其他文化發現，例如：在日本，雖然長子負責父母照顧，真正日復一日在照顧的是他的妻子（Morioka, 1998），中國文化也是如此。

在某些情況，為便於照顧，年老父母必須搬入與他們的子女同住，這種搬

遷通常發生在兩代獨立生活數十年後，這種獨立生活的歷史使得搬入後的適應困難，雙方的生活方式必須調適；在其他情況，成人女兒必須從遠距離安排照顧，不管距離的遠近，女性照顧者是處在相當的壓力下。

照顧父母呈現兩難（Wolfson et al., 1993），大多數成人子女感覺一種責任感，稱之為**子女的責任（filial obligation）**，必要時要照顧父母，例如：成人子女照顧者有時表示有虧欠父母的感覺，畢竟父母供給他們這麼多年，現在情勢已經轉過來（Myers & Cavanaugh, 1995）。這種情形在西方與非西方文化的研究發現都是相同的（Hareven & Adams, 1996）。從全球的觀點來看，照顧老年人有小部分的百分比是由成人子女與其他家庭成員提供（Hareven & Adams, 1996; Pavalko & Artis, 1997），研究顯示中年成人與其他親戚提供所有照顧的72%之精力、時間與金錢來幫助他們的父母（Nation Academy on an Aging Society, 2000）。

照顧年老父母不容易，也沒有選擇，日常例行與生活方式的潛在衝突是高的。

2. 照顧的壓力

照顧是主要壓力源，成人子女與其他家庭照顧者特別易受壓力的兩個主要來源（Pearlin, Mullan, Semple, & Skaff, 1990）是：(1)成年子女對父母的功能下降因應有困難，特別是認知能力與問題行為，加上工作過度負荷、身心俱疲，以及與父母之前關係的失去；(2)當提供照顧的情況被視為是限制的，或嚴重的侵害成人子女的其他責任（配偶、父母、雇用等等），這種情況可能被視為負向的，並導致家庭或職業衝突、經濟問題、失去自我認定，以及減少能力。

照顧父母需付出心理的代價，即使最致力的成人子女照顧者也會感到沮喪、憤恨、生氣，以及罪惡感（Halpern, 1987）。許多中年照顧者為財務所迫，他們仍需付小孩照顧費或大學學費，又要有適度的積蓄為自己的退休；財務壓力特別嚴重者是他們的父母有慢性疾病，例如：阿滋海默疾病，需要治療但醫藥保險又不給付。有些個案，假如有適當選擇，如**成人日間照顧（adult day care）**，都不可得或負擔不起，成人子女甚至需要辭職來提供照顧。

照顧父母的壓力，女性更感到困難，從生命歷程的時間點來看，照顧父母

適逢 35 至 64 歲是女性雇用的高峰（Moen, Robinson, & Field, 1994），縱貫研究清楚的顯示雇用狀態並不影響女性做為照顧者的決定（沒有選擇），但做為照顧者很可能使她們減少工作時間或是停止工作（Pavalko & Artis, 1997），當考慮大多數女性照顧父母，同時也是母親、妻子與雇用者，可以想見這些其他角色的壓力會加重照顧父母的壓力（Stephens & Townsend, 1997）。

哪些方面可以減少女性照顧的壓力？研究發現與父母有一安全依附型的女性可以緩衝一些壓力（Crispi, Schiaffino, & Berman, 1997），此外，從雇用工作中獲得酬賞，但不是來自妻子或母親角色，也似乎可以緩衝照顧的壓力（Stephens & Townsend, 1997）。

從父母的觀點來看，自主與隱私也是強調的，他們可能表示希望請專業協助，而不是家庭成員來幫忙，他們可能發現與子女同住有貶低身分之虞（Hamon & Blieszner, 1990）。

總之，照顧年邁父母是一困難工作，僅管無數的挑戰與負向的心理與財務結果的危險，許多照顧者仍然經驗正向的結果。

第四節

祖父母期

成為一個祖父母需有一些協助，當然，首先你自己是個父母，但重要的是你的小孩的決定與行動，他們需結婚、有小孩，這樣才能經驗並轉變到**祖父母期（grandparenthood）**（Stephens & Clark, 1996）。大多數的人在 40 幾歲與 50 幾歲時作祖父母（Thomas, 1992），雖然有些歲數比較大，有些可以年輕到他們 20 幾歲後期或 30 幾歲早期（Kivnick, 1982）。林美珍（1988a）曾訪問了台北縣市兩百多戶的三代或多代同住家庭，發現作祖母的年齡從 35 至 75 歲，作祖父的年齡稍後，從 40 至 75 歲之間，至於平均作祖母的年齡是 49.25 歲，平均作祖父的年齡是 53.8 歲。大多數祖父母可能仍在工作，而他們的父母也仍然健在，因此，作祖父母可能是令人興奮的時間，但它常常是忙碌生活中的一部

分而已（Stephens & Clark, 1996）。

一、祖父母與孫子女互動

當孫子女被問到，如何去描述他們的祖父母時，孫子女的回答是：「給我喜歡的東西吃、跟我一起玩、講他們年輕的故事給我聽……」，可知祖父母有很多不同的方式與孫子女互動。有人嘗試將這些方式加以分類（例如：Neugarten & Weinstein, 1964），但並不很成功，因為祖父母使用不同的方式與不同的孫子女互動，而且也隨著祖父母與孫子女年齡增加而改變（Stephens & Clark, 1996）。

祖父母的功能也可以從反映不同的社會與個人向度來瞭解（Cherlin & Furstenberg, 1986），社會向度包含社會需要與期待祖父母做什麼，例如：傳遞家族歷史給孫子女；個人向度包含個人滿意與個人需要，那是作祖父母才能實現的，例如：許多祖父母經由說故事與給予忠告傳授技能，宗教、社會與職業價值（社會向度）給孫子女，同時祖父母也感到驕傲與滿意（個人向度）經由與孫子女一起實施計畫。

17-1
爺爺、奶奶是我們的知心人

祖父母的角色是多樣的，這可從他們對孫子女成長的功能上可見一般。P. L. Harris曾說：「祖父母對子女或孫子女的生活實扮演著一關鍵性，甚至不可或缺的角色」。一般的研究與實際的經驗都顯示祖父母對孫子女成長的功能有下列幾點。

（一）老師

我們通常認為學校負責教育小孩的責任，其實祖父母就是孫子女的老師，而且他們是在一種非形式的以及親密的方式下來教孫子女，孫子女在沒有考試與分數的負擔下，從祖父母學習到各種技術、能力與觀念，這些長者的經驗與智慧對孫子女的成長是非常可貴的。

在美國，M. D. Baranowski 的研究，發現在他調查的青少年中，60%的受訪者已

從祖父母那學習到有價值的技術、嗜好或運動；許多編織、建造、機械修護、野外烹煮等技巧都是父母、同儕和學校所不能學到的。生長在一個大多數的東西都可購買得到的時代，青少年實在非常感激他們的祖父母教他們「自製」以及「自己動手做」的價值，而筆者所作的研究，也發現有相當高比率的祖父母認為他們的經驗可以傳給孫子女。

（二）家族歷史學家

我們都認為現在的年輕人缺乏對過去的瞭解與對未來的信念，他們過份強調目前，而祖父母正好經由對過去事件與其他地方的敘述，延展了孫子女的時空界限。正如著名的人類學家 M. Mead 所說的：「祖父母是歷史改變的活的寶庫。」他們經驗與適應了歷史上許多的改變，因此他們能夠提供一種對過去與現在連接的感覺。目前在家族中，大家正熱衷於尋根之際，祖父母實扮演一關鍵性的角色。

（三）調停者與知己

因為祖父母已免除了直接負責孫子女社會化的責任，因此他們常常能夠在非常自然與公平的情況下，成為父母與其子女間的調停者，特別是當父母與子女有衝突或意見不合時，同時在孫子女與他們父母的關係變得緊張，或孫子女不能與他們的父母討論他們的事情時，孫子女就會向他們的祖父母訴說，因此祖父母成為孫子女的知己了。

（四）教養者與照顧者

其實父母的主要責任是教養與照顧子女，然而有些家庭中祖父母也擔任這些工作。祖父母提供這些服務特別是在緊急或危難之際（如父母生病，母親生產、離婚，或死亡）則更形重要。即使是不在危難時，祖父母也能提供幫助以減輕父母的過度負擔，由於愈來愈多的父母都在工作，這種情形是愈來愈普遍了。

（五）老年的楷模

大多數的兒童由於缺乏與老年人的接觸，以至於對老人的態度是不切實際與負向的，認為老人是很難看的、有病痛的、行動不便、沒有用的、孤單等，這種刻板印象，不僅損壞當今老人的形象，同時也影響了兒童當他們老年時的自我概念。很多研究都顯示兒童與祖父母有親密與溫暖的關係，會類化到對一般老人的感覺。筆

者最近的研究（林美珍，1987）也發現，兒童對自己祖父母的態度比起對一般老人來，要實際多了，且認為祖父母是快樂、慈祥、幸福、和藹的，這些正向的反應會改變他們對老人的刻板印象。

資料來源：林美珍（1988b）

至於孫子女給祖父母的回報也是無限的，例如：孫子女使祖父母保持與年輕接觸，趕上新近的趨勢，分享網路悠遊的興奮就是孫子女使祖父母站在科技的最前線。

二、作祖父母是有意義的

作祖父母對人們有重要性嗎？那是當然的，至少對大多數祖父母而言是的，Kivnick（1982, 1985）指出，祖父母常常對他們的角色提到五方面的意義。對一些祖父母來說，在他們生活中，最重要的事就是作祖父母，稱之為**中心（centrality）**，對其他祖父母而言，意義來自被視為像**智者**（有價值的長者，**valued elder**），意義來自**寵溺（indulgence）孫子女**，意義來自**回憶與他們自己祖父母的關係（reinvolvement with personal past）**，或是來自驕傲於他們不僅有一代而是有兩代在後的事實（**經由氏族而不朽，immortality through clan**）。

大多數祖父母認為作祖父母來自幾種不同的意義，不管他們與孫子女關係的互動方式為何（Miller & Cavanaugh, 1990），相同的發現也在作祖父母的整體滿意研究中，不管他們的互動方式是什麼，祖父母的角色是有意義的（Thomas, Bence, & Meyer, 1988）。

在林美珍（1988a）的研究中，整理訪問祖父母資料，發現祖父母都認為自己照顧孫子女，跟他們嬉鬧，且樂趣無窮，這就是我們常說的一句話：「含飴弄孫乃祖父母時期的一大樂事」；他們也教導孫子女，給他們講家族歷史、個人經驗、情緒支持、教他們說家鄉話等；當然他們也扮演孫子女與他們父母間的調停人，只是他們比較護著孫子女，所以他們也認為自己有時會寵溺他

們。總之，不同的研究對作祖父母的意義是大同小異的，且都同時具有幾種不同的意義。

孫子女也高度重視他們與祖父母的關係（Kennedy, 1991），祖父母的人格、與孫子女共享活動，以及出示孫子女應注意之事，都被孫子女視祖父母為角色楷模；孫子女也知道，當他們的祖父母身體虛弱，幫助祖父母是他們遵行利他信念的一種方式（Kennedy, 1991）。

三、祖父母照顧孫子女

相較於過去，當今的祖父母是比較辛苦的，因為家庭流動頻繁，使得祖父母與孫子女常因地理的距離而分開，祖父母較可能有獨立的生活，與他們的子女與孫子女分開，如此看來，相較於過去的情形，21 世紀的祖父母是比較不明確的（Stephens & Clark, 1996）。

也許對祖父母而言，最大的改變是做為孫子女的**監護的父母（custodial parents）**的人數正逐漸增加（Waldrop & Weber, 2001）。這些情形最常導致是當父母成癮、監禁，或是其他原因不能養育他們的小孩（Cox, 2000; Hayslip & Goldberg-Glen, 2000），或是因為孫子女呈現管教與行為問題時（Giarusso, Feng, Silverstein, & Marenco, 2000）。

養育孫子女不容易，問題行為、過度活動與學習問題的比率是高的，因此對祖父母與孫子女的關係產生負面的影響（Hayslip, Shore, Hendereson, & Lambert, 1998），即使監護的祖父母養育的孫子女沒有這些問題，也比不是監護祖父母有較多的壓力與角色分裂（Emick & Hayslip, 1999），同時仍在工作的監護祖母也反映她們到達工作時的時間比較晚（遲到）、沒能做好工作、有時必須突然離開工作（緊急事故發生），或是由於孫子女的需要而早退（Pruchno, 1999），但大多數監護祖父母都認為他們的情況，比起其他替代方式，對孫子女比較好，甚至於對他們的婚姻也沒有負面影響。

1. 文化間增加互動在配偶的選擇上影響什麼？
2. 什麼方式的介入將幫助維持夫妻更快樂？
3. 為什麼父母的照顧主要落在女性身上？
4. 作祖父母與生產繁衍（generativity）如何相關聯？

參考文獻

中文部分

朱邦賢（2002，3 月 20 日）。「成年青少年」離不開爸媽。**聯合報**，趨勢。

林美珍（1987）。兒童對成人態度之研究。**教育與心理研究，10**，85-104。

林美珍（1988a）。**祖父母意義、祖孫關係、祖父母類型及其影響因素之研究**。
台北市：遠流。

林美珍（1988b，1 月 9 日）。爺爺、奶奶！是我們的知心人。**中央日報**，家庭
版。

孫炳焱（2001，10 月 19 日）。日本的寄生單身貴族。**自由時報**，第 15 版。

彭淮棟（2006，8 月 20 日）。英國賴家族，25 歲吃爸媽。**聯合報**，第 15 版

英文部分

Acock, A. C., & Demo, D. H. (1994). *Family diversity and well being*. Thousand Oaks,
CA: Sage.

Arenofsky, J. (1993). Childless and proud of it. *Newsweek, February, 8*, 12.

Benokraitis, N. V. (1999). *Marriages and families: Changes, choices, and constraints*.
Upper Saddle River, NJ: Prentice-Hall.

Brissette, L., Scheier, M. F., & Carver, C. S. (2002). The role of optimism in social net-
work development, coping, and psychological adjustment during a life transition.
Journal of Personality and Social Psychology, 82, 102-111.

Bullock, W. A., & Dunn, N. J. (1988, August). *Aging, sex, and marital satisfaction*. Pa-
per presented at the meeting of the American Psychological Association, Atlanta.

Carstensen, L. L., Graff, J., Levenson, R. W., & Gottmann, J. M. (1996). Affect in inti-
mate relationships: The developmental course of marriage. In C. Magai & S. H.
McFadden (Eds.), *Handbook of emotion, adult development, and aging* (pp.
227-247). San Diego, CA: Academic Press.

Cherlin, A. J., & Furstenberg, F. F., Jr. (1986). *The new American grandparent: A place in the family, a life apart*. New York: Basic Books.

Clements, M., & Markman, H. J. (1996). The transition to parenthood: Is having children hazardous to marriage? In N. Vanzetti & S. Duck (Eds.), *A lifetime of relationships* (pp. 290-310). Pacific Grove, CA: Brooks/Cole.

Collins, N. L., & Read, S. J. (1990). Adult attachment, working models, and relationship quality in dating couples. *Journal of Personality and Social Psychology, 58*, 644-663.

Connidis, I. A. (2001). *Family ties and aging*. Thousand Oaks, CA: Sage.

Cooney, T. M., Pedersen, F. A., Indelicato, S., & Palkovitz, R. (1993). Timing of fatherhood: Is "on time" optimal? *Journal of Marriage and the Family, 55*, 205-215.

Cox, C. B. (2000). Why grandchildren are going to and staying at grandmother's house and what happens when they get there. In C. B. Cox (Ed.), *To grandmother's house we go and stay: Perspectives on custodial grandparents* (pp. 3-19). New York: Springer.

Crispi, E. L., Schiaffino, K., & Berman, W. H. (1997). The contribution of attachment to burden in adult children of institutionalized parents with dementia. *The Gerotologist, 37*, 52-60.

Crohan, S. E. (1996). Marital quality and conflict across the transition to parenthood in African American and white couples. *Journal of Marriage and the Family, 58*, 933-944.

Cutrona, C. E. (1996). *Social support in couples*. Thousand Oaks, CA: Sage

deVries, B. (1996). The understanding of friendship: An adult life course perspective. In C. Magai & S. H. McFadden (Eds.), *Handbook of emotion, adult development, and aging* (pp. 249-268). San Diego, CA: Academic Press.

Donatelle, R. J., & Davis, L. G. (1997). *Health: The basics* (2nd ed.). Englewood Cliffs, NJ: Prentice-Hall.

Emick, M. A., & Hayslip, B., Jr. (1999). Custodial grandparenting: Stresses, coping skills, and relationships with grandchildren. *International Journal of Aging and Human Development, 48*, 35-61.

Enright, R. D., Gassin, E. A., & Wu, C. (1992). Forgiveness: A developmental view. *Journal of Moral Education, 21*, 99-114.

Fehr, B. (1996). *Friendship processes*. Thousand Oaks, CA: Sage.

Giarusso, R., Feng, D., Silverstein, M., & Marenco, A. (2000). Primary and secondary stressors of grandparents raising grandchildren: Evidence from a national survey. *Journal of Mental Health and Aging, 6*, 291-310.

Gibran, K. (1923). *The prophet*. New York: Knopf.

Hairston, R. E. (2001). Predicting marital satisfaction among African American couples. *Dissertation Abstracts International Section B: The Sciences and Engineering, 61*(10-B), 5564.

Halpern, J. (1987). *Helping your aging parents*. New York: McGraw-Hill.

Hamill, S. B., & Goldberg, W. A. (1997). Between adolescents and aging grandparents: Midlife concerns of adults in the sandwich generation. *Journal of Adult Development, 4*, 135-147.

Hamon, R. R., & Blieszner, R. (1990). Filial responsibility expectations among adult child-older parent pairs. *Journal of Gerontology: Psychological Sciences, 45*, 110-112.

Hareven, T. K., & Adams, K. (1996). The generation in the middle: Cohort comparisons in assistance to aging parents in an American community. In T. K. Hareven (Ed.), *Aging and generational relations: Life course and cross-cultural perspectives* (pp. 3-29). New York: Aldine de Gruyter.

Hayslip, B., Jr., & Goldberg-Glen, R. (2000). *Grandparents raising grandchildren: Theoretical, empirical, and clinical perspectives*. New York: Springer.

Hayslip, B., Jr., Shore, R. J., Hendereson, C. E., & Lambert, P. L. (1998). Custodial grandparenting and the impact of grandchildren with problem on role satisfaction and role meaning. *Journal of Gerontology: Social Sciences, 53*(B), S164-S173.

Hazan, C., & Shaver, P. (1987). Romantic love conceptualized as an attachment process. *Journal of Personality and Social Psychology, 52*, 511-524.

Hazan, C., & Shaver, P. (1990). Love and work: An attachment theoretical perspective.

Journal of Personality and Social Psychology, 59, 270-280.

Hazan, C., & Shaver, P. (1994). Attachment as an organizational framework for research on close relationships. *Psychological Inquiry, 5*, 1-22.

Hobdy, J. (2000). The role of individuation processes in the launching of children into adulthood. *Dissertation Abstracts International Section B: The Sciences and Engineering, 60*(9-B), 4929.

Huston, T. L., Caughlin, J. P., Houts, R. M., Smith, S. E., & George, L. T. (2001). The connubial crucible: Newlywed years as a predictors of marital delight, distress, and divorce. *Journal of Personality and Social Psychology, 80*, 237-252.

Kalmijn, M., & Flap, H. (2001). Assortative meeting and mating: Unintended consequences of organized settings for partner choices. *Social Forces, 79*, 1289-1312.

Kennedy, G. E. (1991). Grandchildren's reasons for closeness with grandparents. *Journal of Social Behavior and Personality, 6*, 697-712.

Kivnick, H. Q. (1982). *The meaning of grandparenthood*. Ann Arbor, MI: UNI Research.

Kivnick, H. Q. (1985). Grandparenthood and mental health: Meaning, behavior, and satisfaction. In V. L. Bengtson & J. F. Robertson (Eds.), *Grandparenthood* (pp. 151-158). Beverly Hills, CA: Sage.

Knapp, M. L., & Taylor, E. H. (1994). Commitment and its communication in romantic relationships. In A. L. Weber & J. H. Harvey (Eds.), *Perspectives on close relationships* (pp. 153-175). Boston: Allyn & Bacon.

Kobak, R. (1994). Adult attachment: A personality or relationship construct? *Psychological Inquiry, 5*, 42-44.

Lamanna, M. A., & Riedmann, A. (2003). *Marriages and families: Making choices in a diverse society* (8th ed.). Belmont, CA: Wadsworth.

Lampman, C., & Dowling-Guyer, S. (1995). Attitudes toward voluntary and involuntary childlessness. *Basic and Applied Social Psychology, 17*, 213-222.

Levinger, G. (1980). Toward the analysis of close relationships. *Journal of Experimental Social Psychology, 16*, 510-544.

Levinger, G. (1983). Development and change. In H. H. Kelley, E. Berscheid, A. Christensen, J. H. Harvey, T. L. Hutson, G. Levinger, E. McClintock, L. A. Peplau & D. R. Peterson (Eds.), *Close relationships* (pp. 315-359). New York: Freeman.

Lewis, R. A., & Lin, L.-W. (1996). Adults and their midlife parent. In N. Vanzetti & S. Duck (Eds.), *A lifetime of relationships* (pp. 364-382). Pacific Grove, CA: Brooks/ Cole.

Main, M. (1996). Introduction to the special section on attachment and psychopathology: 2 overview of the field of attachment. *Journal of Consulting and Clinical Psychology, 64*, 237-243.

Matthews, R., & Matthews, A. M. (1986). Infertility and involuntary childlessness: The transition to non-parenthood. *Journal of Marriage and the Family, 48*, 641-649.

Miller, R. B., Hemesath, K., & Nelson, B. (1997). Marriage in middle and later life. In T. D. Hargrave & S. M. Hanna (Eds.), *The aging family: New visions in theory, practice, and reality* (pp. 178-198). New York: Brunner/Mazel.

Miller, S. S., & Cavanaugh, J. C. (1990). The meaning of grand parenthood and its relationship to demographic, relationship, and social participation variables. *Journal of Gerontology: Psychological Sciences, 45*, 244-246.

Moen, P. J., Robinson, J., & Field, V. (1994). Women's work and caregiving roles: A life course approach. *Journal of Gerontology: Social Sciences, 49*, S176-S186.

Morioka, K. (1998). Comment 1: Toward a paradigm shift in family sociology. *Japanese Journal of Family Sociology, 10*, 139-144.

Murstein, B. I. (1987). A clarification and extension of the SVR theory of dyadic pairing. *Journal of Marriage and the family, 49*, 929-933.

Myers, E. G., & Cavanaugh, J. C. (1995). Filial anxiety in mothers and daughters: Cross-validation of the filial Anxiety Scale. *Journal of Adult Development, 2*, 137-145.

National Academy on an Aging Society (2000). *Caregiving*. Washington, DC: The Author.

Neugarten, B. L., & Weinstein, K. K. (1964). The changing American grandparent.

Journal of Marriage and the Family, 26, 299-304.

Noller, P., & Fitzpatrick, M. A. (1993). *Communication in family relationships*. Upper Saddle River, NJ: Prentice-Hall.

Notarius, C. I. (1996). Marriage: Will I be happy or will I be sad? In N. Vanzetti & S. Duck (Eds.), *A lifetime of relationships* (pp. 265-289). Pacific Grove, CA: Brooks/Cole.

Olson, D. H., & McCubbin, H. (1983). *Families: What makes them work*. Newbury Park, CA: Sage.

Pavalko, E. K., & Artis, J. E. (1997). Women's caregiving and paid work: Causal relationship in late midlife. *Journals of Gerontology: Social Sciences, 52*(B), S170-S179.

Pearlin, L. I., Mullan, J. T., Semple, S. J., & Skaff, M. M. (1990). Caregiving and the stress process: An overview of concepts and their measures. *The Gerontologist, 30*, 583-594.

Peplan, L., & Gordon, S. L. (1985). Women and men in love: Sex differences in close heterosexual relationships. In V. O'Leary, R. K. Unger & B. S. Wallston (Eds.), *Women, gender, and social psychology* (pp. 257-292). Hillsdale, NJ: Lawrence Erlbaum Associates.

Pleck, J. H. (1997). Paternal involvement: Levels, sources, and consequences. In M. E. Lamb (Ed.), *The role of the father in child development* (pp. 66-103). New York: John Wiley & Sons.

Pruchno, R. (1999). Raising grandchildren: The experiences of black and white grandmothers. *The Gerontologist, 39*, 209-221.

Ragozin, A. S., Basham, R. B., Crnic, K. A., Greenberg, M. T., & Robinson, N. M. (1982). Effects of maternal age on parenting role. *Developmental Psychology, 18*, 627-634.

Rawlins, W. K. (1992). *Friendship matters*. Hawthorne, NY: Aldine de Gruyter.

Rogers, S. J., & Amato, P. R. (1997). Is marital quality declining? The evidence from two generations. *Social Forces, 75*, 1089-1100.

Rosenberg, J. (1993). Just the two of us. In L. Abraham, L. Green, M. Krance, J. Rosenberg, J. Somerville & C. Stoner (Eds.), *Reinventing love: Six women talk about lust, sex, and romance* (pp. 301-307). New York: Plume.

Sher, T. G. (1996). Courtship and marriage: Choosing a primary relationships. In N. Vanzetti & S. Duck (Eds.), *A life time of relationships* (pp. 243-264). Pacific Grove, CA: Brooks/Cole.

Sherman, A. M., deVries, B., & Lansford, J. E. (2000). Friendship in childhood and adulthood: Lessons across the life span. *International Journal of Aging and Human Development, 51*, 31-51.

Stephens, M. A. P., & Clark, S. L. (1996). Interpersonal relationships in multi-generational families. In N. Vanzetti & S. Duck (Eds.), *A lifetime of relationships* (pp. 431-454). Pacific Grove, CA: Brooks/Cole.

Stephens, M. A. P., & Townsend, A. L. (1997). Stress of parent care: Positive and negative effects of women's other roles. *Psychology and Aging, 12*, 376-386.

Stephens, M. A. P., Townsend, A. L., Martire, L. M., & Druley, J. A. (2001). Balancing parent care with other roles: Interrole conflict of adult daughter caregivers. *Journal of Gerontology: Psychological Sciences, 56*(B), 24-34.

Sternberg, R. J. (1986). A triangular theory of love. *Psychological Review, 93*, 119-135.

Swenson, C. H., Eskew, R. W., & Kohlhepp, K. A. (1981). Stages of the family life cycle, ego development, and the marriage relationship. *Journal of Gerontology, 43*, 841-853.

Thomas, J. L. (1992). *Adult development and aging*. Boston: Allyn & Bacon.

Thomas, J. L., Bence, S. L., & Meyer, S. M. (1988, August). *Grandparenting satisfaction: The roles of relationship meaning and perceived responsibility*. Paper presented at the meeting of the American Psychological Association, Atlanta.

Troll, L. E., & Fingerman, K. L. (1996). Connections between parents and their adult children. In C. Magai & S. H. McFadden (Eds.), *Handbook of emotion, adult development, and aging* (pp. 185-205). San Diego, CA: Academic press.

U. S. Department of Agriculture (2001). *Expenditures on children by families. Washing-*

ton, DC: The Author.

U. S. Census Bureau (2001). *Statistical abstract of the United States*. Washington, DC: Government Printing Office.

Waldrop, D. P., & Weber, J. A. (2001). From grandparent to caregiver: The stress and satisfaction of raising grandchildren. *Family in Society, 82*, 461-472.

Weishaus, S., & Field, D. (1988). A half century of marriage: Continuity or change? *Journal of Marriage and the Family, 50*, 763-774.

Wickrama, K. A. S., Lorenz, F. D., Conger, R. D., & Elder, G. H., Jr. (1997). Marital quality and physical illness: A latent growth curve analysis. *Journal of Marriage and the Family, 59*, 143-155.

Wolfson, C., Handfield-Jones, R., Glass, K. C., McClaran, J., & Keyserlingk, E. (1993). Adult children's perceptions of their responsibility to provide care for dependent elderly parents. *The Gerontologist, 33*, 315-323.

Chapter 18 成人早期與中年期之工作與休閒

學習目標

1. 瞭解人們如何看待工作,職業的優先如何隨年齡增加而變化。
2. 人們如何選擇他們的職業。
3. 什麼因素會影響職業的發展。
4. 瞭解職業滿意與年齡的關係為何。
5. 女性與男性的職業期待如何不同。
6. 什麼因素與女性職業發展相關聯。
7. 扶養家屬的工作者面臨什麼議題。
8. 瞭解配偶如何看待家事分工,什麼是工作家庭的衝突,它如何影響夫妻生活。
9. 瞭解什麼是休閒活動,人們如何選擇。

在這章中首先瞭解人們如何選擇職業及其發展，其次探討女性的職業選擇與發展；此外，工作與家庭責任如何平衡對大多數人而言，也是困難的議題；再者，我們看看人們如何利用工作之外的時間從事休閒活動。

第一節

職業之選擇與發展

選擇工作是嚴肅的事，我們選擇接受過訓練的工作，而且也是合意的。工作對日常生活中所做的賦予特色，例如：我們所修的課可能為工作做準備，在工作中交朋友，根據工作時間安排個人活動，父母常常選擇托育中心是基於靠近工作的地方。

本節先探討工作的意義，其次是工作的選擇，再者是職業的發展。

一、工作的意義

每個人對工作的意義是不同的，有些人認為工作是威信的來源、社會的認可，以及一種價值感；對其他人而言，有機會給自己一些東西，例如：興奮、創造，會使工作有意義，但對大多數人而言，工作的主要目的是賺取生計；這並不是說，金錢是職業的唯一報酬，友誼、運用權力的機會，與感覺有用也是重要的。人們由工作而來的意義包含可以換取生活必需的金錢，以及個人成長的可能性。

人類從工作而來的意義是什麼？Lips-Wiersma（2000）以深入訪談法來尋求答案，儘管參與者背景的不同，Lips-Wiersma 發現四種共通的意義：發展與成為自己、聯合他人、表現自己，與服務他人，這些意義能實現的程度不同，人們認為工作場所就是個人實現的地方。為了瞭解職業的轉變，這些意義也提供一個架構，人們依此四種主要意義，在職業轉變中找到較好的平衡。

人們從工作中發現不同的意義，可見職業是個人認同感的關鍵要素（Whitbourne, 1996），這可從觀察成人介紹自己得知。當要求講述一些有關自己時，你可能注意到人們通常提供做什麼賴以維生的訊息。職業影響生活很多方面，最常影響的是你住哪裡、你交什麼樣的朋友，甚至你穿什麼樣的衣服。總之，工作的影響是生活的全面，因此，工作是一主要的社會角色，影響成人生活。

　　職業是人類發展的部分，兒童在他們的**假裝遊戲（pretend play）**中，就在準備工作，成人也總是問他們：「當你長大，你想要做什麼？」學校的課程，特別是在中學與大學，也是針對特殊職業做準備，年輕的大學生也已形成從工作中可獲得他們所相信的意義之看法。Hance（2000）組織這些工作意義為三種主要類別：工作成就社會影響、工作成就個人實現，與工作由於經濟的現實，這些類別很能反映成人工作的實際意義。

　　因為工作扮演提供人們意義的關鍵角色，那麼人們如何選擇職業？以下以Holland 的理論來說明。

二、職業選擇

　　在青少年期提到人們想要做的工作，與他們的人格有關，Holland（1973, 1985）的理論做了一明確直覺的想法：人們選擇職業最完美的是個人特質（例如：人格、智力、技能與能力）與他們的職業興趣相配合。他確認六種人格類型為：**研究的（investigative）、社會的（social）、實用的（realistic）、藝術的（artistic）、庶務的（conventional）**，與**企業的（enterprising）**；這六種人格類型中的每一種都會與一組職業相配，例如：實用的人格類型，其特徵為個體喜歡體力的工作、用手的工作，他們喜歡解決具體的問題，配合這些特徵的一組職業為機械工、卡車駕駛、建築工人等。記住，這些只是人格類型，大多數的人並不剛好就是某一型，而是混合各類型的。

　　當人們的職業與他們的人格類型配合，研究顯示在短期內，他們是較具生產性的員工；長期來看，他們的生涯進路較為穩定（Holland, 1996）。例如：一個企業型的年輕人是比較可能在商業上成功，因為他喜歡這個位置可以發揮其語言技能；又如一個大四學生，發現她的外向特質與她的主修：傳播相配合。事實上，大學生傾向於選的課，或主修與他們的人格最為配合的，如此，

早期在青少年的職業選擇繼續被修正，到成人期更為配合。

三、職業發展

(一) Super 的理論

在過去 40 年，Super（1957, 1980）基於自我概念，發展了一個職業發展理論，他認為在成人期，職業經由五個明確的階段逐漸向前進，結果是來自個人自我概念的改變，以及職業角色的適應，這五個階段為：**執行（implementation）、建立（establishment）、維持（maintenance）、減速（deceleration），與退休（retirement）**。人們在他們的工作時期，座落在職業成熟的連續線上，他們的職業行為與在不同年齡所期待他們的愈符合，他們愈是職業成熟。Super 理論的最初兩個時期：**具體化（crystallization）**與**明確（specification）**，主要發生在青少年期，因此成人期的第一個時期是其來有自的，每一階段都有它顯著的特徵。

執行階段開始於青少年後期，或是 20 幾歲早期，當人們做一些暫時性的職業，學習第一手的工作角色，並嘗試一些可能的生涯選擇。暑假實習，許多學生用以獲得經驗，就是一個例子。

建立階段開始於年輕成人選擇一特殊職業，在同一職業上繼續晉升。開始從一個購物中心的小店業務員到該店的經理，就是一個例子。

維持階段是一轉變時期，中年工作者開始減少工作角色的時間；一些中年人花時間在擔任兒童球隊的教練，或他們教會的義工，一些中年人花較多時間與家人在一起。

減速階段開始於工作者認真的計劃即將來臨的退休，與工作分離，規劃退休財務，並開始一種嗜好，這是退休後計劃要做的。

退休階段開始於當人們停止全時工作，理想的情形是能夠執行前一階段所定的計畫。

在 Super 的架構中，人們職業的發展是反應人們自我概念的改變（Salomone, 1996），因此，這是一發展歷程，它反映與解釋重要的生活改變。然而，Super

理論的缺點是上述的發展似乎假定人們一旦選擇一種職業，他們就會一直做下去，雖然在過去很多工作者的確如此，但今天的情況可能不是這樣了（Cascio, 1995），由於公私組織機構的縮減，終身職業保障的觀念消失。基於新的職業現實是否新的發展階段將被發現？

（二）職業的期待

　　Super 的理論對職業發展做了普遍概要的描述，而個人經歷成人期，是不斷的改善與更新其職業的期待，通常包含嘗試實現夢想（參閱第十六章）、監督進展、必要時改變，或甚至放棄它。對一些人而言，由於瞭解自己興趣改變，或是當初的夢想不是很適合，會改變夢想；對其他人而言，失敗也會導致改變夢想，例如：因為經濟學課程沒過，不能以商業為主修；其他的原因有年齡、種族，或性別歧視、缺乏機會、技術過時，與興趣改變；還有些情形是開始職業選擇時就不切實際。因此一些目標的修改是必要的，但是奇怪的是，當初似乎是邏輯的選擇，現在卻瞭解是錯的。

（三）良師的角色

　　在一新的職業場域，每一件需要知道的事都要自己想辦法，周圍的人不會提供任何的支持，想像這是多麼的困難。進入一種職業包含的不僅是一個人的正規訓練，事實上，很多最關鍵的訊息是正規訓練沒有教的，而是同事提供的。在很多情況，一位較年長、有經驗的人會盡力做這件事，扮演**良師（mentor）**的角色。

　　一位良師是老師、是保證人、是楷模，也是顧問（Heimann & Pittenger, 1996）。良師幫助年輕工作者避免麻煩，提供有關工作場所中主導日常活動不明文規定的無價訊息（例如：在裝配線上不要做得太快、穿適當的衣服等），同時良師也確定他或她的年輕工作者從督導中因工作表現好，而受到注意與榮譽；因此，職業的成功常有賴於良師與年輕工作者之關係品質，良師實現兩個主要的功能：改善年輕工作者晉升的機會，與促進他或她的心理的與社會的福祉（Kram, 1980, 1985）。

　　至於良師從這種關係中獲得什麼？根據 Erikson 的理論，幫助年輕工作者

學習職業是 Erikson 的生產繁衍期任務的實現，在第十六章提到生產繁衍反映中年人的需要，經由社會化或有小孩，以確保社會的傳承。在工作場所，生產繁衍最常表現在經由良師指導後進上，特別是良師確保藉由傳承多年來的知識與經驗，使得企業體或專業得以繼續。成為一位良師幫助中年人實現他們的需要，以確保社會的傳承，以及完成或生產值得做的事（Erikson, 1982）。

（四）職業滿意

一個人職業滿意是什麼意思？一般而言，職業滿意是正向的感覺來自對一個人工作的評估，通常，職業滿意隨年齡而逐漸增加（Sterns & Gray, 1999）。有幾種理由來解釋。

第一，自我選擇因素認為人們喜歡他們的職業將一直做下去，不喜歡他們職業的人將離去（Hom & Kinicki, 2001），因此年齡差異在職業滿意上反映的事實是假以時日，很多人會發現某種職業是滿意的。

第二，工作者年齡與職業滿意的關係是複雜的，滿意隨年齡增加並不是指所有的領域與職業類型，中年工作者較滿意他們職業的內在個人面，例如：知覺控制與自我效能，而較不是因外在面，例如：薪資方面（Glickman, 2001; Mirabella, 2001），白領專業顯示增加職業滿意，而藍領職業沒有增加職業滿意（Sterns, Marsh, & McDaniel, 1994）。

第三，增加職業滿意並不單獨是年齡增加導致，而是工作者與職業間配合的程度（Holland, 1985）。中年工作者已有較多時間找到他們喜歡的職業，或是工作者的希望與職業屬性相合的事實，發現不可能有所改進而離職（Glickman, 2001），中年工作者也已修改他們的期望，使之較能反映實際的狀態。

第四，當工作者漸長，在他們生活中，工作較不是重心，部分原因是他們已完成職業的成功，因此，使他們滿意的較不是來自職業。

第五，在不同的生涯階段，職業類型與家庭責任的程度可能影響年齡與職業滿意間的關係（Engle, Miguel, Steelman, & McDaniel, 1994），這意思是說經驗的累積、情境的改變，以及一個人生涯發展的階段都成為職業滿意的因素。

最後，職業滿意可能是週期的，它顯示定期的變動，那不是年齡本身的關係，而是人們在他們職業的有意改變（Shirom & Mazeh, 1988）。一般而言，職

業滿意隨時間增加，是因為人們改變職業或責任，因此能維持他們的職業興趣與挑戰。

（五）疏離與身心俱疲

沒有一種職業是完美的，總是有些地方不能盡如人意。也許是工作的時間不理想、薪資比預期的低，或是上司沒有令人愉快的人格。對多數人而言，這些否定只是困擾而已，但其他人，如塔台的空中交通管制員，在極端的壓力情境，可能導致對工作深層的不愉快：**疏離**（alienation）與**身心俱疲**（burnout）。

當工作者感覺他們所做的是沒有意義，他們的努力是沒有價值，或是當他們沒有看到他們所做的與最後產出的有關聯，可能的結果是疏離感產生。S. Terkel（1974）的經典研究是他訪問幾位疏離的工作者，發現他們都表示他們是一個大機器裡無名、無臉的齒輪。他報告指出，員工最可能感到疏離是當他們操作例行、重複動作，例如：那些在裝配線上的作業員，職業最可能被科學技術取代的；但是其他的工作者也會變得疏離，白領的經理與行政主管人員沒有像過去有相同的職業保障，結果，他們對員工的感覺在很多情況變得比較負向的（Roth, 1991）。

員工如何避免成為疏離的工作者？研究顯示在決策過程中包含員工在內是有幫助的，創造彈性的工作時間，以及設置員工發展與增進計畫（Roth, 1991）。同時發現這些計畫有效，缺席主義者下降，執行計畫的組織之工作品質改善（Offermann & Growing, 1990）。

有時職業的步調與壓力變得超越一個人所能負荷，導致身心俱疲，一個人的精力與動機耗盡，職業的理想主義失落，與有被剝削的感覺。身心俱疲是一種壓力症候群，具有情緒枯竭、失去個性，與減少個人成就的特徵（Cordes & Doughtery, 1993）。身心俱疲最常見於助人專業，例如：教職、社會工作、健康照顧（Bozikas et al., 2000）與職業治療（Bird, 2001），以及軍事上（Harrington, Bean, Pintello, & Mathews, 2001）。人們在這些專業上，必須持續不斷的處理他人的複雜問題，而且通常是在時間壓迫下。每天處理這些壓力，加上官僚體系的文書工作，工作之多難以負荷，理想被迫放棄，挫折接踵而至，感到幻滅與枯竭。總之，工作者身心俱疲，當人們必須長時間在壓力職業中，情況更

加惡化（Iskra, Folkard, Marek, & Noworol, 1996）。身心俱疲隨年齡增加與工作多年而增加，而且人們離職的可能性也增加（Stanton-Rich, Iso-Ahola, & Seppo, 1998）。

BOX 18-1
身心俱疲

　　身心俱疲是用以描述，由於太多的工作壓力使一個人的情緒與身體耗竭。身心俱疲在成人生命的任何階段都可能發生，但中年人似乎特別有此傾向。他們已獻身於其工作與家庭，身心俱疲的男、女描述他們無法抵抗的消耗：「我不再在乎了」、「我沒什麼剩下的了」、「我是蠟燭兩頭燒」或「我已精疲力竭了」。

　　工作壓力加上個人與家庭情況，常創造超越負荷、家庭的緊張與衝突、經濟的壓力、生病，與小孩或其他家庭成員的問題，這些加在一起就會創造壓力，長期的不良健康習慣也能造成破壞。除非人們找時間休息、放鬆與轉換社會活動，當他們忘記如何放鬆，壓力又起，當身心俱疲變得更嚴重與時間延長，將轉成嚴重的憂鬱或慢性的焦慮，然後接著就是諮商或心理治療了。

　　藉由練習壓力減低技術是最好的防衛身心俱疲出現方法，降低人們對自己的期望，加強組織內的溝通，給予高度壓力職業輪班間的休息時間加長，也可能有幫助（Iskra et al., 1996）。在助人的專業中，沒有一個人能完全解決所有問題，降低期望到實際能完成的，將有助於工作者處理現實的拘束；同樣的，組織不同部門間的溝通改進，使工作者知道他們努力的結果，並對他們所做有種重要性的感覺，最後，研究也建議，同事間缺乏支持可能導致失去個性，經由團隊增進這種支持是有效的（Corrigan et al., 1994; Greenglass, Burke, & Konarski, 1998）。

　　總之，在組織內藉由包含工作者做決定，使他們感覺重要，期望是實際的，確保良好的溝通，促進團隊合作，將使員工避免疏離與身心俱疲。

第二節
女性之職業選擇與發展

一、職業選擇的性別差異

　　傳統上，男性從小教育是為了將來的職業，男孩從小學習到大人因其工作而有名，他們也鼓勵去思考什麼職業是他們喜歡的，職業成就被強調，因它是男子氣概的核心要素。經由團隊遊戲學習重要的社會技能，學習如何遵守規則，接受頓挫而不視為是個人的失敗，遵守領導者的指導，藉由展現被他人重視的特質而移向領導階層。

　　傳統上，女性的訓練不是這樣的，她們所學是完全不同的，強調如何隨和、謙恭、安靜與支持的（Shainess, 1984）。然而，提供女性家庭外職業所需的技能，其重要性已逐漸被強調。

　　約有三分之二的女性在家庭外受雇（U.S. Department of Labor, 2001），而此數字可能繼續攀升，因此女性應有曝露在像男性一樣的職業社會化的機會；然而，女性的職業選擇的主要結構障礙仍存在（Schwartz & Zimmerman 1992; Shaiko, 1996; Yamagata, Yeh, Stewman, & Dodge, 1997），許多職業的機會是比較對男性有益的（Lyness & Thompson, 1997）。

二、女性與職業發展

　　研究 MBAs（Master of business and administration）之女性與她們的小孩已出現一些家庭與工作的議題，而影響她們繼續從事她們的職業或離職（Rosin & Korabik, 1990, 1991）。家庭的責任，例如：小孩照顧，是母親從事部分時間（part time）工作最重要的考慮；對這些女性而言，適當的小孩照顧安排，或是小孩不在學校時她們能夠彈性的在家，決定她們接受工作或留在家庭；相對的，當母親決定成為全時工作者，是已經解決小孩照顧的問題。

　　對這些女性最重要的工作議題是與性別相關的，不支持或不敏感的工作環境、組織的政策，以及缺乏職業發展機會，是她們從事全職工作最重要的考慮（Silverstein, 2001）。特別是從事專業工作的女性離職有兩種理由：第一，雖然女性專業者需要與其他人相互依賴工作，並使專業成長、個人發展、使工作滿意；而企業體卻抱持相對的價值，他們強調男性工作的價值，酬賞個人、自足與個人貢獻。強調物質的生產、競爭與理性，而不是女性強調關係的價值、相互依賴與合作；第二，女性感覺與工作分離，她們感覺與同事、客戶、合作者分離，從工作而來的意義減少，自己感到疏離。在生涯的半途，她們結論，工作的成就滿足、成長、發展，以及關係技能的酬賞，認為這些是成功的要素，當這些都不被強調，她們就會需要離開企業體的生活。可見女性是聚焦在她們職業發展與個人滿足的障礙。

　　這些障礙是女性職場參與不連續的理由，此外也因為她們找不到一個供得起或可依賴的兒童照顧機構，或是自行選擇擔任這種責任；許多女性在她們小孩還小的時候在家，不連續的參與職場使得她們有困難在生涯晉升中維持一向上的軌跡，以及維持工作技能。有些女性自願做這種選擇，然而，很多是被迫的。

第三節

工作與家庭

　　成人面臨最困難的挑戰之一，是嘗試平衡職業的要求與家庭的要求。在過去幾十年，快速增加的雙薪父母已根本的改變我們如何看待工作與家庭的關係，甚至有帶小孩來工作，被視為受雇父母的一種方式。在兩個父母的家庭中，約有三分之二的家庭父母都在外工作（U.S. Department of Labor, 2001），這意謂著家庭需要兩份收入以支付帳單與維持一中等的生活。雙薪夫妻與小孩的這種安排有其益處與代價，這種安排的生活方式充滿壓力，性別差異是清楚的，特別是在家務的分工上。

一、工作扶養人的來臨

（一）受扶養人照顧的兩難

許多受雇成人（工作扶養人）必須提供其子女與父母的照顧，許多母親生育小孩後，似乎沒有選擇的又回去工作，有些女性雖然有選擇是否回去工作，研究顯示學齡前兒童的母親回去工作的動機，財務需要與母親**工作依附（work attachment）**有關，例如：在一研究澳洲的母親，高度工作依附者較引用內在個人成就做為回去工作的理由，低度工作依附著較引用財務需要的壓力做為回去工作的理由，而那些中度工作依附者被分為內在個人成就與財務需要之間（Cotton, Anthill, & Cunningham, 1989）。那些放棄生涯而留在家庭者，也必須處理認同的改變（Milford, 1997）。

有些母親對工作與家庭角色的衝突，採部分時間工作方式來妥協，雖然從全時轉變成部分時間工作是可行的，但是否母親的工作時數被認為是理想，能夠與家庭需要做調整，才是最重要的（Kim, 2000）。

除了照顧小孩，有時也要照顧父母（大多數為中年婦女，參閱第十七章），尋找一個適當照顧地方是必要的，選擇的關鍵因素是照顧的品質、費用與時間的方便（Metropolitan Area Agency on Aging, 1998; Vandell, Pierce, & Stright, 1997），這有賴於一個人的經濟情況，當需要時，也許不可能找到一個供得起的品質照顧，在這種情況下，似乎沒有選擇的餘地，辭去工作，或是列出可協助的朋友與家人。

（二）受扶養人照顧與對工作者的影響

工作者照顧受扶養人，面臨艱苦的選擇，特別是夫妻兩人都需要工作，受扶養人照顧是夫妻生活的中心（Hertz, 1997）。負責受扶養人照顧有顯著的負面影響，特別是女性，例如：當她們負責照顧一年邁的父母，婦女報告錯過很多會議，而且常常缺席（沒有去工作）（Gignac, Kelloway, & Gottlieb, 1996），這些婦女也常報告有較高的壓力（Jenkins, 1997），同樣的，父母常常報告生活品質粗劣，有較高的壓力，以及因應有困難（Galinsky, Bond, & Friedman,

1996）。

這些負面的影響如何能夠減輕呢？例如：當伴侶提供很好的支持，婦女對她們的工作能夠加以控制，工作母親比起非工作母親與沒有支持的母親而言，是較少壓力的（Roxburgh, 1997; Rwampororo, 2001），當支持與工作控制都缺乏，工作母親較之非工作母親來是有較多的沮喪。明顯的，有伴侶支持，同時在工作中，讓工作者能夠控制，諸如工作時間的彈性，此外，雇主提供什麼也是很重要的。

（三）受扶養人照顧與雇主的反應

有小孩的受雇父母面臨到要讓小孩由他人照顧的困難，對父母壓力的反應，多數工業化國家提供政府支持的托育中心，以減輕員工的負擔，這種托育中心的提供真的對員工有關工作、缺席與生產方面有所改善嗎？

這個問題的回答真的不簡單，僅提供托育中心給員工，並不必然減少父母的工作與家庭的衝突，或是他們的缺席率（Goff, Mount, & Jamison, 1990），一個「對家庭友善」的公司必須注意員工的態度，確保公司提供多方面的支持（Allen, 2001; Grandey, 2001）。主要是監督者的行為、公司提供利益的多寡與種類，當組織延用公平取向，監督者對家庭與小孩照顧等議題是同情的與支持的，組織提供的利益是員工認為重要的，如此員工報告較少工作與家庭的衝突，缺席率較低，並有較高的工作滿意。

此外，雇主提供較好的職業保障、自主、較低的生產要求、監督者的支持，與彈性工作時間等特殊的工作條件，也是很有幫助的（Aryee & Luk, 1996; Frone & Yardley, 1996; Galinsky et al., 1996）。

二、多重角色的安排

當受雇夫妻又有受扶養人的情形下，誰打掃房子、煮飯？誰是子女生病時的照顧者？這些問題是現代雙薪夫妻心中的兩難；家事如何分工？如何處理工作與家庭角色之衝突？

（一）家事分工

　　儘管媒體聲稱夫妻增加分擔責任，但女性仍然執行大部分的家事，工作的母親每星期較之男性多花費50%時間在家事上，並承擔家事的最大責任與小孩照顧工作（Moen, 1999），這種不平等的分工導致了雙薪夫妻最大的爭議與不愉快。

　　很多證據顯示自 1970 年代，女性減少每天做家事時間，特別是她們是受雇者，而男性增加做家事的時間（Swanson, 1992）；然而，情況似乎不是如此，大多數增加是在週末，他們同意做的特殊工作，而且大多與女性受雇無關（Zick & McCullough, 1991）。總之，增加男性參與並沒有減低女性家事的負擔。

　　男女對家事分工的看法是不同的，男性最滿意的分工是基於工作時數，女性最滿意的是當男性願意從事女性傳統的雜務（Benin & Agostinelli, 1988）。

　　可得證據顯示，女性仍然較之男性從事較多的家事，而當一個男性是傳統男性性別角色，較之一個男性是比較女性或兩性相等的性別角色時，這種差異將是最大的（Gunter & Gunter, 1990）。

（二）工作與家庭衝突

　　當人們有職業與小孩，必須思考如何平衡每一方面的要求，人們苦惱要去女兒學校的球類比賽，在此同時又有重要的會議要召開，這些競爭的要求導致工作與家庭的衝突，這是一種一個人職業與一個人家庭不相容的要求，使人們在多重方向下停住的感覺。

　　雙薪夫妻必須在他們的職業與家庭角色中尋求平衡，幾乎三分之二有小孩的夫妻是雙薪的（U.S. Department of Labor, 2001）；如何分擔家事，如何照顧小孩之重要性，正逐漸增加。

　　人們相信工作與家庭角色是相互影響的，當工作不如意，家庭受影響；當家庭有困難，工作受影響。然而，事情並不總是如此（Aryee & Luk, 1996），是否工作影響家庭，家庭影響工作是很多因素的複雜函數，諸如支持資源、職責的類型，以及其他因素（Frone, Russell, & Barnes, 1996; Matthews, Conger, &

Wickrama, 1996; Stepheus & Sommer, 1996）。一個關鍵，但常被忽略的因素是是否夫妻工作時間表相互調和（Jacobs & Gerson, 2001）。

當然，夫妻協商出一個家事與小孩照顧同意的安排是重要的，但真正相等的分工是不可能的，大多數雙薪夫妻仍然在一個**性別分開系統**（**gender-segregated system**）下運作，男女都有傳統的雜務要做，所有工作都重要，為了保持家庭的安全、清潔與衛生，而這些工作也需要時間來完成，重點是對女性而言，不是多少時間花在做這些家事，而是做什麼工作，最困擾妻子的不是她們的丈夫懶惰，而是他們不做一些「女性的工作」，男性可以除草、洗車，甚至於烹調，但他們很少打掃、洗廁所，或換嬰兒尿布。

分工之所以如此，是因為人們看他們的父母如此，也因此他們覺得理所當然，因此如何以及何時情況有所改變？重要的是夫妻談論這些議題，隨時保持溝通的暢通，讓妳的伴侶知道什麼事困擾妳，並教導妳的小孩男女同等負責家務，唯有真正性別平等，做家事是不分性別的，才能終止家事分工的不平衡。

研究也提供了一些證據，說明如何成功的處理工作與家庭衝突。在一個研究中，女性很清楚她們對生涯、婚姻與小孩的承諾，她們成功的結合三者而沒有高度的困擾（Guelzow, Bird, & Koball, 1991）。她們如何做到的？相對於一般的認為，小孩的年齡不是壓力水準的因素，然而，小孩數是重要的，再多一孩子，壓力隨之增加，這與小孩的年齡無關，對這些女性，罪惡感也不是個問題。在此研究中，男性分擔較多小孩照顧工作，做為因應多重角色的壓力。此外，男性有一彈性工作時間，使他們能夠照顧生病的小孩，與其他家庭事務，他們的壓力是低的。這些發現是令人鼓舞的，他們顯示雙薪夫妻正學習如何平衡工作與家庭。

這個研究也顯示對工作與家庭衝突，以生命階段取向觀點的重要性（Blanchard-Fields, Baldi, & Constantin, in preparation），例如：一些研究發現，工作與家庭間，競爭要求的最高衝突是發生在家中至少有兩個學齡前小孩，相互角色衝突在後來的生命階段消失，特別是當婚姻品質高時。整體而言，重要的是一個人是否經驗工作與家庭壓力，在於個人角色品質的知覺是關鍵的指標（Reid & Hardy, 1999）。

雙薪夫妻常有困難找到時間在一起，特別是兩個人都長時間工作。事實

上，在一起的時間多寡不必然是最重要的，只要時間是在一起分享活動，例如：吃飯、遊玩與談話，夫妻就很快樂（Jacobs & Gerson, 2001）。特別是當夫妻都在外工作，如何能夠平靜的安排一起活動，的確是一主要的挑戰。

第四節

休閒

　　成人的生活，並不總是在工作，有時我們需要放鬆，並從事休閒活動。直覺上，休閒從事的活動是與工作不相關聯，比較正式的說法，根據研究者定義休閒是任意選擇的活動，包括：簡單的放鬆、令人愉悅的活動、創造的追求，與感官的超越（Gordon, Gaitz, & Scott, 1976）。

一、休閒活動的類型

　　休閒實際上包含任何活動，將這些任意選擇活動加以組織，研究者將之歸為四大類：文化的，諸如出席運動比賽、音樂會、教會服務與各種會議；身體的，諸如籃球、徒步旅行、有氧運動與園藝；社會的，諸如拜訪朋友與參加宴會；以及獨自的，包括：閱讀、聽音樂與看電視（Glamser & Hayslip, 1985）。休閒活動也從認知、情緒或身體涉入的程度來考慮。

　　分類休閒活動的另一種取向包含**先入（preoccupations）**與興趣間之典型區分（Rapoport & Rapoport, 1975）。先入很像白日夢，有時，先入會逐漸聚焦，並轉換成興趣；興趣是有關你喜歡去做、好奇與吸引的事情之概念與情感，慢跑、遨遊網站、釣魚與繪畫就是一些興趣的例子。

　　Rapoport 和 Rapoport 的區分，使我們注意到有關休閒的一個關鍵事實：任何特殊的活動有不同的意義與價值，有賴於個人的涉入，例如：對多數人而言，烹飪是一種興趣，或是一種休閒活動，對專業的廚師而言，它是工作，根本不是休閒。

這麼寬廣的選擇，人們如何選擇他們的休閒活動？很明顯的，我們每個人都有一休閒目錄，一種正規從事的內在動機活動（Mobily, Lemke, & Gisin, 1991），在我們目錄中的活動會被兩件事所決定：知覺能力（與年齡相仿的其他人相比，認為自己的活動如何）與心理舒適（從事活動達到個人目標的情況如何）。其他因素也是重要的：收入、興趣、健康、能力、交通、教育，與社會特徵，例如：一些休閒活動，諸如滑雪，是相當的花費、需要交通運輸、適度的健康與身體的協調才能獲致最大的享樂；相對的，閱讀只需少許的花費（假如使用公立圖書館），也不需體力的要求。

在休閒活動上，電腦科技的使用已戲劇性的增加（Bryce, 2001），大多數的使用是電子郵件或是遨遊網站，因為這些活動保持與家人與朋友聯絡，追求嗜好，與終身學習。各年齡的成人利用休閒使用電腦，這種趨勢在中年與老年人正特別快速的成長。

二、休閒發展的改變

研究者早已知道從事休閒活動是與一個人的**安適（well being）**有關（Kelly, Steinkamp, & Kelly, 1987），研究顯示參與休閒活動幫助促進女性的心理健康（Ponde & Santana, 2000），同時緩衝壓力與負向生命事件的影響。

與他人一起參與休閒活動可加強伴侶、朋友與家人依附（attachment）的感覺（Carnelley & Ruscher, 2000），成人利用休閒做為探索人際關係或尋求社會認可的方式。事實上，一些研究建議當夫妻花一些休閒時間與其他人從事活動，而不僅只是夫妻在一起從事活動，這樣對婚姻滿意是更有幫助的（Shebilske, 2000）。

假如休閒活動的追求非常的認真又如何呢？在有些情況下，從事休閒活動極端到引起休閒與家庭衝突（Goff, Fick, & Opplinger, 1997），在此情形下，只有當其他人對此種極端表示支持才能避免問題發生（Goff et al., 1997），正如很多事情，適度是最好的，適度的休閒活動也是最好的。

1. 一個人的認知發展水準如何與一個人的職業選擇相關聯？
2. 在兒童的學校與其他社會化經驗的什麼改變，將使得女孩獲得不同的職業技能？
3. 家屬照顧如何影響母親相關聯於是否小孩應該在幼兒園的辯論？
4. 家屬照顧的議題如何相關聯於婦女感受工作—家庭壓力的水平？

參考文獻

Allen, T. D. (2001). Family-supportive work environments: The role of organizational perceptions. *Journal of Vocational Behavior, 58*, 414-435.

Aryee, S., & Luk, V. (1996). Work and non-work influences on the career satisfaction of dual-earner couples. *Journal of Vocational Behavior, 49*, 38-52.

Benin, M. H., & Agostinelli, J. (1988). Husbands' and wives' satisfaction with the division of labor. *Journal of Marriage and the Family, 50*, 349-361.

Bird, D. J. (2001). The influences and impact of burnout on occupational therapists. *Dissertation Abstracts International Section B: The Sciences and Engineering, 62* (1-B), 204.

Blanchard-Fields, F., Baldi, R, & Constantin, L. P. (in preparation). *Interrole conflict across the adult life-span: The role of parenting stage, career stages, and quality of experiences*. School of Psychology, Georgia Institute of Technology.

Bozikas, V., Kioseoglou, V., Palialia, M., Nimatoudis, L., Iakovides, A., Karavatos, A., & Kaprinis, G. (2000). Burnout amony hospital workers and community-based mental health staff. *Psychiatrike, 11*, 204-211.

Bryce, J. (2001). The technological transformation of leisure. *Social Science Computer Review, 19*, 7-16.

Carnelley, K., & Ruscher, J. B. (2000). Adult attachment and exploratory behavior in leisure. *Journal of Social Behavior and Personality, 15*, 153-165.

Cascio, W. F. (1995). Whither industrial and organizational psychology in a changing world of work? *American Psychologist, 50*, 928-939.

Cordes, C. L., & Doughtery, T. W. (1993). A review and integration of research on job burnout. *Academy of Management Review, 18*, 621-656.

Corrigan, P. W., Holmes, E. P., Luchins, D., Buichan, B., et al. (1994). Staff burnout in a psychiatric hospital: A cross-lagged panel design. *Journal of Organizational Behavior, 15*, 65-74.

Cotton, S., Anthill, J. K., & Cunningham, J. D. (1989). The work motivations of mothers with preschool children. *Journal of Family Issues, 10*, 189-210.

Cutler, S. J., & Hendricks, J. (1990). Leisure and time use across the life course. In R. H. Binstock & L. K. George (Eds.), *Handbook of aging and the social sciences* (3rd ed., pp. 169-185). San Diego, CA: Academic Press.

Engle, E., Miguel, R., Steelman, L., & McDaniel, M. A. (1994, April). *The relationship between age and work needs: A comprehensive research integration.* Paper presented at the annual meeting of the Society for Industrial and Organizational Psychology, Nashville, TN.

Erikson, E. H. (1982). *The life cycle completed*: A review. New York: W. W. Norton.

Frone, M. R., & Yardley, J. K. (1996). Workplace family supportive programmes: Predictors of employed parents' importance ratings. *Journal of Occupational and Organizational Psychology, 69*, 351-366.

Frone, M. R., Russell, M., & Barnes, G. M. (1996). Work-family conflict, gender, and health-related outcomes: A study of employed parents in two community samples. *Journal of Occupational Health Psychology, 1*, 57-69.

Galinsky, E., Bond, J. T., & Friedman, D. E. (1996). The role of employers in addressing the needs of employed parents. *Journal of Social Issues, 52*, 111-136.

Gignac, M. A. M., Kelloway, E. K., & Gottlieb, B. H. (1996). The impact of caregiving on employment: A mediational model of work-family conflict. *Canadian Journal on Aging, 15*, 525-542.

Glamser, F., & Hayslip, B., Jr. (1985). The impact of retirement on participation in leisure activities. *Therapeutic Recreation Journal, 19*, 28-38.

Glickman, H. M. (2001). The relationship between person-organization value congruence and global job satisfaction. *Dissertation Abstracts International Section B: The Sciences and Engineering, 61*(12-B), 6745.

Goff, S. J., Fick, D. S., & Opplinger, R. A. (1997). The moderating effect of spouse support on the relation between serious leisure and spouses' perceived leisure-family conflict. *Journal of Leisure Research, 29*, 47-60.

Goff, S. J., Mount, M. K., & Jamison, R. L. (1990). Employer supported child care, work/family conflict, and absenteeism: A field study. *Personnal Psychology, 43*, 793-809.

Gordon, C., Gaitz, C. M., & Scott, J. (1976). Leisure and lives: Personal expressivity across the life span. In R. H. Binstock & E. Shanas (Eds.), *Handbook of aging and the social sciences* (2nd ed., pp. 310-341). New York: Van Nostrand Reinhold.

Grandey, A. A. (2001). Family friendly policies: Organizational justice perceptions of need- bused allocations. In R. Cropanzano (Ed.), *Justice in the workplace: From theory to practice* (pp. 145-173). Mahwah, NJ: Lawrence Erlbaum Associates.

Greenglass, E. R., Burke, R. J., & Konarski, R. (1998). Components of burnout, resources, and gender-related differences. *Journal of Applied Social Psychology, 28*, 1088-1106.

Guelzow, M. G., Bird, G. W., & Koball, E. H. (1991). An exploratory path analysis of the stress process for dual-career men and women. *Journal of Marriage and the Family, 53*, 151-164.

Gunter, N. C., & Gunter, B. G. (1990). Domestic division of labor among working couples: Does androgyny make a difference? *Psychology of Women Quarterly, 14*, 355-370.

Hance, V. M. (2000). An existential perspective describing undergraduate students' ideas about meaning in work: A q-method study. *Dissertation Abstracts International Section A: Humanities and Social Sciences, 61*(3-A), 878.

Harrington, D., Bean, N., Pintello, D., & Mathews, D. (2001). Job satisfaction and burnout: Predictors of intentions to leave a job in a military setting. *Administration in Social Work, 25*, 1-16.

Heimann, B., & Pittenger, K. K. S. (1996). The impact of formal mentorship on socialization and commitment of new comers. *Journal of Managerial Issues, 8*, 108-117.

Hertz, R. (1997). A typology of approaches to child care: The centerpiece of organizing family life for dual-earner couples. *Journal of Family Issues, 18*, 355-385.

Holland, J. L. (1973). *Making vocational choices: A theory of careers.* Englewood Cliffs, NJ: Prentice-Hall.

Holland, J. L. (1985). *Marking vocational choices: A theory of vocational personalities and work environments* (2nd ed.). Englewood Cliffs, NJ: Prentice-Hall.

Holland, J. L. (1996). Exploring careers with a typology: What we have learned and some new directions. *American Psychologist, 51*, 397-406.

Hom, P. W., & Kinicki, A. J. (2001). Toward a greater understanding of how dissatisfaction drives employee turnover. *Academy of Management Journal, 44*, 975-987.

Iskra, G. I., Folkard, S., Marek, T., & Noworol, C. (1996). Health, well-being and burn-out of ICU nurses on 12-and 8-hour shifts. *Work and Stress, 10*, 251-256.

Jacobs, J. A., & Gerson, K. (2001). Overworked individuals or overworked families? Explaining trends in work, leisure, and family time. *Work and Occupations, 28*, 40-63.

Jenkins, C. I. (1997). Women, work, and caregiving: How do these roles affect women's well-being? *Journal of Women and Aging, 9*, 27-45.

Kelly, J. R., Steinkamp, M. W., & Kelly, J. R. (1987). Later-life satisfaction: Does leisure contribute? *Leisure Sciences, 9*, 189-200.

Kim, S. S. (2000). Gradual return to work: The antecedents and consequences of switching to part-time work after first childbirth. *Dissertation Abstract International Section A: Humanities and Social Sciences, 61*(3-A), 1182.

Kram, K. E. (1980). *Mentoring processes at work: Developmental relationships in managerial careers.* Unpublished doctoral dissertation, Yale University, New Haven, CT.

Kram, K. E. (1985). *Mentoring at work: Developmental relationships in organizational life.* Glenview, IL: Scott, Foresman.

Lips-Wiersma, M. S. (2000). The influence of "Spiritual meaning making" on career choice, transition and experience. *Dissertation Abstracts International Section A: Humanities and Social Sciences, 61*(4-A), 1374.

Lyness, K. S., & Thompson, D. E. (1997). Above the glass ceiling? A comparison of matched samples of female and male executives. *Journal of Applied Psychology, 82*, 359-375.

Matthews, L. S., Conger, R. D., & Wickrama, K. A. S. (1996). Work-family conflict and marital quality: Mediating processes. *Social Psychology Quarterly, 59*, 62-79.

Metropolitan Area Agency on Aging (1998). *Checklist on adult day care.* Retrieved from http://www.tcaging.org/com_adck.htm

Milford, M. (1997, November 9). Making a tough transition. *Sunday News Journal* (Wilmington, DE), G1, G6.

Mirabella, R. L. (2001). Determinants of job satisfaction in psychologists. *Dissertation Abstracts International Section B: The Science and Engineering, 61*(12-B), 6714.

Mobily, K. E., Lemke, J. H., & Gisin, G. J. (1991). The idea of leisure repertoire. *Journal of Applied Gerontology, 10*, 208-223.

Moen, P. (1999). *The Cornell couples and careers study*. Ithaca, NY: Cornell University.

Offermann, L. R., & Growing, M. K. (1990). Organizations of the future: Changes and challenges. *Amerian Psychologist, 45*, 95-108.

Ponde, M. P., & Santana, V. S. (2000). Participation in leisure activities: Is it a protective factor for women's mental health? *Journal of Leisure Research, 32*, 457-472.

Rapoport, R., & Rapoport, R. N. (1975). *Lersure and the family life cycle.* London, UK: Routledge & Kegan Paul.

Reid, J., & Hardy, M. (1999). Mulliple roles and well-being among midlife women: Testing role strain and role enhancement theories. *Journal of Gerontology: Social Sciences, 54*(B), S329-S338.

Rosin, H. M., & Korabik, K. (1990). Marital and family correlates of women managers' attrition from organizations. *Journal of Vocational Behavior, 37*, 104-120.

Rosin, H. M., & Korabik, K. (1991). Workplace variables, affective responses, and intention to leave among women managers. *Journal of Occupational Psychology, 64*, 317-330.

Roth, W. F. (1991). *Work and rewards: Redefining our work-life reality.* New York: Praeger.

Roxburgh, S. (1997). The effect of children on the mental health of women in the paid labor force. *Journal of Family Issues, 18*, 270-289.

Rwampororo, R. K. (2001). Social support: Its mediation of gendered patterns in work-family stress and health for dualearner couples. *Dissertation Abstract International Section A: Humanities and Social Sciences, 61*(9-A), 3792.

Salomone, P. R. (1996). Tracing Super's theory of vocational development: A 40-year retrospective. *Journal of Career Development, 22*, 167-184.

Schwartz, F., & Zimmerman, J. (1992). *Breaking with tradition: Women and work, the new facts of life*. New York: Warner Books.

Shaiko, R. G. (1996). Female participation in public interest nonprofit governance: Yet another glass ceiling? *Nonprofit and Voluntary Sector Quarterly, 25*, 302-320.

Shainess, N. (1984). *Sweet suffering: Woman as victim*. Indianapolis, IN: Bobbs-Merrill.

Shebilske, L. J. (2000). Affective quality, leisure time, and marital satisfaction: A 13-year longitudinal study. *Dissertation Abstracts International Section A: Humanities and Social Sciences, 60*(9-A), 3545.

Shirom, A., & Mazeh, T. (1988). Periodicity in seniority-job satisfaction relationship. *Journal of Vocational Behavior, 33*, 38-49.

Silverstein, J. S. (2001). Connections and disconnections: Towards an understanding of reasons mid-career professional women leave large corporations. *Dissertation Abstracts International Section B: The Sciences and Engineering, 62*(1-B), 581.

Stanton-Rich, H. M., Iso-Ahola, S. E., & Seppo, E. (1998). Burnout and leisure. *Journal of Applied Social Psychology, 28*, 1931-1950.

Stepheus, G. K., & Sommer, S. M. (1996). The measurement of work to family conflict. *Educational and Psychological Measurement, 56*, 475-486.

Sterns, A. A., Marsh, B. A., & McDaniel, M. A. (1994). *Age and job satisfaction: A comprehensive review and meta-analysis*. Unpublished manuscript, University of Akron, OH.

Sterns, H. L., & Gray, J. H. (1999). Work, leisure, and retirement. In J. C. Cavanaugh &

S. K. Whitbourne (Eds.), *Gerontology: Interdisciplinary perspectives* (pp. 355-390). New York: Oxford University Press.

Super, D. E. (1957). *The psychology of careers*. New York: Harper & Row.

Super, D. E. (1980). A life span, life space approach to career development. *Journal of Vocational Behavior, 16*, 282-298.

Swanson, J. L. (1992). Vocational behavior, 1989-1991: Life span career development and reciprocal interaction of work and non-work. *Journal of Vocational Behavior, 41*, 101-161.

Terkel, S. (1974). *Working*. New York: Pantheon Books.

U. S. Department of Labor (2001). *Current population survey*. Washington, DC: The Author.

Vandell, D. L., Pierce, K., & Stright, A. (1997). Childcare. In G. Bear, K. Minke & A. Thomas (Eds.), *Children's needs II: Development problems, and alternatives* (pp. 575-584). Washington, DC: National Association of School Psychologists.

Whitbourne, S. K. (1996). *The aging individual*. New York: Springer.

Yamagata, H., Yeh, K. S., Stewman, S., & Dodge, H. (1997, August). *Sex segregation and glass ceilings: A comparative statistics model of women's career opportunities is the federal government over a quarter of a century*. Paper presented at the annual meeting of the American Sociological Association, Toronto.

Zick, C. D., & McCullough, J. L. (1991). Trends is married couples' time use: Evidence from 1977/78 and 1987/88. *Set Roles, 24*, 459-488.

part 6

老年期之發展

本篇共分為四章，分別敘述老年期之身體改變、老年期之認知
改變、老年期之社會發展以及最後的里程：死亡與別離。

Chapter 19

老年期之身體改變

學習目標

1. 老年人的特徵為何。
2. 瞭解大多數的人活多長,什麼因素影響活多長。
3. 年輕老人與年老老人的意義。
4. 瞭解發生在老年期的生理學正常改變為何。
5. 瞭解老年人主要的健康議題。

人們到了老年會是什麼樣子呢？我們試著用所有形容詞，並根據事實來描述，結果卻發現至少有些字詞反映與媒體描述的老人意像相符，而媒體對老人的意像有許多是刻板印象，與事實是不符的，例如：在廣告上，幾乎從來沒有呈現 60 歲以上的老人使用香水，但卻呈現使用除皺紋霜的廣告。

本章呈現事實，首先敘述老年身體的改變，以及補救這些改變的介入（interventions），其次是健康議題的關心。在敘述老年身體的改變前，先瞭解老年的人口、平均壽命與性別差異的情形。

第一節

老年人口、平均壽命與性別差異

一、老年的人口

你曾經思考過，你在日常生活中看過多少老人？你的曾祖父母是否有同樣的經驗？的確，從來沒有像現在有這麼多老人！20 世紀工業化國家老年人口增加快速，主要是由於較好的健康照顧，與婦女生育死亡率降低，這種趨勢已持續到 21 世紀。

快速增加的老人（年齡 60 歲以上）將對每個人的生活造成深遠的改變。在 21 世紀的上半世紀，老人將成為市場的目標，也將有相當的政治與經濟權力，眾多的老年人口將給年金制度〔特別是美國的社會安全制度（Social Security System）〕、健康照顧（特別是美國的一般健保 Medicare、低收入健保 Medicaid 與長期照顧），以及其他人類服務很大的壓力。這些費用將由其後為數不多的工作納稅年齡層來負擔。

這種社會服務制度將加劇，因為最快速成長的老年人口是 85 歲以上的部分，事實上，這種人口數在 1995 至 2050 間將增加 400%（U. S. Census Bureau, 2001），而我們知道 85 歲以上的老人通常在日常生活中會需要更多的協助，

因而也相對增加健康照顧系統的壓力。

　　未來的老人教育程度將提高，主要是目前有較好的教育機會給多數的學生，而較好的正規教育（特別是大學）需求方能有好的工作，同時教育程度較高者也活得較長久，因為他們有較好的收入，有助於他們取得較好的健康照顧以及遵照健康生活方式的機會。

　　這種老年人口增加快速是共同的趨勢，為了因應其影響，均採取一些措施，例如：在台灣為了對老人生活的幫助，有敬老津貼，對象為年滿 65 歲的老人，月領金額視情況調整，有排富條款，故有限制領取資格；為了對未來老人生活的幫助，2007 年 7 月 20 日立法院三讀通過《國民年金法》，自 2008 年 10 月 1 日起開辦。**國民年金**採取社會保險制度，主要納保對象是年滿 25 歲、未滿 65 歲，在國內設有戶籍，且沒有參加勞保、農保、公教保、軍保的國民。國民年金提供老年年金、身心障礙年金、遺屬年金等三大年金給付保障，及生育給付、喪葬給付等二種一次性給付保障，並整合國民年金開辦前已經在發放的**敬老津貼**及原住民敬老津貼，改為老年基本保證年金及原住民給付。被保險人只要按時繳納保險費，在生育、遭遇重度以上身心障礙或死亡事故，以及年滿 65 歲時，就可以依規定請領相關年金給付或一次性給付，以保障本人或其遺屬的基本經濟生活。此外，**老農津貼**則不變。

　　為加強照顧弱勢民眾基本經濟生活，避免所領給付因通貨膨脹而縮水，並建立津貼調整之制度化機制，明定自 2012 年 1 月 1 日起，老年年金給付 A 式加計金額、遺屬年金給付基本保障、老年基本保證年金及原住民給付，由 3,000 元調增為 3,500 元；身心障礙年金給付基本保障及身心障礙基本保證年金，由 4,000 元調增為 4,700 元。未來則每四年參照消費者物價指數成長率，定期調增各項給付金額（行政院勞工委員會勞工保險局，2013）。

　　另外，關於**退休金**部分，是雇主根據年資提供，**老年給付**是工作期間參與勞保的權益，此外還有很多生活上的敬老，如搭乘交通工具、到娛樂場所的優惠案等。

　　在因應這種趨勢上，除了物質生活的規劃，最重要的是直接服務老人的人力培養，在這方面教育是最根本的，大專校院在原有的護理學系、心理學系、社會工作學系外，紛紛成立長期照顧管理研究所、健康照顧研究所、健康產業管理研究所，以及普遍設立老人服務事業管理系，大量增加的老年人口以及壽命的延長，創造了各種年輕人就業的機會。

二、你會活多久？

一個人能期望活的年數稱為壽命，它是由遺傳與環境因素所共同決定的。研究者區分三種類型的壽命：**平均生命期望值（average life expectancy）、有用的生命期望值（useful life expectancy）**，與**最大生命期望值（maximum life expectancy）**。

1. 平均生命期望值，或稱之為生命期望值的**中位數（median）**，是指在某一年出生的人一半死亡的年齡。平均生命期望值呈穩定的增加，此增加主要是嬰兒死亡率與婦女生育死亡率減低、主要疾病（如天花與小兒麻痺）的消失，以及延長慢性疾病患者生命的醫療科技的進步。

2. 有用的生命期望值是指，一個人免於衰弱慢性疾病與損害的年數，理想的情況是有用的生命期望值與一個人實際的壽命相一致。然而，醫療科技有時能使人們活多年，即使他們不能行使例行日常工作。依此，人們強調有用的生命期望值，而不是醫療介入決定所活的年數。

3. 最大的生命期望值是指，任何人可活的最老年齡。目前科學家估計人類最大的極限是 120 年左右，大多是因為心臟與其他主要器官系統若沒有替換，這樣就會限制人們活多久的時間（Hayflick, 1998）。

我們已知增加一個人壽命的機會，是來自於家中有長壽的人的記載（Hayflick, 1998），研究者認為這種情形大部分由於遺傳的因素，雖然遺傳是壽命的主要決定因素，環境因素也會影響（Bergeman, 1997; Hayflick, 1998），一些環境因素是很明顯的：疾病、有毒物質、生活方式與社經地位。疾病如心臟血管疾病與**阿滋海默疾病（Alzheimer's disease）**；生活方式如抽菸與運動，受到研究者高度的注意；環境的毒素，主要是空氣與水污染，這是一持續的問題，例如：魚類中的毒素、飲用水中的細菌與致癌化學物，以及空氣污染是縮短壽命的主要媒介。

社經地位對長壽的影響是由於減少取得物品與服務，特別是醫療照顧，這是少數種族團體、許多老人的特徵（National Center for Health Statistics, 1999, 2001）。這些人大多沒有健康保險，或僅有少量保險，很多人付不起一個較健康的生活型態。

　　環境因素影響平均生命期望值隨時間而改變，例如：**後天免疫缺乏症候群**（**Acquired Immunodeficiency Syndrome, AIDS**）在 1980 年間，成為影響壽命長短的一個因素，且全世界持續有數百萬人死於 AIDS。相對地，心臟血管疾病因罹患率減低，對生命期望值的影響也漸少。

三、性別差異

　　假如拜訪一所老人中心或安養之家，很容易會有這樣的疑問：「非常老的男性都到哪去了？」女性在出生時的平均壽命較男性約多 7 年，到 85 歲彼此的差距縮減 1 年（National Center for Health Statistics, 2001）；這些差異在大多數工業化國家如此，但在開發中國家並不是這樣的。事實上，在美國女性壽命長於男性是在 20 世紀早期才明顯（Hayflick, 1996），原因是在此之前許多女性死於生產，整體而言其平均壽命是減低的。死於生產可部分解釋今天開發中國家婦女沒有較長壽命；然而部分差異也肇因於有些國家女嬰的死亡；社經因素如取得健康照顧、工作、教育機會，以及運動都有助於說明工業化國家女性壽命長的出現原因（Hayflick, 1998）。

　　工業化國家女性平均壽命顯著長於男性的解釋有很多說法，有的認為男性在最高的十五個死因中的死亡率顯著高於女性，男性也容易罹患傳染性的疾病，這些差異使得一些人質疑壽命並沒有基本的生理差異，而是男性較易感染某些致命的疾病（Hayflick, 1996）。

　　其他的研究者不同意，彼等認為有潛在的生理解釋，例如：相對於男性的只有一個 X 染色體，女性有兩個 X 染色體；男性的新陳代謝率高；女性的**腦對身體重量的比率**（**brain-to-body weight ratio**）較高；以及女性的睪丸激素水平較低。然而這些解釋都不足以有足夠的科學支持說明為什麼工業化國家女性比男性長壽（Hayflick, 1996）。所以，最好的說法是壽命為遺傳與環境因素共同決定的。

四、年輕老人與年老老人

在前述老年的人口中，提及老年人口增加快速，主要是活得長久，但老年人並不都是一樣的，也像其他年齡的人一樣，異質性是很大的，在此有必要對**年輕的老人**（young-old，年齡在 60 至 80 歲之間）與**年老的老人**（oldest-old，年齡在 80 歲以上）作簡單的說明（Baltes & Smith, 2002）。

20 世紀後半對老年學（gerontology），即老年人的科學研究之發展是很振奮的。由於文化、醫藥與經濟的進步，使得老年人平均壽命延長，生活品質改善，因此社會對老年人的觀感有了基本的、正向的改變。老年學研究者與政策制定者樂觀的認為老年是潛在生長而非下降的時期，許多的研究是以年輕老人為對象，事實上有很多的研究正期待著。

然而，最近研究顯示年老的老人卻有非常不同的經驗，他們功能的潛力是有限的，到目前為止各種介入的成功是渺茫的，疾病的罹患率，如癌症與失智症在年老的老人呈戲劇性的增加，其他的心理功能（如記憶）也顯著與快速的下降。

Baltes 和 Smith（2002）認為，年輕老人與年老老人的差異，在研究與社會政策上被視為是重要的，他們描述老年，對年輕老人賦予好消息（good news）的特徵，而對年老老人賦予壞消息（bad news）的特徵。

（一）好消息：年輕老人

1. 增加壽命，有很多老年人不但活得長久，且過個成功的老年。
2. 對身體的與心理的適應與調和（fitness），有實質的潛力，且每一世代逐漸改進。
3. 老年人的心境已證明在認知與情緒方面是蓄力以待（reserves），有所為有所不為。
4. 情緒與個人安適（well-being）是高的。
5. 有效的策略處理生活中的得與失。

（二）壞消息：年老的老人

1. 認知的潛能與學習的能力有很大的損失。
2. 慢性壓力的負面影響增加。
3. 失智症（90歲以上的人約有50%）、虛弱與多種慢性狀況的出現率增加。
4. 有生活品質與尊嚴死亡的問題。

第二節

老年期身體與健康之改變

在中年期時，人們開始經驗一些與老化相關的身體改變，其中外表的改變提到皺紋與灰髮；到了老年，可見的差異就更加明顯，皺紋與灰髮更多。而很多其他身體的改變是難以看見的，其中最重要的生理改變發生在神經細胞、心臟血管與呼吸系統、動作系統與感覺系統，此外對一般健康的議題，諸如睡眠、營養與癌症也加以考慮。

一、神經細胞的改變

神經細胞又稱神經元，隨著年齡增加，最重要的常模性改變包含結構，以及與其他神經元溝通的改變（Whitbourne, 1996），在瞭解老化方面，神經元溝通的改變是指神經元中兩個重要結構：**樹狀突（dendrites）**與**軸突（axon）**，前者為蒐集其他神經元的訊息，後者將樹狀突蒐集的訊息傳到其終端，如圖19-1 所示，二者中任何一種改變會損害神經元傳導訊息的能力，最後會影響一個人的功能（Vinters, 2001）。在正常老化中，最重要的三種結構改變為：**神經纖維纏結（neurofibrillary tangles）**、**樹狀突改變（dendritic changes）**，以及**神經的斑（neuritic plaques）**。

構成軸突的纖維有時纏結在一起形成螺旋狀團，稱之為神經纖維纏結，這

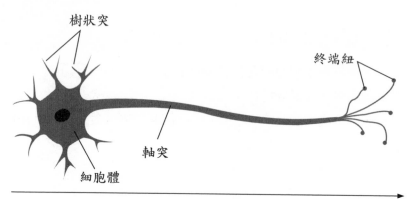

圖 19-1　　訊息流通的方向

種情形，原因不明，這些纏結干擾神經元傳導訊息至軸突的能力。隨著年齡增加，某種程度的纏結是正常的，但大量的神經纖維纏結與阿滋海默疾病有關（Vinters, 2001）。

　　樹狀突的改變是較為複雜的，有些樹狀突凋萎而死亡，這使得神經彼此之傳導更困難（Vinter, 2001）；然而，有些樹狀突繼續生長（Curcio, Buell, & Loleman, 1982），這種情形可以幫助解釋為什麼老年人在某些方面繼續進步。為什麼一些樹狀突退化，其他並沒有，其原因也是不明。

　　神經元的損傷與死亡有時會在神經元外聚集，產生神經的斑，這種斑可能干擾健康神經元的正常功能，雖然大多數的斑與失智症有關（如阿滋海默疾病），研究者還沒有建立一個**可容許的斑數量（allowable number）**，用以表示一個健康老化的腦（Vinters, 2001）。

　　因為神經元間沒有實際接觸，它們必須經由化學物質，稱之為**神經傳導介質（neurotransmitters）**來溝通。隨著年齡增加，這些神經傳導介質的水平下降（Whitbourne, 1999），這些下降相信成為無數年齡相關行為改變的原因，包括：記憶與睡眠方面，也許與**巴金森氏症（Parkinson's disease）**的苦惱有關。

　　神經元的這些改變是正常老化的一部分，然而，當這些改變快速發生，會導致相當多的問題，並與阿滋海默或相關疾病有關。這點很重要，它意謂嚴重的行為改變，如非常嚴重的記憶損害，就不是腦部正常改變導致，而是疾病的表示。

　　我們學習到很多腦部改變與行為改變之關係，這是經由**非侵入式造影（non-invasive imaging）**與衡鑑心理功能的技術進步使然（Albert & Killiany, 2001）。在腦部造影方面，常用的兩種技術為：

1. **結構的造影（structural imaging）**：提供腦部高度細微的解剖影像，常用的是 **X 光（x-rays）**、**電腦斷層掃描（computerized tomography, CT scans）**，與**核磁共振造影（magnetic resonance imaging, MRI）**。

2. **功能的造影（functional imaging）**：提供腦部活動的顯示，不是解剖學的細節，最常使用的是**單一影像電腦斷層掃描（single photon emission computerized tomography, SPECT）**、**正子斷層掃描（positron emission tomography, PET）**，以及**功能性核磁共振造影（functional magnetic resonance imaging, fMRI）**。

　　這些非侵入式的造影技術，伴隨敏感的認知處理測驗已經呈現非常令人信服的年齡相關的腦部改變，至少在某些方面（Albert & Killiany, 2001）。至於為什麼這些下降發生還沒有被發現，而這種最新的技術，如 fMRI，在幫助研究者揭露這種神秘面紗方面提供了很大的希望。

二、心臟血管與呼吸系統

（一）心臟血管

　　心臟血管疾病，諸如**心臟麻痺（heart attack）**、**心律不整（irregular heartbeat）**、**中風（stroke）**與**高血壓（hypertension）**隨年齡增加而快速增加（National Center for Health Statistics, 2001）。然而，近幾十年來，這些疾病的整體死亡率已降低，主要是吸菸的人減少了，很多人的飲食已減低脂肪的攝取量（National Center for Health Statistics, 2001）。

　　心臟血管系統的常模性改變而成為疾病的原因，開始於成人早期。在心臟周圍與動脈發現脂肪的堆積（Whitbourne, 1999），最後心臟每分鐘能抽取的血量約減少 30%；心臟的肌肉組織被結締組織所取代而減少；由於鈣化，動脈也變硬，這些改變多因不良的生活型態，但如果常運動、飲食以低脂取向，以及

有效減低壓力的人則會較慢發生。

當人們漸老，中風的機率增加，中風或**腦血管事故**（cerebral vascular accidents）導因於血流的干擾，主要是腦動脈阻塞或出血。動脈阻塞是動脈硬化疾病的凝塊或脂肪堆積，出血是動脈的破裂。老年人常經驗**短暫的局部缺血**（**transient ischemic attacks, TIAs**），那是腦部血流的干擾，也常是中風的前兆；單一大的腦部血管事故可能造成嚴重的身體損傷，如失去說話的能力，或是身體的問題，如沒有能力移動手臂，一個人經驗功能損傷的性質與嚴重性通常決定於腦部受影響的特殊區域。單一腦血管事故而中風的復原也有賴很多因素，包含：損傷的程度與類型、腦部其他區域承擔損傷的功能，以及個人的動機。

無數的細微血管事故造成的疾病，稱之為**血管失智症**（**vascular dementia**），多是突然的開始，有些可能會繼續進展，但有些則不會有進展。此外，個別的症狀類型有很大的差異，有賴於腦部特殊區域的損傷。某些血管失智症患者開始平均經 2 至 3 年後死亡，而其他的患者可能進展較慢，並具有獨特的症狀（Qualls, 1999）。

單一的腦血管事故與血管失智症的診斷是相似的，損傷的證據來自診斷結構的造影（如 CT or MRI）如圖 19-2。這種損傷經由神經心理測驗證實，高血壓與家族中有此類疾病是周知的危險因素。

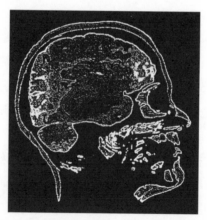

圖 19-2　　Howard Sochurek/Medichrome

（二）呼吸系統

從 25 到 85 歲，一次呼吸的最大量空氣會減少 40%，這是由於**胸廓（rib cage）**以及氣流通路隨年齡增加而硬化，加上污染與吸菸使肺內的氣囊被破壞（Whitbourne, 1999），這種減少是老年身體活動後喘氣的主要原因；由於一生中呼吸污染空氣累積的影響，因此難以說明這些改變是直接與年齡相關的。老年人中一種最普通的呼吸系統疾病為**慢性肺梗阻疾病（chronic obstructive pulmonary disease, COPD）**，COPD 的極端衰弱情況會導致憂鬱、焦慮，以及連續需要氧氣罩（Frazer, Leicht, & Baker, 1996）；**氣腫（emphysema）**是 COPD 最普通的一種形式，雖然多數患者是由於吸菸，有些是遺傳的，而哮喘是另一種普通類型的 COPD。

三、動作系統與感覺系統

（一）動作系統：巴金森氏症

巴金森氏症主要有特殊的動作症狀：走路緩慢、坐下站起有困難，以及緩慢的手顫抖。這些問題是由於在**中腦（midbrain）**產生神經傳導介質：多巴胺的神經元退化。

原因不明的是約有 30%到 50%的巴金森氏症患者也同時有嚴重的認知受損，其腦部的改變相似於阿滋海默疾病（Youngjohn, Beck, Jogerst, & Carine, 1992）。

（二）感官改變

1. 視覺

兩種主要與年齡相關的結構改變發生在眼睛，一是減少光通過眼睛，導致工作需要較多的光，如閱讀。你可能感覺這種改變是老年人在黑暗中看不清楚的原因，以致晚上較少出門，而可能的反應是加強照明。然而這種解決方法並

不適用於所有情況,因為老年人同時也增加對光的敏感(Whitbourne, 1999)。此外對光的改變的適應(adaptation)能力也下降,從外面進入一個黑暗的電影院意謂黑暗適應,回到外面意謂光亮適應,研究顯示兩種適應的時間隨年齡增加而增加(Fozard & Gordon-Salant, 2001)。對老年駕駛而言,這些改變特別重要,對迎面來車的頭燈較難適應。

另一關鍵的結構改變是**水晶體(lens)**,隨著年齡增加,水晶體變得較黃,致使對**光譜(spectrum)**的綠一藍一紫這端的顏色辨別較差,同時周圍肌肉硬化,調適與聚焦能力下降(Fozard & Gordon-Salant, 2001),這就造成了**老花眼(presbyopia)**,清楚的看近物有困難,須要伸長手臂或矯正鏡片,加以眼睛從近到遠或從遠到近需要改變焦聚的時間增加(Fozard & Gordon-Salant, 2001);這也呈現一個開車的問題,因為駕駛須不停的從儀表盤到其他車子以及路上號誌間的改變焦聚,老年駕駛可能漏看重要訊息,因為他們重新聚焦的時間較慢。

除了這些常模式的結構改變,有些人因異常的結構改變而經驗疾病:第一,不透明的斑稱之為**白內障(cataracts)**,可能在水晶體上發展,足以限制光的傳導,它可以經由手術移除或使用矯正鏡片;第二,眼睛的液體可能沒有適當的排出,造成眼壓高,這種情況稱之為**青光眼(glaucoma)**,它能導致內部損傷與失明,青光眼是中老年期非常普通的疾病,通常以眼藥水治療。

第二類視力改變是由於**網膜(retina)**的改變,網膜約占眼球內部的三分之二,具有特殊的視覺接收細胞,**桿體與錐體(rods and cones)**細胞即在網膜上,它們多半集中在後方,特別是在視力的焦點處,此區域稱之為**黑點(macula)**,黑點的中央是**中央凹(fovea)**,此處聚焦有**最大的敏銳度(maximum acuity)**。隨著年齡增加,黑點的退化機率也增加(Fozard & Gordon-Salant, 2001)。黑點退化使視覺接受細胞破壞,致使看細微的能力損失,例如:閱讀變得困難,看電視變得朦朧,75歲以上約5人中有一人,特別是吸菸者與女性的歐裔美人易患有黑點退化,這是老年人功能性盲的主要原因。

2. 聽覺

隨著年齡增加,經驗聽力損失也是最普通的常模性改變之一(Whitbourne, 1999),然而並不需要到老年才經驗聽力損失問題,因為噪音的環境也會損失

聽力，噪音的累積影響與年齡相關的改變，創造了最普遍的年齡相關聽力問題：對高頻聲音的敏感度減低，或稱之為**老年性聾（presbycusis）**，它發生在早期，比低頻聲音的敏感度損失更為嚴重。研究顯示，到 70 多歲約有一半的老年人患老年性聾，男性較女性的聽力損失更為嚴重，這可能是差別的曝露於噪音環境所致。聽力損失在開始時是逐漸的，到了 40 幾歲後加速。

因為在社會溝通中聽力扮演重要角色，它的逐漸損失在社會適應上也有同樣的重要影響。聽力損失在老年能造成無數不利的情緒反應，諸如失去獨立、社會孤立、不安、妄想，與憂鬱。許多研究顯示，聽力損失本身並不會造成社會不良適應或情緒困擾，然而聽力損失老年人的朋友與親戚，常歸因老年人情緒改變是因聽力損失，而挫傷人際關係的品質（Whitbourne, 1996）。聽力損失並不直接影響老人的自我概念或情緒，可能負向的影響彼等有關人際溝通的感覺，若瞭解這些，那些聽力沒有損失者，在減少聽力損失老人對生活的影響上，扮演重要的角色。

科技的進步讓許多聽力損失者可經由**助聽器（hearing aids）**的協助，其功能不斷推陳出新，但它們是無法完全取代我們的耳朵。雖然使用助聽器減少人們**自我知覺的（self-perceived）**聽力障礙，但它並不能改變人們的社會互動（Tesch-Römer, 1997）。在改進人際互動上，一個人的社會技能與聽力是同等的重要。

3. 其他感覺

老年人的味覺、觸覺、溫度覺與痛覺的敏感度仍維持不變（Whitbourne, 1999），然而 70 歲後，許多老年人嗅覺下降出現（Murphy, 1986），大量下降是阿滋海默疾病的特徵（Youngjohn & Crook, 1996）。這些改變是危險的，例如：老年人常常有困難去偵測物質中是否有瓦斯外洩，而這是足以致命的。

平衡覺的改變增加老年人跌倒的可能，事實上，恐懼跌倒與受傷是許多老人最關心的，這也影響了他們從事某些活動的意願（Lachman et al., 1998）。

人們經驗感官改變對其日常生活有重要的應用（Whitbourne, 1996），有些看近距離的字有困難，這是小的困擾比較容易矯正，可戴閱讀眼鏡；其他是較嚴重與不易矯正的，例如：視力與聽力的改變，開車的能力會受到影響。

因為感官改變也使得居家有偶發事件發生，重要的是要設計一較安全的環境，將這些改變都考慮到，經由預防與**制約（conditioning）**，維持健康。事實上，一些相當簡單的環境改變就很有幫助，例如：跌倒在老年中是造成意外嚴重受傷與死亡的最普通原因，一些步驟能幫助減少跌倒的潛在危險：

(1)照亮樓梯，樓梯上下都有電燈開關。

(2)避免磨光的地板，因為刺眼或者當濕的時候易滑倒。

(3)裝置夜燈或床邊有遙控電燈開關。

(4)樓梯兩邊有堅固的欄干扶手。

(5)釘住樓梯的地毯，或使用不滑的踏板。

(6)移去放在某區域的小型地毯，它在地板上易滑。

(7)安排家具與其他物件，使之不成為障礙。

(8)使用浴室牆上抓握的桿與浴缸內不滑的墊。

(9)保持戶外階梯與走道在良好狀況下。

四、健康議題

在第十四章，已探討生活型態因素如何降低許多慢性疾病的危險，而健康促進的重要並沒有隨著年齡增加而減少，生活型態因素持續影響睡眠、營養與癌症。

（一）睡眠

相較於年輕人，老年人睡眠有較多苦惱（Bootzin, Epstein, Engle-Friedman, & Salvio, 1996）。與年輕人相比，老年人約需兩倍長的時間才睡著，平均每晚睡得就較少，這些問題部分是因身體不適、藥物的副作用或咖啡鹼、尼古丁與壓力的影響（Bootzin et al., 1996）。睡眠問題能紛擾一個人的 24 小時節奏，或是睡眠——清醒的週期，24 小時節奏的紛擾能導致注意與記憶問題，研究顯示一些介入，如適度的曝露於亮光的時間，對矯治睡眠失調導致 24 小時節奏紛擾是有效的（Terman, 1994）。

（二）營養

在正常情況下，只要老年人的飲食均衡，是不需要任何維他命或礦物質的補充（Bortz & Bortz, 1996）。即使身體的新陳代謝隨年齡增加而下降，老年人所需消耗的蛋白質與碳水化合物的量與年輕人相似，因為改變的是從這些物質中身體如何抽取其中的營養。因為老年人通常是健康較差、住在安養之家，可能傾向於體重減輕與缺乏各種營養，如維他命B12與葉酸（Wallace & Schwartz, 1994）。

（三）癌症

人們能採取的最重要健康促進措施之一為癌症篩檢，在很多情況下，篩檢的步驟只是在醫生的診所執行（如結腸癌篩檢）、在家中（如乳房自我檢查）、血液檢驗（攝護腺癌篩檢）或照 X 光。

為什麼癌症篩檢如此重要？原因是隨年齡增加，得癌的危險性也大幅增加（Frazer et al., 1996）（如圖 19-3），但原因還不完全瞭解。不健康的生活型態（如吸菸與飲食不良）、遺傳與曝露在致癌的化學物中都是重要的原因，但卻

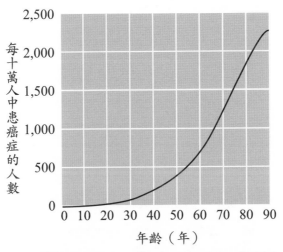

圖 19-3　　隨著年齡增加，罹患癌症的危險成戲劇性的增加

資料來源：Frazer, Leicht, & Baker (1996)

不足以解釋相關的危險性增加（Frazer et al., 1996）。即使老年人，癌症的早期發現在增加存活至最大期限方面是絕對必要的（Segal, 1996）。當一些癌症的遺傳基礎知識繼續增加，早期發現與生活型態改變的重要性也增加。

問題討論

1. 在 21 世紀的最初 30 年，人口的改變如何影響工作者的需要？

2. 性別差異在生命期望值如何與生物學的、心理學的、社會文化的，與生命週期的因素相關聯？

3. 害怕摔跤與骨質疏鬆症（參閱第十四章）如何相連結？

參考文獻

中文部分

行政院勞工委員會勞工保險局（2013）。**國民年金簡介**。取自 http://www.bli. gov.tw/sub.aspx? a=EqVSfrb7aT0%3d

英文部分

Albert, M. S., & Killiany, R. J. (2001). Age-related cognitive change and brain-behavior relationships. In J. E. Birren & K. W. Schaie (Eds.), *Handbook of the psychology of aging* (5th ed., pp. 161-185). San Diego, CA: Academic Press.

Baltes, P. B., & Smith, J. (2002, April). *New frontiers in the future of aging: From successful aging of the young old to the dilemmas of the fourth age*. Paper presented at the Valencia Forum: An International Scientific Congress, Valencia, Spain.

Bergeman, C. S. (1997). *Aging: Genetic and environmental influences*. Thousand Oaks: Sage.

Bootzin, R. R., Epstein, D., Engle-Friedman, M., & Salvio, M. A. (1996). Sleep disturbances. In L. L. Carstensen, B. A. Edelstein & L. Dornbrand (Eds.), *The practical handbook of clinical gerontology* (pp. 398-420). Thousand Oaks, CA: Sage.

Bortz, W. M., II, & Bortz, S. S. (1996). Prevention, nutrition, and exercise in the aged. In L. L. Larstensen, B. A. Edelstein & L. Dornbrand (Eds.), *The practical handbook of clinical gerontology* (pp. 36-53). Thousand Oaks, CA: Sage.

Curcio, C. A., Buell, S. J., & Loleman, P. D. (1982). Morphology of the aging central nervous system: Not all downhill. In J. A. Mortimer, F. J. Pirozzola & G. I. Maletta (Eds.), *Advances in neurogerontology (Vol. 3): The aging motor system* (pp. 7-35). New York: Praeger.

Fozard, J. L., & Gordon-Salant, S. (2001). Changes in vision and hearing with aging. In J. E. Birren & K. W. Schaie (Eds.), *Handbook of the psychology of aging* (5th ed., pp. 241-266). San Diego, CA: Academic Press.

Frazer, D. W., Leicht, M. L., & Baker, M. D. (1996). Psychological manifestation of physical disease is the elderly. In L. L. Carstensen, B. Edelstein & L. Dornbrand (Eds.), *The practical handbook of clinical gerontology* (pp. 217-235). Thousand Oaks. CA: Sage.

Hayflick. L. (1996). *How and why we age* (2nd ed.). New York: Ballantine.

Hayflick, L. (1998). How and why weage. *Experimental Gerontology, 33*, 639-653.

Lachman, M. E., Howland, J., Tennstedt, S., Jette, A., Assmann, S., & Peterson, E. W. (1998). Fear of falling and activity restriction: The survey of activities and fear of falling in the elderly (SAFE). *Journal of Gerontology, 53*(B), 43-50.

Murphy, C. (1986). Taste and smell in the elderly. In H. C. Meiselman & R. S. Rivlin (Eds.), *Clinical measurement of taste and smell* (pp. 343-371). New York: Macmillan.

National Center for Health Statistics (1999). *Health, United States, 1998 with socioeconomic status and chartbook.* Retrieved from http://www.cdc.gov/nchs/products/pubs/pubd/hus/hus.htm

National Center for Health Statistics (2001). *Health, United States, 2001 with urban and rural health chartbook.* Retrieved from http://www.cdc.gov/nchs/products/pubs/pubd/hus/hus.htm

Qualls, S. H. (1999). Mental health and mental disorders in old adults. In J. C. Cavanaugh & S. K. Whitbourne (Eds.), *Gerontology: An interdisciplinary perspective* (pp. 305-328). New York: Oxford University Press.

Segal, E. S. (1996). Common medical problems in geriatric patients. In L. L. Carstensen, B. A. Edelstein & L. Dornbrand (Eds.), *The practical handbook of clinical gerontology* (pp. 451-467). Thousand Oaks, CA: Sage.

Terman, M. (1994). Light therapy. In M. H. Kryger, T. Roth & W. C. Dement (Eds.), *Principles and practice of sleep medicine* (2nd ed., pp. 1012-1029). Philadelphia: Saunders.

Tesch-Römer, C. (1997). Psychological effects of hearing aid use in older adults. *Journal of Gerontology: Psychological Sciences, 52*(B), P127-P138.

U. S. Census Bureau (2001). *Statistical abstract of the United States.* Washington, DC:

Government Printing Office.

Vinters, H. V. (2001). Aging and the human nervous system. In J. E. Birren & K. W. Schaie (Eds.), *Handbook of the psychology of aging* (5th ed., pp. 135-160). San Diego, CA: Academic Press.

Wallace, J. I., & Schwartz, R. S. (1994). Involuntary weight loss in the elderly. In R. R. Watson (Ed.), *Handbook of nutrition in the aged* (pp. 99-111). Boca Raton, FL: CRC Press.

Whitbourne, S. K. (1996). *The aging individual*. New York: Springer.

Whitbourne, S. K. (1999). Physical changes. In J. C. Cavanaugh & S. K. Whitbourne (Eds.), *Gerontology: An interdisciplinary perspective* (pp. 91-122). New York: Oxford University Press.

Youngjohn, J. R., Beck, J., Jogerst, G., & Caine, C. (1992). Neuropsychological impairment, depression, and Parkinson's disease. *Neuropsychology, 6*, 149-158.

Youngjohn, J. R., & Crook, T. H., III (1996). Dementia. In L. L. Carstensen. B Edelstein & L. Dornbrand (Eds.). *The practical handbook of clinical gerontology* (pp. 239-254). Thousand Oaks. CA: Sage.

Chapter 20 老年期之認知改變

學習目標

1. 隨著人們年齡增加,在注意與反應時間發生的改變為何,這些改變與日常生活的關聯性為何。
2. 隨著人們年齡增加,在記憶發生的改變為何,以及這些改變的矯治方法為何。
3. 瞭解何謂智慧,如何與年齡相關聯。
4. 瞭解阿滋海默疾病為何,診斷與處理的方法,以及何種原因引起的。

在第十五章成人期智力的研究顯示，基本心理能力到了 60 幾歲開始下降，到了 70 幾歲下降更大；流體智力經由成人期而下降，結晶智力則上升，同時後形式思考也經成人早期與中年期逐漸上升，這在處理實際的日常生活問題是很重要的，加以人們到了中年，在某個領域可能成為專家，更有助於問題的解決，這些認知特徵將持續到老年，特別是年輕的老人。然而對大多數年老的老人而言，上述的認知特徵將有所改變，特別是在基本心理能力方面。

老年人會對最近的事件記不起來，例如：是否已吃過藥。因為藥不是只有一種，有的是治關節炎、過敏症與高血壓等；再者每種藥有其各自的服用時間，有的與三餐同時、有的每 8 小時服用一次，有的是一天吃兩次，嚴格遵守是很重要的，如此可避免相互影響的潛在危險與副作用，也因此老年人面臨在適當時候記得服藥的問題。

這種情況置沉重的要求在注意與記憶等認知資源上，以下將在基本認知處理上，分別探討年齡相關的改變；而創造力與**智慧（wisdom）**在成人期的發展如何？並以阿滋海默疾病來說明老年期的行為與認知功能的嚴重受損情形。

第一節
老年期訊息處理之改變

一、注意

有研究者認為注意有三個主要成分：**選擇（selection）**、**持續（sustain）**與**控制（control）**（Parasuraman, 1998）。這些成分組成的處理，能使人們執行各種功能。

我們的感官不停地被刺激轟炸，因而必須加以揀選，例如：當在宴會中與某人談話，我們必須聚焦在此人所說的，忽略所有其他雜音。選擇性注意包含選擇相關訊息與抑制不相關的訊息，比起年輕人來，老年人在大多數的選擇性注意表現較差（McDowd & Shaw, 2000）。然而，當工作是簡單地尋找目標訊

息，或是給予充分的練習，年齡的差異就會減少了。

　　持續性注意包含維持注意一段時間，如在外帶餐廳等候叫名、看著交通燈號的轉變，以及監控連接安全攝影機的銀幕等都是持續性注意的例子。是否持續性注意能力隨年齡增加而下降是不確定的（Rogers & Fisk, 2001），但可以肯定的是當記憶要求減少、工作給予練習，視覺缺陷被矯治，年齡差異將會減少。

　　聚焦、轉換與分配的能力稱之為注意的控制，研究結果對注意控制的年齡差異是混合的（Rogers & Fisk, 2001）。如果老年人被告知要注意哪裡，提供暗示幫助他們轉換注意，或是工作是簡單的，他們與年輕人的表現就無異；但假如注意轉換的速率是快或工作是複雜的，老年人的表現就會比較差了。

　　總之，在注意方面是否有年齡相關的差異有賴很多因素，如工作的複雜性、視力與其他認知因素。研究也發現**有氧運動（aerobic exercise）**能改進注意工作的表現（Kramer et al., 2001）。事實上，敘述注意能力發展的改變是不簡單的（Rogers & Fisk, 2001）。

二、心理動作速度

　　當你從朋友家開車回家的路上，在你前面的一輛車子突然減速，你必須盡快地踩煞車，否則就會發生意外，你能多快地移動踩油門的腳到踩煞車上？

　　這是日常生活中**心理動作速度（psychomotor speed）**的例子，是指一個人執行一特殊反應的速度。心理動作速度亦稱**反應時間（reaction time）**，這是最常用以研究老化的現象之一，無數的研究均指向相同的結果：人們漸老，速度慢下；事實上，隨著年齡增加、速度減慢已被許多研究者接受，且被認為是老化的唯一泛宇宙行為改變（Salthouse, 2000）。然而，資料也建議，認知處理速度減緩因工作不同，自成人早期到老年期有很大的改變（Madden, 2001; Stine-Morrow & Soederberg Miller, 1999）。

　　反應時間減緩的最重要理由是老年人要較長的時間決定他們需要的反應，特別是當情境的訊息是不明確時（Salthouse, 2000），即使當訊息呈現表示反應是絕對需要，隨著年齡增加，反應呈有秩序地減慢；當考慮是否一個反應是需要的不確定性增加，老年人的呈現方式會有區別的減緩；當不確定性增加，老年人與中

年人的差異就會增加。

　　雖然反應漸慢是不可避免的，但假如讓老年人練習或假如所做的工作是有經驗的，則可使反應加快。在一典型的研究中，Salthouse（1984）發現年老祕書的反應時間是慢的（以手指輕打多快來測量），但他們電腦打字的速度並不比年輕者慢，為什麼呢？打字速度是以打對的字與錯的字來計算，因為年老的打字者比較有經驗，所以內容較正確，年輕的工作者則包含較多的錯誤；同時，年老的祕書在預期下一個字母是什麼也較好（Kail & Salthouse, 1994）。

　　因為心理動作速度漸慢是一宇宙現象，許多研究者認為可以解釋很多認知上的年齡差異（例如：Salthouse, 2000）。事實上，心理動作速度漸緩是認知表現的一個很好的預測因素，但有一點要注意的是當工作容易時，這種預測是最準確的（Park et al., 1996）。當工作較費力與較困難，**工作記憶（working memory）**是認知表現的較好預測因素（Park et al., 1996）。再者，老年人是健康的並不呈現有多慢（Bunce, 2001）。

三、工作記憶

　　工作記憶是指心理保持訊息，而同時用它來解決問題、做決定、執行一些功能，或學習新訊息的處理與結構。例如：從打開電話簿，找到所要的電話號碼、記得電話號碼到成功地打電話，需要有好的工作記憶。

　　工作記憶是一種傘狀的說詞，它是指各種認知技能與知識領域的短期保持與計算處理（Zacks, Hasher, & Li, 2000），工作記憶的**容量（capacity）**是相當地小，因它處理的訊息是當下的，除非我們採取行動（如複誦），訊息就會到長期儲存了。

　　工作記憶通常隨著年齡增加而下降（Zacks et al., 2000），也有些研究者用來解釋困難以及要求相當費力與資源工作的認知表現的年齡差異（Park et al., 1996）。事實上，工作記憶與心理動作速度合起來，在預測認知表現上提供一有力的解釋**建構（construct）**（Salthouse, 2000）。

四、記憶

當想到記得要做的工作、人的臉孔、各種清單（lists）、遵照的指示，與個人的簡單經歷以及身份等的重要性，認為記憶即權力（power）（Johnson-Laird, 1988: 41），就不為過了。這也許是為什麼人們對老年期維持好記憶的重視，而許多老年人也以之判斷是否他們的心境狀態完整。然而，記憶漸損常被視為是老化不可避免的，例如：一位 25 歲的婦女忘了拿在店裡買的一條吐司，並不是什麼大不了的事，但當一位 65 歲的人如此，則會引起她的警覺，是否是阿滋海默疾病或其他疾病的徵兆。我們將撿選出這種迷思與隨年齡增加記憶改變的事實。

（一）什麼改變？

研究記憶通常聚焦在兩種記憶類型：**外顯記憶（explicit memory）**是指在一特殊時期學習訊息的有意識記憶；而**內隱記憶（implicit memory）**是指在較早期學習訊息的無意識記憶。外顯記憶又分為**事件記憶（episodic memory）**，即特殊時間或事件訊息的意識回憶；而**語意記憶（semantic memory）**，即不與特殊時間或事件連結的有關字或概念的意義之記憶。

無數的研究結果獲得幾點結論（Bäckman, Small, & Wahlin, 2001），與年輕人相比，老年人在事件回憶測驗表現較差，他們省略較多的訊息，包括：一些原來沒有的訊息，以及重複一些已回憶的項目；在再認測驗上，年齡的差異縮小但並沒有消去（Zacks et al., 2000）；老年人在自發性使用記憶策略以幫助記憶也較沒有效率（Dunlosky & Hertzog, 2001）。

相對地，語意記憶作業的年齡差異是缺乏的（Bäckman et al., 2001）。然而，老年人在**字的發現（word-finding）**，即基於一個定義，接下來正確的字是什麼卻有困難，以及有較多的**舌尖（tip-of-the-tongue）經驗**（指的是一件事彷彿快要脫口而出，可是一下子又想不起來）；同樣地，在內隱記憶測驗上，年齡的差異也是不存在的（Fleischman & Gabrieli, 1998）。

在有關**自傳的記憶（autobiographical memory）**方面，即對發生在生命中事件的記憶。研究記憶生命中的高度記憶事件發現，年輕與老年人最記得的事件是發生在他們 10 至 30 歲時的記憶（Fitzgerald, 1999）（如圖 20-1），可能是

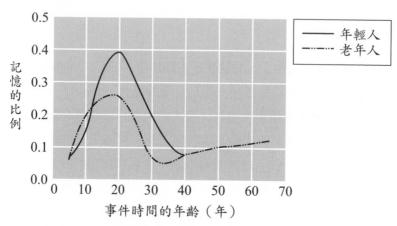

圖 20-1　比起其他生命時期，年輕與老年人都記得較多在十幾到二十幾歲的生命事件

資料來源：Fitzgerald (1999: 161)

生命的早期定義自己較重要，而有助於組織他們的記憶（Fitzgerald, 1999）。

　　總之，相對於隨年齡增加，記憶各方面普遍下降的刻板印象，研究顯示事實是較為複雜的，記憶是否隨年齡增加而下降，有賴於記憶的類型。

（二）關於記憶老化信念的影響

　　不顧研究的結果，記憶不可避免地下降，此信念仍廣布。這是很重要的，因為研究顯示成人認為他們的記憶能力是與他們的表現相關聯（Cavanaugh, 1996）。這種關係可見諸人們多努力試圖去記住、去預期他們的表現，以及使用何種策略，例如：相信他們記憶是好的人，比起相信他們記憶是差的人來說，在記憶時是努力去做好。再者，這些信念也與人們「假定」記憶（或其他認知能力）改變的程度有關（Cavanagh, Feldman, & Hertzog, 1998），例如：你認為年老時記憶會很差，比起某人認為年老時記憶僅些微下降來，你估計你的記憶將下降很多。

　　雖然記憶有些改變是正常的，記憶信念的研究顯示人們能說服他們自己，認為這些改變比實際的更普遍與更糟糕（Cavanaugh et al., 1998），因此，改變記憶下降的主要信念可以幫助發展降低這些改變嚴重性的補償策略（Cavanaugh, 2000），亦即下降嚴重性不大是可以發展策略來補償的。

更甚者，一個人有關記憶的信念也被基本訊息處理改變所影響，例如：前述的工作記憶下降（Hertzog & Hultsch, 2000）。雖然信念是很重要的，但是真實的正常改變也更重要。

（三）何時記憶改變是異常的？

因為人們擔心記憶減退可能招致疾病，鑑定記憶衰退的疾病就非常重要了。區別正常與異常記憶的改變，通常經由一系列前述各種記憶發展形式的測驗來完成，這種測驗聚焦在測量記憶各方面的表現與通常不改變的記憶減退，例如：**第三記憶**[1]（**tertiary memory**）（Edelstein & Kalish, 1999）。

既使在記憶某方面確認減退，引起擔心，這並不自動地隨伴著嚴重問題。首先要找出記憶問題是否干擾日常功能，當記憶問題的確干擾功能，如不記得如何回家，或你的配偶姓名，此時懷疑是嚴重、異常的記憶問題是適當的。

一旦懷疑是嚴重的記憶問題，下一步是作澈底的檢查（Edelstein & Kalish, 1999），這包括完全的身體與神經的檢查與神經心理學的測量，這些可以幫助確認問題的性質與程度，以及提供可以採取什麼步驟以緩和困難。

最重要的是要記住，並沒有規定一個人必須忘記多少次才變成一擔心的事。事實上，許多記憶減退的疾病進展緩慢，記憶表現差也是經過一段時間逐漸才會被注意到，最好是有專人檢查，也唯有以完全的與澈底的測驗，這些擔心才能被適當地檢查出來。

（四）矯治記憶問題

在面對正常年齡相關的記憶改變，如前述一個人要記得何時服用不同的藥，如何幫助解決此問題？

設計一些支持的計畫可以幫助記憶，對正常年齡的相關記憶改變面臨高度記憶要求，以及經驗比正常改變更大的記憶改變者都有幫助。

---

[1] 第三記憶或久遠事件的記憶，在老年期是維持不變的，事實上，有些研究發現老年人在回憶歷史事件比年輕人好，特別是老年人經驗的歷史事件，對年輕人而言，這些是學習來的二手經驗。

　　Camp 等人（1993; Camp, 2001）發展所謂的 E-I-E-I-O 架構，此架構結合外顯與內隱兩種類型的記憶，且包含兩種類型的記憶輔助：**外在輔助（external aids）**是依賴環境的資源，諸如記事簿或日曆；**內在輔助（internal aids）**是依賴**心理處理（mental processes）**，諸如**心像（imagery）**；而「**aha**」經驗，來自於突然記得某事（如：噢，我記起來了！Oh, I remember!），這是指 E、I、E、I 後面的 O。如表 20-1，E-I-E-I-O 架構使不同類型的記憶與記憶輔助相結合，提供一寬廣的介入選擇，以幫助人們記憶。

表 20-1　　E-I-E-I-O 架構

記憶類型	記憶輔助類型	
	外在	內在
外顯	記事簿 購物清單	心像 複誦
內隱	顏色地圖 沙紙字母	間隔回憶 制約

　　通常，老年人面臨的記憶問題最常使用的矯治要屬外顯—外在的介入了，可能因為容易使用且有效（Camp, 2001），例如：事實上每個人都有一到處買得到的地址簿與記事簿。外顯—外在介入也有其他重要的應用，服藥問題使用外顯—外在介入獲得最好的解決：一個藥丸盒子被分成一星期天數與一天不同時間相當的間隔。研究顯示這種藥丸盒子最容易放置且錯誤最少（Park, Morrell, & Shifrin, Eds., 1999），像這種記憶介入能幫助老年人維持他們的獨立；安養之家也使用外顯—外在介入，例如：有日期與氣象的布告牌，或是活動圖表以幫助居住者與目前事件同步。

第二節
創造力與智慧

一、創造力

　　研究者定義成人的**創造力（creativity）**認為是生產新奇、高要求，以及適當工作的能力（Sternberg & Lubart, 2001）。若以一個人創造的想法或一個人所做的主要貢獻來看，是跨越不同的生命時期與不同的學科（Simonton, 1997; Sternberg & Lubart, 2001）；若以年齡來考慮，一個人創造的想法經由 20 幾歲逐漸增加，30 幾歲達到高原，以後逐漸下降（如圖 20-2）。然而，下降並不表示人們完全停止創造，而是創造的人們繼續生產創造的想法，相較於年輕時比較少而已（Dixon & Hultsch, 1999）。

　　若比較不同的學科，諸如數學、生物學與地球科學等，這種趨勢看起來又像什麼？這可從比較生涯中三個點得知：第一次主要貢獻時間的年齡、最重要貢獻時間的年齡，與最後重要貢獻時間的年齡（Simonton, 1997）（如圖 20-3）。

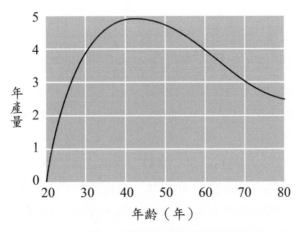

圖 20-2　成人平均在 40 幾歲是最具創造想法

資料來源：Dixon & Hultsch (1999)

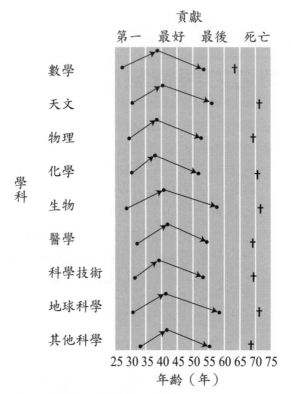

圖 20-3   個人最好貢獻的年齡因學科不同而異，但都沒有在生命後期

資料來源：Simonton (1997)

由圖可知在幾個科學的學科其第一次主要貢獻時間是相似的，接著是上升、到達高峰，然後隨年齡增加而下降，研究參與者的平均死亡年齡是以小✝字表示。值得注意的是三種貢獻的特殊年齡有賴於不同的學科，例如：數學的第一次主要貢獻時間的年齡是最年輕的，而地球科學的最後重要貢獻時間的年齡是最年長的。

Simonton（1997）的分析提供一最有力的模式來解釋成人期創造生產的個別差異。趨勢是清楚的，跨越不同的學科，創造生產的高峰是在成人早期後期到中年早期之間，然後開始下降，這種形式可以解釋為什麼年長的研究者在他們的工作中包含很多的學者，年長學者提供全面環境背景，年輕研究者提供源源不絕的新奇想法（Dixon & Hultsch, 1999）。

二、智慧

數千年來，世界各地文化都很崇拜有智慧的人，智者的故事通常是老年人為主，他們教導有關生命與愛的課題已代代相傳（Chinen, 1989）。

從心理學的觀點來看，智慧包含三個主要面向（Sternberg & Lubart, 2001）：解決實際困難生命問題的能力；後形式思考（第十五章）；使人們達成他們認為有價值的目標，而不直接幫助他們的行動導向知識。

針對人們面臨的正常與不尋常問題，以年輕、中年與老年人為受試者，經深入訪談、大聲說出（in-depth think-aloud interviews）的方法，基於多年的研究，Baltes 和 Staudinger（1993, 2000）敘述了智慧的四種特徵：

1. 智慧是處理生命與人類境遇的重要或困難的事情。
2. 智慧是真正優越的知識、判斷與忠告。
3. 智慧是非常寬廣、深入與平衡的知識，可應用於特殊情境。
4. 當使用時，智慧是善意的，且結合理性與品德。

研究者使用此架構發現具有智慧的人是在生命的基本議題方面是專家（Baltes & Staudinger, 2000），有智慧的人知道如何指引生命、如何解釋生命事件以及生命的意義是什麼。

研究也發現，與許多人期待相反的，年齡與智慧並沒有關聯（Baltes & Staudinger, 2000; De Andrade, 2000; Hartman, 2001），也正如 Baltes 和 Staudinger（2000）所描述的，是否一個人有智慧，有賴於他或她有廣博的生活經驗與特殊專業經驗，以及必要的認知能力與人格。

基於成人期認知發展改變的研究，如在十五章討論的，已經發現智慧成長的其他方面，根據幾位研究者綜合認為，有智慧的人是能夠統整思考、感覺與行動來處理問題（Kramer, 1990; Orwoll & Perlmutter, 1990），這意謂同理與慈悲是智慧人的特質（Wink & Helson, 1997），他們能夠克服自動的反應，表現對人類核心經驗與價值的關心（Pascual-Leone, 1990），因此，有智慧的人能夠洞察情境直入事情的深處，而不是落入問題的表面（Wink & Helson, 1997）。

什麼因素可以幫助一個人成為有智慧的人？Baltes（1993）認為有三個因素：(1)一般的條件，如心理能力；(2)特殊的專家條件，如良師或開業；(3)助

長生命的環境，如教育或領導經驗。其他研究者指出額外的效標，例如：Kramer（1990）強調成人期發展的情感與認知的完整，導致智慧地行動能力。成人期的個人成長反映Erikson的**生產繁衍**（**generativity**）與**統整**（**integrity**）概念，也助長成為有智慧的人，所有這些因素都需要時間培養，因此，雖然年長但並不保證智慧，假以時日，創造一個支持的環境是可以發展的。

第三節

失智：阿滋海默疾病

與老化相關聯的最嚴重情形是**失智**（**dementia**），其症狀是行為與認知功能的嚴重受損，阿滋海默疾病是其中最普遍的。

阿滋海默疾病使一個能思考、溝通的人，變成一個不認識自己家人與近親朋友、思考混亂、臥病的病患，因此健康老年人恐懼阿滋海默疾病遠超過實際的疾病（actual disease）（Youngjohn & Crook, 1996）。

數百萬的人罹患阿滋海默疾病，包括：前美國總統雷根（Ronald Reagon），這種疾病不分種族、社會地位，且隨年齡增加而增加，50幾歲的罹患率是極低的，但到85歲或更老則增加到大約25%（Gatz & Smyer, 2001），且女性的罹患率較高（Henderson, 1997）。在未來幾十年，老年人口增加快速，可以預期的，阿滋海默疾病患者也會大量增加。

一、阿滋海默疾病的症狀是什麼？

阿滋海默疾病的主要症狀是記憶、學習、注意與判斷的逐漸減退；對時間與地方感到混亂；溝通與找出正確字有困難；個人衛生與自理技能下降；不適當的社會行為與人格改變。剛開始時，這些典型的症狀可能是模糊的，僅偶而發生，但隨著病情惡化，它們變得比較明確與出現較為規律（Youngjohn & Crook, 1996）。從住家迷路，不記得如何回家的現象增加，妄想（paranoid）

與其他非難的行為發展，配偶變成陌生人，病患可能不認得鏡中的自己，驚訝誰在看他們。病情繼續惡化後，阿滋海默疾病患者常常造成**失禁**（incontinence，不能控制大小便）、完全失去動的能力，以致於完全依賴他人照顧。這種情形讓很多照顧者在工作或外出辦事時，會尋找協助，如成人托顧中心，與其他資源，如家人與朋友，對阿滋海默病患提供一個安全的環境。

20-1
阿滋海默疾病對正常行為

正常行為	疾病症狀
暫時地忘記事情	永遠地忘記新近的事情，重複地問同樣的問題
沒有能力去做一些挑戰性的工作	沒有能力去做有很多步驟的例行工作，例如：煮飯、吃飯
忘記不常見或複雜的字	忘記簡單的字
在陌生城市迷路	在自家附近迷路
變得短暫的分心，而沒能照顧小孩	忘記自己在照顧小孩，而離家
在平衡支票簿時弄錯了	忘記支票簿數字的意義是什麼，以及要做什麼
錯置日常的物件	放置物件在不適當的地方，哪兒不能用來找到它們（例如：一支手錶放在魚缸裡）
偶然的情緒改變	快速、劇烈的情緒轉變與人格改變，失去主動性

資料來源：摘自 Alzheimer's Association (undated)

二、如何診斷阿滋海默疾病？

　　阿滋海默疾病的行為及症狀最終變得非常明顯，似乎診斷就很直接了，其實不然，事實上當一個人還活著時，要絕對確定一個人是阿滋海默疾病患者是不能做到的。決定性的診斷必須基於死後腦部的驗證，因為診斷阿滋海默疾病的清楚標準包含神經元的無數結構改變，這種情形只有在腦組織移出，並加以特殊準備，然後在顯微鏡下觀察才能做到（Whitbourne, 2000; Youngjohn & Crook, 1996）。

當然我們可以在一個人還活著時找出是否可能是阿滋海默疾病，雖然不是那麼決定性，但行為改變的數量與嚴重性，使臨床醫師對可能的阿滋海默疾病做清楚地正確診斷（Qualls, 1999），這種正確性有賴於一寬廣的與澈底的系列醫學與心理學的測驗，包括：完全的血液分析、新陳代謝與神經的檢驗，以及神經心理學的測驗（Youngjohn & Crook, 1996），很多的診斷工作需要排除觀察症狀的所有其他可能原因（例如：服用藥物的副作用），這種努力是絕對必要的。因為阿滋海默疾病是一不能治癒與致命的疾病，造成症狀的每一治療原因必須先探索。本質上，藉由排除所有其他可能的解釋來診斷阿滋海默疾病。

在試圖盡可能地澈底方面，臨床醫師通常訪談家人有關觀察到症狀的知覺，大多數的臨床醫師認為這種訊息在瞭解人們經驗困難的歷史是必要的。然而，研究顯示配偶在他們評估其另一半損傷的情形常常是不正確的（McGuire & Cavanaugh, 1992），這種不正確部分是缺乏有關疾病的知識，同時，配偶也希望藉由否認症狀的嚴重，來描繪他們已在控制中；或是藉由誇大嚴重性來呈現在非常困難情境下，也能因應得很好；有些配偶，可以正確地敘述其另一半的症狀。但是家人報告不應是有關患者工作能力的唯一來源。

有鑑於此，大家的注意已轉向對阿滋海默疾病更為決定性測驗的發展，這種工作已聚焦在**澱粉樣物（amyloid）**，這是一種蛋白質，在阿滋海默疾病患者生產特別多，也許就是導致神經纖維纏結與神經元外聚集的神經斑（參見第十九章）。此研究還正在進行，希望發展一種方法用以測量腦與脊髓液以及血液中澱粉樣物的濃度。

三、阿滋海默疾病的原因是什麼？

我們不知道阿滋海默疾病的原因是什麼，但多年來都在研究。目前多數研究正集中在確認與遺傳之關聯（Gatz & Smyer, 2001），基於**家譜（family tree）**、親屬與同卵雙生之研究，至少在一些形式上的阿滋海默疾病是遺傳的，這已獲得證實。事實上，在不同染色體的幾個位置已嘗試地確認含有阿滋海默疾病的遺傳，包括第 12、14、19 與 21 對染色體。已知的最有希望的工作是**遺傳標誌（genetic markers）**對**澱粉狀蛋白（amyloid protain）**之關聯，澱粉狀

蛋白是神經元外聚集的斑之主要成分（Raeburn, 1995），這種研究多聚焦在**阿樸脂蛋白 E4（apolipoprotein E4, apo E4）**與第 19 對染色體之關聯，在製造神經的斑可能扮演中心角色。有趣的是，另一說法，**阿樸脂蛋白 E2（apo E2）**，似乎有相反的效果，它可以減低罹患阿滋海默疾病的危險（Gatz et al., 1997），研究者也尋找阿樸脂蛋白 E 與認知功能的關係（Riley et al., 2000），研究者已建立（cystatin C gene, CST3）與後期開始的阿滋海默疾病之關聯（Finekh et al., 2000）。

研究者已確認遺傳標誌成為某種早期開始的阿滋海默疾病的原因，並發展一個測驗以檢驗是否人們有遺傳的雛型（Steinbart, Smith, Poorkaj & Bird, 2001），檢驗阿滋海默疾病的遺傳測驗的發展，不僅提供一診斷的可能方法，而且也呈現某些困難的個人選擇，例如：人們知道他們的基因成為疾病的原因，可能面臨有小孩與受照顧生活的困難決定。目前針對大多數兒童期疾病的遺傳諮商計畫，也需要闊展到個體在老年期發生的疾病，有助面臨決定的協助。

雌激素水準的檢查被視為是女性增加阿滋海默疾病危險的一個因素（Henderson, 1997; Simpkins et al., 1997），我們已知停經後雌激素損失與記憶損失有關（第十四章），這種損失可能是增加阿滋海默疾病危險的來源。

四、為阿滋海默疾病患者做些什麼？

雖然阿滋海默疾病是不可治癒的，但減輕其症狀有很多是可行的。大多數的研究針對改善認知功能的藥物，儘管研究無數的藥物，目前卻沒有任何一種能永久地逆轉記憶症狀（Brioni & Decker, Eds., 1997）。然而一組抑制**乙醯膽脂酶（acetylcho linesterase）**的藥物已經產生希望的結果！

其他研究者強調除了認知功能外，其他矯治成功的重要性，如功能的能力、行為、生活品質、資源利用與照顧者的負荷（Winblad et al., 2001）。

無數有效的行為與教育的介入已經發展，一種行為的介入是基於本章對記憶介入的 **E-I-E-I-O 架構**，其中使用內隱—內在記憶介入稱之為**間隔回憶（spaced retrieval）**，它是教導阿滋海默疾病患者，藉由逐漸增加試圖回憶的時間來記憶新訊息。例如：研究者呈現患者一張人的圖片，並說此人的名字，5 秒鐘

後，研究者要患者記憶這個名字，只要患者正確地記得，回憶的間隔時間增加到 10、20、40、60、90、120、150 秒等，假如患者忘記目標訊息，研究者提供正確答案，而下一次回憶的間隔時間將縮短，而縮短的時間相同於上次間隔回憶正確的時間。在間隔期間，研究者與病患談話，預防患者複誦訊息。此記憶介入方式效果顯著，既使病患先前不能記得 60 秒前的名字，現在可以在五星期或更長時間還記得。同時研究者也發現其他類型的訊息也能教，間隔回憶是彈性的介入方式，它也可以在遊戲或談話情境中使用，讓患者感到舒適與沒有威脅，對認知損害的人而言，間隔回憶是一最有希望的非藥物記憶介入。

在為阿滋海默疾病患者設計介入，原則是使患者的功能改善，幫助患者盡可能地因應其症狀，關鍵在於幫助維持人的尊嚴，也許使阿滋海默疾病的老年人與幼兒一起從事工作也是很有創意的（Camp et al., 1997）。此外，也要注意新近醫學與行為的研究，以及有關的教育與支持計畫。

問題討論

1. 心理動作速度減緩的一些實際結果是什麼？
2. 人們有關記憶的信念如何可能為記憶訓練計畫的重要成分？
3. 阿滋海默疾病的記憶問題如何與正常老化的記憶問題不同？

參考文獻

Bäckman, L., Small, B. J., & Wahlin, A. (2001). Aging and memory: Cognitive and biological processes. In J. E. Birren & K. W. Schaie (Eds.), *Handbook of the psychology of aging* (5th ed., pp. 349-377). San Diego, CA: Academic Press.

Baltes, P. B. (1993). The aging mind: Potential and limits. *The Gerontologist, 33*, 580-594.

Baltes, P. B., & Staudinger, U. M. (1993). The search for a psychology of wisdom. *Current Directions in Psychological Science, 2*, 75-80.

Baltes, P. B., & Staudinger, U. M. (2000). Wisdom: A metaheuristic (pragmatic) to orchestrate mind and virtue toward etcellence. *American Psychologist, 55*, 122-136.

Brioni, J. D., & Decker, M. W. (Eds.) (1997). *Pharmacological treatment of Alzheimer.* New York: John Wiley & Sons.

Bunce, D. (2001). The locus of age X health-related physical fitness interactions in serial choice responding as a function of task complexity: Central processing or motor function? *Experimental Aging Research, 27*, 103-122.

Camp, C. J. (2001). From efficacy to effectiveness to diffusion: Making the transitions in dementia intervention research. *Neuropsychological Rehabilitation, 11*, 495-517.

Camp, C. J., Foss, J. W., Stevens, A. B., Reichard, C. C., McKitrick, L. A., & O'Hanlon, A. M. (1993). Memory training in normal and demented elderly populations: The E-I-E-I-O model. *Experimental Aging Research, 19*, 277-290.

Camp, C. J., Judge, K. S., Bye, C. A., Fox, K. M., Bowden, J., Bell, M., Valencic, K., & Mattern, J. M. (1997). A intergenerational program for persons with dementia using Montessori methods. *The Gerontologist, 37*, 688-692.

Cavanaugh, J. C. (1996). Memory self-efficacy as a key to understanding cognitive aging. In F. Blanchard-Fields & T. M. Hess (Eds.), *Perspectives on cognitive changes in adulthood and aging* (pp. 488-507). New York: McGraw-Hill.

Cavanaugh, J. C. (2000). Meta-memory from a social-cognitive perspective. In D. Park & N. Schwarz (Eds.), *Cognitive aging: A primer* (pp. 115-130). Philadelphia: Psychology Press.

Cavanaugh, J. C., Feldman, J. M., & Hertzog, C. (1998). Metamemory as social cognition: A reconceptualization of what memory questionnaires assess. *Review of General Psychology, 2*, 48-65.

Chinen, A. B. (1989). *In the over after.* Willmette, IL: Chiron.

De Andrade, C. E. (2000). Becoming the wise woman: A study of women's journeys through wid life transformation. *Dissertation Abstracts International Section B: The Sciences and Engineering, 61*(2-B), 1109.

Dixon, R. A., & Hultsch, D. F. (1999). Intelligence and cognitive potential in late life. In J. C. Cavanaugh & S. K. Whitbourne (Eds.), *Gerontology: An interdisciplinary perspective* (pp. 213-237). New York: Oxford University Press.

Dunlosky, J., & Hertzog, C. (2001). Measuring strategy production during associative learning: The relative utility of concurrent versus retrospective reports. *Memory of Cognition, 29*, 247-253.

Edelstein, B., & Kalish, K. (1999). Clinical assessment of older adults. In J. C. Cavanaugh & S. K. Whitbourne (Eds.), *Gerontology: An interdisciplinary perspective* (pp. 269-304). New York: Oxford University Press.

Finekh, U., Von der Kammer, H., Velden, J., Michel, T., Andersen, B., Deng, A., Zhang, J., Mueller, T. T., Zuchowski, K., Menzer, G., Mann, U., Papassotiropoulos, A., Jeun, R., Zurdel, J., Holst, F., Benussi, L., Stoppe, G., Roiss, J., Miserez, A. R., Staehelin, H. B., Rebeck, G. W., Hyman, B. T., Binetti, G., Hock, C., Growdon, J. H., & Nitsch, R. M. (2000). Genetic association of a cystatin c gene polumorphism with late-onset Alzheimer disease. *Archives of Neurology, 57*, 1579-1583.

Fitzgerald, J. M. (1999). Autobiographical memory and social cognition: Development of the remembered self in adulthood. In T. M. Hess & F. Blanchard-Fields (Eds.), *Social cognition and aging* (pp. 143-171). San Diego, CA: Academic Press.

Fleischman, D. A., & Gabrieli, J. D. E. (1998). Repetition priming in normal aging and

Alzheimer's disease: A review of findings and theories. *Psychology and Aging, 13*, 88-119.

Gatz, M., Pedersen, N. L., Berg, S., Johansson, B., Johansson, K., Mortimer, J. A., Posner, S. F., Viitanen, M., Winblad, B., & Ahlbom, A. (1997). Heritability for Alzheimer's disease: The study of dementia in Swedish twins. *Journal of Gerontology: Medical Sciences, 52*(A), M117-M125.

Gatz, M., & Smyer, M. A. (2001). Mental health and aging at the outset of the twenty-first century. In J. E. Birren & K. W. Sdraie (Eds.), *Handbook of the psychology of aging* (5th ed., pp. 523-544). San Diego, CA: Academic Press.

Hartman, P. S. (2001). Women developing wisdom: Autecedents and correlates in a longitudinal sample. *Dissertation Abstracts International Section B: The Sciences and Engineering, 62*(1-B), 591.

Henderson, V. W. (1997). Estrogen, cognition, and a womens' risk Alzheimer's disease. *American Journal of Medicine, 103*(3A), 11S-18S.

Hertzog, C., & Hultsch, D. F. (2000). Metacognition in adulthood and old age. In F. I. M. Craik & T. A. Salthouse (Eds.), *The handbook of aging and cognition* (2nd ed., pp. 417-466). Mahwah, NJ: Lawrence Erlbaum Associates.

Johnson-Laird, P. N. (1988). *The computer and the mind: An introduction to cognitive science*. London, UK: Fontana.

Kail, R. V., & Salthouse, T. A. (1994). Processing speed as a mental capacity. *Acta Psychology, 86*, 199-225.

Kramer, A. F., Hahn, S., McAuley, E., Cohen, N. J., Banich, M. T., Harrison, C., Chason, J., Boileau, R. A., Bardell, L., Colcombe, A., & Vakil, E. (2001). Exercise, aging, and cognition: Healthy body, health mind? In W. A. Rogers & A. D. Fisk (Eds.), *Human factors interventions for the health care of older adults* (pp. 91-120). Mahwah, NJ: Lawrence Erlbaum Associates.

Kramer, D. A. (1990). Conceptualizing wisdom: The primary of affect-cognition relations. In R. J. Sternberg (Ed.), *Wisdom: Its nature, origins, and development* (pp. 279-313). Cambridge, UK: Cambridge University Press.

Madden, D. J. (2001). Speed and timing of behavioral processes. In J. E. Birren & K.W. Schaie (Eds.), *Handbook of the psychology of aging* (5th ed., pp. 288-312). San Diego, CA: Academic Press.

McDowd, J. M., & Shaw, R. J. (2000). Attention and aging: A functional perspective. In F. I. M. Craik & T. A. Salthouse (Eds.), *Handbook of aging and cognition* (2nd ed., pp. 221-292). Mahwah, NJ: Lawrence Erlbaum Associates.

McGuire, L. C., & Cavanaugh, J. C. (1992, April). *Objective measures versus spouses' perceptions of cognitive status in dementia patients*. Paper presented at the Biennial Cognitive Aging Conference, Atlanta.

Orwoll, L., & Perlmutter, M. (1990). The study of wise persons: Integrating a personality perspective. In R. J. Sternberg (Ed.), *Wisdom: Its Nature, origins, and development* (pp. 160-177). Combridge, UK: Cambridge University Press.

Parasuraman, R. (1998). The attentive brain: Issues and prospects. In R. Parasuraman (Ed.), *The atteutine brain* (pp. 3-15). Cambridge, MA: MIT Press.

Park, D. C., Morrell, R. W., & Shifrin, K. (Eds.) (1999). *Processing of medical information is aging patients: Cognitive and human factors perspectives*. Mahwah, NJ: Lawrence Erlbaum Associates.

Park, D. C., Smith, A. D., Lantenschlager, G., Earles, J. L., Frieski, D., Zwahr, M., & Gaines, C. L. (1996). Mediators of long-term memory performance across the life span. *Psychology and Aging, 11*, 621-637.

Pascual-Leone, J. (1990). An essay on wisdom: Toward organismic processes that wake it possible. In R. J. Sternberg (Ed.), *Wisdom: Its nature, origins, and development* (pp. 244-278). Cambridge, UK: Cambridge University Press.

Qualls, S. H. (1999). Mental health and mental disorders in older adults. In J. C. Cavanaugh & S. K. Whitbourne (Eds.), *Gerontology: An interdisciplinary perspective* (pp. 305-328). New York: Oxford University Press.

Raeburn, P. (1995, November). Genetic trait may delay Alzheimer's. *News Journal* (Wilmington, DE), A3.

Riley, K. P., Snowden, D. A., Saunders, A. M., Roses, A. D., Mortimer, J. A., & Nanayakkara, N. (2000). Cognitive function and apolipoprotein E in very old adults: Findings from the nun study. *Journal of Gerontology: Social Sciences, 55*(B), S69-S75.

Rogers, W. A., & Fisk, A. D. (2001). Understanding the role of attention in cognitive aging research. In J. E. Birren & K. W. Schaie (Eds.), *Handbook of the psychology of aging* (5th ed., pp. 267-287). San Diego, CA: Academic Press.

Salthouse, T. A. (1984). Effects of age and skill is typing. *Journal of Experimental Psychology: General, 113*, 345-371.

Salthouse, T. A. (2000). Steps toward the explanation of adult age differences in cognition. In T. Perfect & E. Maylor (Eds.), *Theoretical debate is cognitive aging* (pp. 19-49). Oxford, UK: Oxford University Press.

Simonton, D. K. (1997). Creative productivity: A predictive and explanatory model of career trajectories and landwarks. *Psychological Review, 104*, 66-89.

Simpkins, J. W., Green, P. S., Gridley, K. E., Singh, M., DeFiebre, N. G., & Rajakumar, G. (1997). Role of estrogen replacement therapy in memory enhancement and the prevention of neuronal loss associated with Alzheimer's disease. *American Journal of Medicine, 103*(3A), 19S-25S.

Steinbart, E. J., Smith, C. O., Poorkaj, P., & Bird, T. D. (2001). Impact of DNA testing for early-onset familial Alzheimer disease and frontotemporal dementia. *Archives of Neurology, 58*, 1828-1831.

Sternberg, R. J., & Lubart, T. I. (2001). Wisdom and creativity. In J. E. Birren & K. W. Schaie (Eds.), *Handbook of the psychology of aging* (5th ed., pp. 500-522). San Diego, CA: Academic Press.

Stine-Morrow, E. A. L., & Soederberg Miller, L. M. (1999). Basic cognitive processes. In J. C. Cavanaugh & S. K. Whitbourne (Eds.), *Gerontology: An interdisciplinary perspective* (pp. 186-212). New York: Oxford University Press.

Whitbourne, S. K. (2000). *Psychopathology in later adulthood.* New York: John Wiley & Sons.

Winblad, B., Brodaty, H., Gauthier, S., Morris, J. C., Orgogozo, J. M., Rockwood, K.,

Schneider, L., Takeda, M., Tariot, P., & Wilkinson, D. (2001). Pharmacotherapy of Alzheimer's disease: Is there a need to redefine treatment success? *International Journal of Geriatric Psychiatry, 16,* 653-666.

Wink, P., & Helson, R. (1997). Practical and transcendent wisdom: Their nature and some longitudinal findings. *Journal of Adult Development, 4,* 1-15.

Youngjohn, J. R., & Crook, T. H., III. (1996). Dementia. In L. L. Carstensen, B. Edelstein & L. Dornbrand (Eds.), *The practical handbook of clinical gerontology* (pp. 239-254). Thousand Oaks, CA: Sage.

Zacks, R. T., Hasher, L., & Li, K. Z. H. (2000). Human memory. In F. I. M. Craik & T. A. Salthouse (Eds.), *Handbook of aging and cognition* (2nd ed., pp. 293-357). Mahwah, NJ: Lawrence Erlbaum Associates.

Chapter 21 老年期之社會發展

學習目標

1. 何謂連續理論。
2. 何謂能力─環境的壓迫模式。
3. 瞭解退休的意義，以及為何人們要退休。
4. 退休如何適應，以及如何保持忙碌。
5. 在老年期，朋友與家庭扮演的角色。
6. 老年婚姻，以及對配偶提供基本的照顧為何。
7. 人們如何因應寡居期，男性與女性有何不同。
8. 瞭解成為一位曾祖父母的特殊議題。
9. 瞭解誰是虛弱的老年人。

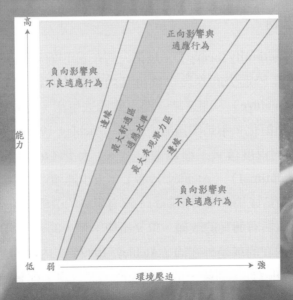

第十九章提及老年人是一異質群體，大多數的老年人是健康的，且生活在其所在的社區，這些多為年輕的老人；至於年老的老人大多是身體虛弱的，有些住在安養中心。

正如生命中的其他時期，社會發展是一複雜的議題，主要是在環境中生活的成功。本章開始先探討如何完美地與環境調和，如何使生命期間的事件與經驗有意義；其次思考如何提供一情境使退休生活滿意；再者探討朋友與家庭關係在生活中的角色如何，以及如何協助需要幫助的老年人。

第一節
老年期之心理社會理論

瞭解一個人到了老年是怎樣的，不是問他幾歲這麼簡單，上兩章描述老年是個人的發展歷程，在身體、認知功能上有很多變化，對瞭解老年是很重要的，其實在心理社會發展方面，對瞭解老年也是很重要的。

一、連續理論

連續理論（continuity theory），是指人們在老年期因應日常生活是應用熟悉的策略，這是基於過去的經驗以維持其內在的（internal）與外在的（external）結構（structure），即連結一個人的過去生活，使改變是連續的，如此的連續代表一種演化，不是與過去中斷的（Atchley, 1989）。

生活中連續的程度落入三種類別中之一：太少（too little）、太多（too much）與適中（optimal）（Atchley, 1989）。太少連續造成生活有太不可預期的感覺；太多連續造成倦怠或可預期的，沒有足夠的改變使生活有興趣；適中的連續提供具挑戰與有興趣的改變，但又不使一個人的資源過度負荷。

連續可以是內在的或是外在的（Atchley, 1989），內在的連續指的是記憶的內在過去，諸如個性、經驗、情緒與技能，簡言之，即是一個人的個人認

定。內在的連續使人看到現在的你是與過去相關聯，即使目前的行為看起來不同，但內在的連續使人感到有能力、精熟、自我統整與自尊。外在的連續指的是記憶的物質與社會環境、角色關係與活動。一個人在熟悉的環境或與熟悉的朋友感到外在的連續，例如：連續理論提供一個架構，用以瞭解**友誼（friend-ships）**如何對老年人維持與人們關聯提供一種方式，且持續多年（Finchum & Weber, 2000）；同樣地，從全職到退休也提供一些人（例如：大學教授）與他們的專業生活維持關聯，以及助長退休適應的一種方式（Kim & Feldman, 2000）（見本章第二節）。

維持內在的與外在的連續，對適應老年生活是很重要的（Atchley, 1989），因此監督一個人是否維持其內在的與外在的連續有其重要性。任一方面的如何改變都會影響適應，有關這方面將聚焦在能力─環境的壓迫架構。

二、能力─環境的壓迫

瞭解老年人的心理社會發展需要注意個別的需要，而不是對所有的老年人都一樣的，方法之一就是針對個人與環境的關係（Lawton & Nahemow, 1973; Na-hemow, 2000; Wahl, 2001）。

能力（competence）是指一個人在五範疇功能的能力**上限（upper limit）**，此五範疇是：身體健康、感官知覺技能、動作技能、認知技能，與**自我力量（ego strength）**，前四者已在第十九、二十章討論過，自我力量與 Erikson 的**統整（integrity）**概念相關，本章稍後會討論。此五種範疇是所有其他能力的基礎，且反映一個人生理與心理的力量。**環境的壓迫（environmental press）**是指環境加諸於人的物理的、人際的或社會的要求：**物理的要求**可能包含必須爬三層樓到住的公寓；**人際的需求**包括必須對不同類型的人，調整你的行為模式；**社會的要求**包括對加諸於人們的法律或習俗的處理，此理論的這些方面反映一個人的生理、心理與社會力量。隨著生命的前進，能力與環境壓迫都會改變，你在 5 歲所能做的是不同於你在 25、45、65 或 85 歲所能做的，同樣地，隨著年齡增加，環境加諸於你的要求改變，因此，能力─環境壓迫架構也反映生命週期因素。

能力─環境壓迫模式，如圖 21-1，描述二者如何相關聯。縱座標代表低到高的能力，橫座標代表弱到強的環境壓迫，此圖強調環境造成的不同要求，環境壓迫與個人能力去面對這些要求，當壓迫與能力是相當高或低，人們在他們的環境是舒適的，並視為當然，他們是在正常的適應水準，些微的增加壓迫將改進表現，此區域在圖中稱之為**最大表現潛力區（zone of maximum performance potential）**，些微的減低壓迫創造出**最大舒適區（zone of maximum comfort）**，在那人們能夠快樂的生活，不需擔心環境的要求，能力與環境壓迫的組合在此兩區域中的任一個導致適應行為與正向情緒，將表現高品質的生活。

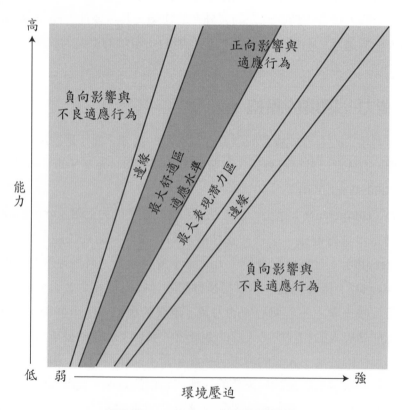

圖 21-1　　能力─環境壓迫架構

資料來源：Lawton & Nahemow (1973)

　　當移離這些區域，不良適應行為與負向情緒逐漸增加，這些結果來自幾種不同的組合與不同的理由。例如：對一個低能力的人有太多的環境要求，與對一個高能力的人有太少的環境要求，兩者均會造成不良適應行為與負向情緒。

　　對老年生活而言，此圖有什麼意義呢？關於能力─環境壓迫模式的瞭解，重要的是每個人都有快樂地適應某種生活情境的潛能，但不是所有情境，是否一個人表現良好的功能有賴於什麼環境迫使他能夠做得適宜，當能力與要求配合，人們適應；當不配合，他們不適應。

　　總之，此模式視老年是一複雜的個人能力水準與環境壓迫的交互作用，再由個人作選擇。

三、統整對絕望

　　當人們到了老年會花較多的時間思考過去，以使生命有意義，這是Erikson心理社會發展理論的第八階段：**統整對絕望（integrity versus despair）**。根據Erikson，老年人試圖瞭解他們的生命，需要從事**生命回顧（life review）**，這個歷程是人們思考他們曾經在生命期間的事件與經驗，為了達到統整，一個人必須面對生命中的決定與所做之事，也必須接受生命迫近結束的事實，回顧一生可能解釋一些發生在成人早期所做的決定，相信自己已經做到最好了（Erikson, Erikson, & Kivnick, 1986）。關於他們的小孩，人們不確定是否做了正確的決定，現在感到滿意，因為事情獲得圓滿解決。相反的，一些人對他們的選擇感到痛苦，對他們的不幸自我責備或責備他人，覺得他們的生活是毫無意義的，且非常恐懼死亡，這些人最後感到絕望而不是統整。

　　研究顯示從事生命回顧與完成統整間的關聯，在此研究中，參與一個協助人們記憶與回顧他們生命計畫的居家老人，相較於沒有參與此計畫的居家老人，參與者在生活滿意、正向感覺與憂鬱症狀等有顯著改善（Haight, 1992），此種改善在計畫結束兩個月後仍維持。在澳洲的研究也呈現接受過去與憂鬱症狀間的關聯（Rylands & Rickwood, 2001），接受過去的老年婦女較之不接受過去的老年婦女，較少可能顯示憂鬱症狀。

　　誰能達到統整？Erikson（1982）強調沒有單一通往統整之途。人們來自不

同的背景與文化，做了很多不同的選擇，並且追隨很多不同的生活方式，每個人都有機會。那些達到統整者變得自我肯定與自我接納，他們判斷他們的生活是有價值與幸福的，他們很高興擁有曾經生活過的生活。

第二節

從工作中退休

多年工作之後便退休，這似乎是理所當然的，但似乎不是如此簡單，其複雜性可從其意義、原因、適應等來瞭解。

一、退休的意義是什麼？

我們常從一個人的年齡去猜此人是否退休，是不正確的（Henretta, 1997, 2001），也因此定義退休益顯困難。一種方式是認為退休等同於從工作場所退出，但這種定義也不適當，因為很多人仍繼續從事部分時間的工作（Mutchler, Burr, Pienta, & Massagli, 1997）。

準確地定義退休之所以困難的理由是決定退休意謂失去職業的認同，人們賴以維生是什麼為其認同的主要部分，人們介紹自己是郵局工作者、老師、建築師或護士，以此種方式告訴他人有關自己。不再做這些工作，我們會將這方面的生活作如此的描述，如我曾經是某公司的經理，可見工作在成人生活中的重要，而退休是生活中的重要**轉變**（transition）。

人們從工作中退休是一複雜的歷程，即從全職工作中退出，這種退出歷程可以是從工作到完全停止工作，清楚的區分；也可以是重複地離開工作、回到工作，其間有時是沒有工作，工作與不工作是模糊的（Mutchler et al., 1997）。很多人認為退休是從工作到完全停止工作，事實上有不到一半的老年人是如此（Mutchler et al., 1997），大多數都是採取模糊的歷程，開始做部分時間的工作，一段時間後，逐漸完全停止工作。

這種模糊的歷程又帶來另一複雜的因素，即正常 65 歲是退休年齡的概念可能不適當（Cornman & Kingson, 1996; Mulchler et al., 1997）。事實上，典型的退休年齡概念已改為年齡範圍（a range of ages），如此更模糊了早退休或晚退休的意義（Cornman & Kingson, 1996）。因為這種改變，研究者敘述轉變時期為從**生涯職業（career job）**，這是經歷大部分成人期的職業，再到**過橋職業（bridge job）**，這是一個人從生涯職業出來到最後退休的職業。很多的研究顯示，多數的工作者都擁有 10 年或少於 10 年的過橋職業（Quinn, 1999），這是否表示工作者對退休的意義有所改變，仍有待觀察（Henretta, 2001）。對一些工作者而言，過橋職業是工作經歷的延續，具有短期工作的特徵；對其他工作者而言，它反映了繼續工作的慾望，即使沒有經濟上的需要。過橋職業已顯示與退休滿意以及整體生活滿意強力地關聯（Kim & Feldman, 2000）。

二、為什麼人們退休？

當人們感覺經濟安全時，有些選擇退休，而有些人是被迫退休，因為公司緊縮業務、裁員、解雇，因此失去工作而退休。事實上，退休的決定是複雜的，它是受一個人的工作經歷所影響（Hayward, Friedman, & Chen, 1998），加上健康與無能力，例如：自己經營的人沒有退休的選擇，退休只是健康問題的介入；此外，健康問題而造成功能的損傷，諸如嚴重的心臟血管疾病或癌症，是早期退休的主要原因（Stanford et al., 1991），人們從事體力要求的工作也傾向較早退休（Ucello, 1998），感覺退休是一種選擇，而不是一種要求，與較早計畫退休，以及適應退休相關聯（Sterns & Gray, 1999）。

在性別差異方面，前述的退休決定是基於男性的研究，至於女性通常較晚進入職業場所，有較多不連續工作的經歷，較少時間投入職業場所，她們的財務資源不同於男性，這些都影響女性的退休決定（Calasanti, 1996; Sterns & Gray, 1999）。事實上，研究顯示男女在退休的決定上可能基於不同的因素，Talaga 和 Beehr（1995）發現，女性的丈夫身體不好，或是她本人有較多受扶養家屬，比較可能退休，而男性正好相反。然而，也有一些相似處，如有一退休的配偶，增加另一配偶也退休的可能性。

　　當有更多的女性在她們成人生活中進入職業場所，瞭解性別差異在退休的決定是重要的，較多這方面的研究將是必要的，男性退休模式是不足以解釋女性的經驗（Sterns & Gray, 1999）。

三、退休的適應

　　前面提到退休是生命的重要轉變，在改變角色與生活型態的情境中，新型態的投入必須發展（Antonovsky & Sagy, 1990）。早期的研究聚焦在什麼是退休時期的可預期順序，諸如經歷蜜月期、清醒期、重新適應期與穩定期（Atchley, 1982）。因為退休現在被視為是一歷程，而退休的典型年齡已失去意義，同時退休的決定已證實有性別差異，因此退休時期循階段般順序前進的概念已被放棄（Sterns & Gray, 1999），取而代之的是研究者支持這種概念，認為人們對退休的適應是與身體健康、財務狀況、自願退休狀態與個人控制的感覺等，隨時間所展開的一種複雜相互關係。

　　大多數人如何適應的？只要人們財務安全、健康，以及有親戚朋友的支持性網絡，他們報告退休感覺很好（Gall, Evans, & Howard, 1997; Matthews & Brown, 1987）。對退休初期的男性而言，良好健康、足夠的收入，以及自願地退休有相當高的滿意度；有個人控制的內在感是與長期的安適相關（Gall et al., 1997），男性對個人的優先認為是重要的，強調家庭角色（如丈夫或祖父）會表示自己是快樂的退休者，有趣的是退休女性並沒有強調任何特殊角色；不論男女，高個人能力與較高的退休滿意相關，也許因為有能力的人能夠對環境壓迫處理較好（見本章第一節）。

　　退休的刻板印象之一是當人們停止工作，健康開始下降，研究發現並不支持此種看法，事實上，沒有證據顯示退休對健康有任何即刻的負面影響（Ekerdt, 1987），而且對男性而言，退休的第一年其安適感是增加的（Gall et al., 1997）。

　　退休的另一刻板印象是退休將戲劇性地減少個人友誼的質與量，同樣地這種看法也是沒有研究的支持，事實上有些研究顯示，友誼的質與量並沒有因退休而下降（Boss'e et al., 1993），退休期間友誼的改變，通常是因其他因素，如非常嚴重的健康問題干擾人們維持友誼的能力。

最後，有些人認為退休的人整體而言，變得比較不活動，這種刻板印象也是沒有獲得研究的支持，雖然隨年齡增加，有報酬的工作時數減少，老年人每年仍從事數百小時的生產性活動，例如：無酬的志工與幫助他人的活動（Herzog et al., 1989）。

四、退休後保持忙碌（退而不休）

退休是一個重要的生命轉變，宜從**生命歷程觀點**（**a life course perspective**）來瞭解（Moen, Fields, Quick, & Hofmeister, 2000）。生命歷程觀點描述人們在他們各自的歷史脈絡中，不同代間經驗發展的生物、心理與社會文化動力；具體而言，它使研究者探討歷史時期影響人們如何創造他們的生活（Hagestad & Dannefer, 2001; Hareven, 1995; O'Rand & Campbell, 1999）。以此觀之，當今的老年人長壽、身體健康、教育程度較高，特別是年輕的老人；且典型的退休年齡概念已改為年齡範圍，有提早的趨勢，這些都說明了退休者對此生命轉變，正以各種積極的方式尋求維持社會整合與連續。

在過去幾十年已見證各種組織機構的快速成長，提供給退休者這種機會，有些團體提供學習機會，經由雜誌與小冊子獲知其他退休者的活動與服務；許多小團體在社區成立，如老人中心與俱樂部。這些組織促進終身學習的觀念與幫助維持老人認知的活絡。

健康、活動的退休成人也志願地維持與社區的連結（Moen, Fields, Meador, & Rosenblatt, 2000），年老的成人報告他們志願幫助自己處理生命的轉變（Adlersberg & Thorne, 1990），也提供服務他人（Hudson, 1996），並維持與社會互動，以及改善他們的社區（Morrow-Howell & Mui, 1989），退休者有很多機會去幫助其他人。

第三節

老年期之朋友與家庭

　　生命中最重要的事情之一是**關係（relationships）**，與他人的關係使我們保持連結，並影響我們的生活與分享我們的生活。**社會護衛（social convoy）**即是指一組人在人生旅程與我們同行，在任何時候提供支持。人們形成的護衛，在理想的情況下，提供一保護的、安全的緩衝，使我們去探索與學習（Antonucci, 2001），對老年人而言，這種社會護衛也是自我對他人的意義是什麼的肯定來源，能促進心理健康與安適。

　　一些研究顯示護衛的大小與提供支持的量在代間沒有差異，這表示社會護衛在整個成人生活是重要的（Levitt, Weber, & Guacci, 1993），而朋友與家庭是社會護衛的兩個主要方面。

一、朋友

　　到了老年，一個人社會網絡的某些成員已是幾十年的朋友，研究持續地發現老年生活滿意強力地與友誼的質與量相關（Essex & Nam, 1987; Fehr, 1996），原因是朋友有如知己，提供支持。

　　老年友誼的品質是特別重要的（Matthews, 1996）。至少有一非常密切的朋友或知己，可以緩衝老年角色失落或地位失去，如退休或心愛的人死亡，同時能增加人們的快樂與自尊（Matthews, 1996; Sherman, de Vries, & Lausford, 2000）。老年的友誼型態是與年輕成人相似（見第十七章），亦即老年女性較老年男性有較多較親密的友誼，這些差異有助於解釋為什麼女性是在一較好的位置來因應生命的壓力，尤其是寡婦，特別地利用友誼的網絡，比起已婚婦女、未婚婦女或男性，她們包含較多的朋友（Hatch & Bulchroft, 1992）。

　　一般而言，老年人比之年輕人或中年人有較少的友誼，以及較少新關係的發展（Carstensen, 1995），這種下降反映隨著時間，老年人開始失去他們的友

誼網絡的成員，通常是由於死亡，研究者建議，老年人可以形成新的連結來補償這種失落，或是發展其他非社會性的活動（Rook, 2000）。

二、家庭

（一）婚姻

一旦小孩離家，老年夫妻的婚姻滿意程度就會改進，且持續如此（Connidis, 2001），是否這是由於對婚姻的重新承諾，或夫妻婚姻非常不愉快早已中斷的事實，或是**年齡層的效應（Cohort effects）**則不清楚（Glenn, 1998）。

老年夫妻與在中年時顯示幾點差異（Levenson, Carstensen, & Gottman, 1993）。老年夫妻有一減少婚姻衝突與增多婚姻快樂的潛在力，他們較可能在心理與身體健康上相似，並且在快樂的來源方面較少性別差異，總之，大多數老年夫妻已經發展了避免衝突的適應方式，並且彼此更加相似。一般而言，老年夫妻的婚姻滿意持續高，直到健康問題開始干擾他們的關係（Connidis, 2001; Pearson, 1996）。

老年婚姻有幾個好處，一項研究 9,333 位歐裔美人、非裔美人以及拉丁裔美人，顯示婚姻幫助人們較能處理慢性疾病、功能的問題與無能力（Pienta, Hayward, & Jenkins, 2000），較之丈夫退休前，丈夫退休後家事分工變得更平等（Kulik, 2001a, 2001b）。

（二）照顧伴侶

大多數夫妻誓言無論生病與健康都彼此相愛，想像生病持續幾星期也不會糟到哪去，這是很多夫妻的情況，但是有些夫妻卻經驗了嚴重的考驗他們的誓言。

照顧一慢性疾病的伴侶與照顧一慢性疾病的父母呈現不同的挑戰，經歷幾十年的分享責任，伴侶照顧者在毫無預警的狀態下，承擔新的角色，多年來的彼此分工必須重新調整，這種改變，毫無疑問地會對關係增加壓力（Cavanaugh & Kinney, 1994），這種情形在阿滋海默疾病或其他失智患者更是如此，因為

疾病的認知與行為後果，經歷長期的承諾關係，伴侶照顧者會感到照顧伴侶的挑戰。

研究照顧阿滋海默疾病患者的配偶照顧者發現，相較於健康的夫妻，他們的婚姻滿意是很低的（Cavanaugh & Kinney, 1994; Kinney et al., 1993），配偶照顧者報告在照顧期間，友誼與親密的失落（Williamson & Schulz, 1990; Wright, 1991）。婚姻滿意也是配偶照顧者報告憂鬱症狀的重要預測因子，知覺婚姻品質較好，報告較少的症狀（Kinney et al., 1993）；令人悲哀地，照顧配偶常使照顧者質疑生命的意義（Wells & Kendig, 1997）。

大多數伴侶照顧者是被迫對環境的挑戰作反應，他們的配偶生病，毫無選擇，他們必須適應照顧者的角色，照顧者評估執行所需責任的能力。縱貫研究顯示，配偶照顧者知覺具高能力相較於知覺具較低能力者，報告較少且較沒有強烈的照顧爭吵（Kinney & Cavanaugh, 1993）。

做為一個伴侶照顧者感覺有能力的重要，正符合能力—環境壓迫模式的成分（見本章第一節）。照顧者試圖平衡他們知覺的能力與照顧的環境要求，知覺能力提供他們一較好的機會，使其情況較為樂觀。

即使是對彼此都有很深承諾（最承諾）的關係，對配偶提供全時的照顧是頗具壓力的（Kinney & Cavanaugh, 1993），例如：妻子不記得她丈夫的姓名，行為表現不可思議，並有一慢性與致命的疾病，因應這樣的妻子，的確是很大的挑戰。

（三）寡居期

傳統的婚禮宣誓兩人結合至白頭偕老，直到死亡才分開，事實上，所有老年夫妻的婚姻終止是因一個伴侶死亡。對大多數人而言，配偶死亡是在一段照顧期之後。雖然寡居期可以發生在任何年齡，大多可能發生在老年女性（Martin-Matthews, 1999）。65 歲以上的女性有一半是寡婦，但只有 15% 的男性是鰥夫，這種差異的原因與生物的與社會的因素有關（見第十九章，女性的壽命較長），而女性結婚的對象通常比較年長些，結果，已婚的女性平均有 10 至 12 年的寡居期。

長期伴侶關係的終止，寡居者失落的感覺不會很快地消散，在重要日子感

覺悲傷是共同的經驗，即使在心愛的人去世多年後。

男女對寡居的反應是不同的，鰥居者在配偶死亡之初是在死亡與憂鬱的高危險狀態（Lee, Demaris, Bavin, & Sullivan, 2001; Osgood, 1992; Smith & Zick, 1996），一些人認為，相較於女性失去丈夫，男性失去妻子是一較嚴重的問題，這也許是因為妻子常是丈夫唯一的親密朋友與知己，或是因為丈夫通常沒有準備獨自生活（Martin-Matthews, 1999），老年男性也沒有準備去處理烹調、購物與整理家務等例行與必要的工作，他們通常與家庭成員是隔離的。

為了友誼的需要，鰥寡者會再婚，相較於女性，男性有五倍之多的再婚率（Lee, Willetts, & Seccombe, 1998），這也許是老年男性與年輕女性之間的關係較少社會的限制（Matthews, 1996），而女性也不想再經歷照顧另一病人的負擔。儘管如此，比起離婚後再婚，鰥寡者的再婚是少多了（Connidis, 2001），這是因為客觀的限制，諸如活動減少、健康不良與收入缺乏。

（四）曾祖父母期

第十七章提到對許多成人而言，作祖父母是一重要且快樂的角色，隨著活到非常老的人數增加，特別是女性，經驗作曾祖父母的人數亦增加，第一次結婚與第一次作父母的年齡也扮演重要角色，人們到達這些里程碑在相當年輕的年齡，是比較可能成為曾祖父母，大多數曾祖父母是相當年輕就結婚，而且在相當年輕就有子女與孫子女，這些子女與孫子女結婚也相當早。

雖然曾祖父母的研究不多，他們滿意的來源與作曾祖父母的意義是不同於作祖父母的（Doka & Mertz, 1988; Wentkowski, 1985），相較於祖父母，曾祖父母的角色是更為相似，主要是因為他們不像祖父母那樣涉入小孩的事。然而作曾祖父母的意義最重要的三方面是：

第一，作曾祖父母提供個人與家庭延續感，這是完成統整的重要成分，他們的孫子女已生產新生命，重溫自己獲得新生命的興奮，再肯定香火的延續，看到家庭橫跨四代也提供心理的支持。透過象徵性不朽的感覺，幫助曾祖父母面對死亡，在知道他們的家庭在自己有生之年後將持續多年，感到驕傲與安慰。

第二，曾孫子女在曾祖父母的生活中提供新的花樣，例如：各種娛樂、遊戲等；而曾祖父母也有新人類分享他們的經驗。

第三，成為曾祖父母是一重要的里程碑，是長壽的標記，大多數的人是沒法達到的，一個人長壽足以看到第四代的這種感覺，被認為是非常正向的。

當有更多的人活得長久，是否曾祖父母的角色改變而變得更加顯著，這將是非常有趣的。

第四節

虛弱之老年人

在討論老年期，我們針對大多數老年人，他們是健康的、有認知能力、經濟安全以及安全的家庭關係。但有些老年人不是如此幸運，他們是**虛弱的老年人**（**frail older adults**）。這些人身體無能力、生病、可能有認知或心理的失調，這些虛弱老年人構成 65 歲以上人口的少數，但比率隨年齡增加而逐漸增加中。

虛弱老年人的能力（根據本章第一節能力—環境壓迫模式）正下降，然而，他們沒有任一特殊的問題能與活動的、健康的老年人區分（Guralnick & Simonsick, 1993; Strawloridge et al., 1998）。

評估日常生活的能力包含檢視人們能完成日常生活的活動，以及日常工具性活動的情況如何（Diehl, 1998）。**日常生活的活動**（**activities of daily living, ADLs**）是基本自我照顧的工作，諸如進食、沐浴、大小便、行走或穿衣，假如一個人對上述工作需要幫助，即被視為是虛弱者。其他對獨立生活而言也被認為重要的工作，稱之為**日常生活的工具性活動**（**instrumental activities of daily living, IADLs**），這是需要一些智力與計劃的行動，這些行動構成 IADLs，且不同文化間有相當地差異（Katz, 1983）。例如：對多數西方文化的老年人，IADLs包含：購買個人用品、付帳單、打電話、適當地服藥，以及守約；在其他的文化，IADLs 可能包括：牧牛羊、做麵包、打穀，以及收成。

之前提到這些虛弱老年人構成 65 歲以上人口的少數，但比率隨年齡增加而逐漸增加中，特別是生命的最後一年，然而還是有很多方式為虛弱的老年人

提供一支持的環境，家庭成員的照顧是最主要的，對某些虛弱的老年人來說，運動可幫助改進其生活品質（Schechtman & Ory, 2001）。此外，安養之家的角色也是重要的，關鍵在於為虛弱的老年人創造一個在個人能力與環境要求間適當配合的支持情境。

1. 人格的五因素理論（參閱第十六章）與生命故事研究人格如何與連續理論相配合？
2. 在缺乏強制性退休的情況下，早期退休真正的意義是什麼？

參考文獻

Adlersberg, M., &Thorne, S. (1990). Emerging from the chrysalis: Older women in transition. *Journal of Gerontological Social Work, 16*, 4-8.

Antonovsky, A., & Sagy, S. (1990). Confronting developmental tasks in the retirement transition. *The Gerontologist, 30*, 362-368.

Antonucci, T. (2001). Social relations: An examination of social networks, social support, and sense of control. In J. E. Birren & K. W. Schaie (Eds.), *Handbook of the psychology of aging* (5th ed., pp. 427-453). San Diego: Academic Press.

Atchley, R. C. (1982). Retirement as a social institution. *American Review of Sociology, 8*, 263-287.

Atchley, R. C. (1989). A continuity theory of normal aging. *The Gerontologist, 29*, 183-190.

Boss'e, R., Aldwin, C. M., Levenson, M. R., Spiro, A., III, & Mroczek, D. K. (1993). Change in social support after retirement: Longitudinal findings from the Normating Aging Study. *Journal of Gerontology: Psychological Sciences, 48*, 210-217.

Calasanti, T. M. (1996). Gender and life satisfaction in retirement: An assessment of the male model. *Journal of Gerontology: Social Sciences, 51B*, S18-S29.

Carstensen, L. L. (1995). Evidence for a life-span theory of socioemotional selectivity. *Current Directions in Psychological Science, 4*, 151-156.

Cavanaugh, J. C., & Kinney, J. M. (1994). *Marital satisfaction as an important contextual factor in spousal caregiving.* Paper presented at the 7th International Conference on Personal Relationships, Groningen, The Netherlands.

Connidis, I. A. (2001). *Family ties and aging.* Thousand Oaks, CA: Sage.

Cornman, J. M., & Kingson, E. R. (1996). Trends, issues, perspectives, and values for the aging of the baby boom cohorts. *The Gerontologist, 36*, 15-26.

Diehl, M. (1998). Everyday competence in later life: Current status and future directions. *The Gerontologist, 4*, 422-433.

Doka, K. J., & Mertz, M. E. (1988). The meaning and significance of great-grandparenthood. *The Gerontologist, 28*, 192-197.

Ekerdt, D. J. (1987). Why the notion persists that retirement harms health. *The Gerontologist, 27*, 454-457.

Erikson, E. H. (1982). *The life cycle completed: Review*. New York: W. W. Norton.

Erikson, E. H., Erikson, J. M., & Kivnick, H. Q. (1986). *Vital involvement in old age*. New York: W. W. Norton.

Essex, M. J., & Nam, S. (1987). Marital status and loneliness among older women. *Journal of Marriage and the Family, 49*, 93-106.

Fehr, B. (1996). *Friendship processes*. Thousand Oaks, CA: Sage.

Finchum, T., & Weber, J. A. (2000). Applying continuity theory to older adult friendships. *Journal of Aging and Identity, 5*, 159-168.

Gall, T. L., Evans, D. R., & Howard, J. (1997). The retirement adjustment process: Changes in the well-being of male retirees across time. *Journal of Gerontology: Psychological Sciences, 52*(B), 110-117.

Glenn, N. D. (1998). The course of marital success and failure in live American 10-year marriage cohorts. *Journal of Marriage and the Family, 60*, 569-570.

Guralnick, J. M., & Simonsick, E. M. (1993). Physical disability in older Americans. *The Journals of Gerontology, 48*(Special Issue), 3-10.

Hagestad, G. O., & Dannefer, D. (2001). Concepts and theories of aging: Beyond minofication in social science approaches. In R. H. Binstock & L. K. George (Eds.), *Handbook of aging and the social sciences* (5th ed., pp. 3-21). San Diego, CA: Academic Press.

Haight, B. K. (1992). Long-term effects of a structured life review process. *Journal of Gerontology: Psychological Sciences, 47*, 312-315.

Hareven, T. K. (1995). Introduction: Aging and generational relations over the life course. In T. K. Hareven (Ed.), *Aging and generational relations over the life course: A historical and cross-cultural perspective* (pp. 1-12). Berlin: de Gruyter.

Hatch, L. R., & Bulchroft, C. (1992). Contact with friends in later life: Disentangling the effects of gender and marital stability. *Journal of Marriage and the Family, 54,* 222-232.

Hayward, M. D., Friedman, S., & Chen, H. (1998). Career trajectories and older men's retirement. *Journal of Gerontology: Social Sciences, 53*(B), S91-S103

Henretta, J. C. (1997). Changing perspective on retirement. *Journal of Gerontology: Social Sciences, 52*(B), S1-S3.

Henretta, J. C. (2001). Work and retirement. In R. H. Binstock & L. K. George (Eds.), *Handbook of aging and the social sciences* (pp. 255-271). San Diego, CA: Academic Press.

Herzog, A. R., Kahn, R. L., Morgan, J. N., Jackson, J. S., & Antonucci, T. C. (1989). Age differences in productive activities. *Journal of Gerontology: Social Sciences, 44,* S129-S138.

Hudson, R. B. (1996). Social protection and services. In R. H. Binstock & L. K. George (Eds.), *Handbook of aging and the social sciences* (4th ed., pp. 446-466). San Diego, CA: Academic Press.

Katz, S. (1983). Assessing self-maintenance: Activities of daily living, mobility, and instrumental activities of daily living. *Journal of American Geriatrics Society, 31,* 721-727.

Kim, S., & Feldman, D. C. (2000). Working in retirement: The antecedents of bridge employment and its consequences for quality of life in retirement. *Academy of Management Journal, 43,* 1195-1210.

Kinney, J. M., & Cavanaugh, J. C. (1993, November). *Until death do us part: Striving to find meaning while caring for a spouse with dementia.* Paper presented at the annual meeting of the Gerontological Society of America, New Orleans.

Kinney, J. M., Haff, M., Isacson, A., Nocera, R., Cavanaugh, J. C.,& Dunn, N. J. (1993, November). *Marital satisfaction and caregiving hassles among caregivers to spouses with dementia.* Paper presented at the annual meeting of the Gerontological Society of America, New Orleans.

Kulik, L. (2001a). The impact of men's and women's retirement on marital relations: A comparative analysis. *Journal of Women and Aging, 13*, 21-37.

Kulik, L. (2001b). Marital relationships in late adulthood: Synchronous versus asynchronous couples. *International Journal of Aging and Human Development, 52*, 323-339.

Lawton, M. P., & Nahemow, L. (1973). Ecology of the aging process. In C. Eisdorfer & M. P. Lawton (Eds.), *The psychology of adult development and aging* (pp. 619-674). Washington, DC: American Psychological Association.

Lee, G. R., Demaris, A., Bavin, S., & Sullivan, R. (2001). Gender differences in the depressive effect of widowhood in later life. *Journal of Gerontology: Social Sciences, 56*(B),S56-S61.

Lee, G. R., Willetts, M. C., & Seccombe, K. (1998). Widowhood and depression: Gender differences. *Research on Aging, 20*, 611-630.

Levenson, R. W., Carstensen, L. L., & Gottman, J. M. (1993). Long-term marriage: Age, gender, and satisfaction. *Psychology and Aging, 8*, 301-313.

Levitt, M. J., Weber, R. A., & Guacci, N. (1993). Convoys of social support: An intergenerational analysis. *Psychology and Aging, 8*, 323-326.

Martin-Matthews, A. (1999). Widowhood: Dominant renditions, changing demographics, and variable meaning. In S. M. Neysmith (Ed.), *Critical issues for future social work practice with aging persons* (pp. 27-46). New York: Columbia University Press.

Matthews, A. M., & Brown, K. H. (1987). Retirement as a critical life event: The differential experiences of men and women. *Research on Aging, 9*, 548-571.

Matthews, S. H. (1996). Friendship in old age. In N. Vauzetti & S. Duck (Eds.), *A lifetime of relationships* (pp. 406-430). Pacific Grove, CA: Brooks/Cole.

Moen, P., Fields, V., Meador, R., & Rosenblatt, H. (2000). Fostering integration: A case study of the Cornell Retirees Volunteering in Service (CRVIS) program. In K. Pillemer & P. Moen (Eds.), *Social integration in the second half of life* (pp. 247-264). Baltimore: John Hopkins University Press.

Moen, P., Fields, V., Quick, H. E., & Hofmeister, H. (2000). A life course approach to retirement and social integration. In K. Pillemer & P. Moen (Eds.), *Social integration in the second half of life* (pp. 75-107). Baltimore: John Hopkins University Press.

Morrow-Howell, N., & Mui, A. (1989). Elderly volunteers: Reasons for initiating and terminating service. *Journal of Gerontological Social Work, 13*, 24-34.

Mutchler, J. E., Burr, J. A., Pienta, A. M., & Massagli, M. P. (1997). Pathways to labor force exit: Work transitions and work instability. *Journal of Gerontology: Social Sciences, 52*(B),S4-S12

Nahemow, L. (2000). The ecological theory of aging: Powell Lawton's legacy. In R. L. Rubinstein & M. Moss (Eds.), *The many dimensions of aging* (pp. 22-40). New York: Springer.

O'Rand, A. M., & Campbell, R. T. (1999). On reestablishing the phenomenon and specifying ignorance: Theory development and research design in aging. In V. L. Bengtson & K. W. Schaie (Eds.), *Handbook of theories of aging* (pp. 59-78). New York: Springer.

Osgood, N. J. (1992). *Suicide in later life*. Lexington, MA: Lexington Books.

Pearson, J. C. (1996). Forty-forever years? Primary relationships and senior citizens. In N. Vanzetti & S. Duck (Eds.), *A lifetime of relationships* (pp. 383-405). Pacific Grove, CA: Brooks/Cole.

Pienta, A. M., Hayward, M. D., & Jenkins, K. R. (2000). Health consequences of marriage for the retirement years. *Journal of Family Issues, 21*, 559-586.

Quinn, J. F. (1999). *Retirement patterns and bridge jobs in the 1990s* (Issue Brief 206). Washington, DC: Employee Benefit Research Institute.

Rook, K. S. (2000). The evolution of social relationships in later adulthood. In S. H. Qualls & N. Abeles (Eds.), *Psychology and the aging revolution* (pp. 173-191). Washington, DC: American Psychological Association.

Rylands, K., & Rickwood, D. J. (2001). Ego-integrity versus despair: The effect of "accepting the past" on depression on older women. *International Journal of Aging and Human Development, 53*, 75-89.

Schechtman, K. B., & Ory, M. G. (2001). The effect of exercise on the quality of life of frail older adults: A preplanned meta-analysis of the FICSIT trials. *Annals of Behavioral Medicine, 23*, 186-197.

Sherman, A. M., de Vries, B., & Lausford, J. E. (2000). Friendship in childhood and adulthood: Lessons across the lifespan. *International Journal of Aging and Human Development, 51*, 31-51.

Smith, K. R., & Zick, C. D. (1996). Risk of mortality following widowhood: Age and see differences by mode of death. *Social Biology, 43*, 59-71.

Stanford, E. P., Happersett, C. J., Morton, D. J., Molgaard, C. A., & Peddecord, K. M. (1991). Early retirement and functional impairment from a multi-ethnic perspective. *Research on Aging, 13*, 5-38.

Sterns, H. L., & Gray, J. H. (1999). Work, leisure, and retirement. In J. C. Cavanaugh & S. K. Whitbourne (Eds.), *Gerontology: Interdisciplinary perspectives* (pp. 355-390). New York: Oxford University Press.

Strawloridge, W. J., Shema, S. J., Balfour, J. L., Higby, H. R., & Kaplan, G. A. (1998). Antecedents of frailty over three decades in an older cohort. *Journal of Gerontology: Social Science, 53*(B),S9-S16.

Talaga, J. A., & Beehr, T. A. (1995). Are there gender differences in predicting retirement decisions? *Journal of Applied Psychology, 80*, 16-28

Ucello, C. E. (1998). *Factors influencing retirement: Their implications for raising retirement age*. Washington, DC: Washington Public Policy Institute.

Wahl, H.-W. (2001). Environmental influences on aging and behavior. In J. Birren & K. W. Schaie (Eds.), *Handbook of the psychology of aging* (5th ed., pp. 215-237). San Diego, CA: Academic Press.

Wells, Y. D., & Kendig, H. L. (1997). Health and well-being of spouse caregivers and the widowed. *The Gerontologist, 37*, 666-674.

Wentkowski, G. (1985). Older women's perceptions of great-grandparenthood: A research note. *The Gerontologist, 25*, 593-596.

Williamson, G. M., & Schulz, R. (1990). Relationship orientation, quality of prior relationship, and distress among caregivers of Alzheimer's patients. *Psychology and Aging, 5*, 502-509.

Wright, L. K. (1991). The impact of Alzheimer's disease on the marital relationship. *The Gerontologist, 31*, 224-237.

Chapter 22

最後的里程：
死亡與別離

學習目標

1. 死亡的定義。
2. 法定與醫學上用以決定何時死亡的標準。
3. 瞭解何謂圍繞著安樂死的倫理兩難。
4. 瞭解成人期對死亡的感覺為何。
5. 人們如何處理他們自己的死亡。
6. 人們如何處理生命終了的議題，以及創造一最後情節的狀況。
7. 何謂安寧院。
8. 瞭解人們如何經驗悲慟歷程。

　　我們與死亡有種矛盾的關係，有時在旅遊時會參觀景仰名人的墓園，但當沈思自己的死亡或親近的人死亡時，我們會有很多的問題。本章我們先考慮死亡的定義與倫理的議題，其次探討在不同發展時期人們對死亡的看法如何，以及特別地注意臨終的歷程，再者生者悲傷的處理也是很重要的。

<h2>第一節 死亡之定義與倫理議題</h2>

　　我們想到死亡，一個非常簡單的概念就是一個人不再活著，而臨終的歷程就是從活著轉變到死亡的過程，這似乎是再簡單不過了，但死亡與臨終是非常複雜且難以定義的概念。

一、社會文化的死亡定義

　　當聽到死亡這兩個字，會想到什麼？交通事故中駕駛死於意外？一個墓地？轉變到永生？下半旗？車子的電池不再能發動了？這些可能中的任一種被認為是西方文化對死亡的聯想（Kalish, 1987; Kastenbaum, 1999）。所有文化都有他們對死亡的看法，例如：南太平洋文化相信在睡眠或生病時生命力量離開身體，睡眠、生病與死亡被認為是一起的，因此人們在經驗「最後死亡」前已「死」了幾次（Counts & Counts, Eds., 1985），而巴布亞新幾內亞（Papua New Guinea）的 Kwanga 人相信大多數死亡是因為巫術（Brison, 1995）。

　　悲傷的儀式與別離的情景也因不同文化而異（Rosenblatt, 2001），不同文化在死亡的意義與是否有儀式，或表示悲傷的其他行為上有很大的差異。有些文化有一段形式的期間，在此期間舉行某些祈禱式或儀式，例如：當一親近的親戚死後，正宗的猶太人吟誦儀式的祈禱文，屋內四周都是鏡子；子孫對祖先或重要的人的深度尊敬之虔誠崇拜是日本文化與日本佛教的重要部分（Klass, 1996）；有些文化，如印度尼西亞的 Toraja 人，不鼓勵人們去思考或記憶死

者，然而，他們仍然與死者經由夢中保持接觸（Hollan, 1995）。因此，自己文化或特殊團體的經驗不能類化到其他的文化或團體。

22-1
死亡的文化意義

　　Aries（1981）曾追溯中世紀到現在西方思想死亡之文化意義，在西元 1200 年前，人們接受死亡認為是天命，死亡既不被讚美，也不能逃避；從西元 1200 到 1700 年，強調的是臨終的藝術，變成在準備死亡時個人與上帝的調停，死亡視為是較好生活之入口而變得重要；從 1700 到 1800 年晚期，一種懲罰的非自然之死亡與一美麗、有益的自然轉變做一區分，死亡是被浪漫化與被讚美的；然後，二十世紀開始，死亡變得隱匿的，並努力去否認它，醫生與醫院被期望阻止死亡或處理臨終病人，葬禮是團體化，悲傷是不鼓勵的。

二、法定的與醫學的定義

　　社會文化的取向幫助我們瞭解人們對死亡看法的不同，但卻沒有提到一非常根本的問題：我們如何決定一個人已經死了？幾世紀來醫學與法律的團體已掌握此問題，且持續演變到今天，他們的答案是什麼？

　　決定何時死亡總是主觀的，幾百年來，人們接受並應用的標準現在稱之為**臨床的死亡（clinical death）**：缺乏心跳與呼吸。然而，今天大多數廣被接受的標準是描述**腦死（brain death）**的特徵，在 1981 年，醫學、生物醫學與行為研究的倫理研究問題委員會，建立了幾個決定一個人腦死必須要符合的標準：

　　1. 對任何刺激的反應沒有自然的動靜。

　　2. 至少一小時沒有自然的呼吸。

　　3. 既使對最痛苦的刺激也全然缺乏反應。

　　4. 沒有眼球移動、眨眼或瞳孔反應。

　　5. 沒有姿勢的活動、吞嚥、打呵欠或發聲。

　　6. 沒有動作反射。

7. 平的腦波圖持續至少 10 分鐘。

8. 當 24 小時後再測這些標準的任一項都沒有改變。

一個人被宣佈腦死，所有八個標準都必須符合，再者其他可能模仿死亡的狀態，如深度昏睡、體溫降低、服藥過度等必須排除，最後，根據多數醫院，缺乏腦活動必須發生在腦幹，這包含：心跳與呼吸等生長的功能，以及在**皮層**（**cortex**），這包含較高層的處理，如思考；一個人的皮層功能停止，而腦幹活動繼續是可能的，這是一種持續沒有恢復的植物狀態，此種狀態在嚴重的頭部受傷或服藥過度後發生。

因為這種持續的植物狀態，家屬在照顧患者時有時面臨困難的倫理決定。

三、倫理的議題

生物倫理（**bioethics**）是研究人的價值與科技進步，在健康與生命科學兩個不同學科的共同問題。生物倫理來自兩個根據：尊重個人自由，以及不可能藉由理性的辯論或常識來建立任何單一的死亡敘述（Cole & Holstein, 1996）。事實上，生物倫理強調個人選擇的重要性。

在死亡與臨終方面，最重要的生物倫理議題是**安樂死**（**euthanasia**），即為了慈悲的理由實施結束生命，當我們試圖決定一個人應該結束生命，安樂死的道德兩難問題就顯而易見了，在我們的社會這種兩難的發生常常是當一個人藉由機器維生，或是當一個人受疾病末期之苦時。

（一）積極的安樂死

安樂死有兩種方式實行：積極的與消極的。**積極的安樂死**（**active euthanasia**）是基於當事人清楚敘述的願望，或是具有法定權威的某人決定，慎重地結束一個人的生命。通常這種情形是一個人在持續的植物狀態，或是受疾病末期之苦。積極安樂死的例子可以是施以過量的藥劑、切斷維生系統，或是經由所謂的安樂死結束一個人的生命。

大多數美國人支持對處在持續植物狀態的病人切斷維生系統，但由於宗教或其他理由也會強烈地反對（Benson, 1999），同樣地，以色列人也有各種意

見（Leichtentritt & Rettig, 2000），德國人也是如此（Oehmichen & Meissner, 2000），一個瑞典的研究顯示對選擇緩和痛苦照顧的教育，減少許多安樂死的要求（Valverius, Nilstun, & Nilsson, 2000）。

（二）消極的安樂死

第二種形式的安樂死是**消極的安樂死（passive euthanasia）**，是制止有效的處理而令一個人死亡，例如：對一癌症病患制止**化學療法（chemotherapy）**，不執行一個手術，或是不提供食物。同樣地，這些方法也引起爭議：一方面對一個阿滋海默疾病末期患者，不治療其新發現癌症的決定不會有爭議，因為處理無效，只是延長與使一已經確定死亡者更加痛苦。事實上，在英國的研究發現，照顧者同意失智症患者在危險的情況下應該制止處置（Tadros & Salib, 2001）。在另一方面，許多人反對制止一個末期疾病患者的營養，事實上，除非當事人清楚的與無疑的證據呈現，諸如經由委任狀或生前遺囑，以及第三者，諸如父母或配偶希望停止營養的提供，他人不能決定停止。

（三）使你的意願讓人知道

安樂死是一複雜的法律與倫理的議題，只有當一個人使他的醫療介入讓人知道，安樂死才是合法的，不幸地，很多人沒有採取這一步驟，也許是因為很難想到這種情境，或是因為他們不知道可採取這種選擇，但是沒有清楚的指導，醫療人員是不能考慮病患的選擇的。

有兩種方法可使一個人的意願讓人知道：生前遺囑，這是一個有關生命支持與其他處理的簡單性敘述，以及與代理人簽署健康照顧決定委任狀，兩者的目的是在當事人沒有意識或不能表達他自己時，讓人知道他關於使用生命支持的意願（Freer & Clark, 1994），這兩種方法都獲得相當地支持。

人們對死亡之看法及臨終歷程

　　許多人想到自己的死是不舒服的，不愉快的。在本章一開始也提到死亡是矛盾的，我們恐懼或憂慮死，但又被它所牽引，在這一節特別針對兩個問題：不同年齡的人對死亡的感覺如何？以及如何處理自己的死亡。

一、對死亡的生命歷程取向

　　你對死亡的感覺如何？你認為不同年齡的人感覺都相同嗎？事實上，成人期對死亡的感覺是不同的。

　　因為年輕成人正開始其家庭、職業以及個人目標的追求，他們對死亡的感覺較為強烈，假如年輕人被問到死亡的感覺如何，他們很可能報告在生命的這個時候死，簡直是騙取他們的未來（Attig, 1996）。

　　中年是大多數人面對他們父母死亡的時期，在此之前人們不大想到自己的死亡，事實是他們的父母仍健在，可以緩衝他們想到自己死亡的現實，畢竟依正常事件的歷程，我們的父母想必是在我們之前死亡。

　　一旦父母已死，人們瞭解到現在是家中最老的一代，死亡就是下一個了。由於逐漸領悟到自己死亡的結果，中年人的時間感進行一巧妙且深奧地改變，從強調已活了多久改變為還有多久可活（Attig, 1996; Neugarten, 1969）。這可能導致職業的改變或其他的轉變，因時間不多，要及時把握，諸如多年破壞的關係獲得改善。

　　一般而言，比起其他任何年齡團體，老年人較不憂慮死亡，並且更接受它（Kastenbaum, 1999; Keller, Sherry, & Piotrowski, 1984），這種結果部分也因自我統整的成就（見第二十一章）。對許多老年人而言，生活的喜悅正逐漸減少（Kalish, 1987），比起其他任何年齡，他們經驗較多家人與朋友的喪失，現在輪到自己的死亡；老年人也有較多的慢性疾病，而且此種疾病不可能消失，他

們可能覺得他們最重要的生命作業已經完成（Kastenbaum, 1999）。

至於兒童與青少年之死亡概念，參閱 Box 22-2。

22-2
兒童與青少年之死亡概念

Maria Nagy（1948）進行第一個兒童對死亡態度之研究，下列是摘要她的發現：

1. 3 至 5 歲：兒童對死亡是好奇的，但他們認為死亡是暫時的以及可轉換的，
   死的人可活回來。
2. 5 至 9 歲：兒童逐漸瞭解死亡是最後、不可轉換的，以及是永久的（Lazar &
   Torney-Purta, 1991），他們開始瞭解他們也可能死，但他們不需要這樣，老年
   人死是因為他們不像年輕人、小孩那樣跑得快或躲起來免於死。
3. 9 至 10 歲：死亡是最後、不可避免的，以及普遍性的，他們變得關心死亡如
   何影響他們與他們的家庭，他們對某人的臨終表現生氣、罪疚與悲傷（Schaefer
   & Lyons, 1986）。
4. 青少年：很少青少年經驗親密家人或親密朋友的死亡，試圖明白它的意義與
   性質是困難的，對大多數青少年而言，死亡是如此的遙遠，沒有什麼相關，
   很少想到它，因為總是有些事發生在一些人，再者，青少年的不朽感（Sense
   of immortality）也使他（她）有困難處理死亡（Hetzel, Winn, & Tolstoshey,
   1991）。

二、處理自己的死亡

從觀察者的角度思考死亡是一回事，思考自己的死亡又是另一回事，人們
對自己瀕臨死亡的反應，長期以來，被認為是宗教與哲學思考的範圍，而這直
到 20 世紀才被研究。

許多人試圖敘述臨終的歷程，常用一軌道來比喻，有從臨終開始（如從診
斷出罹患致命疾病）到死亡持續多久時間，有的敘述臨終的過程（Wilkinson &

Lynn, 2001），這些臨終的軌道因疾病的不同而有很大的變化。有些疾病，如肺癌，有一清楚的與快速惡化的時期，在這**終點的時期（terminal phase）**，常常決定適用某種服務（如安寧院，容後討論）；其他的疾病，如充血性心力衰竭，沒有清楚的終點時期，任何重要的健康事件即能引起死亡。以下描述臨終歷程的理論將介紹軌道的兩種類型。

（一）Kübler-Ross 的理論

1960 年代，Kübler-Ross 是芝加哥大學精神病學的講師，並且對臨終經驗感興趣，當她開始進行臨終歷程的研究，這種研究是具爭議性的，她的醫生同僚最初是憤怒的，有些甚至否認他們的病患是終點病人，然而 Kübler-Ross 仍堅持。經過了 200 多位終點病人的訪問，使她確信大多數的人經驗幾種情緒反應，根據她的經驗，她敘述五種情緒狀態代表人們處理死亡的方式：**否認**、**生氣**、**討價還價**、**沮喪**與**接受**（Kübler-Ross, 1969）。雖然這些情緒第一次被依序呈現，但後續的研究瞭解這些情緒可以重疊，也可以經驗不同順序。

當人們被告知有一末期疾病，他們最初的反應可能是震驚與不相信，**否認**是正常的，有些想要再診斷看看，大多數的人感覺可能是弄錯了，其他的試圖在宗教上尋求確定，雖然如此，大多數的人最終是會面對現實。

在一些情況下，人們對健康照顧工作者、家人與朋友表現敵意、憤慨與嫉妒等**生氣**情緒，人們問：「為什麼是我？」並表現非常的挫折，面對自己即將死亡而其他人活著的事實，似乎是這麼不公平。隨著時間與工作，大多數的人面對生氣，並獲得解決。

在**討價還價**時期，人們可能與某人進行一個交易，也許是上帝，希望能留住生命。例如：一位婦女假如她能活的話，她答應作一個好母親，或是訂一個時間表「只要讓我活到我的女兒大學畢業。」最後人們瞭解這些交易將不可能實現。

當一個人不能再否認疾病，也許因為手術或疼痛，感覺**沮喪**是很普通的。人們報告對他們的疾病以及後果感到深度的失落、悲傷、內疚、羞愧，Kübler-Ross 認為，讓病患與他人討論他們的感覺幫助病患進展到接受死亡。在**接受**階段，人們接受死亡的不可避免，靜靜地期待死亡而感到平靜，覺得與世界遠離。

雖然她認為這五個階段代表臨終病人的典型情緒範圍，Kübler-Ross（1974）補充說明不是每個人都經驗這些情緒，或以同樣的速率與順序前進，研究支持她的階段不是依序的觀點（Neimeyer, 1997）。事實上，認為這些階段是個固定與普遍的反而對病人是有害的，因為個別差異大，整個臨終過程情緒反應的強烈可能不同。因此，應用 Kübler-Ross 的理論到真實情境是要幫助人們完成適當的死亡，而適當的死亡是滿足臨終病人的需要，使她或他面臨的問題都能完成。

（二）臨終的脈絡理論

多數臨終理論的困難之一，即為普遍缺乏研究評估理論在各種脈絡中的適用性（Kastenbaum & Thuell, 1995），根據它們的性質，階段或順序意謂一特殊的方向，階段理論特別強調不同階段間質的不同。然而，一特殊階段的長短，或一特殊時期，各人有很大的變化，這種理論假定某種歷程經由階段或時期移動，但不清楚什麼原因使一個人從一階段（或時期）移向另一階段（或時期）。

這些問題的原因是體認到沒有一個對的方式去死亡，雖然有或好或壞的方式去因應死亡（Corr, 1991, 1992），認知這種體認的觀點來自臨終病人與其所面對的議題與工作。Corr指出，這種工作的四個向度：身體的需要、心理的安全、人際的依附，以及**精神的能力與希望（spiritual energy and hope）**，這種整體的取向承認個別差異與拒絕廣泛的類化，Corr的工作也瞭解家人、朋友與照顧者，以及臨終病人努力因應的重要。

Kastenbaum 和 Thuell（1995）認為，一個較廣的脈絡取向，對臨終歷程採較為包含的觀點，他們指出理論必須能夠處理各種終點疾病，以及對臨終病人之死亡的看法與價值的敏感，在此社會環境脈絡中，我們必須瞭解臨終的發生，常常隨著時間改變。例如：一個人開始臨終過程是自己一個人住，而終了時是在一長照機構，這種移動，對一個人因應死亡有深遠的意義。脈絡取向為健康照顧專業與家庭提供輔導，例如：討論如何維持生活品質、提供較好的照顧，以及照顧者準備去處理臨終事宜。

我們目前還沒有一綜合性的臨終理論，但正如Kastenbaum和Thuell指出，我們可以拒絕一化約的取向，而移向一真正整體的取向，能夠做到的方法之一

即為探討各種觀點（如病人、家人、照顧者）的經驗敘述，這將會出現一動力改變歷程的豐富描述。

三、創造一最後的情節

當給予機會，很多人喜歡討論各種議題，統稱之為生命終了議題：生命最後時期的處理、身體死後的安排與追悼儀式，以及資產的分配（Kastenbaum, 1999）。人們也想思考在傳統照顧（如醫院與安養之家提供的）與其他方式（如安寧院）之間作選擇，完成事先指令（如委任狀、生前遺囑），解決重要個人的關係，以及或許選擇其他較早結束生命的方式。

對大多數人而言，遺體怎麼處理，追悼儀式如何舉辦是非常重要的，相較於火葬，是否較喜歡傳統的土葬呢？傳統的葬禮是否勝過其他追悼儀式？這些選擇往往基於人們的宗教信仰，以及死後其家人隱私的期望。

確定一個人的不動產與動產適當地傳遞常常會被忽略，這在確保一個人的希望實現立遺囑是特別重要的，提供個人動產非正式分配也能幫助阻止家人間的紛爭。

是否人們對這些議題選擇正式或非正式的提出，重要的是要給他們機會去做，在很多情況，因為家屬自己有關死亡的焦慮，他們是難以啟齒地與臨終親人討論此事。以上這些事如何做，以及不想要他們的生命到終了，這些選擇構成一**最後的情節（final scenario）**。

對大多數人而言，最後情節的主要部分之一為與家人和朋友分離的過程（Kastenbaum, 1999）。在生命最後幾天、幾星期，以及幾個月，提供臨終病人機會去肯定愛、解決衝突與感覺平靜，不能完成此過程常使生者感覺與臨終者的關係沒有完成，這會造成對死者感到悲痛。

健康照顧者瞭解到給臨終病人機會去創造一最後情節的重要性，以及瞭解每個人最後里程的獨特性。任何一最後的情節反映個人的過去，它是個人經驗發展力量的獨特組合，人們的整體生命經驗已準備去面對生命的議題（Neimeyer, 1997）。

鼓勵人們自己決定如何終止他們的生命已幫助人們控制他們的臨終（Wass, 2001），個人控制自己臨終的歷程是一種趨勢。選擇緩和痛苦的安寧院照顧也是最後情節的部分。

四、安寧院照顧的選擇

大多數的人喜歡在家人與朋友隨侍在側中死亡，對這種死亡的重要障礙是臨終病人維生系統的使用，在這種情況，人們相信唯有到醫院或安養之家，其他別無選擇。然而，另一可行性是存在的，**安寧院（hospice）**是一種取向，協助臨終者痛苦的處理，或是緩和照顧，以及尊嚴的死亡（Saunders, 1997）。在安寧院是強調生活的品質，這種取向在生命延長與死亡延長間有重要的差別；在安寧院所關心的是使病人盡可能地平靜與舒適，不是在延長不可避免的死亡，雖然醫療照顧在安寧院也可得到，但它的目標主要是控制痛苦與恢復正常功能，如以臨終的社會環境脈絡觀之，安寧院是介於醫院與家庭之間。

BOX 22-3

為臨終疾病的安寧照顧

安寧院的出現是臨終病人與他們的家屬對醫院死亡的失去人性、孤單與痛苦經驗的另一選擇。安寧院（hospice）此詞照字面上的意義是一「旅途的站」，照顧旅途的人，在此臨終病人就是旅途的人。

安寧院最早成立的是倫敦的聖克里斯多福（St. Christopher）安寧院，在 1970 年早期散佈到美國；在美國第一所安寧院是在紐海文・康納迪克（New Haven, Counecticut）的 New Haven Hospice。此後，數千個安寧院如雨後春筍般在全美各地成立，安寧照顧可以在家或在安寧院內，它包含醫生指導服務、一個跨學科的團聚、使用志工、對病人與家屬提供一天 24 小時的服務、疼痛症狀的控制，以及病人死後接下來家屬悲傷的處理（Dubois, 1980; Mor & Masterson-Allen, 1987）。

安寧照顧還有幾項其他重要的特徵：疼痛控制幫助臨終病人舒服地面對死亡，家屬是歡迎的，使臨終病人與家屬在一起可安慰病人，減輕家人的罪疚與焦慮，安寧院允許病人與家屬決定在一溫暖、關心的氣氛下，經驗控制他們的生活，他們決

定家庭事情，葬禮的計畫、遺囑，以及在哪、與誰、在什麼情境下，如何死（Hayslip & Leon, 1988）。

　　現代的安寧院是傚效英國的**聖克里斯多福安寧院（St. Christopher's Hospice）**，由 Dr. Cicely Saunders 於 1967 年創立，安寧院的服務只提供給個人或醫院相信沒有處置或治療是可能的病人，這使得安寧院的安排與醫院或家庭照顧是不同的，這種差異可見諸安寧院照顧的原則：病人與他們的家庭被視為是一單位，病人應免於痛苦，其情緒與社會的貧乏必須是最低的，病人必須被鼓勵以維持其能力，衝突的解決與實際願望的實現要給予協助，病患必須能自由地開始或結束關係，工作人員必須能緩和痛苦與害怕（Saunders, 1997）。

　　安寧院的現狀有兩種型式：住院病人與門診病人，前者對病人提供所有的照顧，後者是提供居家病人的照顧，即安寧院的護士到病患的家中，這種情形愈來愈普遍，主要是因為節省開支，在人們家中可接受安寧院的服務，是很多人的選擇（Appleton & Henschell, 1995）。

　　安寧院並不跟隨醫院的照顧模式，安寧院工作人員的角色不是對待病人般而是與病人在一起，同時總是維持病人的尊嚴，注意病人的外表與個人修飾，而不是醫療測驗，工作人員也提供對病患家人的支持，對住院病人的探視時間沒有限制，並極力鼓勵家屬參與病患的照顧（VandenBos, DeLeon, & Pallack, 1982）。

　　雖然安寧院對很多人而言是一寶貴的選擇，但它可能並不適合所有的人，大多數的人選擇安寧院是受癌症、愛滋病，或漸進的神經性疾病之苦，其他需要治療或使用儀器的疾病就不適合在安寧院，也有些人可能發現安寧院與他們的需要或個人信念不符。

　　總之，安寧院提供許多終點病人與其家屬一重要的臨終選擇，再者，安寧院對傳統健康照顧有重要的影響，如 1999 年美國醫學學會討論強調痛苦處理的議題。

　　儘管臨終決定安寧院選擇的重要性，終點病人受惠有賴兩種障礙的克服（Kastenbaum, 1999）：家屬不願意面對終點疾病的現實，而醫生也不願同意

病人接受安寧院照顧，除非到了臨終歷程的最後，如此剝奪了他們原可獲得的支持實惠。

在生命的終了，不管選擇傳統健康照顧或安寧院，必須要記住的一件最重要的事，即臨終病人有權決定治療與痛苦處理的方式，臨終病人的願望應該承諾，而家屬也必須參與。

第三節

生者之失落：悲慟歷程

在一生中，我們遭受許多失落的痛苦，如當親近我們的人死亡或其他的分離，特別是死亡，生者經驗喪失、悲慟與服喪。**喪失**（bereavement）是指經由死亡造成失落的情況；**悲慟**（grief）是因失落之苦造成悲傷、痛苦、生氣、罪惡、困惑，以及其他感覺；**服喪**（mourning）是指表示悲慟的方式，它高度受文化的影響，有些人服喪穿黑衣、參加葬禮，遵守正式的悲慟期間；其他的人服喪，意謂喝酒、穿白衣，與死亡者配偶的兄弟姐妹結婚。悲慟是失落後的情緒反應，而服喪是情緒的行為表現，既使在一文化內服喪儀式可能相當標準，但人們的悲慟是不同的。

一、悲慟歷程

正如臨終的歷程，悲慟也沒有清楚區分階段，依序前進的情形，當親近我們的某人去世，我們必須重組我們的生活，建立新的行為模式，以及重新定義與家人和朋友的關係，事實上，Attig（1996）認為，悲慟是一歷程，它不像喪失，這是我們不能控制的，悲慟歷程的因應包含選擇，從這個觀點來看，悲慟是一個人必須處理幾件事的積極歷程（Worden, 1991）：

1. 承認失落的現實：我們必須克服否認失落的現實，而且是完全地與開放地承認，並瞭解這種失落影響我們生活的每一方面。

2. 努力經營情緒的擾動：我們必須找到有效的方法去面對與表現失落後感覺的各種情緒，不應該逃避或壓抑它們。

3. 調整人已逝的環境：我們必須適當地與有意義地調整人已逝的事實，重新定義新的生活方式。

4. 對逝者的情感連結（ties）逐漸鬆解：我們必須從與逝者的情感連結中分離，以便重新參與社會網絡。

悲慟是一積極因應過程的概念，強調生者必須與世俗的物、地與事件，以及精神上的心靈、與家人和朋友、死者，甚至某宗教信仰神明的人際互動，以及我們內在自己和我們個人經驗達成協議（Attig, 1996）。既使死者個人動產如何處理的決定也是積極因應歷程的部分。

在思考悲慟過程中，有幾點誤會應該避免：第一，悲慟是一高度個人的經驗，此過程對某人適用，但對其他人並不是最好的；第二，我們不要低估人們處理各種議題的時間，對一偶而的旁觀者而言，生者只須幾星期就回覆正常，實際上，面對喪失是需要較長時間去解決複雜的情緒議題（Attig, 1996; Stroebe, Gergen, Gergen, & Stroebe, 1996）。研究者與治療師都同意一個人需要一年的時間來撫平喪失的悲慟，而兩、三年的時間也是很普通的；最後，回覆正常也許不是很妥的用語，可能較正確的說法是學習與失落生活（Attig, 1996）。對一個所愛的人失落，其悲慟持續時間更長，也許終其一生。瞭解悲慟的這些方面，使我們知道對失落親人的人說什麼，與為他們做什麼，其中最有用的事是簡單地讓他們知道你覺得很難過，並給予支持與協助。

二、悲慟的危險因素

大多數的人一生中都有多次喪失的經驗，最後也都能處理，然而，有些危險因素可能使喪失的因應較為困難，重要者有：死的方式、個人因素（如年齡、性別）以及人際網絡（社會支持、親屬關係）（W. Stroebe, & Schut, 2001）。

多數人認為死的狀況或方式影響悲慟的過程，一個人其家屬死於汽車事故是不同於一個人的家屬死於長期的阿茲海默疾病，當死亡是預期的，人們經歷

一段死亡前預期的悲慟期，這種情形被假定當失落來臨時具有緩衝悲慟的影響以及有助於悲慟的回覆（Attig, 1996）。

研究發現在喪失親人後，年輕者比之年長者其健康較受影響，而中年人卻是影響最強的（Nolen-Hoeksema & Larson, 1999; W. Stroebe & Schut, 2001）。有關研究也持續發現較之女性，男性在經歷喪失後之死亡率較高，而女性的憂鬱率較男性為高，但這種差異的原因不明（W. Stroebe & Schut, 2001）。

兩個人際危險因素也有研究：缺乏社會支持與親人，研究顯示社會支持在幫助緩衝喪失的影響上，對老年人較之對中年人更為重要（Stroebe & Schut, 1999, 2001; W. Stroebe & Schut, 2001）。親屬關係的類別在失落上是很重要的，研究顯示失去一個小孩是最困難的，其次是失去配偶或伴侶與父母也是難以適應的（Leahy, 1993; Nolen-Hoeksema & Larson, 1999）。

1. 社會文化動力如何形塑關於安樂死的態度？
2. 安寧院的可利用如何與醫生協助自殺相關聯？

參考文獻

Appleton, M., & Henschell, T. (1995). *At home with terminal illness: A family guide to hospice in the home*. Englewood Cliffs, NJ: Prentice-Hall.

Aries, P. (1981). *The bour of death*. New York: Alfred A. Knopf.

Attig, T. (1996). *How we grieve: Relearning the world*. New York: Oxford University Press.

Benson, J. M. (1999). The polls-trends: End of life issues. *Public Opinion Quarterly, 63*, 263-277.

Brison, K. J. (1995). You will never forget: Narrative, bereavement, and worldview among Kwanga Women. *Ethos, 23*, 474-488.

Cole, T. R., & Holstein, M. (1996). Ethics and aging. In R. H. Binstock & L. K. George (Eds.), *Handbook of aging and the social sciences* (4th ed., pp. 480-497). San Diego, CA: Academic Press.

Corr, C. A. (1991, 1992). A task-based approach to coping with dying. *Omega: Journal of Death and Dying, 24*, 81-94.

Counts, D., & Counts, D. (Eds.) (1985). *Aging and its transformations: Moving toward death in pacific societies*. Lanham, MD: University Press of America.

Dubois, P. M. (1980). *Hospice way of death*. New York: Human Sciences Press.

Freer, J. P., & Clark, E. G. (1994). *The living will: A guide to health care decision making*. Retrieved from http://freenet.buffalo.edu/%7Ebioethic/1will.html

Hayslip, B., & Leon, J. (1988). *Geriatric care practice in hospice settings*. Beverly Hills, CA: Sage.

Hetzel, S., Winn, D., & Tolstoshey, H. (1991). Loss and change: New directions in death education for adolescents. *Journal of Adolesceuce, 14*, 323-334.

Hollan, D. (1995). To the afterworld and back: Mourning and dreams of the dead among the Toranja. *Ethos, 23*, 424-436.

Kalish, R. A. (1987). Death and dying. In P. Silverman (Ed.), *The elderly as modern pioneers* (pp. 320-334). Bloomington: Indiana University Press.

Kastenbaum, R. (1999). Dying and bereavement. In J. C. Cavanaugh & S. K. Whitbourne (Eds.), *Gerontology: An interdisciplinary perspective* (pp. 155-185). New York: Oxford University Press.

Kastenbaum, R., & Thuell, S. (1995). Cookies baking, coffee brewing: Toward a contextual theory of dying. *Omega, 31*, 175-187.

Keller, J. W., Sherry, D., & Piotrowski, C. (1984). Perspectives on death: A developmental study. *Journal of Psychology, 116*, 137-142.

Klass, D. (1996). Grief in eastern culture: Japanese an cester worship. In D. Klass, P. R. Silverman & S. L. Nickman (Eds.), *Continuing bonds: New understandings of grief* (pp. 59-70). Washington, DC: Taylor & Francis.

Kübler-Ross, E. (1969). *On death and dying*. New York: Macmillan.

Lazar, A., & Torney-Purta, J. (1991). The development of the subconcepts of death in young children: A short-term longitudinal study. *Child Development, 62,* 1321-1333.

Leahy, J. M. (1993). A comparison of depression in women bereaved of a spouse, a child, or a parent. *Omega, 26*, 207-217.

Leichtentritt, R. D., & Rettig, K. D. (2000). Elderly Israelis and their family members' meanings towards euthanasia. *Families, Systems, and Health, 18*, 61-78.

Mor, V., & Masterson-Allen, S. (1987). *Hospice care systems: Structure, process, losts, and outcome*. New York: Springer.

Nagy, M. H. (1948). The child's theories concerning death. *Tournal of Genetic Psychology, 73*, 3-27.

Neimeyer, R. (1997). Knowledge at the margins. *The Forum Newsletter (Association for Death Education and Counseling), 32*(2), 2, 10.

Neugarten, B. L. (1969). Continuities and discontinuities of psychological issues into adult life. *Human Development, 12*, 121-130.

Nolen-Hoeksema, S., & Larson, J. (1999). *Coping with loss*. Mahwah, NT: Lawrence Erlbaum Associates.

Oehmichen, M., & Meissner, C. (2000). Life shortening and physician assistance in dying: Euthanasia from the viewpoint of German legal medicine. *Gerontology, 46*, 212-218.

Rosenblatt, P. C. (2001). A social constructivist perspective on cultural difference in grief. In M. S. Stroebe, R. O. Hansson, W. Stroebe & H. Schut (Eds.), *Handbook of bereavement research: Consequences, coping, and care* (pp. 285-300). Washington, DC: American Psychological Association.

Saunders, S. (1997). Hospices worldwide: A mission statement. In C. Saunders & R. Kastenbaum (Eds.), *Hospice care on the international scene* (pp. 3-12). New York: Springer.

Schaefer, D., & Lyons, C. (1986). *How do we tell the children?* New York: Newmarket Press.

Stroebe, M. S., & Schut, H. (1999). The dual process model of bereavement: Rationale and description. *Death Studies, 23*, 197-224.

Stroebe, M. S., & Schut, H. (2001). Models of coping with bereavement: A review. In M. S. Stroebe, R. O. Hansson, W. Stroebe & H. Schut (Eds.), *Handbook of bereavement research: Consequences, coping, and care* (pp. 375-403). Washington, DC: American Psychological Association.

Stroebe, M. S., Gergen, M., Gergen, K., & Stroebe, W. (1996). Broken hearts or broken bonds? In D. Klass, P. R. Silverman & S. L. Nickman (Eds.), *Countinuing bonds: New understandings of grief* (pp. 31-44). Washington, DC: Taylor & Francis.

Stroebe, W., & Schut, H. (2001). Risk factors in bereavement outcome: A methodological and empirical review. In M. S. Stroebe, R. O. Hausson, W. Stroebe & H. Schut (Eds.), *Handbook of bereavement research: Consequences, coping, and care* (pp. 349-371). Washington, DC: American Psychological Association.

Tadros, G. M., & Salib, E. (2001). Career's views on passive euthanasia. *International Journal of Geriatric Psychiatry, 16*, 230-231.

Valverius, E., Nilstun, T., & Nilsson, B. (2000). Palliative care, assisted suicide and euthanasia: Nationwide questionnaire to Swedish physicians. *Palliative Medicine,*

14, 141-148.

VandenBos, G. R., DeLeon, P. H., & Pallack, M. S. (1982). An alternative to traditional medical care for the terminally ill. *American Psychologist, 37*, 1245-1248.

Wass, H. (2001). Past, present, and future of dying. *Illness, Crisis, and Loss, 9*, 90-110.

Wilkinson, A. M., & Lynn, J. (2001). The end of life. In R. H. Binstock & L. K. George (Eds.), *Handbook of aging and the social sciences* (5th ed., pp. 444-461). San Diego, CA: Academic Press.

Worden, W. (1991). *Grief counseling and grief therapy: A handbook for the mental health practitioner* (2nd ed.). New York: Springer.

索引

中文部分

國家圖書館出版品預行編目資料

人類發展／林美珍、黃世琤、柯華葳著.
-- 初版. -- 臺北市：心理, 2007.10
面；　公分. --（心理學系列；11029）

ISBN 978-986-191-074-1（平裝）

1. 發展心理學　2. 人類發展

173.6　　　　　　　　　　　　　　　　　96017949

心理學系列 11029

人類發展

作　　　者：林美珍、黃世琤、柯華葳
責任編輯：郭佳玲
總　編　輯：林敬堯
發　行　人：洪有義
出　版　者：心理出版社股份有限公司
地　　　址：231 新北市新店區光明街 288 號 7 樓
電　　　話：(02) 29150566
傳　　　真：(02) 29152928
郵撥帳號：19293172　心理出版社股份有限公司
網　　　址：http://www.psy.com.tw
電子信箱：psychoco@ms15.hinet.net
駐美代表：Lisa Wu（lisawu99@optonline.net）
排　版　者：辰皓國際出版製作有限公司
印　刷　者：辰皓國際出版製作有限公司
初版一刷：2007 年 10 月
初版八刷：2019 年 3 月
I S B N：978-986-191-074-1
定　　　價：新台幣 630 元